Petrus de Ebulo

Liber ad honorem Augusti
sive de rebus Siculis
Codex 120 II der Burgerbibliothek Bern

Petrus de Ebulo

Liber ad honorem Augusti sive de rebus Siculis

Codex 120 II der Burgerbibliothek Bern

Eine Bilderchronik der Stauferzeit

herausgegeben von
Theo Kölzer und Marlis Stähli

Textrevision und Übersetzung von
Gereon Becht-Jördens

1994

Jan Thorbecke Verlag Sigmaringen

Die Deutsche Bibliothek – CIP-Einheitsaufnahme

Petrus <de Ebulo>:
Liber ad honorem Augusti sive de rebus Siculis: Codex 120 II der Burgerbibliothek Bern; eine Bilderchronik der Stauferzeit / Petrus de Ebulo. Hrsg. von Theo Kölzer und Marlis Stähli. Textrev. und Übers. von Gereon Becht-Jördens. – Sigmaringen: Thorbecke, 1994
  Einheitssacht.: Carmen de motibus Siculis
  ISBN 3-7995-4245-0
NE: Kölzer, Theo [Hrsg.]

© 1994 by Jan Thorbecke Verlag GmbH & Co., Sigmaringen

Alle Rechte vorbehalten. Ohne schriftliche Genehmigung des Verlages ist es nicht gestattet, das Werk unter Verwendung mechanischer, elektronischer und anderer Systeme in irgendeiner Weise zu verarbeiten und zu verbreiten. Insbesondere vorbehalten sind die Rechte der Vervielfältigung – auch von Teilen des Werkes – auf photomechanischem oder ähnlichem Wege, der tontechnischen Wiedergabe, des Vortrags, der Funk- und Fernsehsendung, der Speicherung in Datenverarbeitungsanlagen, der Übersetzung und der literarischen oder anderweitigen Bearbeitung.

Dieses Buch ist aus säurefreiem Papier hergestellt und entspricht den Frankfurter Forderungen zur Verwendung alterungsbeständiger Papiere für die Buchherstellung.

Gesamtherstellung: M. Liehners Hofbuchdruckerei GmbH & Co. Verlagsanstalt, Sigmaringen
Printed in Germany · ISBN 3-7995-4245-0

Inhalt

Geleitwort	7
Vorwort	9
Autor und Abfassungszeit des Werkes *Von Theo Kölzer*	11
Die Staufer im Süden *Von Theo Kölzer*	15
Die Handschrift Cod. 120 II	33
Text und Übersetzung *Von Gereon Becht-Jördens*	
Bildkommentar *Von Theo Kölzer*	
Petrus de Ebulos »Unvollendete« – Eine Handschrift mit Rätseln *Von Marlis Stähli*	247
Die Entstehung der Handschrift · Materialien und Maltechnik *Von Robert Fuchs, Ralf Mrusek und Doris Oltrogge*	275
Der Dichter und sein Text *Von Gereon Becht-Jördens*	287
Konkordanz	293
Erläuterungen zum Text	294
Personenverzeichnis	297
Zeittafel	299
Literatur	301

Geleitwort

Mit dem vorliegenden Buch wird der langgehegte Wunsch der Burgerbibliothek Bern erfüllt, eine ihrer wertvollsten Handschriften in einer schönen Buchausgabe veröffentlicht zu sehen.

Trotz wiederholter Anstrengungen des langjährigen Konservators der Sammlung Bongarsiana der Burgerbibliothek, Dr. *Christoph von Steiger*, ließ sich kein Voll-Faksimile realisieren. Die Bibliothek begrüßte deshalb den Vorschlag von Professor Dr. *Theo Kölzer*, im Thorbecke Verlag einen kommentierten Bildband zum Codex des Petrus de Ebulo herauszugeben.

Da der Zustand der 800 Jahre alten Handschrift zu Besorgnis Anlaß gibt, bemühte sich die derzeitige Konservatorin, *Marlis Stähli* M.A., um die Wiedergabe nicht nur der Bild-, sondern auch der Textseiten des Codex. Nach heutigem Kenntnisstand war zur Entstehungszeit der Handschrift die Konfrontation jeweils einer Seite Text mit einer gegenüberliegenden Bildseite im Codex des Petrus de Ebulo etwas durchaus Neues. Es ist deshalb gerade bei dieser Handschrift wichtig, beide Elemente – Text und Bild – als Ganzes erfassen zu können. Auch läßt sich so die Schrift dokumentieren, die von verschiedenen Schreibern stammt und bereits Anlaß zu vielen Diskussionen gegeben hat.

Die Burgergemeinde Bern ist froh darüber, daß sie diese vollständige Abbildung der Text- und Bildseiten der Handschrift durch einen größeren finanziellen Beitrag hat ermöglichen können. Es ist damit ein guter Ersatz für die Handschrift geschaffen worden, der nun nicht nur der weiteren Forschung, sondern auch einem breiteren Publikum zur Verfügung steht. So kann das wertvolle Original – es ist die einzige erhaltene Handschrift dieses Werkes des Petrus de Ebulo – in Zukunft weitgehend geschont und den kommenden Generationen erhalten werden.

Zu danken haben wir allen an der Publikation Beteiligten, namentlich den Autoren und Herausgebern, die durch ihre Kommentare und Untersuchungen einen wichtigen Beitrag zur Einordnung dieser wertvollen Handschrift in ihren historischen Kontext und zur Klärung ihres heutigen Zustandes geleistet haben. Die deutsche Übersetzung des Versepos durch Dr. *Gereon Becht-Jördens* erleichtert ein besseres Verständnis des Werkes ganz wesentlich. Die Forschungsreise von Professor Dr. *Robert Fuchs*, Dr. *Doris Oltrogge* und Dr. *Ralf Mrusek* nach Bern zur Analyse der Handschrift mit Farbspektrometer, Stereomikroskop, Infrarotkameras und der entsprechenden Computertechnik hat neue Erkenntnisse zur Entstehungsgeschichte gebracht. Große Verdienste kommen dem *Thorbecke Verlag* und seinen Mitarbeitern zu, die den Band hervorragend gestaltet, und dem Photographen *Gerhard Howald*, der die qualitativ ausgezeichneten Vorlagen für die Reproduktionen hergestellt hat. Die Restaurierung des Codex lag in den kompetenten Händen von *Ulrike Bürger*, Leiterin des Ateliers für Buchrestaurierung der Stadt- und Universitätsbibliothek Bern, die auch viel zur Klärung der kodikologischen Fragen beigetragen hat.

Rudolf von Fischer
Burgergemeinde- und Burgerratspräsident von Bern

Die Staufer im Süden

von Theo Kölzer

Die Vereinigung des Königreichs Sizilien mit dem Kaiserreich (1194)

Am 20. November 1194, einem Sonntag, ritt Kaiser Heinrich VI. im Triumphzug in Palermo, der Hauptstadt des Königreichs Sizilien, ein. Was ein anonymer Zeitgenosse wenige Jahre zuvor sich angsterfüllt ausgemalt hatte, war eingetreten: die edelste Stadt des Reiches von den »wütenden Horden der Barbaren« entweiht, die Straßen widerhallend von dem Gekrächze ihrer harten Sprache, »deutsche Wut« auf Raub und Zügellosigkeit ausgerichtet.

Der Alptraum des sizilischen Anonymus wird augenscheinlich von dem zeitgenössischen Vorurteil des »furor Theutonicus« gespeist und natürlich auch von der Selbstgewißheit der Überlegenheit der eigenen Kultur – und zumindest das wird man nicht in Frage stellen wollen. In der Tat dürfte sich den Ankömmlingen aus dem Norden angesichts der farbenprächtigen Mischkultur Palermos eine Märchenwelt eröffnet haben, die selbst den weitgereisten Araber Ibn Ǧubayr, der gewiß hohe Maßstäbe anlegte, in ihren Bann schlug, als er die Stadt Ende 1184 besuchte:

»Palermo – Allah möge es den Muslimen zurückgeben! – ist die Wiege der Kultur auf dieser Insel, sie vereint in sich die Vorzüge von Reichtum und Anmut; sie verfügt über alles, was das Ohr und das Auge bezaubern kann, auch alles, was man für ein üppiges, blühendes Leben benötigt. Es ist eine alte, elegante Stadt, prächtig und graziös, verführerisch anzusehen. Mit ihren offenen Höfen und freien Plätzen wirkt sie wie ein einziger Garten. Die breiten Straßen und weitläufigen Alleen verwirren das Auge durch ihre Schönheit und Vollendung. Staunen erregen ihre im Stile Córdobas errichteten Bauten; alle Häuser sind aus weißem behauenem Kalkstein … Der König, dem sie seine Welt bedeutet, hat ihre Schönheit zur Vollendung geführt und sie zur Hauptstadt seines … Königreichs gemacht … Die Paläste des Königs sind um den oberen Teil der Stadt herum verteilt wie Perlen, die den Hals einer jungen Frau umgeben …«

Auch Heinrich VI. dürfte bestätigt gefunden haben, was er nur vom Hörensagen kannte, vor allem aus Erzählungen seiner Gemahlin Konstanze, der Tochter König Rogers II. von Sizilien und legitimen Erbin des südlichen Normannenreiches.

Damit sind historische Zusammenhänge angesprochen, die heute kaum noch zum Kernbestand der geschichtlichen Erinnerung der Deutschen gehören. Neben seinem Vater Friedrich I. Barbarossa (1152–1190) und seinem Sohn Friedrich II. (1198–1250) bleibt die Gestalt Heinrichs VI. (1190–1197) blaß, seine nur kurze Regierungszeit ohne klare Konturen. Gleichwohl ist mit seinem Namen die größte Machtentfaltung des Stauferreiches verbunden, aus italienischer Sicht erstmals die Verklammerung von Nord und Süd, die danach erst wieder Garibaldi gelingen sollte.

Heinrichs VI. Heirat mit der normannischen Prinzessin (1186), die nach dem kinderlosen Tod ihres Neffen, König Wilhelms II. († 1189), ihren Erbanspruch zunächst nicht durchsetzen konnte, war in den Augen des Staufers freilich nur ein zusätzlicher Rechtstitel. Weiter reichte zurück das »alte Recht des Kaiserreiches« (*antiquum ius imperii*), von dem der soeben gekrönte Kaiser erstmals im Mai 1191 in seiner Privilegienbestätigung für das Kloster Montecassino ganz beiläufig, versteckt im Eingangsteil der Urkunde, der Aufschluß gibt über den Anlaß der Privilegierung, sprach (fol. 108): »Als wir unser Heer zur Eroberung des Königreiches Sizilien und Apulien, das sowohl wegen des alten Rechts des Kaiserreiches als auch als Erbe unserer Gemahlin Konstanze, der Römischen Kaiserin, zum Kaiserreich gehört, bis zur Abtei Montecassino geführt hatten …«

Die Reihenfolge dieser scheinbar en passant genannten Rechtstitel hat es in sich, denn für Heinrichs Gemahlin Konstanze existierte dieses »alte Recht des Kaiserreiches« nicht. In einem aufschlußreichen Beschwerdebrief an Papst Coelestin III. nannte sie im Oktober 1195 die Nachfolge ihres Vaters (*paterna successio*), das Erbrecht, als Rechtsgrundlage ihrer Herrschaft, zu deren Erlangung ihr der Gemahl nur die kaiserliche Macht geliehen habe;

das Königreich aber sei ihr Erbreich und sie sei bestrebt, zu vollem Recht in dieses Erbe einzutreten.

Man sieht, das Recht am Königreich war selbst unter den Ehepartnern umstritten. Blenden wir daher zurück und fragen wir nach den jeweiligen Berechtigungen.

Kaiserliche Ansprüche auf Unteritalien

Aus deutscher Sicht war der Anspruch engstens mit dem römisch-deutschen Kaisertum verknüpft, das die Staufer über Karl den Großen in die Reihe der spätantik-römischen Kaiser stellte, als deren legitime Nachfolger sich alle mittelalterlichen Kaiser gefühlt haben. Das war nicht etwa eine Laune, sondern entsprach durchaus auch dem christlichen Geschichtsverständnis: Nach der Exegese des Buches Daniel (7.1–27) rechnete man mit der Abfolge von vier Weltreichen, als deren letztes man das Römische Reich ansah. Man versteht von daher, daß sich zum Beispiel Philipp von Schwaben Philippus II. nannte, weil er sich in einer Reihe wähnte mit dem römischen Kaiser Philippus Arabs (244–249), und daß Friedrich Barbarossa 1158 befahl, sein in Italien erlassenes Scholaren-Privileg dem Römischen Recht zu inkorporieren. An der Spitze dieses neuen fränkisch-deutschen Kaisertums römischer Prägung stand Karl der Große, dem Papst Leo III. am Weihnachtstag des Jahres 800 in Rom die Kaiserkrone aufgesetzt hatte. Im 12. Jahrhundert suchten die Päpste daraus Kapital zu schlagen, indem sie aus dieser Translation des Kaisertums (*translatio imperii*) von den Griechen auf die Franken größeren Einfluß auf die Auswahl des Kaiserkandidaten beanspruchten, wie es Innozenz III. im deutschen Thronstreit (1198) vorexerzierte.

Als Nachfolger der römischen Caesaren beanspruchten die abendländischen Kaiser natürlich grundsätzlich auch das alte Kaiserland Italien, obwohl dort im Ablauf der Geschichte neue Fakten geschaffen worden waren: Goten, Byzantiner, Langobarden, Franken, Sarazenen und schließlich die Normannen unterwarfen jeweils Teile der Halbinsel, konkurrierten miteinander und suchten weitere Interessenten abzuwehren. So fällt denn die Gesamtbilanz fränkisch-deutscher Herrschaft in bezug auf Süditalien seit der Wiederbegründung des Kaisertums durch Otto den Großen (962) sehr mager aus: Otto I. selbst etwa begnügte sich mit der Oberlehnsherrschaft über die langobardischen Fürstentümer Capua und Benevent; hochfliegende Herrschaftsträume seines Sohnes Otto II. wurden durch eine vernichtende Niederlage gegen die Sarazenen (Capo Colonne bei Crotone, 982) nachhaltig gedämpft, denn Ottos III. Ziel der Wiederherstellung des Römerreiches mit Rom als Hauptstadt erwies sich als Luftschloß. Zwar haben Heinrich II. (1021) und Konrad II. (1038) noch Kriegszüge bis nach Troia (Apulien) beziehungsweise Capua geführt, aber das blieben nur Augenblickserfolge. Heinrich III. und Heinrich IV. haben sich jeweils nur kurz in Unteritalien aufgehalten, Heinrich V. und Konrad III. sind gar nicht dorthin gezogen. In salischer Zeit blieb somit Unteritalien im wesentlichen sich selbst überlassen; man begnügte sich mit einer lockeren Oberhoheit des Reiches.

Im Laufe des 11. Jahrhunderts waren zudem auch die Normannen in den Kreis der Interessenten eingetreten. Eine Schar Pilger hatte um die Jahrtausendwende den Anfang gemacht, hatte sich als Söldner verdingt und sich in den Kämpfen einheimischer Potentaten bewährt, wobei vor allem die Söhne Tankreds von Hauteville (Normandie) hervortraten. Die Söldner wurden seßhaft und vermochten allmählich, sich eigene Herrschaftskomplexe zu errichten, zunächst unter gegenseitiger Respektierung, dann auch in Konkurrenz zueinander, wobei sich vor allem Robert Guiscard (»der Verschlagene«) in den Vordergrund spielte, der seinem Beinamen alle Ehre machte. Sein Bund mit dem Papst brachte ihm einen wichtigen Legitimationsvorsprung vor seinen Verwandten und Konkurrenten: 1059 nahm er von Papst Nikolaus II. die Herzogtümer Apulien und Kalabrien sowie das noch zu erobernde Sizilien zu Lehen. Die hier sich äußernden Ansprüche des Papstes auf Unteritalien ruhten auf zwei Säulen, der sogenannten Konstantinischen Schenkung und den Schenkungen fränkischer Herrscher; die päpstlichen Ansprüche waren demnach von den kaiserlichen abgeleitet.

Das sogenannte Constitutum Constantini ist eine – erst im 15. Jahrhundert entlarvte – Fälschung (Mitte des 8. bis Mitte des 9. Jahrhunderts entstanden), der zufolge Kaiser Konstantin der Große († 337) dem Papst Silvester (314–335) als Dank für eine Krankenheilung unter anderem Rom sowie ganz Italien und die westlichen Provinzen überlassen und seine Residenz folglich nach Osten (Konstantinopel) verlegt hatte. Diese Fälschung war demnach ein Passepartout-Schlüssel für alle Besitzstreitigkeiten der Kurie, und so ist diese Waffe noch im ausgehenden 11. Jahrhundert eingesetzt worden. Konkreter – und echt – waren die Schenkungen fränkischer Herrscher in der Nachfolge Pippins (754) und Karls des Großen (774), etwa das berühmte Ottonianum von 962, in dem Otto I. dem Papst im Anschluß an seine Kaiserkrönung unter anderem gewährte: die Herzogtümer Spoleto und Benevent sowie Kampanien, Neapel, Kalabrien »und auch den Besitz Siziliens, wenn Gott ihn in unsere Hände geben sollte«. Otto I. verfügte damit über Ländereien, über die er ebensowenig herrschte wie der Papst 100 Jahre später, und in bezug auf Sizilien wurde beide Male ein Wechsel auf die Zukunft ausgestellt, den freilich die Hautevilles tatsächlich einlösten.

Aber obwohl Messina 1061 und Palermo 1072 erobert werden konnten, dauerte es insgesamt mehr als dreißig Jahre, bis Robert Guiscard († 1085) und sein Bruder Roger I. († 1101) Sizilien völlig den Sarazenen abgerungen hatten; als letzte Bastion ergab sich Noto im Jahre 1091. Rogers I. Sohn Roger II. († 1154) gelang die Vereinigung aller normannischen Herrschaftsgebiete Unteritaliens und Siziliens in seiner Hand, und im Jahre 1130 ließ er sich unter Ausnutzung des Schismas zum König eines neuen Königreiches Sizilien krönen; ein Kardinallegat des Gegenpapstes Anaclet II. erteilte ihm die Weihe.

Rogers II. selbstbewußte Monarchie drängte sich als neuer Faktor in das Koalitions-System der europäischen Staaten, unterstützte aus Eigeninteresse den schismatischen Papst, usurpierte aus deutscher Sicht kaiserlichen Boden. Und dennoch mußte Kaiser Lothar III. von Abt Bernhard von Clairvaux, der bestimmenden politischen Figur auf europäischer Ebene, nachdrücklich zur Wahrung der Rechte des Kaiserreiches gegenüber dem Usurpator (invasor imperii) aufgefordert werden. Programmatisch bemühte Bernhard die berühmte Pilatusszene des Johannesevangeliums (Joh. 19,12): »Jeder, der sich in Sizilien zum König macht, lehnt sich gegen den Kaiser auf.« Unausgesprochen stand im Raum das im Evangelium folgende: »Weg, weg mit ihm, ans Kreuz mit ihm«, das in Bernhards Augen natürlich in erster Linie dem schismatischen Papst galt. Lothar III. handelte als Galionsfigur einer Interessenkoalition, die sich aus unterschiedlichen Motiven nur in der Ablehnung Rogers II. einig war.

Von den konkurrierenden päpstlichen Ansprüchen auf Unteritalien ist bei Bernhard zunächst bezeichnenderweise keine Rede, und erst als sich im Verlauf des Feldzuges sichtbare Erfolge einstellten, verlangte der Papst 1137 mit Erfolg, bei der Belehnung Rainulfs von Alife beteiligt zu werden. Als der Feldzug Lothars III. trotz äußerst günstiger Erfolgsaussichten an der Weigerung der deutschen Fürsten scheiterte, länger im Süden Krieg zu führen, da änderte auch Bernhard von Clairvaux seine Politik zugunsten einer Annäherung an den sizilischen König. Roger II. hatte sich inzwischen 1139 auch die Anerkennung des rechtmäßigen Papstes erpreßt und vermochte seine Stellung im Innern und nach außen zu konsolidieren; Rogers Königtum war im wahrsten Sinne des Wortes hoffähig geworden.

Sizilien und das Reich in staufischer Zeit

Das reiche Sizilien war fortan ein umworbener Koalitionspartner für Staufergegner, denn die Ansprüche des Reiches blieben virulent: 1152 mußte ein mit Byzanz verabredeter Kriegszug Konrads III. aufgegeben werden; 1155 versagten sich die Fürsten dem Wunsch Barbarossas nach einem Zug in den Süden mit der Konsequenz, daß jetzt Papst und sizilischer König in dem Vertrag von Benevent (1156) zusammenfanden, während Barbarossa infolge seiner rigorosen Italien- und Kirchenpolitik und mit Hilfe der päpstlichen Diplomatie zunehmend isoliert wurde.

Anfängliche militärische Erfolge des Kaisers in Oberitalien wurden 1167 vor Rom durch eine im Heer ausbrechende Ruhrepidemie in Verbindung mit Malaria zunichte gemacht, die viele Menschenleben forderte und manche Adelsfamilie auslöschte. Barbarossas diplomatische Bemühungen um eine Sprengung der gegen ihn geschmiedeten Koalition blieben erfolglos; ein neuer militärischer Anlauf endete 1176 mit der vernichtenden Niederlage des kaiserlichen Heeres bei Legnano (nordwestlich von Mailand). Jetzt lenkte Barbarossa ein, und es ist erstaunlich, wie schnell die Neuorientierung der staufischen Politik glückte. Der Vorvertrag von Anagni brachte noch im selben Jahr den Ausgleich mit dem Papst, der Friede von Venedig im folgenden Jahr sicherte einen Waffenstillstand mit dem Lombardenbund und dem Königreich Sizilien (14. August 1177). Byzanz spielte nach der katastrophalen Niederlage gegen die Türken bei Myriokephalon (1176) keine entscheidende Rolle mehr und schied nach dem Tod Kaiser Manuels I. (1180) endgültig als ernstzunehmender Faktor der europäischen Politik und als Konkurrent in Unteritalien aus. Den Friedensvertrag mit König Wilhelm II. von Sizilien, dem Enkel des Reichsgründers Roger II., schlossen Friedrich Barbarossa und sein Sohn, König Heinrich VI., der künftige Thronfolger, in Form eines kaiserlichen Privilegs, und beide Parteien banden ihre Erben mit ein. Die zentrale Bestimmung lautete:

»Von jetzt an auf 15 Jahre werden Wir Euch und Euren Erben und Eurem ganzen Königreich und allen unter Eurer Herrschaft stehenden Landen einen echten und festen Frieden halten, und weder werden Wir selbst

Euch, den genannten König, und Euer Reich oder alles unter Eurer Herrschaft stehende Land, wie es im Vertrag beschlossen und bestimmt ist, selbst oder durch andere zu Wasser oder zu Land angreifen noch durch andere angreifen lassen noch gegen Euch und Euer Reich und alles unter Eurer Herrschaft stehende Land irgendwie Krieg beginnen.«

Man mochte noch zweifeln, ob es Barbarossa mit dieser drastischen Wende seiner Politik wirklich ernst war, aber nach Ablauf des sechsjährigen Friedens mit den lombardischen Städten bestätigte Barbarossa seine neue Politik im Konstanzer Vertrag (25. Juni 1183).

Auf dem prunkvollen Mainzer Hoftag, der die Zeitgenossen in Staunen versetzte, feierte der Kaiser Pfingsten 1184 vor aller Augen seine Erfolge und sein wiedergewonnenes Ansehen. Ein halbes Jahr später horchte die Welt noch einmal auf: Am 29. Oktober wurde in Augsburg die Verlobung des deutschen Thronfolgers, König Heinrichs VI., mit der normannischen Prinzessin Konstanze, der Tochter des Reichsgründers Roger und somit Tante des regierenden sizilischen Königs, bekanntgegeben. Kam dies wirklich so überraschend, wie es uns heute aus großer zeitlicher Distanz angesichts fehlender Quellen scheinen mag?

Die staufisch-sizilische Heiratsallianz

Die Vorverhandlungen zu dieser brisanten und – wie sich zeigen sollte – folgenreichen Eheabrede liegen im dunkeln und sind in der historischen Forschung bis heute umstritten. Man hat vermutet, die Verlobung sei ein Meisterstück staufisch-sizilischer Geheimdiplomatie gewesen und die Bekanntgabe des Ergebnisses habe den Papst derart geschockt, daß er die weiteren Verhandlungen mit Barbarossa über wichtige Fragen des bilateralen Verhältnisses abgebrochen habe. Dagegen haben andere, gestützt vor allem auf Petrus von Eboli (fol. 96 und zugehöriger Text), postuliert, es sei gerade Papst Lucius III. gewesen, der diese Verbindung zustande gebracht habe.

Beides ist nach dem heutigen Forschungsstand zu verwerfen: Der Papst war keinesfalls ein Brautwerber, der sich selbst in eine Zwickmühle hineinmanövrierte, er wurde freilich auch nicht überrascht, hat jedenfalls nicht protestiert.

Es bleiben also Barbarossa und Wilhelm II. als mögliche Initiatoren, aber schon die zeitgenössischen Quellen gehen in dieser Frage auseinander, und man wird deshalb allenfalls sagen dürfen, daß die Heiratsallianz im Interesse beider Vertragspartner lag: mit der Heirat wurde der 1177 vereinbarte Friede über die damals vereinbarte Frist hinaus bekräftigt – eine durchaus übliche Maßnahme in den zwischenstaatlichen Beziehungen. Der Kaiser band den Gegner, den er militärisch nicht hatte bezwingen können, auf diese Weise an sich, auch dies ist durchaus keine ad hoc erfundene politische List. Bereits 1173/74 hatte Barbarossa dem sizilischen König die Hand seiner Tochter angeboten, aber damals hatte sich Wilhelm II. aus Rücksicht auf seinen Lehnsherrn, den Papst, noch nicht aus der antistaufischen Koalition herauslösen lassen. Jetzt mochte man auf staufischer Seite vielleicht sogar hoffen, daß das »alte Recht des Kaiserreiches« dereinst auf dem Erbwege an die Staufer fallen werde, denn Wilhelms II. Ehe mit Johanna von England (1177) war noch immer kinderlos. Einstweilen gewann Barbarossa freie Hand für seine Oberitalien-Politik.

Für König Wilhelm II. brachte die Heiratsallianz mehr als nur äußerlichen Prestigegewinn: Was bereits 1177 im Frieden von Venedig angebahnt worden war, erfüllte sich jetzt vollends: die staufisch-sizilische Eheabrede nahm dem sizilischen König endgültig das Stigma des Usurpators, paralysierte das »alte Recht des Kaiserreiches« und garantierte den Status quo. Manche sehen die sizilische Politik sogar langfristig, seit 1156, stärker auf den Kontinent hin ausgerichtet und beurteilen daher das Zusammengehen mit den Staufern als konsequent und folgerichtig. Bislang unbewiesen und auch wenig wahrscheinlich ist die in mehreren Varianten vertretene und ausgebaute These, Wilhelm II. habe wegen fortdauernder Kinderlosigkeit und wegen der zu erwartenden Nachfolgewirren Rückhalt am Kaiser gesucht. Dies – von anderen Vorbehalten abgesehen – ist aber aus der Retrospektive geurteilt und spiegelt kaum die Situation von 1184. Es scheint, daß die Lage Wilhelms II. an der päpstlichen Kurie erst 1188 als so bedrohlich eingeschätzt wurde, daß man nun auf eine Erneuerung des Lehnseides gegenüber dem päpstlichen Lehnsherrn drang, wobei jetzt erstmals auch die potentiellen Erben in die lehnsrechtlichen Verpflichtungen eingebunden wurden.

Nach all diesen Überlegungen bedurfte es nicht erst der jüngst postulierten englischen Vermittlung, daß die Vertragspartner von Venedig aufeinander zugingen. Wenn nicht alles täuscht, dürfte eine grundsätzliche Übereinkunft – noch ohne Fixierung des Vertrages – auf dem Mainzer Hoftag Pfingsten 1184 erzielt worden sein.

Konstanze

Von Konstanze hören wir bis zu ihrer Verlobung mit Heinrich VI. kaum etwas. Sie entstammt der dritten Ehe König Rogers II. mit Beatrix aus dem Haus der Grafen von Rethel (dép. Ardennes, Frankreich) und wurde 1154 nach dem Tod des Vaters († 26. Februar 1154) geboren. In der Obhut ihrer Mutter Beatrix († 31. März 1185) verbrachte Konstanze ihre Kindheit und Jugend am Palermitaner Königshof ihres Bruders Wilhelm I. († 1166) und ihres Neffen Wilhelm II. Nach wie vor rätselhaft ist, warum sie erst mit 30 Jahren verlobt wurde, obwohl sie als Königstochter doch zweifellos sehr begehrt gewesen sein dürfte. Im Frühjahr 1168 wurde zum Beispiel das Gerücht kolportiert, Konstanze habe nach dem Plan des umstrittenen Kanzlers Stephan von Perche dessen Bruder heiraten sollen, um dessen geplante Usurpation des Königsthrons zu legitimieren. Das Gerücht hatte die beabsichtigte Wirkung: der Kanzler war endgültig diskreditiert und wurde gestürzt.

Das ist bereits alles, was wir über die ersten dreißig Lebensjahre der Prinzessin wissen. Die Nachwelt mochte sich damit nicht begnügen; ihr Schicksal forderte die Phantasie späterer Generationen geradezu heraus, die immer neue »Fakten« zutage förderte. Ein halbes Jahrhundert nach dem Tod Konstanzes wollte man wissen, die spätere Kaiserin sei in einem Kloster aufgewachsen, und erst eine päpstliche Dispens habe die Heirat mit dem Staufer ermöglicht. Diese in immer neuen Details ausgemalte Nonnenlegende hat Dante in seiner »Göttlichen Kommödie« unsterblich gemacht (Paradies III. 109–120), dabei aber im Gegensatz zu manchem seiner Zeitgenossen ein durchaus sympathisches Bild der Kaiserin gezeichnet. Verschiedene Klöster stritten sich in der Folgezeit um die Ehre, Konstanze zu ihren Mitschwestern oder gar Äbtissinnen zählen zu dürfen, und mancherlei »Beweise« wurden dafür zutage gefördert. In dem griechischen Kloster San Salvatore in Palermo verwies man auf eine ungebrochene mündliche Tradition, präsentierte stolz das griechische Brevier der ehemaligen Mitschwester, bewahrte das Grabmal ihrer Dienerin und wollte von urkundlichen Belegen für die päpstliche Dispens wissen, die im vatikanischen Archiv aufbewahrt würden. Größter Schatz der Klosterbibliothek war eine Prachthandschrift des Neuen Testaments mit dem von Konstanze eigenhändig eingetragenen Nonnengelübde. Fast überflüssig zu sagen, daß alle diese Hinweise einer kritischen Nachprüfung nicht standhalten. Kritischere Stimmen, die sich bereits seit dem 16. Jahrhundert gegen solche Fabeleien und den um sich greifenden »Kult« wandten, verhallten ungehört und verfehlten gelegentlich bis heute ihre Wirkung.

Auf Bitten Mailands sollte die Hochzeit Heinrichs VI. mit Konstanze in der Metropole Oberitaliens stattfinden. Daß man dieser Bitte der ehemaligen Protagonistin der antikaiserlichen Politik entsprach, ist einmal mehr sinnfälliger Ausdruck der politischen Neuorientierung Barbarossas. Die Hochzeitsfeierlichkeiten fanden am 27. Januar 1186 im Kloster Sant'Ambrogio statt. Der zunächst auffällige Montag-Termin war offenbar mit Bedacht gewählt; es war der Vortag des Festes Karls des Großen, auf dessen Vorbild sich die Staufer besonders beriefen und der nur kurze Zeit nach der Geburt Heinrichs heiliggesprochen worden war. Ein ungenannter deutscher Bischof, doch wohl der anwesende Erzbischof von Mainz, krönte Konstanze zur römisch-deutschen Königin, der Erzbischof von Vienne krönte Barbarossa (»Mitkrönung«), und Patriarch Gottfried von Aquileia krönte Heinrich zum *rex Italiae*.

Papst Urban III., der zugleich Erzbischof von Mailand, also der zuständige Ortsbischof war (Uberto Crivelli), blieb der Feier fern und hatte sich bislang auch dem Ansinnen versagt, den Thronfolger noch zu Lebzeiten des Vaters zum (Mit-)Kaiser zu krönen, wie dies wiederum Karl der Große vorgemacht hatte. Wohl aus diesem Grund wurde – wie eine englische Quelle berichtet – Heinrich VI. von diesem Tage an *caesar* genannt. Dies war, wenn die Nachricht verläßlich ist – Heinrich selbst hat den Titel nie geführt –, eine Verlegenheitslösung, die dem Thronfolger einen kaisergleichen Rang vor der Zeit zubilligte. Sie war natürlich auch als politische Demonstration gedacht und als solche Ausdruck der abgekühlten Beziehungen zwischen Kaisertum und Papsttum, das nun deutlicher die sich aus dieser Verbindung ergebenden Konsequenzen realisierte. Es war der Kurie kaum verborgen geblieben, daß Wilhelm II. 1185 zu Beginn seiner großen Flottenexpedition gegen Byzanz die Großen seines Reiches auf einem Hoftag in Troia eidlich auf eine Eventualerbfolge Konstanzes und ihres staufischen Verlobten festgelegt hatte. Der befürchtete Ernstfall trat ein, als Wilhelm II. am 18. November 1189 ohne eigene Erben starb.

Die Königserhebung Tankreds von Lecce

Heinrich VI. hatte in der Zwischenzeit für seinen Vater, der im Sommer 1189 zum Kreuzzug aufgebrochen war (fol. 107), die Regentschaft übernommen und sah sich in

Auseinandersetzungen mit Heinrich dem Löwen verstrickt, der vorzeitig aus seiner englischen Verbannung zurückgekehrt war. Heinrich VI. suchte nun einen Ausgleich, weil Wilhelms Tod völlig neue Aussichten eröffnete.

Maßgebliche Teile des sizilischen Adels, so zeigte sich bald, waren nicht gewillt, den in Troia auf Konstanze und Heinrich VI. geleisteten Eid zu halten. Gestützt auf eine evidente antideutsche Stimmung, hatte der Hofadel (*aulici comites, magnates curiae*) unter Führung des Vizekanzlers Matheus (von Ajello) gegen die unbezweifelbaren Erbansprüche Konstanzes, die zum Beispiel Erzbischof Walter von Palermo vergeblich zur Geltung zu bringen suchte, nach einer »nationalen« Lösung gesucht und Graf Tankred von Lecce, einen illegitimen Enkel Rogers II., zum König erhoben (8. Dezember 1189, gekrönt am 18. Januar 1190). Tankred, so könnte man sagen, wurde vom politischen Establishment der Zentrale gewählt, das um seine Positionen fürchtete.

Wie schon der bezeugte Widerstand Erzbischof Walters zeigt, war diese Wahl nicht unisono erfolgt. Es gab weitere Thronprätendenten, die deutliches Anzeichen für manifeste Interessengegensätze innerhalb des sizilischen Adels waren, die aber zugleich auch zeigen, daß die prostaufische Partei derer, die sich an den Treueid gebunden fühlten, in der Minderheit war. Die Mehrheit war offenbar der Ansicht, daß eine staufische Herrschaft auch eine neue Rollenverteilung im politischen Leben mit sich bringen werde, und befürchtete wohl Einbußen an Gewicht und Einfluß. Man muß sich freilich hüten, diese Gegensätze in nationalen Kategorien zu fassen, denn ein sizilisches Einheitsbewußtsein gab es, wie jüngste Forschungen zeigen, nicht. Garant der Einheit des ethnisch-religiös heterogenen, aus historisch unterschiedlichen Wurzeln zusammengesetzten Normannenstaates war allein die Person des Königs, auf den das ganze staatliche Leben zentriert war. Mit ihm als Bezugspunkt und Identifikationsfigur stand und fiel die »Einheit« des Königreichs, und diese Krise war 1189 eingetreten. Jetzt brachen alte Interessenkonflikte gleichsam im freien Spiel der Kräfte wieder auf.

Wichtigster Gegenspieler Tankreds war mit Graf Roger von Andria (fol. 99) ein Exponent des festländischen Adels, der fast geschlossen gegen Tankred stand. Hierbei mochten Erfahrungen aus Tankreds vorköniglicher Zeit eine Rolle spielen. Ganz sicher ins Gewicht fällt freilich auch der traditionelle Gegensatz zwischen Terraferma und Insel, der sich aus den unterschiedlichen historischen Wurzeln erklärt und – zugespitzt formuliert – als Gegensatz zwischen Adelsherrschaft und bürokratischem Zentralstaat fortlebte. Anders als auf der Insel hatten sich auf dem Festland feudale Strukturen noch stärker erhalten, hatte man sich gegenüber der Zentrale in Palermo noch Freiräume bewahren können, die mit wachsender räumlicher Distanz zunahmen, mochten sie auch insgesamt gering erscheinen. Aber der Adel an der nördlichen Grenze hatte zum Beispiel traditionell starke Bindungen auch nach Norden, und diese latente Reichsnähe war von den fränkisch-deutschen Herrschern immer wieder genutzt worden, wenn sie ihre Ansprüche auf Unteritalien zu realisieren trachteten; der Adel der Grenzregion ließ sich leicht gegen die Palermitaner Zentrale mobilisieren.

Wenig Vertrauen verdient die Nachricht Petrus' von Eboli, die mächtigsten Grafen des Festlandes, darunter auch Roger von Andria und sogar Tankred von Lecce, hätten sich an Heinrich VI. gewandt, er solle das Königreich in Besitz nehmen (fol. 105^v). Die genannten Namen sind freilich jene, gegen die Tankred sein Königtum auf dem Festland in der Folgezeit in beständigen Kriegszügen durchzusetzen gezwungen war. Zunächst hatten seine Unterstützer offenbar die Zeit bis zu seiner Krönung genutzt, um sich des päpstlichen Rückhalts im Grundsatz zu versichern; die Klärung der lehnsrechtlichen Fragen blieb späteren Verhandlungen vorbehalten.

Tankred von Lecce

Wer war nun dieser – aus staufischer Sicht – Gegenkönig? Tankred war der illegitime Sohn Herzog Rogers von Apulien († 1149), des früh verstorbenen ältesten Sohnes Rogers II., und einer namentlich unbekannten Tochter des Grafen Accardus II. von Lecce. Wenn eine zeitgenössische Quelle sagt, er habe sich mehr durch Verstand und Fleiß als durch körperliche Tüchtigkeit ausgezeichnet, wird man mit aller Vorsicht vermuten dürfen, daß er von schwächlicher Statur war, woraus Petrus von Eboli dann eine niederträchtige Horrorgeschichte machte (fol. 103). Seine früheste Kindheit dürfte Tankred zusammen mit seinem Bruder am Grafenhof in Lecce verbracht haben; nach dem Tod des Vaters wurden die beiden von ihrem Großvater an den Palermitaner Königshof geholt, wo sich nach Rogers II. Tod (1154) zwischen dessen Sohn und Nachfolger Wilhelm I. und Tankred ein nicht spannungsfreies Verhältnis entwickelt zu haben scheint. Inwieweit Tankred in den Aufstand von 1155/56 verwickelt war, ist nicht deutlich zu erkennen. An der zweiten Revolte von 1160/61 war er jedenfalls maßgeblich beteiligt und mußte nach deren Niederschlagung nach Byzanz ins Exil gehen. Erst unter der Regentschaftsregierung der Königinwitwe Margarete für ihren minderjährigen Sohn Wilhelm II. (seit 1166) wurde Tankred zusammen mit anderen Aufständischen aus dem Exil zurückgeholt und 1169 sogar mit der Grafschaft Lecce belehnt. Diese – obwohl eher mittleren Zuschnitts – bot ihm ein neues Sprungbrett, das er zielstrebig zu nutzen verstand. Bald nach seiner Rückkehr dürfte Tankred Sibylle geheiratet haben, die Schwester Graf Richards von Acerra, der sich später als sein verläßlichster Helfer erweisen sollte. Aus dieser Ehe gingen fünf Kinder hervor, darunter die Söhne Roger (Mitkönig 1191) und Wilhelm (König 1194). Vollends rückte Tankred in die erste Reihe des Festlandsadels durch seine Ernennung zum Großkonnetabel und Großjustitiar Apuliens und der Terra di Lavoro (1176, vielleicht schon 1174); damit hatte er in diesen beiden Festlandsprovinzen quasi eine vizekönigliche Stellung inne, wobei das Amt – wie in Sizilien üblich – kollegial ausgeübt wurde. Amtskollege Tankreds war seit 1176 niemand anderes als sein späterer Konkurrent um den Königsthron, Graf Roger von Andria.

Die Betrauung mit diesem höchsten Amt der Provinzialverwaltung und die zahlreich belegten Sonderaufgaben, nicht zuletzt die Verleihung des Oberkommandos über die gegen Byzanz segelnde Flotte (1185), verweisen die jüngst vorgetragene Behauptung, Tankred habe schon lange vor 1189 nach dem Königsamt gestrebt und deshalb habe Wilhelm II. Rückhalt am staufischen Kaiser gesucht, in den Bereich der unbegründeten Spekulation. Tankred hat, soweit wir sehen können, die ihm übertragenen Funktionen zur vollsten Zufriedenheit des Königs ausgeübt, und in den Quellen gibt es nirgends auch nur die Spur eines Mißtrauens oder der Verstimmung seitens Wilhelms II., auch als die Flottenexpedition scheiterte. Beim Tod seines Gönners gehörte Tankred zweifelsohne zu den profiliertesten Amtsträgern des Königreiches.

Heinrichs VI. erster Eroberungsversuch 1191

Heinrich VI. nahm die Herausforderung an und konzentrierte alle Kräfte auf das Ziel, dem »alten Recht des Kaiserreiches« und dem Erbrecht seiner Gemahlin Konstanze Geltung zu verschaffen. Im Frühjahr 1190 kam es zu einem Ausgleich sowohl mit Erzbischof Philipp von Köln als auch mit Heinrich dem Löwen, so daß der bereits Weihnachten 1189 in Eger beschlossene Kriegszug nach Unteritalien vorbereitet werden konnte. Das gestaltete sich insofern nicht einfach, als sich ja ein außergewöhnlich großes Heer auf dem Kreuzzug befand. Wertvolle Zeit war bereits wegen der Auseinandersetzung mit dem Welfen verstrichen, und auch Pisa und Genua mußten erst noch für die Gestellung ihrer Flotten gewonnen werden. Einstweilen wurde der Reichsmarschall Heinrich Testa mit einem kleinen Vorauskommando in Marsch gesetzt, das Anfang Mai die Grenze des Königreichs Sizilien in Richtung auf die Terra di Lavoro überschritt, um sich mit den Truppen Rogers von Andria zu vereinigen. Ein gemeinsamer Vorstoß nach Apulien scheiterte in der Sommerhitze vor dem von Richard von Acerra befestigten Ariano (östlich von Benevent) und erzwang den Rückzug; ein Jahr später sollte sich dies vor Neapel wiederholen.

Erzbischof Konrad von Mainz und der Kanzler Dieter, die der Vorausabteilung von Deutschland aus hinterhergeschickt worden waren, um die Lage zu beurteilen, hatten das deutsche Heereskontingent nur auf dem Vormarsch gesehen und berichteten entsprechend optimistisch. In den sich anschließenden Scharmützeln gelang Richard von Acerra sogar die Gefangennahme Rogers von Andria, den er Ende November in Gefangenschaft ermorden ließ (fol. 104). Ende des Jahres war der Heerführer Tankreds auf dem Festland erst einmal Herr der Lage, während der König selbst sich auf der Insel mit den Animositäten zwischen König Richard Löwenherz und König Philipp II. August von Frankreich befassen mußte, die auf dem Weg ins Hl. Land in Messina überwinterten. Richard benutzte die Gelegenheit, von Tankred die Mitgift und das Wittum seiner Schwester Johanna, der Witwe des verstorbenen Königs Wilhelm II., einzufordern, und Tankred zahlte eine enorme Summe, um sich nicht zusätzliche Schwierigkeiten einzuhandeln. In einem weiteren Abkommen, das gleichfalls teuer bezahlt werden mußte, verpflichtete sich Richard Löwenherz, Tankred gegen potentielle Angreifer zu unterstützen, was natürlich auf Heinrich VI. gemünzt war. Tankreds Versuch, sich auch ein Bündnis mit dem französischen König zu erkaufen, schlug dagegen fehl; das staufisch-kapetingische Bündnis hielt.

Auf weitere Verwicklungen während dieser Monate braucht hier nicht eingegangen zu werden. Hatten die Anfang 1190 auf der Insel ausgebrochenen Sarazenenunruhen Tankred das ganze Jahr über in Atem gehalten, so der anschließende sechsmonatige Aufenthalt der Franzosen und Engländer nicht minder. Die Niederwerfung der adligen Opposition auf dem Festland und die Vorbereitungen zur Abwehr des erwarteten Angriffs Heinrichs VI. lagen vornehmlich bei Tankreds Schwager Richard von Acerra und dem Flottenkommandanten Margaritus von

Brindisi. Als die Kreuzfahrer Ende März 1191 endlich die Insel verließen, stand Heinrich VI. mit seinem Heer bereits in Oberitalien und hatte sich soeben gegen weitreichende Versprechungen die Unterstützung der Pisaner Flotte gesichert; ein ähnlicher Vertrag wurde Ende Mai, im Feldlager vor Neapel, mit Genua abgeschlossen – zu spät, wie sich zeigen sollte.

Unliebsame Verzögerungen verursachte die Frage der Kaiserkrönung Heinrichs VI. Im Herbst 1190 hatte ihn die Nachricht vom Tod seines Vaters im Salef erreicht (fol. 107) und ihn sofort in Verhandlungen mit Papst Clemens III. treten lassen. Als eine Einigung in Sicht war, starb der Papst Ende März 1191, und der greise Nachfolger, Coelestin III., verzögerte die Kaiserkrönung Heinrichs dadurch, daß er seine eigene Krönung hinausschob; die Gründe sind strittig und brauchen hier nicht erörtert zu werden. Als signifikant für den Charakter des künftigen Kaisers wertete man, daß Heinrich VI. für die Vermittlungsbemühungen der Stadtrömer die kaisertreue, mit Rom verfeindete Stadt Tusculum (bei Frascati) preisgab, die von den Römern umgehend dem Erdboden gleich gemacht wurde. Heiligte der Zweck jedes Mittel? Sein vordringlichstes Ziel, die Kaiserkrönung, hatte Heinrich VI. erreicht (Ostermontag, 15. April 1191; fol. 105), und doch bleibt ein schaler Geschmack. Ein staufertreuer Chronist bemerkte enttäuscht: »... indem er die Stadt preisgab, hat er das Reich nicht wenig entehrt«.

Dem Angriff auf Sizilien stand jetzt nichts mehr im Wege; über den Dissens des Papstes als sizilischem Lehnsherrn konnte Heinrich vorerst hinwegsehen, denn Sanktionen drohten nicht, und im übrigen war es rechtlich mehr als bedenklich, daß der Papst einseitig die Sache Tankreds vertrat.

Ohne Widerstand rückte das Heer Heinrichs VI. über die Grenze in das Königreich vor; die Tankred-Gegner schlossen sich ihm an. In Montecassino versicherte sich der Kaiser der Treue dieses wichtigen Klosters (fol. 108) und gewährte ihm später ein umfangreiches Bestätigungsprivileg, in welchem er auch Bezug nahm auf die kaiserlichen Rechte auf Unteritalien. Auch der Erzbischof Matheus von Capua empfing den Kaiser in seiner Stadt (fol. 108).

Ende Mai war Neapel erreicht, und hier traf man auf massierten Widerstand. Das war ohne Zweifel die Taktik Richards von Acerra: Preisgabe der Grenzfesten und Massierung der Kräfte in einer rückwärtigen Bastion, an der sich der Gegner festbeißen sollte. Der Platz war klug gewählt, denn die starke sizilische Seeflotte unter Admiral Margaritus von Brindisi bot die Aussicht, daß man die Seeseite werde offenhalten können. Und so geschah es, vor allem, weil die Aktionen der Pisaner und Genueser Flotten nur mangelhaft koordiniert waren. Der Vertrag mit Genua war erst im Feldlager vor Neapel abgeschlossen worden (30. Mai), und so lief die genuesische Flotte zu spät aus, als daß sie noch hätte wirkungsvoll in die Entscheidung eingreifen können. Die Pisaner Flotte wurde von den sizilischen Seestreitkräften noch vor Erreichen des Golfs von Neapel gestellt und in die Flucht geschlagen; gleiches widerfuhr der verspätet eintreffenden Genueser Flotte. So blieb die Seeseite der belagerten Stadt offen und machte alle noch so großen Anstrengungen wirkungslos, obwohl Richard von Acerra bei einem Angriff schwer verwundet worden war (fol. 109–110). An seiner Stelle leiteten der Erzbischof Nikolaus von Salerno, ein Sohn von Tankreds Kanzler Matheus, und der Podestà von Neapel, Aliernus Cottone, die Verteidigung der Stadt; letzterer trat später auf die kaiserliche Seite über, sein Sohn begegnet 1198 im Dienst Konstanzes.

Als schwerer Fehler erwies sich jetzt, daß die kaiserlichen Truppen in Erwartung eines schnellen Sieges – man hatte sich durch die leichten Anfangserfolge blenden lassen – das Umland verwüstet und so die eigene Versorgung erschwert hatten. Die ungewohnte Sommerhitze und mangelhafte Hygiene taten ein übriges: Wie schon 1167 vor Rom brach auch vor Neapel eine Ruhrepidemie aus, deren Wirkung durch Malariainfektionen noch verstärkt worden zu sein scheint. Das Ergebnis war verheerend: Die kaiserlichen Truppen erlitten enorme Verluste; zeitgenössische Quellen sprechen – sicher übertreibend – von 10000 Toten oder neun Zehnteln des Heeres. Unter den Opfern befanden sich zum Beispiel Erzbischof Philipp von Köln, der Böhmenherzog und der kaiserliche Kanzler Dieter von Katzenelnbogen. Der Kaiser selbst erkrankte ernstlich, kam aber mit dem Leben davon (fol. 112); er starb 1197 an Ruhr in Verbindung mit rezidiver Tertiana oder Quartana, dürfte sich diese Malariainfektion jedoch erst bei seinem zweiten Aufenthalt im Königreich (1194/95) zugezogen haben. Ende August wurde das aussichtslos gewordene Unternehmen abgebrochen, und der Kaiser trat den Rückzug an – halbtot, wie eine Quelle bemerkt (fol. 114).

Einer hatte schon früher die Aussichtslosigkeit der Lage erkannt und es vorgezogen, das Heer heimlich zu verlassen und – nachdem er sich der Rückendeckung des Papstes versichert hatte – nach Deutschland zurückzukehren. Das war Heinrich von Braunschweig, der Sohn Heinrichs des Löwen, der gleichsam als Geisel für das Wohlverhalten des Vaters den Kriegszug hatte mitmachen müssen. In

Deutschland angekommen, behauptete er, der Kaiser sei tot und empfahl die Neuwahl eines Königs, wobei er sich selbst ins Spiel gebracht haben soll. Geschadet hat ihm die »Desertion« kaum, denn Anfang 1194 wird er – gegen den Willen des Kaisers – heimlich die Erbtochter des rheinischen Pfalzgrafen Konrad, eines Halbbruders Barbarossas, heiraten und ein Jahr später dessen Nachfolger im Amt werden.

Komplettiert wurde die Niederlage des Kaisers vor Neapel durch die Gefangennahme seiner Gemahlin Konstanze. Von Neapel aus hatte sich die offenbar leidende Kaiserin nach Salerno begeben, dessen Ärzte Weltruhm genossen. Eine Abordnung der Bürger hatte sie eingeladen, in Salerno Wohnung zu nehmen (fol. 110), um die Stadt in ihrer Treue zum Kaiser zu erhalten. Dies war offenbar nötig, denn der Erzbischof der Stadt war, wie wir sahen, eine der Hauptstützen Tankreds auf dem Festland und leitete in Neapel die Verteidigung der Stadt. So wird die kaiserliche Partei in Salerno, für deren Haltung natürlich in erster Linie manifeste Familieninteressen ausschlaggebend waren, nur für den Augenblick die Oberhand gewonnen haben (fol. 111). Konstanze wurde feierlich empfangen und bezog den königlichen Stadtpalast Terracina (fol. 111). Offenbar wurden während ihrer Anwesenheit auch Münzen mit dem Bild der Kaiserin geprägt. Nach dem Abbruch der Belagerung Neapels schlug die Stimmung in Salerno um, und die Lage der Kaiserin wurde bedrohlich (fol. 115–117). Petrus von Eboli ist die einzige Quelle, die uns Einzelheiten berichtet. Und selbst wenn man in Rechnung stellen muß, daß es seine Darstellungsabsicht war, die Haltung der Kaiserin in ihrem Schicksal zu verherrlichen und ihre Gegner in schlechtem Licht erscheinen zu lassen, haben wir doch keinen Grund, seiner Schilderung grundsätzlich zu mißtrauen.

In Verhandlungen mit der Kaiserin konnte Elias de Gisualdo, ein Salernitaner Abkömmling der Hautevilles, Konstanze gegen freien Abzug der Deutschen zur Übergabe bewegen (fol. 118). Per Schiff wurde die Kaiserin nach Messina gebracht (fol. 119), wo sie zum ersten Mal dem Gegenspieler gegenübertrat, für Petrus von Eboli die Gelegenheit, nochmals zu verdeutlichen, wem seine Sympathien gelten (fol. 120).

Darf man unserem Gewährsmann glauben, dann waren sich Tankred und seine Gemahlin sowie die engsten Berater nicht einig, was mit diesem wertvollen Faustpfand, das offenbar nach Palermo in den Gewahrsam der Sibylle, der Gemahlin Tankreds, überstellt worden war, zu geschehen habe (fol. 124–126). Die Königin soll sogar geraten haben, die Kaiserin zu beseitigen (fol. 125 mit vv. 897ff.). All das ist wiederum durch keine andere Quelle zu kontrollieren, und die von Petrus von Eboli in Versform zitierten Briefexzerpte der Beteiligten sind natürlich fiktiv. Auf Anraten seines Kanzlers Matheus (fol. 126) und besorgt angesichts der Sympathiekundgebungen der Palermitaner Bevölkerung, ließ Tankred seine Gefangene schließlich nach Neapel in den Gewahrsam des Aliernus Cottone bringen, der wenige Jahre später in den Dienst des Kaisers treten sollte. Als Gefängnis hatte man das sichere Castel dell'Ovo ausgewählt, eine Festung, die auf einem aus dem Hafen Santa Lucia aufragenden Fels erbaut war (fol. 126) und später unter Friedrich II. zeitweise den Staatsschatz verwahrte; nach dem Tod König Manfreds wurde dort dessen Tochter Beatrix fast zwei Jahrzehnte von Karl I. von Anjou gefangengehalten, Konstanzes Urenkel Konradin fristete 1268 vor seiner Hinrichtung hier seine letzten Tage in angevinischer Gefangenschaft.

Von hier aus wurde die Kaiserin ein gutes halbes Jahr später freigelassen, und zwar auf Initiative Papst Coelestins III., der sich dieses Faustpfands selbst bedienen wollte, um den Kaiser in der Sizilienfrage und anderen Streitpunkten unter Druck setzen zu können (fol. 128). Tankred konnte sich diesem Ansinnen schwerlich versagen in einer Zeit, in der gerade das Konkordat von Gravina (Juni 1192) ausgehandelt wurde, das seinem Königtum die ersehnte Legitimierung durch den Papst als sizilischem Oberlehnsherrn bringen sollte. Konstanze wurde den vom Papst beauftragten Kardinälen übergeben, die sie nach Rom bringen sollten. Bei Ceprano (Provinz Frosinone), an der Grenze des Kirchenstaates, traf die Reisegruppe auf Abt Roffrid von Montecassino, der soeben aus Deutschland zurückkehrte und eine bewaffnete Schar mit sich führte. Was dann passierte, wissen wir nicht, wir kennen nur das Ergebnis: Konstanze zog über Tivoli und Spoleto nach Deutschland, ohne Rom und den Papst gesehen zu haben. Daß sie dies unfreiwillig tat, daß sie gegen ihren Willen befreit worden sei, sind reine Spekulationen einer national gefärbten Geschichtsschreibung, die dieser »welschen« Prinzessin von Anfang an mißtraute.

Stellvertreter-Kämpfe in Unteritalien

Beim Rückzug aus dem Königreich hatte Heinrich VI. einige treue Ministeriale in befestigten Plätzen zurückgelassen, die diese Brückenköpfe bis zur Rückkehr des Kaisers behaupten sollten. Kommandanten der Grenzfesten Rocca d'Arce und Sorella (oberhalb Sora) waren

Diepold von Schweinspeunt und Konrad von Marley, Capua befehligte Konrad von Lützelhard. Letzterer muß sich recht auffällig verhalten haben, denn die Einheimischen nannten ihn schon seit längerem »Moscaincervello« (Mück-im-Hirn).

Nach dem Abzug des kaiserlichen Heeres hatten die Belagerten offenbar zunächst noch mit einer Finte gerechnet (fol. 113). Dann aber ging man zur Gegenoffensive über. Der von seiner Verwundung wieder genesene Richard von Acerra griff zunächst Capua an (fol. 121–123), wo es zu verlustreichen Kämpfen kam. Die Deutschen leisteten erbitterten Widerstand, konnten aber die Burg wegen Proviantmangels nicht halten, und Richard von Acerra gewährte ihnen freien Abzug.

Die weiteren Kämpfe in Unteritalien, an denen sich seit dem Oktober auch Tankred selbst beteiligte, läßt Petrus von Eboli außer Betracht; er hätte schildern müssen, wie sich die Lage des Königs beständig konsolidierte, wie Tankred selbst in Apulien und sein Schwager Richard von Acerra in der Terra di Lavoro von Sieg zu Sieg eilten, wie sich insgesamt binnen weniger Monate die politische Karte Unteritaliens grundlegend änderte. Tankred erleichterte den ehemaligen Stauferanhängern das Wechseln der Front, indem er die militärisch Besiegten in der Regel schonend behandelte und damit noch Zögernde ermutigte, es nicht erst auf ein Kräftemessen ankommen zu lassen.

Angesichts dieser allgemeinen Entwicklung ist die konsequent kaisertreue Haltung des Klosters Montecassino um so höher zu bewerten. Stellvertretend für den am Kaiserhof weilenden Abt Roffrid führte der Dekan Adenulf das Kloster (vgl. fol. 108) und ließ sich auch durch eine Okkupation des umliegenden Klostergutes durch Richard von Acerra nicht schrecken. Dieser Widerstand des bedeutendsten Klosters Unteritaliens, das nicht einsehen wollte, daß sich die politische Großwetterlage – zumindest für den Augenblick – geändert hatte, veranlaßte schließlich Papst Coelestin III. zum Einschreiten: Ende 1191 exkommunizierte er den Dekan Adenulf und verhängte über das Kloster das Interdikt, das alles kirchliche Leben lahmlegte. Proteste des Kaisers und auch aus dem Kardinalskollegium veranlaßten den Papst jedoch wenige Monate später zur Aufhebung dieser Maßnahme; Montecassino blieb ein kaiserliches Bollwerk inmitten eines sonst völlig von Tankred beherrschten Königreichs. An diesem Befund gab es spätestens im Sommer 1192 nichts mehr zu deuten, auch wenn es in den nördlichen Grenzregionen immer wieder zu kleineren Scharmützeln kam.

Im Juni waren in Gravina (Provinz Bari) auch die Verhandlungen um das Konkordat mit dem Papst zum Abschluß gelangt, das dem König endlich die ersehnte Legitimation von seiten des sizilischen Oberlehnsherrn brachte. Der Preis war hoch, aber es gab für Tankred keine Alternative. Schon im Vorfeld hatte er die gefangene Kaiserin Konstanze dem Papst überstellen müssen. Daß sie nicht in Rom ankam, beruhte – wie wir sahen – auf einem Zufall. Aber auch substantiell mußte Tankred dem Papst erhebliche Zugeständnisse machen. Das Konkordat von Gravina beseitigte völlig die kirchenpolitische Sonderstellung des sizilischen Königs, wie sie 1156 in dem Grundlagenvertrag von Benevent zwischen Wilhelm I. und Papst Hadrian IV. festgelegt worden war, der seinerzeit die päpstlich-sizilische Allianz gegen die Staufer eingeläutet hatte. Die Beschränkungen der Eingriffsmöglichkeiten des Papstes im Königreich wurden praktisch aufgehoben: Appellationen an den Hl. Stuhl durften jetzt ohne Einschränkung aus dem ganzen Königreich erfolgen, päpstliche Legationen waren jetzt auch nach Insel-Sizilien möglich; bezüglich der freien Wahlen der Bischöfe sollte der König nur dann noch ein Einspruchsrecht haben, wenn es sich bei den Elekten um Verschwörer oder Feinde des Königs handelte, aber dies festzustellen, war letztlich Sache des Papstes. Gravina stellte demnach das Rechtsverhältnis des Papstes zu seinem sizilischen Lehnsmann auf eine neue Basis, und vorausschickend darf man sagen, daß es auch Konstanze während ihrer selbständigen Herrschaft (1197/98) trotz intensivster Verhandlungen nicht mehr gelang, den Status quo ante wiederherzustellen.

Auch außenpolitisch suchte Tankred sein Königtum weiter abzusichern. Im Hochsommer 1192 fanden Verhandlungen mit Byzanz ihren Abschluß: Tankreds Sohn Roger, der bereits seit Anfang 1191 Herzog von Apulien war, heiratete Irene, die Tochter des byzantinischen Kaisers Isaak II. Angelos (und spätere Gemahlin Philipps von Schwaben), und wurde in diesem Zusammenhang zum Mitkönig gekrönt.

Alles schien sich somit für Tankred zum Guten zu wenden, der sich im September nach Messina zurückziehen konnte. Aber – so stellt es Petrus von Eboli dar (fol. 146–147) – das Rad der Fortuna drehte sich weiter, unerwartet und mit rasender Geschwindigkeit: Am Ende des folgenden Jahres war die Sache Tankreds verloren.

Zunächst einmal hatte sich in der Terra di Lavoro Diepold von Schweinspeunt von den ersten heftigen Schlägen der Tankrediner erholt, ein Söldnerheer angeworben und sich zusammen mit dem Dekan Adenulf in zähem Ringen zusehends behaupten können (fol. 130). Ihren Widerstandswillen hatte wohl auch gestärkt, daß der Kaiser im März 1192 zusätzlich Berthold von Künßberg als Reichslegat (*imperialis aulae in Italia et Apulia legatus*) mit einem Heer in den Süden geschickt hatte, um die deutsche Position zu stärken. Mit ihm kehrte auch Abt Roffrid von Montecassino aus Deutschland zurück, und auch er hatte eine Truppe zur Verfügung, wie wir anläßlich der »Befreiung« Konstanzes sahen.

Berthold von Künßberg hatte zunächst noch kaiserliche Aufträge in Oberitalien erledigt, dort zusätzliche Truppen ausgehoben und traf im November im Königreich ein. Unter seinem Kommando wurden jetzt die kaisertreuen Truppen zusammengefaßt, die nun doch eine ansehnliche Streitmacht darstellten. Die Zeit des unkoordinierten Kleinkriegs war damit vorbei; Berthold setzte auf gezielte, massierte Militäraktionen. Eigene Interessen ließ er dabei nicht außer acht: er heiratete die Witwe des Grafen Robert von Caserta, eine Tochter Graf Berards von Loreto und Conversano. Der Wunsch, in einheimische Adelsfamilien einzuheiraten, war unter den Deutschen offenbar weit verbreitet, denn auch Konrad von Lützelhard ehelichte eine Einheimische aus gräflicher Familie, Maria de Palena, die dann in zweiter Ehe noch Konrad von Marley geheiratet haben soll, und an der Wende zum 13. Jahrhundert wurden auch Bruder, Tochter und Sohn Diepolds von Schweinspeunt auf diese Weise im Süden seßhaft. Das war Berthold nicht vergönnt; er fiel im Sommer 1193 bei der Belagerung von Monteroduni (Provinz Campobasso).

Die Erfolge der Deutschen hatten Tankred alarmiert, der zunächst seinen Aufenthaltsort von Palermo nach Messina verlegt hatte, dann aber selbst auf das Festland übersetzte, um Berthold entgegenzutreten. In der Umgebung von Avellino (nördlich von Salerno) trafen die Heere aufeinander, doch vermieden beide Heerführer eine offene Schlacht. Als Berthold sein Heer wegen zunehmender Versorgungsprobleme weiter nach Norden zurückverlegte, wurde er in Monteroduni von einer feindlichen Steinschleuder tödlich getroffen. Bertholds Tod bedeutete das Ende der deutschen Offensive, weil große Teile des Heeres eine Fortführung des Kampfes verweigerten, obwohl sofort Konrad von Lützelhard (»Moscaincervello«) zum Anführer gewählt worden war und obwohl die belagerte Burg fiel. Die dezimierte deutsche Streitmacht war für Tankred kein bedrohlicher Gegner mehr. Apulien und Kampanien wurden mit großer Härte zur Raison gebracht – und wieder war es allein die Abtei Montecassino, die sich erfolgreich zu widersetzen wagte.

Im Sommer des Jahres 1193 konnte sich Tankred seines Königtums sicher sein. Er schien das Glücksrad (fol. 146–147) noch einmal zurückgedreht zu haben; aber jetzt begann – unerwartet – der rasante Abschwung, und innerhalb nur eines halben Jahres war Tankreds Sache verloren.

Am 21. Juli 1193 starb der Kanzler Matheus, dem Tankred in erster Linie sein Königtum verdankte. Bald darauf erkrankte Tankred selbst schwer, was ihn zur Aufgabe seiner erfolgreichen Offensive und zur eiligen Rückkehr auf die Insel zwang. Um Weihnachten erkrankte gleichfalls der Flottenbefehlshaber, Admiral Margaritus von Brindisi, schwer, und obwohl er sich wieder erholte, dürfte seine Krankheit mit dafür verantwortlich sein, daß die Flotte bei der Eroberung des Königreiches 1194 keinen ernsthaften Beitrag zur Verteidigung des Landes geleistet zu haben scheint.

Der schwerste Schicksalsschlag war jedoch ohne Zweifel der Tod des Thronfolgers Roger († 24. Dezember 1193), auf den Tankred für die Zukunft gebaut hatte. Diesen Schlag hat Tankred nicht verwinden können. Er starb zwei Monate später († 20. Februar 1194) in Palermo und wurde wie sein Sohn in der Kathedrale bestattet. Aber die Rache Heinrichs VI. verfolgte ihn selbst im Tod: Nach der Eroberung des Königreichs ließ der Kaiser einer englischen Quelle zufolge die beiden Könige exhumieren, ihnen die Kronen vom Kopf reißen und die sterblichen Überreste an unbekanntem Ort verscharren. Die »damnatio memoriae« setzte sich auch später fort: Tankreds Urkunden wurden in staufischer Zeit – und darüber hinaus – kaum für bewahrenswert befunden und folglich auch kaum kopiert, und wo dies doch einmal geschah, ließ man bezeichnenderweise den Namen aus!

Tankred hinterließ einen minderjährigen Sohn, Wilhelm III., der zwar bereits anstelle seines verstorbenen Bruders zum Mitkönig erhoben worden war, für den aber jetzt nach normannischem Brauch seine Mutter Sibylle die Regentschaft führte. Sie wurde unterstützt von dem Kollegium der Familiaren, von dessen drei Mitgliedern zwei Söhne des verstorbenen Kanzlers Matheus waren: der Erzbischof Nikolaus von Salerno und dessen Bruder Richard von Ajello; Dritter im Bunde war Erzbischof Bartholomeus von Palermo, ein Bruder seines Vorgängers Walter, der seinerzeit vergeblich die Ansprüche Konstanzes unterstützt hatte und bereits – als Bischof von Agrigent – Familiar Wilhelms II. und Tankreds gewesen war.

Der Sieg Heinrichs VI.

Heinrich VI. hatte nach seinem Abzug aus dem Königreich keinen Zweifel daran gelassen, daß er wiederkommen werde. Noch auf dem Rückweg hatte er Mitte November 1191 in Genua Verhandlungen über einen neuen Hilfsvertrag geführt. In Deutschland nahmen ihn freilich zunächst Auseinandersetzungen mit den Welfen in Anspruch, und kaum waren sie beigelegt, entzündete sich an der Ermordung des Lütticher Bischofs Albert († 24. November 1192), als deren Urheber man den Kaiser betrachtete, eine weit über die engere Region hinausreichende Aufstandsbewegung, die äußerst bedrohliche Ausmaße annahm. Die tatsächlichen Ursachen waren vor allem territorial-, reichs- und wirtschaftspolitischer Natur; hier ging es um Machtverteilung und Einfluß am Niederrhein, hier entlud sich aber auch lange aufgestauter Dissens über mancherlei Aspekte staufischer Politik im Reich, und all dies war verwoben mit den politischen Koalitionen auf europäischer Ebene. Erwähnenswert ist noch, daß in der doppelten Lütticher Bischofswahl des Jahres 1191, dem Ausgangspunkt der Verwicklungen, ein Onkel der Kaiserin, Albert von Rethel, trotz früherer kaiserlicher Zusagen sich nicht durchsetzen konnte.

Ein Zufall rettete den Kaiser aus dieser ernsten Lage: die aus Privatrache erfolgte Gefangennahme des englischen Königs durch Herzog Leopold V. von Österreich im Dezember 1192 (fol. 129), der ihn sodann dem Kaiser überstellte. Damit war die welfisch-niederrheinische Opposition ihrer potentesten Stütze beraubt und paralysiert, und Heinrich VI. nutzte die Situation gnadenlos aus, indem er von England ein riesiges Lösegeld erpreßte, das den zweiten Eroberungszug nach Sizilien finanzieren sollte. Der Preis wurde in die Höhe getrieben, weil auch der französische König und Richards Bruder Johann aus Eigeninteresse mitboten. Massiver Druck der deutschen Fürsten auf den Kaiser machte der Preistreiberei schließlich ein Ende. Die Freilassung wurde auf den 4. Februar festgesetzt; auf die in den Verhandlungen zunächst erwogene persönliche Teilnahme des englischen Königs am Kriegszug gegen Sizilien hatte man verzichtet. Stattdessen leistete Richard Löwenherz dem Kaiser für England den Lehnseid und wurde auch mit Burgund belehnt, was freilich bedeutungslos blieb. Daß die schändliche Behandlung eines Kreuzfahrers in ganz Europa Empörung hervorrief, scherte die am Geschäft Beteiligten wenig.

Obwohl der Tod des Gegenkönigs noch nicht bekannt sein konnte, waren die Voraussetzungen für einen zweiten staufischen Eroberungsversuch jetzt günstig, zumal die bereits erwähnte Heirat Heinrichs von Braunschweig, des Sohnes Heinrichs des Löwen, mit Agnes, der Erbtochter des rheinischen Pfalzgrafen, soeben auch Staufer und Welfen versöhnt hatte. Mit diesem Ergebnis mochte Heinrich VI. zufrieden sein, aber der Preis war hoch, und deshalb hatte er sich den Ausgleich so sicher nicht vorgestellt: Die Pfalzgrafschaft ging 1195 von den Staufern an die Welfen über, und die für Philipp II. August von Frankreich reservierte Braut war vergeben. Aber Heinrich war bereit, diese an ihm vorbei arrangierte Heirat und ihre Konsequenzen zu tolerieren, denn absolute Priorität hatte für ihn die sizilische Frage. Der endgültige Ausgleich mit Heinrich dem Löwen komplettierte die staufisch-welfische Annäherung.

Während also 1193/94 für den Kaiser alles zum besten lief, erlitt sein sizilischer Gegenspieler die bereits erwähnten schweren Schicksalsschläge. Im Frühjahr 1194 stand das Tor zum Königreich einladend weit offen, zumal in der Zwischenzeit auch mit den oberitalienischen Städten ein Friedensabkommen hatte erzielt werden können; um die Unterstützung Pisas und Genuas wurde noch mit Aussicht auf Erfolg verhandelt.

Mitte Mai 1194 brach Heinrich VI. in den Süden auf, feierte das Pfingstfest bereits in Mailand. Ausdrücklich bezeugt ist ein Aufenthalt der Kaiserin im nahegelegenen Kloster S. Vittore in Meda, und vor allem dies schien dem Chronisten eigens erwähnenswert: Konstanze war schwanger! Anfang Juni scheinen sich die Wege des Kaiserpaares in Piacenza getrennt zu haben. Während Heinrich VI. sich weiter mit dem Kriegszug beschäftigte, zog Konstanze offenbar auf der Via Emilia in Richtung auf die Ostküste, um dem Kriegsgeschehen auszuweichen. Von dort (Rimini/Ancona) ist die Küstenstraße entlang der Adria (die römische Via Trajana) der leichteste Zugang ins Königreich. Konstanze machte freilich bereits in Jesi (Provinz Ancona), also noch außerhalb des Königreichs und abseits der Via Trajana, halt, wo sie am Stephanstag (26. Dezember) den Thronfolger zur Welt bringen sollte.

Heinrich VI. selbst schloß im Juni in Genua ein Flottenabkommen, und bereits im August segelte die pisanisch-genuesische Flotte unter dem Oberkommando Markwards von Annweiler in Richtung auf Gaeta und Neapel, die sich kampflos ergaben. Die sizilische Flotte war anscheinend nicht einsatzbereit, bedingt vielleicht durch die Krankheit des bewährten Admirals Margaritus; sie zeigte sich jedenfalls nicht, und so konnte die kaiserliche Flotte schon Anfang September unbehelligt in Messina ankern.

Etwa zur gleichen Zeit hatte das Landheer die ersten Grenzburgen erobert und zog nun auf direktem Wege in Richtung auf Neapel, ohne auf ernsthaften Widerstand zu stoßen, der sich – aus verständlichen Gründen – erst in Salerno einstellte. Die Stadt verteidigte sich mit dem Mute der Verzweiflung, wohl wissend, daß sie wegen der Gefangennahme der Kaiserin keine Gnade zu erwarten hatte. Sie wurde mit Feuer und Schwert verheert, ihre Einwohner getötet oder vertrieben (fol. 132).

Damit war die Rachsucht des Kaisers vorerst befriedigt, und er versuchte nun, möglichst schnell die Südspitze der Halbinsel zu erreichen, ohne sich durch kleinere Widerstandsnester aufhalten zu lassen. Die Erfahrung hatte gezeigt, daß die Erfolgsaussichten der im Süden kämpfenden Reichsheere mit zunehmender Dauer geringer wurden; zudem schien es vorteilhaft, den ehemaligen Anhängern Tankreds den Übergang zu dem Staufer zu erleichtern, indem man nicht jeden einzelnen hart bestrafte. Die Generalabrechnung – so sollte sich bald zeigen – hatte sich der Kaiser für später aufgehoben.

Apulien und Kalabrien fielen nahezu kampflos, und schon am 1. November vereinigte sich das Landheer in Messina mit der Flotte, die in der Zwischenzeit auch Catania und Syrakus erobert hatte, wohin die Königin Sibylle ihre letzten Truppen geworfen hatte. So lag die Insel beim Eintreffen des Kaisers dem deutschen Zugriff offen.

Petrus von Eboli hat die deutschen Behauptungsbemühungen in Unteritalien während des Deutschland-Aufenthaltes des Kaisers fast gänzlich mit Stillschweigen übergangen (fol. 130), die Rüstungen für den zweiten Eroberungszug nur knapp gestreift (fol. 131) und auch den militärischen Aktionen wenig Aufmerksamkeit geschenkt. Bezeichnenderweise fand aber die Strafaktion gegen Salerno sein Interesse (fol. 132), ebenso der Kampf Diepolds von Schweinspeunt gegen Guido de Castello Veteri, der sich aber möglicherweise auf 1192 bezieht (fol. 133). Mit dem Triumph des Kaisers setzt Petrus seine kontinuierliche Erzählung fort.

Die Königinwitwe hatte ihren Sohn Wilhelm III. beim Herannahen des deutschen Heeres in die Burg Caltabellotta (Provinz Agrigent) bringen lassen. Sie selbst war offenbar zunächst in der Hauptstadt verblieben (fol. 134, 135). Als der Kaiser schon das königliche Lustschloß Favara unmittelbar vor den Toren der Stadt (heute Ruine) erreicht hatte, bot ihm eine Gesandtschaft die kampflose Übergabe der Stadt an (fol. 134). Offenbar fallen in diese Zeit auch Verhandlungen des Kaisers mit Sibylle: König Wilhelm III. wurde für die Niederlegung der Krone mit der Grafschaft Lecce und dem Fürstentum Tarent entschädigt. Aber obwohl Heinrich VI. diese Verleihung durch deutsche und sizilische Große beeiden ließ, darf man bezweifeln, daß er das Abkommen auch wirklich zu halten bereit war. Einstweilen ermöglichte es die kampflose Übergabe der Herrschaft, und am 20. November 1194 ritt der Kaiser im Triumphzug in die Hauptstadt des Königreichs Sizilien ein (fol. 134). Jetzt nannte er sich erstmals offiziell auch König von Sizilien, also noch bevor er am Weihnachtstag in der Kathedrale feierlich zum sizilischen König gekrönt wurde, gewiß ein Hinweis darauf, wie sehr er diesen Tag herbeigesehnt hatte.

Die zeichnerische Darstellung des kaiserlichen Triumphzuges ist verloren (Zeichnung zu fol. 135ᵛ). Wir besitzen aber eine ausführliche Schilderung in der 1209/10 abgefaßten Chronik Ottos von St. Blasien, der sich wohl auf einen schwäbischen Augenzeugenbericht stützte:

»Nachdem zum feierlichen Einzug ein Tag bestimmt war, an dem der Kaiser mit kaiserlicher Pracht von den Bürgern aufgenommen werden sollte, ließ er das Heer, welches in dem Ueberflusse aller Genüsse schwelgte und durch die erbeuteten Schätze herrlich bereichert war, sich fröhlicher Sorglosigkeit hingeben, und erheiterte es inzwischen durch kriegerisches Kampfspiel zur Uebung und durch prächtige Schauspiele. Nachdem endlich durch den höchsten Eifer der Bürger mit dem größten Aufwande ein Triumphzug gerüstet worden war, wird die ganze Stadt mit Teppichen und Gewinden verschiedener Art und verschiedenen Preises geschmückt, zur Zierde der Wege, und von Weihrauch, Myrrhen und anderen wohlriechenden Spezereien duften innerhalb und außerhalb der Stadt die Straßen. Und während der Kaiser mit dem Heere sich von der Stadt entfernt hatte, zogen die Bürger in ihren Abtheilungen nach Maßgabe ihrer Würden, ihres Standes und nach dem Unterschied ihres Alters aus, ihm entgegen, die Edlen in ihrer Schar, die Aelteren und Greise in ihrer Reihe, dann die, welche in voller Kraft sie, wie auch die Jüngeren übertrafen; darauf folgten die jungen Männer mit der Schar der bartlosen Jünglinge und der schwachen Knaben, geschmückt mit allem Behang der Pferde und buntfarbigen Gewändern in festgesetzter Ordnung; während einzelne nach ihrer Art oder Geschicklichkeit mit allerlei Instrumenten der musikalischen Kunst Musik machten. Der Kaiser aber hatte sein Heer mit nicht geringerem Eifer mit militärischer Disciplin gerüstet, hatte alle deutsche Verwegenheit vollständig verboten, indem er Verächter des Gebotes mit Verlust der Hände bedrohte, und zeigte sein Heer strahlend in allem Glanz der Waffen, indem seine Krieger zu zweien in langem Zuge nach der Stadt Schritt für Schritt marschirten. Er selbst aber folgte mit den Fürsten in kaiserlichem Ruhm und Schmuck; er betrat die Stadt, während alle laut ihm zujubelten, und das Volk, welches an den Straßen stand, beim Anblick des Kaisers nach der Sitte des Landes mit dem Angesicht vor ihm zur Erde sich warf, und so in die Königsburg aufgenommen, gab er sich der Ruhe hin. Mit vielen Geschenken, bestehend in herrlichen Rossen, goldenen Sesseln, Pferdegeschirren und verschiedenen Gegenständen aus Gold, Silber und Seide wurde er nun von den Bürgern geehrt; alles das schenkte er freigebig dem Heere. Zuerst reichte er den Fürsten königliche Geschenke, dann zeigte er sich den Rittern mildthätig nach ihren Verdiensten zum Gehorsam.« (Übersetzung H. Kohl).

Heinrich stand im Zenit seiner Geltung: Ihm unterstanden das Reich einschließlich Burgund und Oberitalien, dazu jetzt ganz Unteritalien und Sizilien; keiner seiner fränkisch-deutschen Vorgänger hatte ein Reich dieser Ausdehnung beherrscht, und dabei schienen sich weitere Möglichkeiten erst jetzt zu eröffnen durch eine beherrschende Stellung im Mittelmeer, ererbt von den Normannen zusammen mit deren Flotte, und einem Staatsschatz, von dem sich Zeitgenossen Wundersames erzählten.

Aus Sicht des staufischen Hauses ist die Entwicklung geradezu atemberaubend zu nennen: innerhalb von rund 200 Jahren, in denen wir die Staufer deutlicher im Licht der Quellen sehen, spannt sich der »Karrierebogen« von der provinziellen Enge Schwabens bis zur multikulturellen, kosmopolitischen Welt des Mittelmeerraumes, in der die Staufer schließlich zuhause waren. Man kann es an ihren Gräbern ablesen: In dem bescheidenen schwäbischen Hauskloster Lorch, das der erste Herzog der Familie, Friedrich I., zu Beginn des 12. Jahrhunderts erbaut hatte, ruht keiner der Stauferherrscher, und nur Konrad III. und Philipp sind in Deutschland bestattet (im Bamberger Dom, Philipp seit 1213 im Dom zu Speyer). Die sterblichen Überreste Friedrich Barbarossas waren aufgeteilt auf Tarsus, Antiochia (heute Antakya) und wohl Tyrus (heute Sur), sind aber heute nirgends sicher lokalisiert; Heinrich VI. und Friedrich II. ruhen im Dom zu Palermo. Kein Herrschergeschlecht nahm ein solches Ende wie die Staufer, die auf dem Schlachtfeld fielen oder im Gefängnis, auf dem Schafott, am Galgen endeten. Von keinem Sohn Friedrichs II. ist ein Grab bekannt – das Ende der Staufer war vollständig.

Haben sich die Staufer übernommen, gar nach der Weltherrschaft gestrebt? Beides hat man lange Zeit angenommen und die Staufer dafür gescholten. In der aus tagespolitischem Anlaß in den frühen 1860er Jahren zwischen dem »Kleindeutschen« Heinrich von Sybel und dem »Großdeutschen« Julius Ficker geführten Debatte über den Sinn der mittelalterlichen kaiserlichen Italienpolitik spielen auch Unteritalien und Sizilien eine Rolle, zumal die Vorwürfe a fortiori natürlich auch diese Gebiete betreffen: Die deutschen Kaiser hätten die Kräfte des Reiches im Süden verschleudert und sich stattdessen verstärkt dem Landesausbau im Osten zuwenden sollen. Daß solche Feststellungen schon im Ansatz anachronistisch sind, ist heute Allgemeingut der historischen Forschung. Das mittelalterliche Kaisertum spätantik-römischer Tradition hatte einen universalen Horizont, und nicht zuletzt die Schutzherrschaft über die Kirche wies den Weg in den Süden. Einmal in diese Tradition gestellt, konnte kein mittelalterlicher Kaiser für sich persönlich nach modernen Nützlichkeitserwägungen entscheiden. Für die Staufer selbst, insbesondere für Barbarossa, dürfte die intensivierte Italienpolitik zudem der Versuch gewesen sein, in Deutschland gegenüber den Fürsten verlorenes Terrain zu kompensieren und zugleich auch der seit dem Investiturstreit erschütterten Stellung des Herrschers ein neues Fundament zu schaffen.

Schwieriger zu beantworten ist die Frage nach der Weltherrschaft. Solches Streben ist von außerdeutschen Quellen gerade mit dem Namen Heinrichs VI. verbunden worden, dessen Ziele sich aber wegen seiner kurzen Regierungszeit nur undeutlich abzeichnen. Zu der mit Sizilien außerordentlich verbreiterten Machtbasis kam hinzu die Lehnsnahme des englischen Königs Richard Löwenherz, die freilich einem Vorschlag der Königinmutter Eleonore entsprang und das Königtum ihres Sohnes sichern sollte. 1195/96 wurde überdies angesichts der Schwäche des byzantinischen Reiches auch dort ein ungeheures Friedensgeld erpreßt; Amalrich von Zypern und Leo von Armenien huldigten dem Kaiser, der Kalif von Tripolis und Tunis zahlte dem Kaiser Tribut (vgl. fol. 142). Und doch wird man nicht von einem Weltherrschaftsstreben im konkreten Sinne sprechen dürfen, denn dazu fehlten jegliche Voraussetzungen; schon die Beherrschung Siziliens sollte sich als sehr schwierig erweisen. Wohl aber wird man an das Geltendmachen eines – auch im Mittelalter nicht konkret formulierten – kaiserlichen Vorrangs denken dürfen, ohne daß Heinrich VI. jede sich bietende Möglichkeit auch wirklich genutzt hätte. Dazu trat der kaiserliche Führungsanspruch als weltliches Haupt der

Christenheit, und dies dürfte in den meisten Fällen gemeint sein, wenn wir vom Kaiser als dem *dominus mundi*, dem Herrn der Welt, sprechen hören, etwa in dem Kaiserhymnus des sogenannten Archipoeta, eines Kölner Scholasters der Zeit Barbarossas: »Kaiser unser, Herr der Welt, Heil und Glück und Segen« (*Salve mundi domine, Caesar noster ave*). Daraus ließen sich freilich gegebenenfalls auch propagandistisch verwertbare Folgerungen ziehen. Indes: die Idee einer konkreten Weltherrschaft war nicht Triebfeder von Heinrichs VI. »Politik, die auf das Mögliche beschränkt blieb und sich nicht in phantastischen Weiten verlor« (H.J.Kirfel), allenfalls Jerusalem im Auge hatte, in das nach einer frühmittelalterlichen eschatologischen Vorstellung dereinst der Endkaiser einziehen werde.

Die Verwaltung Siziliens

Am Stephanstag (26. Dezember), einen Tag nach Heinrichs VI. sizilischer Königskrönung, gebar Konstanze in Jesi (Provinz Ancona) den lange ersehnten Thronfolger, den sie selbst Konstantin nannte, dem aber in der Taufe die beiden Namen der Großväter, Friedrich Roger, gegeben wurden. Schon bei den Zeitgenossen ist diese späte Erst-Geburt – Konstanze war bereits 40 Jahre alt – auf Mißtrauen gestoßen, wurde die Legende von der Kindesunterschiebung zum Mittel politischer Propaganda. Zur Ehrenrettung der Kaiserin wurde dann die Legende konstruiert, sie habe in kluger Voraussicht solcher Anfeindungen öffentlich in einem Zelt auf dem Marktplatz entbunden, und diese Legende scheint unausrottbar bis heute.

Die Geburt des Thronfolgers gab Heinrichs VI. dynastischer Politik Sinn und Ziel. Friedrich bot die Gewähr zur Fortsetzung des seit ältesten Zeiten einzigen und einzigartigen Kaisergeschlechts, als das sich die Staufer betrachteten. Dringlich schien nun eine Zementierung des Status quo und folglich die Umwandlung der Personal- in eine dauerhafte Realunion mit einem im Stauferhaus erblichen Kaisertum analog zur normannischen Praxis in Sizilien. Dazu benötigte Heinrich VI. sowohl die Zustimmung des Papstes als auch der Fürsten, und so wird man bezüglich der kaiserlichen Politik der Jahre 1195 bis 1197 den Erwerb Siziliens, die Geburt des Thronfolgers, den sogenannten »Erbreichsplan« und den geplanten Kreuzzug in einem engen Zusammenhang sehen müssen, wobei der Geburt Friedrichs wohl die Schlüsselrolle zukommt.

Zunächst stellte sich ein ganz praktisches Problem: Wie ließ sich dieses Königreich aus der Ferne beherrschen?

Man sollte annehmen, Heinrich VI. habe in dieser Hinsicht auf einen breiten Erfahrungsschatz seiner Vorgänger seit karolingischer Zeit zurückgreifen können. Aber die Probleme stellten sich stets aufs neue: Der König übte seine Herrschaft im Reich nördlich der Alpen persönlich, gleichsam von Angesicht zu Angesicht aus, denn eine Hauptstadt gab es nicht, ebensowenig eine gegliederte, flächendeckende Verwaltungsstruktur. Man spricht folglich von einem Reisekönigtum, das von Dynastie zu Dynastie wechselnde Schwerpunkte im Itinerar (Reiseweg) aufwies. Und wo der König nicht selbst präsent sein konnte, beauftragte er gelegentlich Stellvertreter, die jedoch Königsherrschaft in eigener Person auf Dauer nicht ersetzen konnten. Die Karolinger hatten es mit Königssöhnen als Unterkönigen in Teilreichen versucht, und eine vergleichbare Lösung praktizierte bekanntlich Friedrich II. nach seiner Kaiserkrönung auch in bezug auf Deutschland. Hier wie dort verschleierte diese Praxis jedoch nur unvollkommen, daß die Teilreiche tatsächlich von außen regiert wurden, und sie bot zahlreiche Reibungsflächen. Gemessen an dem mit dem Kaisertum verbundenen universalen Anspruch und den tatsächlich zur Verfügung stehenden Mitteln der Regierungspraxis waren alle fränkisch-deutschen Herrscher des Mittelalters permanent überfordert, auch wenn sie sich besonders engagierten wie zum Beispiel Barbarossa, der ein Drittel seiner langen Regierungszeit in Italien verbrachte, von den ersten zehn Jahren sogar mehr als die Hälfte. Aber das grundsätzliche Problem stellte sich auch bei ihm, und sein Biograph Otto von Freising erkannte es klar:

> »Während der König sich in Italien aufhielt, bekam nämlich fast das ganze transalpinische Reich die Abwesenheit des Herrschers zu spüren; es wurde durch Aufstände erschüttert und durch Feuer und Schwert und Bürgerkrieg zerrüttet ... Als der Kaiser in das Land jenseits der Alpen zurückkehrte, gab er zwar den Franken durch seine Gegenwart den Frieden zurück, den Italienern aber entzog er ihn durch seine Abwesenheit.«

Ein längerer persönlicher Aufenthalt im Königreich kam für Heinrich VI. wegen der labilen Lage in Deutschland nicht in Betracht, für eine militärische Besetzung fehlten die Kräfte. Und doch war Heinrichs VI. Ausgangsposition günstiger als die eines Barbarossa: Er konnte – zumindest vorübergehend – auf seine normannische Gemahlin bauen, die als Einheimische die staufische Fremdherrschaft erträglicher gestalten mochte.

Konstanze erscheint Ende März in Bari wieder an der Seite des Kaisers, der dorthin einen großen Hoftag berufen hatte, auf dem die zukünftige Verwaltung Siziliens geregelt werden sollte. Wohl auf Wunsch des Kaisers hatte Konstanze ihren Sohn der Gemahlin des deutschen Herzogs von Spoleto, Konrads von Urslingen, übergeben (fol. 138), die den Thronfolger in Foligno (Provinz Perugia), also außerhalb des Königreichs Sizilien, erzog. Man hat in dieser Maßnahme wohl nicht zu Unrecht Anzeichen für ein Mißtrauen Heinrichs und für einen tiefen Dissens zwischen den Ehepartnern gesehen, der nicht zuletzt durch die ersten Maßnahmen des Kaisers in Sizilien hervorgerufen worden sein dürfte.

Nach der Königskrönung war angeblich eine Verschwörung gegen den Kaiser aufgedeckt worden (fol. 136–137). Die Quellen sind widersprüchlich, weil zum Teil Ereignisse des Jahres 1197 mit dem hier einschlägigen Bericht verwoben werden. Aber schon Zeitgenossen hielten die angeblich vorgelegten Verschwörerbriefe für fingiert, und das wird wohl tatsächlich die Sachlage treffen, denn was hätten sich die vermeintlichen Verschwörer angesichts der Lage von ihrer Aktion versprechen sollen? Demgegenüber war die Beseitigung der alten Führungsschicht aus Heinrichs Sicht ein dringliches Erfordernis. Und so handelte der Kaiser alter Herrschaftspraxis entsprechend, wie sie später etwa Machiavelli festhalten sollte, der unter anderem anmahnte, »daß von dem Geschlecht ihres angestammten Fürsten niemand übrig bleibt« (Der Fürst, Kap. 3). So wurden also die Königsfamilie und ihre engsten Berater über die Alpen in deutsche Haft geschickt, die verwaisten Leitungsfunktionen mit Vertrauensleuten besetzt, der Staatsschatz beschlagnahmt, die Steuerregister geprüft und die Brückenköpfe an der Grenze verstärkt.

Auf dem Osterhoftag in Bari (1195) wurde Konstanze mit der Regierung des Landes für die Zeit der Abwesenheit des Kaisers beauftragt, und wahrscheinlich dürfte man bei dieser Gelegenheit auch ihre Krönung zur Königin von Sizilien nachgeholt haben. Sie selbst rechnete jedoch in ihren Urkunden den Regierungsbeginn erst von einem Termin im Mai (wohl Pfingsten) an, Ausdruck einer sehr selbstbewußten Haltung Konstanzes, die ihre Herrschaft nach eigener Überzeugung nicht kraft kaiserlicher Delegation, sondern kraft väterlichen Erbrechts ausübte. Diese unterschiedlichen Sehweisen gilt es zu beachten, und Konstanze hat ihrem Anspruch auch in vollem Umfang Geltung zu verschaffen gesucht, wenngleich ihre Kompetenz zunächst mit der Rückkehr Heinrichs im Jahre 1197 erlosch; sie war in dieser Zeit keinesfalls nur auf Repräsentationspflichten oder auf die Bestätigung kaiserlicher Urkunden beschränkt. Darauf deutet auch die Tatsache, daß der dem Kaiser treu ergebene und jetzt zum Kanzler des Königreichs avancierte Bischof von Troia, Walter von Pagliara, sowie der zum Reichsvikar ernannte Herzog Konrad von Spoleto keine erkennbaren Funktionen im Königreich ausgeübt haben. Der gleichfalls in Bari zum Reichslegaten ernannte Kanzler Konrad folgte dem Kaiser im Sommer nach Deutschland, kehrte als Elekt von Hildesheim Anfang 1196 in den Süden zurück und widmete sich vor allem in Apulien den Vorbereitungen zum geplanten Kreuzzug, wobei seine Kompetenzen freilich nicht genau umschrieben gewesen zu sein scheinen. Mitgebracht hatte er Eugenius, der zusammen mit der Königsfamilie deportiert, jetzt aber auf Bitten Konrads freigelassen worden war. Die Gründe liegen auf der Hand: Eugenius war unter Wilhelm II. Chef der Finanzverwaltung (*magister regie duane baronum*) gewesen, und es hatte sich gezeigt, daß die in solchen Dingen unerfahrenen Deutschen ohne fachmännischen Rat hilflos waren.

Damit sind die wichtigsten Weichenstellungen genannt, die auf dem Hoftag in Bari beschlossen wurden. Sie liegen schon außerhalb des Gesichtskreises unseres Poeten, dessen letzte chronologisch sicher einreihbare Episode die Übergabe Friedrichs II. an die Herzogin von Spoleto im Frühjahr 1195 darstellt (fol. 138). Den Rest des Werkes füllt der Panegyrikus für Heinrich VI., den Weltenherrscher. In Form eines Ausblicks sollen aber wenigstens die wichtigsten Stationen im Verhältnis Siziliens zum Reich in einer Art Zeitraffer in Erinnerung gerufen werden.

Ausblick

Eine verfassungsrechtliche Harmonisierung der beiden heterogenen Staaten nach sizilischem Vorbild gelang Heinrich VI. nicht; trotz erheblicher Zusagen verweigerten sich die Fürsten seinem »Erbreichsplan«, wählten im Dezember 1196 Friedrich II. lediglich zum Mitkönig. Der zweite Sizilienaufenthalt des Kaisers 1197 war von dem gegen ihn gerichteten Aufstand überschattet, dem er nur knapp entrann. Wenige Monate später starb Heinrich VI., seit längerem leidend, in Messina (28. September 1197) an einer Malariainfektion in Verbindung mit Ruhr. Sein Tod enthüllte schlagartig, auf welch' schwachen Fundamenten seine Herrschaft im Süden errichtet war; sie brach augenblicklich zusammen, und in Mittelitalien trat der Papst – wie von langer Hand vorbereitet – mit seiner Rekuperationspolitik erfolgreich zur Gegenoffensive an. Aus Sizilien hatte die jetzt als Souverän regierende Kaiserin alle Deutschen ausgewiesen, und – erstaunlich genug – sie folgten diesem Befehl, hauptsächlich wohl, um ihre festländischen Besitzungen zu retten. Gegen Widerstrebende wurde mit Waffengewalt vorgegangen.

Konstanze hat für ihre eigene Person in bezug auf Deutschland keine Herrschafts- oder Regentschaftsrechte geltend gemacht, sondern sich auf ihr ererbtes Königreich beschränkt. Und doch hat sie in zähen Verhandlungen mit dem Papst versucht, ihrem Sohn Friedrich auch das väterliche Erbe, die Nachfolge im Kaiserreich, zu sichern – vergeblich, denn der Papst sah jetzt die Möglichkeit, die ihn lähmende Vereinigung von König- und Kaiserreich auf Dauer zu beseitigen. So mußte Friedrich II. mit seiner Krönung zum sizilischen König Pfingsten 1198 auf den römischen Königstitel verzichten.

Unter päpstlicher Ägide strebten nun König- und Kaiserreich auseinander, zumal in Deutschland die staufische Partei Heinrichs VI. Bruder Philipp gegen den welfischen Thronprätendenten Otto von Poitou zum König erhoben hatte (6./8. März 1198) und Papst Innozenz III. in seiner berühmten schiedsrichterlichen Stellungnahme schließlich beide staufischen Prätendenten verwarf und sich für den Welfen entschied. Sizilien versank nach dem Tod Konstanzes (28. November 1198) für ein Jahrzehnt in Anarchie, in der sich weder päpstliche noch staufische Interessenvertreter entscheidend durchsetzen konnten, in der Friedrich II. aber als Legitimationsträger überlebte. Als Otto IV. mit seinem Einmarsch ins Königreich im Anschluß an seine Kaiserkrönung (1209) in die Bahnen staufischer Politik einscherte, änderte der Papst seine früheren Ansichten und betrieb jetzt die – erneute – Königswahl Friedrichs II. in Deutschland (1211), der sich gegen Otto IV. durchsetzte. Unter umgekehrten Vorzeichen stellte sich nun das Problem der Vereinigung von König- und Kaiserreich neu, denn Friedrich II. verlegte den politischen Schwerpunkt des Reiches nach der Kaiserkrönung (1220) in den Süden, und trotz zahlreicher Versicherungen dem Papst gegenüber dachte er gar nicht daran, das erneut Zusammengeführte wieder zu trennen. Deutschland freilich wurde jetzt zum Nebenland, regiert von minderjährigen Königssöhnen und Regenten, die sich immer wieder mit direkten kaiserlichen Eingriffen und Direktiven konfrontiert sahen; die Konsequenzen für Deutschland sind hier nicht zu diskutieren.

Nach dem Tod Friedrichs II. am 13. Dezember 1250 vermochte sich sein Sohn Konrad IV. zwar zunächst im Königreich zu behaupten, fiel aber bereits 1254 der Malaria zum Opfer. An seine Stelle trat sein Halbbruder Manfred, der den für Konrads Sohn Konradin bestellten Regenten überspielte und sich 1258 selbst zum König krönen ließ, nachdem im Jahr zuvor in Deutschland die Doppelwahl von Richard von Cornwall und Alfons X. von Kastilien erfolgt war. Manfred fiel 1266 in der Schlacht bei Benevent gegen den vom Papst engagierten Thronprätendenten Karl I. von Anjou. Zwei Jahre später wurde Konradin volljährig und versuchte, das Erbe seines Vaters Konrad im Süden anzutreten, erlitt aber gleichfalls eine vernichtende Niederlage gegen Karl von Anjou bei Tagliacozzo (nordöstlich von Rom) und endete am 29. Oktober 1268 auf dem vom Sieger in Neapel errichteten Schafott.

In Deutschland fand der tragische Untergang der Staufer wenig Beachtung. Die Magdeburger Annalen bringen es auf den Punkt: »Die Völker in jenen Gegenden (das heißt Unteritalien) scheinen über den Tod Konradins größeren Schmerz zu empfinden und ihn tiefer zu bedauern als die Deutschen.«

Die Handschrift

Codex 120 II der Burgerbibliothek Bern

Die Zeichnungen auf dem ersten Blatt befinden sich in einem sehr schlechten Erhaltungszustand. Abgebildet sind die drei Vorbilder unseres Poeten: Vergil, Lucan und Ovid, drei der bekanntesten Schulautoren des Mittelalters, die Petrus nachweislich eifrig benutzte. Im Gegensatz zu den beiden nachchristlichen Autoren ist der älteste, Vergil (70–19 v. Chr.), als Jüngling ohne Bart dargestellt. Alle drei halten ein entrolltes Spruchband mit den Anfängen ihrer bekanntesten Werke. Die jeweils daruntergesetzten Einträge – weitere Zitate aus berühmten Werken der Dichter – stammen bei Vergil und Ovid von einer Hand des 13./14. Jahrhunderts. Bei Lucan ist der entsprechende Eintrag aus den dem älteren Cato († 149 v. Chr.) zugeschriebenen Sprüchen von einer späteren Hand des 14./15. Jahrhunderts vorgenommen, vielleicht auch nur nachgezogen worden.

Vergil:

Arma virumque cano Troie qui primus ab horis
(Waffentat künde ich und den Mann, der als erster von Troja; Aeneis, v. 1).
Felix qui potuit rerum cognoscere causas
(Selig, wer es vermochte, das Wesen der Welt zu ergründen; Georgica II, v. 490).

Lucan:

Bella per Emathios plus quam civilia canpos
(Dem Bürgerkrieg im Gefilde von Emathia, der mehr war als nur Bürgerkrieg; Bellum civile, v. 1).
Lucanum queras, qui Martis prelia dicet.
(Lucan befrage, der Kämpfe des Mars erzählt; Disticha Catonis II, Prol. 5).

Ovid:

In nova fert animus mutatas dicere formas [corpora]
(Von den Gestalten zu künden, die einst sich gewandelt in neue [Körper], so treibt mich der Geist; Metamorphosen, v. 1).
Munera, crede mihi, capiunt hominesque deosque
(Glaube mir nur, Geschenke erobern Menschen und Götter; Ars amatoria III, v. 653).

Am unteren Rand ein durch Rasur und Einsatz chemischer Mittel weitgehend getilgter Besitzereintrag des 14. Jahrhunderts: *Celestinorum Senonensium* (Cölestiner-Kloster in Sens, Burgund).

Man beachte, daß das Widmungsbild (fol. 139) nicht am Beginn der Handschrift steht. Anstelle eines der im Mittelalter häufig an den Anfang gesetzten Dedikationsbilder, in denen das Buch einem Heiligen, einem geistlichen oder weltlichen Würdenträger zugeeignet wurde, beginnt die Berner Handschrift mit einer Bildseite, die unter Berufung auf berühmte antike Autoren bewußt ein profanes Bildprogramm einführt.

95ʳ

Die drei römischen Dichter Vergil, Lucan und Ovid mit den Anfangsworten ihrer Hauptwerke auf Schriftrollen

virgilius

Arma virumq; cano troie qui primus ab horis
felix qui potuit rerum cognoscere causas

lucanus

Bella per emathios plusquam ciuilia campos
ferreus quas in mortis plus dicit

ouidius

Innoua fert animus mutatas dicere formas
Munera cielo in capitulo helico m. deus

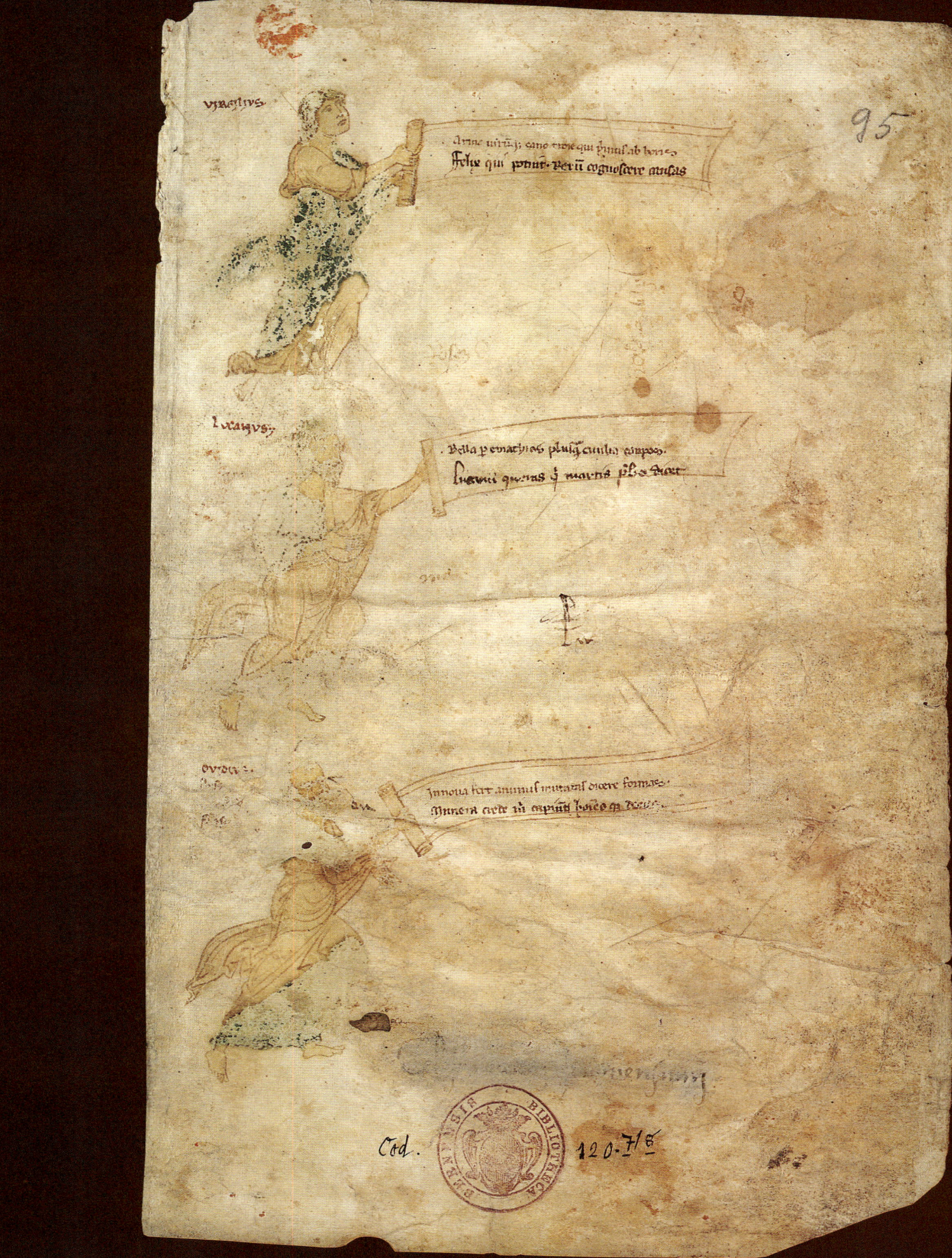

Incipit prima primi Regis sicilie particula

Dux ubi roggerius guiscardi clara propago
Iam satis uolet nomen habere ducis.
Altius aspirat, qui delegante Calisto
Vngitur in regem Rex noua regna facit.
Que fera barbaries timuit, que nilus et omnis
Curuulus occeani.
Rex ut regna suis subduxerit plurima regnis,
Disposuit nomen perpetuare suum.
Inclita cui peperit plures Albiria natos,
Occubuit tandem mater et orba suis.
Successit uiduo post hanc sibilia lecto,
Infelix sterilem clausit aborsa diem.
Sic erat in fatis, ut tercia nuberet uxor,
E quam romani cresceret orbis honor.
A magnis ueniens natalibus, orta beatrix
Concipit a sole lux paritura diem.
Virtute uirtus docile proba. casta pudica
formosa peperit pulchra. beata piam.
Nascitur in luce de uentre beata beata,
De constantini noto nomen habens.
Traditur augusto coniux constantia magno,
Lucius innuptam prenuba causa fuit.
Lucius hos iungit quos celestinus inungit:
Lucidus hic iunit celicus ille sacrat.
Tercii inserto digne requiescent utroque
Sic notat henricus sextus utrique patrem.
Nominibus tantis nimium respondent actus,
Adsunt et meritis nomina digna suis.
Luceat in scis uiuis, celestia alter
A quibus henricus munera bina capit.
Tercius antistes sacrat hanc, et scs alter
Copulat et patri tercia nupta thori
Pontifices quarti patri traduxere nuptam
Iam pietas numeri displicet ipsa deo

<INCIPIT LIBER PRIMUS>

Incipit prima primi regis Siciliae particula

Dux ubi Roggerius, Guiscardi clara propago,
    Iam fastidiret nomen habere ducis,
Altius aspirat. Qui, delegante Calisto,
    Ungitur in regem. Rex nova regna facit.
Quem fera barbaries timuit, quem Nilus et omnis   5
    Circulus oceani.
Rex ut regna suis subduxit plurima regnis,
    Disposuit nomen perpetuare suum,
Inclita cui peperit plures Albidia natos:
    Occubuit tandem mater et orba suis.   10
Successit viduo post hanc Sibilia lecto:
    Infelix sterilem clausit aborsa diem.
Sic erat in fatis, ut tercia nuberet uxor,
    Per quam Romani cresceret orbis honor.
A magnis veniens natalibus orta Beatrix,   15
    Concipit a sole, lux paritura, diem.
Virtutem virtus, docilem proba, casta pudicam,
    Formosam peperit pulchra, beata piam.
Nascitur in lucem de ventre beata beato,
    De Constantini nomine nomen habens.   20
Traditur Augusto coniux Constantia magno;
    Lucius in nuptu pronuba causa fuit.
Lucius hos iungit, quos Celestinus inungit:
    Lucidus hic unit, celicus ille sacrat.
Tertius in sexto digne requiescit uterque: 25
    Sic notat Henricus sextus utrumque patrem.
Nominibus tantis utinam respondeat actus!
    Adsint et meritis nomina digna suis!
Luceat in sanctis unus, celestiat alter,
    A quibus Henricus munera bina capit.   30
Tercius antistes sacrat hanc, et tercius alter
    Copulat, et patri tercia nupta tulit.
Non licuit quartam patri traducere nuptam,
    Nam paritas numeri displicet ipsa Deo.

<ES BEGINNT BUCH I>

Es beginnt der erste Abschnitt über den ersten König von Sizilien

Als Roger, der berühmte Sproß des Guiscard,
    es schon verschmähte, den Herzogstitel zu führen,
sann er auf Höheres. Auf das Angebot des Calixt
    wurde er zum König gesalbt, als König schuf er ein neues Königreich.
Die wilden Barbaren fürchteten ihn, auch der Nil und der ganze
    Kreis des Ozean.
Wie der König viele Reiche unterwarf,
    so beschloß er auch, seinen Namen fortzupflanzen.
Die vornehme Elvira gebar ihm zwar mehrere Söhne,
    starb aber schließlich, ihrer Kinder beraubt.
Auf sie folgte Sibylle in das verwitwete Ehegemach.
    Die Unglückliche starb kinderlos an einer Fehlgeburt.
So hatte das Schicksal beschlossen, daß eine dritte Gemahlin ihn heiratete,
    durch die die Ehre des Römischen Reiches wachsen sollte.
Von bedeutenden Eltern abstammend, ging Beatrix hervor,
    sie empfängt von der Sonne, sie, ein Licht, das den Tag gebiert.
Tugend gebar Tugend, eine Erziehbare die Sittsame, die Keusche eine Züchtige,
    die Schöne eine Anmutige, die Selige eine Fromme.
Ans Licht geboren wird eine Selige aus seligem Leibe,
    vom Namen Konstantins hat sie ihren Namen.
Als Gemahlin wird Konstanze dem großen Kaiser übergeben,
    Lucius war bei der Hochzeit Ehestifter.
Lucius verbindet die, die Coelestin salbt.
    Dieser Leuchtende vereint, jener Himmlische salbt.
Beide ruhen als "Dritte" passend im "Sechsten":
    So bezeichnet Heinrich VI. beide Päpste.
Möge so bedeutenden Namen das Handeln entsprechen!
    Mögen den Verdiensten angemessene Namen zukommen!
Leuchten möge unter den Heiligen der eine, der andere erscheine am Himmel,
    von denen Heinrich zwei Gaben erhielt.
Ein Papst, der "Dritter" seines Namens ist, weiht sie, ein anderer "Dritter"
    verbindet sie, und die dritte Braut gebar sie ihrem Vater.
Der Vater durfte keine vierte Braut heimführen,
    denn die geraden Zahlen mißfallen Gott.

Szenen aus dem Leben Rogers II. (1095–1154). – Der stattliche Herzog von Apulien (*dux Rogerius*) auf galoppierendem Pferd und mit wehender Fahnenlanze, im Typus den Siegelbildern von Dynastensiegeln verwandt. – Der Herzog wird von Papst Calixt II. zum König gesalbt (*idem dux ungitur in regem a papa Calixto*) – eine bemerkenswerte Fehlinformation, denn Calixt II. (1119–24) war bei der Königserhebung Rogers II. (1130) schon tot; die Salbung nahm ein Kardinallegat und Verwandter des Gegenpapstes Anaclet II. vor, die Krönung vollzog Fürst Robert II. von Capua. – König Roger nimmt Elvira, Tochter König Alfons' VI. von Kastilien und Leon zur Frau (*idem rex accepit Albidiam*) – erneut eine Fehlinformation, denn diese Ehe war Roger in seiner Grafenzeit (wohl noch vor 1120) eingegangen. Der König überreicht Elvira mit der Linken einen Palmzweig, hier Zeichen der Huldigung, während er in der Rechten den Reichsapfel hält.

Die zweite Bildleiste beginnt mit dem Tod Elviras (6. Februar 1135) und zweier Kinder (*hic sepelitur Albidia cum filiis*); gemeint sind wohl der jüngste von fünf Söhnen, Heinrich, der in jungen Jahren starb, und die einzige Tochter aus dieser Ehe, die bald nach der Mutter starb. Bestattet wurde Elvira offenbar in der heute nicht mehr existierenden königlichen Kapelle S. Maria Maddalena in Palermo. – König Roger nimmt (1149) in zweiter Ehe Sibylle, Tochter Herzog Hugos II. von Burgund, zur Frau (*idem rex Rogerius duxit secundo Sibiliam in uxorem*). Die Szene entspricht der vorherigen, doch reitet die gekrönte Sibylle dem König im Damensitz entgegen. Die Königin starb schon kurz darauf (19. September 1151) im Kindbett (*hic sepelitur Sebilia aborciens*), offenbar im Königspalast, wie der stilisierte Glockenturm (s. fol. 97, 98, 124) und die schleuderbewehrten Zinnen (s. fol. 97) nahelegen.

Die dritte Bildleiste beginnt mit der dritten Heirat des Königs mit Beatrix, Tochter des Grafen von Rethel (nordöstlich von Reims): *Idem rex Rogerius terciam duxit uxorem nomine Beatricem*. Diesmal hält Beatrix den Reichsapfel in der Rechten, offenbar eine Illustration von v. 14 ff., wonach Beatrix durch die Geburt Konstanzes, der späteren Kaiserin (*regina Beatrix genuit Constantiam*), die »Ehre« (*honor*) der Römischen Welt gemehrt habe. Das Bild einer stillenden Königin ist einzigartig, wohl angelehnt an die Ikonographie Mariens (*Maria lactans*). Das gekrönte Wickelkind kehrt später wieder (fol. 138). Zu diesem Bild gehört der tote König Roger II. († 26. Februar 1154), denn die Tochter Konstanze wurde erst postum geboren. Die Beischrift, die auch von der Bestattung der Beatrix spricht (*hic sepelitur rex cum uxore*), ist irreführend, denn Beatrix starb erst 1185 und wurde – wie schon Elvira – in S. Maria Maddalena bestattet, während der König in der Palermitaner Kathedrale ruht, obwohl er selbst in Cefalù hatte bestattet werden wollen.

Die untere Bildleiste macht einen Zeitsprung von 30 Jahren: die Verlobung oder eher die Heirat Konstanzes (*regina Constantia*) mit dem deutschen Thronfolger, Heinrich VI. (*rex Henricus*). Die Verlobung war am 29. Oktober 1184 in Augsburg in Abwesenheit Konstanzes bekanntgegeben worden, die erst anläßlich der Mailänder Hochzeit (27. Januar 1186) zur römisch-deutschen Königin gekrönt wurde. Brisanter ist das zweite Bild: Die Gekrönten werden mit dem Segen Papst Lucius' III. nach Deutschland verabschiedet (*dum rex et regina in Alemanniam irent, papa Luci[us] b[ene]dixit eis*). Obwohl die Szene so nicht stattgefunden haben und sich auch nicht auf die Zeit nach der Hochzeit beziehen kann (Lucius III. starb 1185), sahen E. Rota und J. Haller hierin einen Beweis für ihre These, daß Papst Lucius selbst diese – auch für das Papsttum – folgenreiche Eheverbindung zustande gebracht habe.

96ʳ
Aus dem Leben Rogers II. Geburt und Hochzeit der Konstanze. Abreise Heinrichs VI. und Konstanzes nach Deutschland, Segen des Papstes

Obitus W. Secdi formosi Reg. sicilie.

Obitus W. Secundi
formose egri sicilie

Post obitum formose tuu, que sceptra gubnet,
Et regat, exprio sanguine ple cares.
Nec facis herede, nec qui succedat adoptas:
Ex intestato debita soluis humo.
Quis nouit secreta tue purissima mentis
Quod tua mens loquitur mundus et ipe taces.
Cert'eras certe qm iustissimus heres,
Expugnaturus regna parentis erat.
Nam satis est iurasse semel te ple carente,
Quod tuus ingenero sceptra teneret auus.

Iurat cu multis archimatheus idem
Post miseros morbos post regis triste necesse
Nocte sub oscura sole latente pluit
Postquam dimisit Rex res pulcherrima mundum,
Inglomerant se sibi plia, fora, fames,
Furta, lues, pestes, lites, pluria, cedes
Infelix regnum diripuere sibi.
Sol bonum moritur supi patiuntur eclipsim
Anglica sicilide luna flet orba diem
Solis ad occasum comotus eclipticat orbis
Deflent astra dolent. Flet mare, plorat humus.

Particula II.: Obitus Wilelmi secundi formosi regis Sicilie

Post obitum, formose, tuum, que sceptra gubernet
    Et regat, ex proprio sanguine prole cares.
Nec facis heredem, nec, qui succedat, adoptas:
    Ex intestato debita solvis humo.
Quis novit secreta tue purissima mentis?
    Quod tua mens loquitur, mundus et ipse taces.
Certus eras certe, quoniam iustissimus heres
    Expugnaturus regna parentis erat.
Nam satis est iurasse semel, te prole carente,
    Quod tuus in genero sceptra teneret avus.
* * *
    Iurat cum multis Archimatheus idem.
Post miseros morbos, post regis triste necesse,
    Nocte sub oscura, sole latente, pluit.
Postquam dimisit rex, res pulcherrima, mundum,
    Inglomerant sese prelia, preda, fames.
Furta, lues, pestes, lites, periuria, cedes
    Infelix regnum diripuere sibi.
Sol hominum moritur, superi patiuntur eclipsim,
    Anglica Sicilidem luna flet orba diem.
Solis ad occasum commotus eclipticat orbis,
    Di flent, astra dolent, flet mare, plorat humus.

Zweiter Abschnitt: Tod Wilhelms II., des schönen Königs von Sizilien

Nach deinem Hinscheiden, Schöner, hast Du keinen Erben, der das Szepter führt und regiert, von eigenem Blut.
Weder setzest Du einen Erben ein, noch wählst Du einen Nachfolger. Ohne Testament zollst Du der Erde ihren Tribut.
Wer kennt die reinsten Geheimnisse Deines Geistes?
    Was Dein Geist spricht, das verschweigst Du, der Du auch selbst rein bist.
Gewiß warst Du sicher, daß ein höchst rechtmäßiger Erbe bereitstand, das Reich des Vaters zu erobern.
Denn es genügt, einmal geschworen zu haben, beim Fehlen eines Sohnes halte dein Großvater in seinem Schwiegersohn das Szepter.
* * *
ArchiMateus schwört mit vielen dasselbe.
Nach schlimmen Krankheiten, nach der traurigen Notlage des Königs regnete es in dunkler Nacht, die Sonne hatte sich verborgen.
Nachdem der König, ein Wesen höchster Schönheit, die Welt verlassen hat, verdoppeln sich Kriege, Beutezüge, Hungersnöte.
Verbrechen, Verderben, Seuchen, Streit, Meineid und Mord plündern das unglückliche Königreich.
Die Sonne der Menschen stirbt, die Himmlischen erleiden eine Finsternis.
    Der Mond Englands beweint verwaist das Tageslicht Siziliens.
Gen Westen verfinstert sich der Erdkreis erschüttert.
    Die Götter weinen, die Sterne trauern, es weint das Meer, es klagt die Erde.

Der Tod König Wilhelms II. von Sizilien († 18. November 1189). Die obere Szene zeigt eine stilisierte Darstellung des Palermitaner Königspalastes: sechs Arkaden, über denen sich zinnen- und schleuderbewehrte Türme erheben, rechts der Glockenturm neben der Cappella Palatina (*cappella regia*), die noch heute eine der Touristenattraktionen der Stadt ist. Der erkrankte König liegt unter der zweiten Arkade (*rex W. egrotans*), eine Dienerin oder ein Diener fächelt ihm Kühlung zu. Rechts und links davon zwei arabische Gelehrte: ein Arzt bei der Harnschau (*Achim medicus*; arab. hakim, der Arzt), ein Sterndeuter (*astrologus*) mit dem Astrolabium, einem astronomischen Meßinstrument, und einem Buch wohl astralmagischen Inhalts. In der vierten Arkade betrauern Hofdamen mit der Königin den Tod des Königs (*planctus eiusdem regis defuncti*).

In der unteren Bildzone trauern das Volk von Palermo (*populus Panormi*), die Grafen und Barone (*comites et barones*) sowie »Herren des Hofes« (*domini curie*), worunter wohl die Familiaren zu verstehen sind, Mitglieder des seit Wilhelm I. (1160/61) ausgebildeten »Kronrats« mit in der Regel geistlichem Übergewicht, hier angedeutet durch die mützenartige Kopfbedeckung, die auch im folgenden häufig bei Geistlichen begegnet. Die Familiaren sind als ältere Herren charakterisiert, die sich auf Spazierstöcke stützen müssen. Man beachte, wie treffend der Zeichner die Mimik der Trauernden einzufangen verstand und daß er durch die Turbane die ethnische Mischung der Palermitaner Bevölkerung andeutete. Auffallend ist auch das Gedränge beim Volk im Bildausschnitt links, während die Grafen und Barone in Dreiergruppen untereinander mit gebührendem Abstand dargestellt sind.

achim medic̄ | Rex W. egrtās | astrologꝰ | plac̄ eiꝰ Regꝰ detulit | capella Regia

popl̄s panormi | cortes et barones | d̄ni curie

Lamentatio et Luctus Panormi

Lamentatio et
Luctus Panormi

Hactenus vrbs felix post[quam] dotata iligni,
Corde ruit fluitat pectore mente cadit.
Ore, manu, lacrimis clamant, clamorib[us] instant
C[u]m pueris iuuenes c[u]m iuniore senes.
Diues, inops, seruus, liber, pius, impi[us], om[ne]s
Exequias equo pondere regis agunt.
C[u]m uiduis castæ plorant c[u]m uirgine nuptę
Quid moror in lacrimis nil nisi quest[us] erat
Qui iacet incunis, medio qui robore fretus
Et quib[us] est baculus tercia forma pedum.
P[er] loca p[er] uicos p[er]celsa palacia plorant
Desiccat lacrimas nona peracta dies.
Tunc pat[er] antistes fuit hęc affar[i] ad om[ne]s
Nec potuit lacrimans plurima uerba loqui
Hacten[us] herrantes correximus. hacten[us] atras
Mens erat à stabulis pellere n[ost]ra lupos
Hacten[us] ad caulas nullo cogente redibant
Vespe lacte graues opilionis oues.
Hacten[us] unguiferos bos herrans nulla leones
Rostriferas aquilas nulla timebat auis.
Hacten[us] ibat ouans solus p[er] opaca uiator,
Hacten[us] insidijs nec locus ullus erat.
Hacten[us] in speculo poterat se quisq[ue] uid[er]e
Quod mors infregit bustaq[ue] noctis h[abe]nt.
Hacten[us] ardebant miseri candelabra regni.
Ipsa sub oscitua flama cinescit humo.
Mitte quod p[ro]p[ter] phebi soror et iouis uxor
Impij cornu iungat utruisq[ue] suj.

Particula III.: Lamentatio et luctus Panormi

Hactenus urbs felix, populo dotata trilingui,
    Corde ruit, fluitat pectore, mente cadit:
Ore, manu, lacrimis clamant, clamoribus instant
    Cum pueris iuvenes, cum iuniore senes;
Dives, inops, servus, liber, pius, impius, omnes   60
    Exequias equo pondere regis agunt;
Cum viduis caste plorant, cum virgine nupte.
    Quid moror in lacrimis? Nil nisi questus erat!
Qui iacet in cunis, medio qui robore fretus
    Et quibus est baculus tercia forma pedum,   65
Per loca, per vicos, per celsa palacia plorant.
    Desiccat lacrimas nona peracta dies.
Tunc pater antistes fuit hec affatus ad omnes
    Nec potuit lacrimans plurima verba loqui:
»Hactenus herrantes correximus, hactenus atros   70
    Mens erat a stabulis pellere nostra lupos.
Hactenus ad caulas, nullo cogente, redibant
    Vespere lacte graves opilionis oves.
Hactenus unguiferos bos herrans nulla leones,
    Rostriferas aquilas nulla timebat avis.   75
Hactenus ibat ovans solus per opaca viator;
    Hactenus insidiis nec locus ullus erat.
Hactenus in speculo poterat se quisque videre,
    Quod mors infregit bustaque noctis habent.
Hactenus ardebant miseri candelabra regni: 80
    Ipsa sub oscura flamma cinescit humo.
Mittite, quod properet Phebi soror et Iovis uxor,
    Imperii cornu iungat utrumque sui.«

Dritter Abschnitt: Weinen und Trauer Palermos

Bisher ist die Stadt glücklich gewesen, reich an Volk dreier Sprachen,
    jetzt bricht ihr das Herz, ihre Brust ängstigt sich, es sinkt ihr der Mut.
Mit Mund, Hand und Tränen wehklagen sie, den Klagen geben sich hin
    Knaben Jünglinge und mit ihnen Alte.
Der Reiche wie der Arme, der Knecht wie der Freie, der Gottlose, alle
    beteiligen sich mit gleicher Anteilnahme am Leichenzug des Königs.
Mit Witwen weinen die Keuschen, mit den Jungfrauen die Ehefrauen.
    Was halte ich mich bei den Tränen auf? Nichts gab es außer Klagen.
Wer in der Wiege liegt, wer sich der Blüte seiner Jahre freut
    und wer den Stock als drittes Bein gebraucht,
sie weinen auf Plätzen, Straßen und in den hohen Palästen.
    Erst der Abend des neunten Tages trocknet die Tränen.
Da sprach der Vater Bischof folgendes zu allen,
    doch konnte er vor Tränen mehr nicht sagen:
»Bisher habe ich die Irrenden zurückgeleitet, bisher die schwarzen
    Wölfe mutig von unserem Stall vertrieben.
Bisher kehrten ohne Zwang zu den Pferchen zurück
    abends die milchschweren Schafe des Hirten.
Bisher brauchte kein verirrtes Rind die Pranken des Löwen,
    kein Vogel den Schnabel der Adler zu fürchten.
Bisher schritt fröhlich der Wanderer allein durch den Wald.
    Bisher gab es für Überfälle keine Gelegenheit.
Bisher konnte sich ein jeder in dem Spiegel betrachten,
    den jetzt der Tod zerbrochen hat und den das dunkle Grab umfängt.
Bisher brannten die Leuchter des elenden Reiches,
    jetzt wird die Flamme unter dunkler Erde zu Asche.
Laßt zu, daß die Schwester Apolls und Gattin Jupiters
    beide Hörner ihres Reiches sich runden lasse.«

Stilisierte Darstellung der trauernden Stadt Palermo (*civitas Panormi lugens super occasu speciosi*). Rechts der Normannenpalast mit dem Glockenturm und der Cappella Palatina (*cappella regia*), darunter Castellammare (*castrum maris*), die Festung an dem Halbrund des mit einer Kette abgesperrten Hafens Palermos (*portus Panormi*). Die Kette wird bis zum heutigen Tag in der dort gelegenen Kirche S. Maria della Catena aufbewahrt. Die Vierteilung Palermos durch die Straßenachsen des alten, von SW nach NO verlaufenden Cassaro (heute: Corso Vittorio Emanuele) und der Via Maqueda ist das Werk der spanischen Vizekönige im 17. Jahrhundert. Nach einem arabischen Reisebericht des 10. Jahrhunderts (Ibn Ḥawqal) bestand Palermo aus fünf Stadtteilen. Der dem Königspalast nächstgelegene und älteste Stadtteil Cassaro (*Cassarum*; arab. al qaṣr, Kastell) bewahrt die Erinnerung an die alte Burg des arabischen Emirs, den die Normannen ablösten. Daran schließt sich der Seralcadio (*Scerarchadium*; arab. šāriᶜ al-qāḍi, Straße des Richters) bezeichnete Stadtteil an, der im wesentlichen dem heutigen Viertel Capo entspricht. Dem Namen entsprechend sind nur Araber abgebildet; ein eigener Sarazenenrichter (»archadius Sarracenorum«) wird unter Kaiserin Konstanze genannt (arab. quāḍī, eingedeutscht Kadi). Das Viertel Kalsa (*Calza*; arab. al-ḫāliṣah, die Reine) bezog seinen Namen von der hier gelegenen arabischen Zitadelle des frühen 10. Jahrhunderts. Hier befand sich in staufischer Zeit mit der Niederlassung des Deutschritterordens (La Magione) das Zentrum der Deutschen. *Ideisini* (arab. ad-dayyāsīn, Häcksel-Hersteller/Verkäufer) war Teil der Neustadt und bezeichnet wohl eine Lage am Flußlauf des Danisinni nördlich des Normannenpalastes. Von den alten Stadtteilen vermißt man Albergheria (südl. des Cassaro) und Conceria (am Hafen). Das *Viridarium Genoard* (Ginuardu, arab. ǧannat-al-arḍ, Paradies auf Erden), ein von Vögeln, Tieren und exotischen Pflanzen bevölkerter Park, lag nordwestlich außerhalb der Stadt bei der Zisa, die am Bildrand angedeutet scheint. Bemerkenswert sind erneut die ausdrucksvollen Gesichter der Stadtbewohner, unter denen die Araber wiederum durch Turbane kenntlich gemacht sind.

Gondarum gensard · Civitas panormi luges sup Capella Regia
occasu speciosi ·

Iderlini · Cassaru

Alza · Seerarchadin · · Castru maris

port panormi

Adiuua z diuisa petentiū voluas.

Post lacrimas. post exequias. post triste sepulchrū
Scismatis exoritur semen in urbe ducum.
In sua usa manus p̄cordia sanguinis hausit
Urbs, tantū quantū nemo referre potest.
Post q̄m sacrilego fuit urbs saturata cruore,
Appria modicum cede quieta fuit.
Quisq̄ sibi petit in regem quē norat amicum,
Hic se maiorem q̄rit z ille parē
Hic consanguineū q̄rit, petit ille sodalē
Hic huīlem laudat, laudat z ille ferum
Quisq̄ sibi regē petit hunc. legit huc. petit illū,
Non erat in uoto mens pharisea pari.
Tancredū petit hic, cōuem petit ille rogerum:
Quod petit hic, negat hic. quod negat hic, petit hic.
Ambo duces equitū, rationis utr̄q̄ magist̄
Hic dator, ille tenax. hic breuis, ille gigas
Intus at interea vicecancell ardet,
Ve sibi tancredū mens petat, unus agit.
Hoc negat antistes, qui gualterizatur ubiq̄,
Votaq̄ mathei curia tota negat.
Ille suis ceptis magis ac magis instat iniq̄s,
Inuotis anima dans nichil ē suam.
Vi, p̄ce, p̄missis ī𝑡ʰ in sua uota rebelles,
Tendens multimodis retia plena dolis
Pollicitis huīles, p̄ce magnos, munere faustos
Vincit, z antistes Simplicitate ruit.

Particula IV.: Adversa et diversa petentium voluntas

Post lacrimas, post exequias, post triste sepulchrum
  Scismatis exoritur semen in urbe ducum. 85
In sua versa manus precordia sanguinis hausit
  Urbs tantum, quantum nemo referre potest.
Postquam sacrilego fuit urbs saturata cruore,
  A propria modicum cede quieta fuit.
Quisque sibi petit in regem, quem norat amicum: 90
  Hic se maiorem querit, et ille parem;
Hic consanguineum querit, petit ille sodalem;
  Hic humilem laudat, laudat et ille ferum.
Quisque sibi regem petit hunc, legit hunc, petit illum;
  Non erat in voto mens pharisea pari. 95
Tancredum petit hic, comitem petit ille Rogerum:
  Quod petit hic, negat hic; quod negat hic, petit hic.
Ambo duces equitum, rationis uterque magister;
  Hic dator, ille tenax, hic brevis, ille gigas.
Intus at interea vicecancellarius ardet: 100
  Ut sibi Tancredum gens petat, unus agit.
Hoc negat antistes, qui gualterizatur ubique,
  Votaque Mathei curia tota negat.
Ille suis ceptis magis ac magis instat iniquis,
  In votis animam dans nichil esse suam. 105
Vi, prece, promissis, trahit in sua vota rebelles,
  Tendens multimodis recia plena dolis.
Pollicitis humiles, prece magnos, munere faustos
  Vincit, et antistes simplicitate ruit.

Vierter Abschnitt: Das Wollen der Leute, die Gegensätzliches und Verschiedenes fordern

Nach Tränen, Leichenzug und trauriger Bestattung
  bricht der Same des Streits der Führer hervor.
Gegen ihr eigenes Herz die Hände wendend, vergoß
  die Stadt ihr eigenes Blut, wie niemand es darstellen kann.
Nachdem die Stadt von eigenem ruchlos vergossenem Blut gesättigt war,
  ruhte sie ein wenig vom Morden an sich selbst aus.
Jeder will als König den, den er als Freund kennt,
  dieser sucht nach einem, der größer ist als er, jener nach einem Gleichgroßen,
dieser nach seinem Verwandten, jener nach seinem Genossen,
  dieser lobt einen Demütigen, jener einen Herrischen.
Jeder will für sich diesen als König, wählt jenen und erstrebt einen Dritten.
  Nicht das Pharisäertum war von gleicher Gesinnung!
Tankred will dieser, den Grafen Roger jener.
  Was dieser will, verweigert jener. Was dieser verweigert, verlangt jener.
Beide sind Großkonnetabel, beide Großjustitiare.
  Dieser freigebig, jener geizig, dieser klein, jener ein Riese.
Aber inzwischen glüht der Vizekanzler vor innerer Leidenschaft:
  Daß sich das Volk Tankred wünscht, betreibt er als einzelner.
Dies verweigert der Erzbischof, der überall für sich wirbt.
  Der ganze Rat verweigert den Wunsch des Matheus.
Jener aber verfolgt seine bösen Pläne nur noch entschlossener
  und zeigt durch seine Absichten, daß seine Seele ein Nichts sei.
Mit Gewalt, Bitten und Versprechungen macht er sich Aufrührer gefügig
  und spannt auf vielerlei Weise seine Netze voll mit Listen.
Mit Versprechen die Niedrigen, mit Bitten die Großen, mit Gaben die Reichen
  gewinnt er, und der Erzbischof kommt durch seine Schlichtheit zu Fall.

Das Bild zeigt die beiden Thronprätendenten und ihre Anhänger nach dem Tod König Wilhelms II.: links die Zwergengestalt Graf Tankreds von Lecce (*comes Tancredus*), den das Volk favorisiert (*vulgus petit Tancredum*), rechts Graf Roger von Andria (*comes Rogerius*), der frühere Amtskollege Tankreds als Großjustitiar und Großkonnetabel von Apulien und der Terra di Lavoro, den der Adel unterstützt (*milites comitem Rogerium*). Wiederum herrscht beim Volk größeres Gedränge; zudem sind die beiden Bevölkerungsgruppen durch unterschiedliche Haltung und Kleidung differenziert. In einer wenig späteren Überarbeitung wurde dies durch typische Accessoires noch weiter betont: Beil, Sichel und Axt bzw. Schwerter und Sporen wurden dazugesetzt, die Schwerter zusätzlich schwarz konturiert und übermalt. Die Zwergengestalt Tankreds wird später erklärt (fol. 103). Auffällig ist das nachträglich ausgekratzte Gesicht, eine eigenwillige Form der »damnatio memoriae«. Während Tankred zunächst zum Bildbetrachter hinsah, wurde sein Kopf in eine Profilansicht umgestaltet, im Mittelalter ein häufig verwendetes Mittel zur Abwertung und negativen Charakterisierung einer Person. Auch sonst sind die Gesichtszüge des Königs nachträglich noch verunstaltet worden (siehe fol. 101, 102, 121; Fuchs/Oltrogge). Geradezu majestätisch wirkt dagegen Graf Roger, auf einem Faltstuhl sitzend. Dieses Schema der wirksamen Gegenüberstellung zwischen dem Gnom Tankred und seinen Gegnern wird auch in späteren Bildern wiederholt (fol. 104, 120). Der Verunglimpfung des – aus staufischer Sicht – Usurpators dient es auch, daß Tankreds Figur verloren und beziehungslos im Raum dargestellt ist, was sich wiederholt (fol. 103, 104), auch bei seinem Sohn Wilhelm III. (fol. 136).

99^r
Das Volk wünscht Tankred von Lecce zum König, die Adligen Roger von Andria

comes tancred'   comes Rog̅

vulg̅ petit tācredū   milites cōm̅ Rog̅

Gualo vicecancell(arii) dissuadentis ad phil(ipp)u(m) p(ar)uor(um)

Sol erat occiduus faciente crepuscula phebo
Venit scariothis flens ubi p(rae)sul erat.
Sic ait alme pat(er), lux regni, g(lori)a cleri,
Vtile consiliu(m), pastor (et) urbis honor.
Pacis i(ur)e, rationis amor, constantia ueri,
Respice consilijs regna relicta tuis.
Consule ne pereant. uiuo succurre roseto
Ne nothus aut boreas ne q(u)uis urat yemps.
Elige quis regnet. quis erit, constancia regnet,
Sic lex exposcit sic sua iura uolunt.
Disce prius mores augusti, disce furore(m):
Teutonica rabie(m) quis tolerare potest.
Parce tuis canis. pueri tibi more licebit
Discere barbaricos barbarizare senos.
Ad solium regni comite(m) gerit andria dignu(m)
Sed ius (et) mores (et) sua sacra neg(ant).
Absit ut incestus regnu(m) mechetur in aula
Absit ut erudia(n)t sanguinolenta manus.
Absit ut eueniens uxor in (con)iu(n)ge queratur,
Absit ut altitius u(n)uolet ista reus.
A p(at)r(e) ad hoc tancredus est (et) germine iusto
Que gens. quis popul(u)s: q(u)is petit om(n)is ho(mo)
Q(u)a(m)uis fama sibi, q(u)am(ui)s natura repugnet.
Natura redima(n)t g(rati)a, crimen honor
Q(u)i quanto duce patre s(u)p(er)biat. h(o)c q(uod) tanto
Ex merito matris mitior esse potest.
Non li(ce)t ut timeas dubiu(m) breuis unda p(ro)fundu(m)
Quo uis defert remige parua ratis.
Talib(us) alm(us) i(n) patris matris adult(er)a(t) archam,
Eo legit ex tacito p(rae)sulis ore fidem.

Particula V.: Suasio vicecancellarii dissuadentis ad presulem Panormi

Sol erat occiduus; faciente crepuscula Phebo,
    Venit Scariothis flens, ubi presul erat.
Sic ait: »Alme pater, lux regni, gloria cleri,
    Utile consilium, pastor et urbis honor,
Pacis iter, rationis amor, constantia veri,
    Respice consiliis regna relicta tuis.
Consule, ne pereant; vestro succurre roseto,
    Ne Nothus aud Boreas, ne gravis urat yeps.
Elige, quis regnet! Quis erit?« – »Constancia regnet!
    Sic lex exposcit, sic sua iura volunt.« –
»Disce prius mores Augusti, disce furorem!
    Teutonicam rabiem quis tolerare potest?
Parce tuis canis: pueri tibi more licebit
    Discere barbaricos barbarizare sonos?« –
»Ad solium regni comitem gerit Andria dignum!« –
»Set ius et mores et sua facta negant.
Absit, ut incestus regum mechetur in aula,
    Absit, ut era ducum spargat aperta manus,
Absit, ut eveniens uxor de rege queratur,
    Absit, ut alterius vindicet acta reus!
Aptus ad hoc Tancredus erit, de germine iusto,
    Quem gens, quem populus, quem petit omnis homo.
Quamvis fama sibi, quamvis natura repugnet,
    naturam redimat gracia, crimen honor.
Qui, quanto duce patre superbiat, hic quoque tanto
    Ex merito matris mitior esse potest.
Non habet, ut timeas, dubium brevis unda profundum:
    Quovis defertur remige parva ratis.«
Talibus almi patris Matheus adulterat archam
    Et legit ex tacito presulis ore fidem.

Fünfter Abschnitt: Überredungsversuch des Vizekanzlers gegenüber dem Erzbischof von Palermo, den er von seiner Meinung abzubringen sucht

110 Die Sonne war untergegangen und ließ die Dämmerung aufziehen,
    da kam der Iskarioth weinend zum Aufenthaltsort des Erzbischofs.
So sprach er: »Lieber Vater, Licht des Reiches, Ruhm des Klerus,
    nützlicher Rat, Hirte und Ehre der Stadt,
Weg zum Frieden, Liebe zur Vernunft, Festigkeit der Wahrheit,
115   blicke auf das Reich, das Deinem Rat anvertraut ist.
Sorge dafür, daß es nicht umkomme, komm zu Hilfe deinem Rosengarten,
    damit nicht Süd- oder Nordwind noch schwerer Wintersturm ihn heimsuche.
Wähle, wer herrschen soll. Wer wird es sein?« – »Konstanze soll herrschen!
    So fordert es das Gesetz, so verlangen es ihre Rechte!« –
120 »Lerne zuerst den Charakter des Kaisers kennen, lerne sein Ungestüm kennen!
    Wer kann teutonische Wildheit ertragen?
Nimm Rücksicht auf Dein Alter, sonst kannst Du nach Art eines Knaben
    lernen, barbarische Laute auf barbarische Weise hervorzubringen.« –
»Andria stellt einen des Königsthrones würdigen Grafen!« –
125 »Aber Recht, Charakter und seine Taten sprechen gegen ihn!
Ferne sei es, daß ein Ehebrecher im Königshofe buhlt,
    ferne, daß eine offene Hand Geld ausstreut,
ferne, daß die Gattin hervortritt und den König anklagt,
    ferne, daß der Beklagte seinerseits über die Taten anderer zu Gericht sitzt!
130 Tankred wird der Aufgabe gewachsen sein, der von rechtmäßiger Abstammung,
    er, den das ganze Volk, den jedermann begehrt.
Obgleich sein Ruf, obgleich sein Wesen gegen ihn sprechen
    soll seine Beliebtheit sein Wesen, seine Ehre seinen Makel ausgleichen.
Wie sehr er, vom Vater geleitet, zum Übermut neigt, so sehr kann er auch
135   von seiten der Mutter her sich als sanfter erweisen.
Eine kurze Welle hat keine trügerische Tiefe, die man zu fürchten hätte,
    und ein kleines Schiff kann von jedem Ruderer gelenkt werden.« –
Mit solchen Worten schändet Matheus des lieben Vaters Innerstes
    und liest aus dem schweigenden Antlitz des Erzbischofs Zustimmung.

Der Vizekanzler Matheus von Ajello, als bigamistischer Priester verunglimpft (s. fol. 127), nimmt Kontakt auf mit Erzbischof Walter von Palermo, der – anders als Matheus – Befürworter der normannisch-staufischen Heiratsallianz war (*sole inclinato bigamus sacerdos ivit ad domum Panormitani archiepiscopi*). Die hereinbrechende Nacht, dargestellt im oberen Bildstreifen durch Mond, Sterne und untergehende Sonne in einer Kreisumlaufbahn, charakterisiert die heimlichen Machenschaften des Vizekanzlers, ist aber vielleicht auch allegorisch auszulegen als Hinweis auf die kommenden Wirrnisse. Der Verunglimpfung des Matheus soll dienen, daß er auf einem Maultier reitet, während die drei ihn begleitenden tonsurierten Kleriker offenbar Pferde benutzen. Der mittlere Kleriker hält ein Buch in Händen, der rechte wohl eine Pergamentrolle. Die den Vizekanzler zu Fuß begleitenden Personen könnten Boten (»cursores«) sein, deren er sich im folgenden bedient. – Unter einer arabischen Arkade sitzt der berühmte Erzbischof in Pontifikalgewändern auf einem Thron (*Gualterius famosus presul*), während Matheus – hoch und heilig auf ein aufgeschlagenes Evangeliar schwörend – für Tankred wirbt (*bigamus sacerdos deierans ortatur pro Tancredo*). Nach v. 45 hatte Matheus 1185 zusammen mit anderen Großen des Reiches Wilhelm II. gegenüber die Eventualerbfolge Konstanzes und Heinrichs VI. beschworen. Man wird in dieser Szene einen Reinigungseid des Matheus sehen dürfen, der sein Vorgehen von dem Stigma des Eidbruchs befreien sollte.

100ʳ
Der Vizekanzler Matheus von Ajello versucht, den Bischof von Palermo für Tankred zu gewinnen

Sole reclinato Bigamius Caldos iuit ad domum panormitanum archiepiscopi

Bigamius Caldos dictus erat p tancredo   Gulti famoss psul.

Epistola ad Tancredum

Protinus accepta bigamus notat ista papiro,
Hec in nocturnis uerba fuere notis.
Hanc tibi matheus mitto tancrede salutem,
Qua cito inuenias comitatus uteroque. (*Rumpe moras uenias comitatus utque, quam ferat alijs erit*)
Sceptra recepturus regia sceptra ueni.
Rumpe moras, postpone fide, dimitte marita,
Ipse tibi scribo, qui tibi regna dabo.
Per me regnabis, per me tibi regna dabuntur
Fac cito quod uenias, nam mora sepe nocet.
Inceptis desiste tuis, irascimur illis,
Nam sic debes (*sicut*) non sapiens agis.
Cur facis heredi regnum iurare uel urbes
Quem, legis heredem: cui tua regna paras?
Absenti dño magnas inducitis urbes
Vt iurent, alijs das quod habere potes.
Nec te siqua fides, nec te piuria tardent,
Gloria Regnandi cuncta licere facit.
A nomine si forte suo iuuauit alexi,
Ipse cruentato sceptra nepote tulit.
Herede regni, fidei maculate pudorem
Non puduit perfugium sub manuele senem.
Vnus natorum si phas foret atque liceret,
Debueras duris subdere sponte necj.
Ipse ego iste pedes quotiens sinthoma purit,
Non bonum dubito sanguinis esse reum.

Particula VI.: Epistola ad Tancredum

Protinus accepta bigamus notat ista papiro;
  Hec in nocturnis verba fuere notis:
»Hanc tibi Matheus mitto Tancrede salutem,
  Quam, cito ni venias, qui ferat, alter erit:
Rumpe moras, venias comitatus utraque prole;
  Prole recepturus regia sceptra, veni.
Rumpe moras, postpone fidem, dimitte maritam.
  Ipse tibi scribo, qui tibi regna dabo.
Per me regnabis, per me tibi regna dabuntur;
  Fac cito quod venias, nam mora sepe nocet.
Inceptis desiste tuis, irascimur illis;
  Nam, sicut debes, non sapienter agis.
Cui facis heredi regnum iurare vel urbes?
  Quem legis heredem? Cui tua regna paras?
Absenti domino magnas inducitis urbes,
  Ut iurent; aliis das, quod habere potes.
Nec te, si qua fides, nec te periuria tardent:
  Gloria regnandi cuncta licere facit.
Andronicus si forte suo iuravit Alexi,
  Ipse cruentato sceptra nepote tulit.
Heredem regni fidei maculare pudorem
  Non puduit profugum sub Manuele senem.
Unum natorum« – si phas foret atque liceret! –
  Debueras dure subdere sponte neci.
Ipse ego, triste pedes quotiens sinthoma perurit,
  Non hominum dubito sanguinis esse reus.«

Sechster Abschnitt: Brief an Tankred

140 Sofort griff der Bigamist zum Papier und schrieb folgendes,
  dies waren seine Worte, die er bei Nacht niederschrieb:
»Dir, Tankred, sende ich, Matheus, Heil,
  das, wenn Du nicht schnell kommst, ein anderer empfängt!
Laß das Zaudern, komm mit Deinen beiden Kindern.
145   Komm, um mit Deinen Nachkommen das königliche Szepter zu empfangen!
Laß das Zaudern, stell die Treue hintan, entlaß Deine Gemahlin!
  Ich schreibe Dir, ich, der ich Dir die Königsherrschaft verleihen werde!
Durch mich wirst Du herrschen, durch mich wird Dir die Herrschaft geschenkt!
  Komm schnell, denn Verzug schadet oft!
150 Laß ab von Deinen Plänen, ich zürne ihnen,
  denn Du handelst nicht klug, wie Du sollst!
Welchem Erben läßt Du das Reich und die Städte schwören?
  Wen wählst Du als Erben, wem verschaffst Du Dein eigenes Reich?
Einem fernen Herrn verleitest Du die großen Städte
155   zu schwören, einem anderen gibst Du, was Du selbst haben könntest!
Weder Treue, wenn es sie denn gibt, noch Meineide sollen Dich abhalten!
  Der Ruhm der Herrschaft legitimiert jedes Mittel!
Wenn Andronikos seinem Alexios einen Eid leistete,
  so nahm er doch das Szepter, nachdem er den Neffen selbst ermordet hatte.
160 Als Erbe des Reiches die Scham vor einem Treuebruch zu beflecken,
  schämte sich nicht der, der unter Manuel nur ein Alter und Flüchtling war.
Selbst einen Deiner Söhne hättest Du« – wenn es nur recht und erlaubt wäre! –
  »freiwillig einem harten Tode unterwerfen müssen.
Ich selbst zögere, sooft der schlimme Anfall meine Füße befällt,
165   nicht, Menschenblut auf mich kommen zu lassen.«

Der obere Teil des Bildes gehört zu den am häufigsten abgebildeten Szenen der Handschrift. Es handelt sich um eine Darstellung der normannischen Königskanzlei, die angesichts der ethnisch-religiösen Mischkultur des Königreichs in drei Sprachen: Griechisch, Arabisch, Lateinisch, ausfertigte. Das Bild suggeriert, daß die Kanzlei noch Ende des 12. Jahrhunderts dreisprachig besetzt war (*notarii Greci, notarii Saraceni, notarii Latini*), was freilich nicht zu dem Überlieferungsbefund paßt: Seit den Wilhelmen hatte sich das Lateinische als Amtssprache des Königshofes durchgesetzt, und von Konstanze sind mit Ausnahme einer lateinisch-griechischen Bilingue nur noch lateinische Urkunden überliefert. Das nachweisbare Kanzleipersonal umfaßt ebenfalls nur noch »lateinische« Notare. Im privatrechtlichen Bereich behielten Griechisch und Arabisch eine gewisse Bedeutung, und für eine Beamtenkarriere dürfte Mehrsprachigkeit wenn nicht Erfordernis, dann doch förderlich gewesen sein, wobei hinzuzufügen ist, daß die Hofsprache natürlich Französisch war. Bemerkenswert ist erneut der Versuch, die ethnische Zugehörigkeit der Notare in der Darstellung zu differenzieren. – Unter der rechten Arkade schreibt Matheus de Ajello wiederum nachts (vgl. fol. 100) – diesmal durch eine brennende Kerze betont – an Tankred (*bigamus nocte scribens Tancredo*); auf der unteren Bildhälfte überbringt sein Bote (*cursor bigami*), ausgerüstet mit Tornister, Feldflasche und Wanderstab, den Brief an Tankred (*Tancredus recipit litteras bigami*), wobei dieses Überbringen in Einzelszenen zerlegt ist: der Bote rastet, eilt weiter und händigt schließlich den Brief aus. Boten spielen in der Handschrift überhaupt eine große Rolle (fol. 106, 124, 125, 128), und das entspricht durchaus den mittelalterlichen Verhältnissen, wenngleich sich von der Korrespondenz so gut wie nichts erhalten hat. Man beachte das entstellte Gesicht Tankreds, welches erneut zur Profilansicht verunstaltet wurde (vgl. fol. 99, 102, 121). Unterhalb von Tankreds Thron ist ein Brunnen angedeutet (vgl. fol. 115, 116).

101ʳ
Matheus von Ajello schickt einen Brief durch Boten an Tankred

notarij Greci · n̄oī Saraceni · n̄oī latini · Bigam9 nocte scribēs tancredū

tancred9 recipit littas bigami

Cursor bigami · Cursor bigami · Cursor bigami

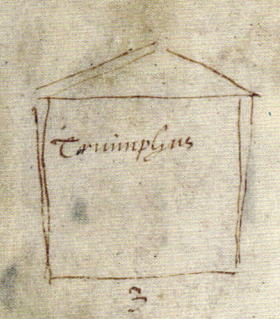

Spuriosa unctio regni

Nec mora plectis que miserat ille figuris
Consuluit mentis triste cubile sue.
Stare pudet, pperare timet, cor fluctuat intus.
Ut puer ascensu territus optat equi
Et timet et gaudet, luit et ludit, modo liberum
Aspirat, modo se colligit inque manus.
Corpis exigui memori subinde pudore
Colligit et quatitur sic arudo comes.
Tandem sicilia gemina cum ple petentis
Obpbrium patris natus utque tegit.
Fabarie cum plo comes descedit auite,
Ille a multis plurima doctus abit.
Primo manu subit, ueste ferruginis instar
Induit, hic habitus signa doloris habet.
Heu heu quanta die iniuria fecit in illa,
Qua comes infelix, unctus in urbe fuit.
O noua popa, doli, spes noua fraudis inique,
Non dubitas nano tradere regna tuo.
Ecce uetus monstrum nature crimen aborsu,
Ecce coronatam simia turpis homo.
Huc ades allecto, tristis pclamet herinus,
Exclament satiri, semiuir ecce uenit.
Ne cadat obpbrium, lachesis sua fila morets
Ludibrium mundi ppetuare dies
Qua bene conueniunt redimito cimbala mimo,
Ne quicquam lateat erea plectra sonant.
Et quibus auditum sors aut natura neguit,
Ut uideant, alto simia fert equo.
Alma mellifluens padisus dulce panormum,
Qua male compensas dapna priora tibi.
Qua male scariothis redimit tua festa math,
Qui titulos cauta polluit arte tuos
Pioue semiuirum magno pcesare natum
Suscipis in sceptrum.

Particula VII.:
Spuriosa unctio regni

Nec mora, perlectis que miserat ille figuris,
    Consuluit mentis triste cubile sue.
Stare pudet, properare timet, cor fluctuat intus.
    Ut puer ascensum territus optat equi,
Et timet et gaudet, luit et ludit, modo sursum
    Aspirat, modo se colligit inque manus.
Corporis exigui memori sub mente pudorem
    Colligit et quatitur sicut arudo comes.
Tandem Siciliam gemina cum prole petentis
    Obprobrium patris natus uterque tegit.
Fabarie cum prole comes descendit avite;
    Illinc a multis plurima doctus abit.
Primo mane subit, vestem ferruginis instar
    Induit: hic habitus signa doloris habet.
Heu heu, quanta die periuria fecit in illa,
    Qua comes infelix unctus in urbe fuit!
O nova pompa doli, species nova fraudis inique,
    Non dubitas nano tradere regna tuo?
Ecce vetus monstrum, nature crimen aborsum;
    Ecce coronatur simia, turpis homo!
Huc ades Allecto, tristis proclamet Herinis,
    Exclament Satiri: semivir ecce venit.
Ne cadat obprobrium, Lachesis sua fila moretur;
    Ludibrium mundi perpetuate, dies.
Quam bene conveniunt redimito cimbala mimo!
    Ne quemquam lateat, erea plectra sonant.
Et quibus auditum sors aut natura negavit,
    Ut videant, alto simia fertur equo.
Altera mellifluens paradisus, dulce Panormum,
    Quam male compensas dampna priora tibi!
Quam male Scariothis redimit tua festa Matheus,
    Qui titulos cauta polluit arte tuos!
Pro Iove semivirum, magno pro Cesare nanum
    Suscipis in sceptrum!

Siebter Abschnitt:
Die illegitime Königssalbung

Kaum hatte er die Schrift gelesen, die jener gesandt hatte,
    befragte er das elende Gemach seines Geistes.
Zu verharren schämte er sich, zu eilen fürchtete er, sein Herz wogt im Innern.
    Wie ein Knabe angstvoll sich wünscht, ein Pferd zu besteigen,
so fürchtet und freut er sich, leidet und spielt, bald nach oben
    strebt er, bald kommt er zur Besinnung und gewinnt die Kontrolle über sich,
dann denkt er wieder an seine geringe Körpergröße, es überkommt ihn Scham,
    und der Graf wird geschüttelt wie ein Rohr.
Endlich macht er sich mit beiden Söhnen nach Sizilien auf,
    und die beiden Söhne verhüllen die Schande des Vaters.
Zu dem vom Großvater ererbten Favara zieht er mit seinen Söhnen.
    Von dort geht er fort, nachdem er von vielen vieles in Erfahrung gebracht hat.
Früh am Morgen langt er an, ein rostrotes Gewand
    legt er an. Dieser Aufzug hat die Zeichen der Trauer.
Ach, ach weh, wie viele Meineide schwor er an dem Tage,
    an dem der unglückliche Graf in der Stadt gesalbt wurde!
O unerhörter Zug, ihr Listen, unerhörte Sorte üblen Betrugs!
    Du zögerst nicht, Deinem Zwerge das Reich zu übergeben!
Siehe, ein Ungeheuer, ein Verbrechen gegen die Natur, eine Fehlgeburt!
    Siehe, es wird ein Affe gekrönt, ein schimpflicher Mensch!
Da steh Du, Alekto, dabei, die schreckliche Rachegöttin soll rufen,
    die Satyrn sollen schreien: »Siehe, da kommt der Halbmann!«
Damit die Schande nicht schnell vorbeigeht, soll Lachesis ihre Fäden anhalten.
    Ihr, Tage, verlängert das Gespött der Welt!
Wie gut passen die Zimbeln zu dem bekränzten Mimen!
    Damit er niemandem verborgen bleibt, lärmen eherne Schläger,
und damit die, denen Schicksal oder Natur das Gehör versagt haben,
    etwas zu sehen bekommen, wird der Affe hoch zu Roß einhergetragen!
Ein zweites, honigfließendes Paradies, süßes Palermo,
    wie schlecht gleichst du Deinen früheren Verlust aus!
Wie schlecht schmückt Matheus Iskarioth Deine Feste,
    der Dein Ansehen durch seine schlaue Hinterlist befleckte!
Anstelle Jupiters einen Halbmann, anstelle des großen Kaisers einen Zwerg
    empfängst Du als Herrscher.

Triumphzug Tankreds, der die Königskrone usurpiert (*quando Tancredus usurpavit sibi regni coronam*). Dem König folgen die beiden Söhne (*isti sunt filii Tancredi*) Roger († 1193) und Wilhelm (König 1194), ihm voraus wird eine Art Standarte (nach anderen: Schellenbaum, Triangel) und das Schwert – bezeichnenderweise mit der Spitze nach unten – getragen. Auf Tankreds Kopf, dem seines Pferdes und auf der Standarte sitzen Vögel, was den an antiken Triumphzügen orientierten Aufzug des Königs ins Lächerliche ziehen soll. Dazu paßt v. 190, der Tankred als bekränzten Mimen verunglimpft. In der Linken hält Tankred nur einen Palmwedel, kein Szepter und nicht den Reichsapfel. Auf dem Kopf trägt er nicht etwa eine Krone, sondern eine Mütze, die jener des Matheus ähnlich ist, aber die Pendilien (Gehänge) einer Krone hat – eine merkwürdige Kombination. Den mit einem Kreuz belegten Reichsapfel trägt bezeichnenderweise Matheus de Ajello voran (*bigamus sacerdos*), der erneut auf einem Maultier reitet und von einem zweiten Kleriker begleitet wird. Der vorausgehende Festzug (*triumphus spurii regis*) umfaßt Gruppen von Bogenschützen, allen voran ein Armbrustschütze, abgesessene Reiter, Fanfarenbläser – die in entgegengesetzte Richtungen blasen –, Lanzenträger, Trommler und Bekkenschläger. Alle Musikanten und die Lanzenträger, vielleicht die Leibgarde, sind Sarazenen. Die starke arabische Prägung des normannischen Königshofes hat 1184 schon ein arabischer Reisender (Ibn Ǧubayr) hervorgehoben.

Quando Tancredus usurpauit sibi regni coronā

isti sunt filii tancredi

Brigam' sac̄dos

Triūphus Spurij Regis.

Cap. Anathematizat derisio nascentis

Debuit illa dies multa pice nigrior ee, ee.
Qua miser adscendit quo ruiturus erat.
Illa dies peat, nec commemoretur in anno,
In qua tancredus regia sceptra tulit.
Illa dies peat, semp noctescat abysso,
In qua tancredus predimitus abit.
O nimium infelix memorabilis uectio regni,
Vnexit abortiuum que manus ausa uirum.
Embrion infelix, et detestabile monstrum,
Quam magis alta petis, tam grauiora lues.
Corpe te geminas breuis athome semp inuno,
Na puer atgo uilis abore senex.   a b
Hoc ego dum dubia meditarer mente profundum,
Que res nature dimidiasset opus.
Egregius doctor et uir pietatis amicus,
Explicuit causas talibus uerso michi.
Vt puer incipiat, opus est ut utque resudet,
Ex quo perfectus nascitur orbe puer.
Non instaurando sementat utque parentum,
Et si sementent non bene conueniunt.
Dux alti de stirpe ducum de stemmate regum,
Ista de media stirpe creata fuit.
Natura noxtura fugit, fornacis aborret,
Gemina lues, nec humi nobilitate coit.
Quomit humore tam uilis texta uirile,
Concipit solo semine matris homo.
Quatum maties potuit paupurina matris,   matuus
Contulit, et modicum maciauit opus.
Hunc habuisse patrem credamus noie, non re
Rem trahit a matre dimidiatus homo.
Qui purgata solo bene culto semina mandat,
In lolium uersos sepe queriuntur agros.
Sepi infelix coceptu uacca iuuentu,
Monstriferumque pecus mollis abortus ouis.

Particula VIII.: Casus anathematizati et derisio nascentis

Debuit illa dies multo pice nigrior esse,
    Qua miser adscendit, quo ruiturus erat.
Illa dies pereat nec commemoretur in anno,
    In qua Tancredus regia sceptra tulit.
Illa dies pereat, semper noctescat abysso,
    In qua Tancredus preredimitus abit.
O nimis infelix memorabilis unctio regni!
    Uncxit abortivum que manus ausa virum?
Embrion infelix et detestabile monstrum,
    Quam magis alta petis, tam graviora lues.
Corpore te geminas, brevis athome, semper in uno,
    Nam puer a tergo vivis, ab ore senex.
Hoc ego dum dubia meditarer mente profundum,
    Que res nature dimidiasset opus,
Egregius doctor et vir pietatis amicus
    Explicuit causas talibus Urso michi:
Ut puer incipiat, opus est ut uterque resudet,
    Ex quo perfectus nascitur orbe puer.
Non in Tancredo sementat uterque parentum,
    Et, si sementent, non bene conveniunt.
Dux alter de stirpe ducum, de stegmate regum,
    Altera de media stirpe creata fuit.
Naturam natura fugit: fornacis aborret
    Gemma luem, nec humus nobilitate coit.
Evomit humorem tam vilis texta virilem:
    Concipitur solo semine matris homo.
Quantum materies potuit pauperrima matris,
    Contulit et modicum materiavit opus.
Hunc habuisse patrem credamus nomine, non re:
    Rem trahit a matre dimidiatus homo.
Qui purgata solo bene culto semina mandant,
    In lolium versos sepe queruntur agros.
Sepius infelix conceptum vacca iuvencum
    Monstriferumque pecus mollis abortit ovis.

Achter Abschnitt: Der Fall des Verfluchten. Verspottung seiner Geburt

200 Jener Tag hätte viel schwärzer als Pech sein müssen,
    an dem der Elende zu dem Punkt aufstieg, von dem er herabstürzen sollte.
Jener Tag mag untergehen und nicht im Jahreslauf erwähnt werden,
    an dem Tankred das königliche Szepter trug.
Jener Tag mag untergehen und immer als Nacht in der Hölle sein,
205   an dem Tankred gekrönt davonging.
O, du gar unglückliche Salbung zu einem bedeutenden Königtum!
    Welch leichtfertige Hand salbte einen als Mißgeburt geborenen Mann?
Unglückbringender Embryo, verabscheuungswürdige Mißgeburt,
    wie sehr Du nach oben strebst, umso schwerer wirst Du büßen!
210 In einem Körper verdoppelst Du Dich, Du kleines Atom, fortwährend:
    Denn Du lebst von hinten betrachtet als Knabe, von vorne als Greis!
Als ich dieses Geheimnis zweifelnd erwog,
    welcher Umstand nämlich das Werk der Natur halbiert habe,
erklärte der herausragende Lehrer und Freund der Frömmigkeit,
215   Urso, mir mit folgenden Worten die Ursachen:
»Damit ein Knabe entsteht, müssen beide Elternteile Flüssigkeit ausscheiden,
    aus der ein vollkommener Knabe auf die Welt kommt.
Aber bei Tankred haben nicht beide Elternteile Samen abgegeben,
    und wenn doch, so hat er sich nicht gut vereinigt.
220 Ein Elternteil war Herzog aus Herzogsgeschlecht, von königlicher Abstammung
    der andere war aus einem Geschlecht von mittlerem Rang.
Die eine Natur meidet die andere, vor des Ofens
    Schlacke schreckt der Edelstein zurück, Boden vereinigt sich nicht mit Edlem.
Das so billige Gefäß stößt den männlichen Samen aus,
225   der Mensch wird ausschließlich aus weiblichem Samen gezeugt.
Soviel die ärmliche Materie der Mutter eben vermochte,
    steuerte sie bei und brachte ein geringes Werk zustande.
Wir glauben, daß dieser einen Vater nur dem Namen nach, nicht tatsächlich hatte.
    Als Halbmann bezieht er sein Erbgut von der Mutter.
230 Wer gereinigten Samen einem gut gepflegten Boden anvertraut,
    klagt oft, daß der Acker zu einem Lolchacker wurde.
Oft stößt die Kuh ein unglücklich empfangenes Kalb,
    das weiche Schaf ein mißgebildetes Lamm ab.

Die drei Szenen dienen der äußersten Verunglimpfung Tankreds. Sein Sturz vom Pferd, Illustration zu v. 209, deutet Zukünftiges an und verweist auf die späteren Fortuna-Darstellungen (*fortuna Tancredi*); s. fol. 146–147. Daneben wird erneut die gnomenhafte Gestalt Tankreds vorgeführt: im Gesicht ein Greis (als Januskopf mit kindlichem Widerpart: vgl. v. 211), von Statur ein Knabe (*Tancredus facie senex, statura puellus*). Eine vergleichbare Charakterisierung Heinrichs VI. fällt natürlich positiv aus (v. 1618). In der mittleren Szene erfahren wir den Grund, und das Folgende gehört zusammen mit dem Text von fol. 102ᵛ/103ᵛ zum Niederträchtigsten, was das Mittelalter in dieser Hinsicht hervorgebracht hat: Der Poet – hier nicht als Kleriker ausgewiesen – befragt den seinerzeit berühmten Salernitaner Arzt Urso über den Grund des Zwergwuchses und erhält die Diagnose: Mißgeburt aufgrund einer Mesalliance, wobei als Beispiel auf die Mißgeburt eines Schafes verwiesen wird (*querenti michi causam de modicitate corporis Tancredi, quod aborsum fuerit eius corpus, magister Urso aborcientem ovem ducit in exemplum*). Die untere Szene spinnt diesen Faden weiter. Wir sehen die – namentlich unbekannte – Mutter Tankreds (*mater Tancredi*), Tochter des Grafen Accardus II. von Lecce, im Kindbett, und davor zeigt eine Dienerin (Hebamme) einer anderen die Mißgeburt, worauf diese zu Tode erschrickt (*hec viso abortivo stupet*). Die verhüllten Hände beider sind Teil einer Trauergeste (fol. 116, 119, 135) oder Ausdruck praktischer Hygiene (fol. 110; 138: die Kaiserin!), häufig jedoch als Adaptation byzantinischen Hofzeremoniells zu werten (fol. 120, 126, 137, 138, 142), wonach man sich dem Herrscher nicht mit bloßen, unreinen Händen nähern durfte. Im Text wird die Mißgeburt vor allem mit einer Mesalliance begründet, aber auch das ist bewußte Irreführung, denn Tankreds Mutter entstammte dem Grafenhaus von Lecce; man vergleiche damit, wie Petrus von Eboli Beatrix herausstreicht (v. 13ff.), die dritte Gemahlin Rogers II. aus dem Grafenhaus von Rethel!

fortuna tācdi   tācred' facie senex. statura puellus

Querenti in causam d'indicitate corporis tācredi. qd abortiuum fuerit cū corp' matris urso abortiere
                                                                                  ʃ one ducit i exeplū

ħ urso abortiuo stupet   ħ ostedit tancredulū   mat tancredi

Abortiui fallax uiguerit scribe ascriptos

Ridiculū natura tuū res simia turpis
Regnat abortiui corpis instar homo.
Qua ratione tibi sacra conuenit uctio regni,
Quē negat hedem nō bene nupta parens.
Quę uis, quę pbitas potuit, que fama, qs ensis
Maiestatiuū p̄meruisse decus.
Non sua semp amans, quoties qui nil dedit illi
Seu dedit ⁊ petijt, nō minꝰ hostis erat.
Moribꝰ ⁊ uite paup, nec fama repugnat,
Et modicas uires, ⁊ breue corpꝰ hȝ.
Ingenij uiteriꝰ opes, ⁊ uicia mentis
In quibꝰ egregios scimꝰ obisse uiros.
Cū soror ille tuus falso comes andria captꝰ
Oddoluit magnis rebꝫ, ob ēt fide.
Quę piura fides, quę pacis fedꝰ inique
Fallit, ⁊ oscuro carce clausus obit.
Quā male credis aquę trepidantia uela gete
Quas hodie zephirus cras aget eurꝰ aquas.
Heu ubi tanta iacet saturate copia mense,
Que numeri nulla lege coacta fuit.
Heu ubi tanta iacet matiri forma gigantis.
Iusticię rector.
p̄ dignis indando uix uix retributa recepit,
P̄ uenit meritū semp apta manus.
Hunc alioscꝫ uiros fallax intoxicat anguis,
In quibꝫ apparet cesaris ēē fides.

Particula IX.: Abortivi fallax iniquitas proscribit ascriptos

Ridiculum, natura, tuum: res, simia, turpis,
    Regnat, abortivi corporis instar homo.
Qua ratione? Sibi sacra convenit unctio regni,
    Quem negat heredem non bene nupta parens?
Que vis, que probitas potuit, que fama, quis ensis
    Maiestativum promeruisse decus?
Non sua semper amans, quotiens, qui nil dedit illi
    Seu dedit et petiit, non minus hostis erat?
Moribus et vite pauper, nec fama repugnat,

    Et modicas vires et breve corpus habet.
Ingenii vitemus opes et recia mentis,
    In quibus egregios scimus obisse viros.
Cum foret ille tuus falso comes, Andria, captus,
    Codoluit magnis rebus obesse fidem;
Quem periura fides, quem pacis fedus inique

    Fallit, et oscuro carcere clausus obit.
Quam male credis aque trepidantia vela quiete,
    Quas hodie Zephirus, cras aget Eurus aquas!
Heu ubi tanta iacet saturate copia mense,
    Que numeri nulla lege coacta fuit!
Heu ubi tanta iacet maturi forma gigantis,
    Iusticie rector!
Prodigus in dando vix vix retributa recepit,
    Prevenit meritum semper aperta manus.
Hunc aliosque viros fallax intoxicat anguis,
    In quibus apparet Cesaris esse fides.

Neunter Abschnitt: Die hinterlistige Ungerechtigkeit der Mißgeburt proskribiert ihre Angehörigen

Natur, das ist deine Posse: ein Affe, ein schimpfliches Wesen,
    herrscht, ein Mensch gleich einer Mißgeburt.
Wie das? Kommt dem die heilige Herrschersalbung zu,
    den eine nicht rechtmäßig verheiratete Mutter als Erben ausschließt?
Welche Macht, welche Rechtschaffenheit, welcher Ruf, welches Schwert
    waren es, die die herrscherliche Würde verdienen konnten?
Er strebte immer nach fremdem Besitz, und sooft einer ihm nichts schenkte
    oder zwar gab, aber auch etwas verlangte, war er ihm Feind.
Arm an Charakter und in der Lebensführung – sein Ruf steht dem nicht
    entgegen –
    hat er geringe Kräfte und einen kleinen Körper.
Wir sprechen nicht von den Geistesgaben und seiner Hinterlist,
    an der, wie wir wissen, viele Männer zugrundegingen.
Als Dein Graf, Andria, durch Verrat gefangen worden war,
    beklagte er, daß großen Unternehmungen Gutgläubigkeit entgegenstehe.
Ihn brachte eidbrüchige Untreue, ein Friedensvertrag zu ungleichen
    Bedingungen
    zu Fall, und er starb in einen dunklen Kerker eingeschlossen.
Wie übel vertraut man die schlagenden Segel dem Wasser bei Flaute an,
    die heute schon der West-, morgen schon der Ostwind peitscht!
Wehe, wo eine solche Fülle eines satten Tisches darniederliegt,
    die nicht durch das Gesetz einer Zahl eingeschränkt wurde!
Wehe, wo eine so große Gestalt eines Riesen an Manneskraft darniederliegt!
    Richter der Gerechtigkeit!
Er, der freigebig schenkte, erhielt keine Gegenleistungen.
    Die immer offene Hand entging durch Tod der Belohnung.
Diesen vergiftet die listige Schlange und andere Männer,
    die offensichtlich treu zum Kaiser stehen.

Das Bild zeigt Graf Roger von Andria (*comes Rogerius Andrie*), den Gegenspieler Tankreds bei der Königserhebung 1189/90, im Gewahrsam des neuen Königs, der in Anlehnung an v. 185 als gekrönter Affe (*simia factus rex*) und zudem ohne Boden unter den Füßen, gleichsam frei schwebend, dargestellt ist. Roger hatte sich mit der Wahl Tankreds nicht abgefunden, und mit ihm stand nahezu der gesamte Adel des Festlandes gegen den neuen König. Mit einem hinterhältigen Trick gelang Tankreds Schwager, Graf Richard von Acerra, im Herbst 1190 die Festnahme Rogers, den er am 26. November umbringen ließ.

Das Gefängnis Graf Rogers ist eine nicht näher bezeichnete Burg (*castrum*, danach Rasur), auf deren zinnenbekröntem Turm eine ungespannte Schleuder installiert ist. Am Turm und auf einer weiteren Zinne sind Schilde mit geviertem Wappen angebracht (siehe unten). Ein Diener läßt dem Grafen Verpflegung hinab, offenbar einen Brotkranz (vgl. den Boten fol. 125) und Wasser. Der Graf selbst ist an beiden Füßen angekettet. Ihm steht aber ein Faltstuhl zur Verfügung, wie er ihn schon auf fol. 99 benutzte. Auch die Physiognomie der beiden Darstellungen ist identisch, und doch ist zweifelhaft, ob der Maler Porträtähnlichkeit erstrebte. – Da hier zum ersten Mal Schilde gezeigt werden, sei generell betont, daß es sich in der Handschrift bis auf wenige Ausnahmen (der Kaiser, Markward von Annweiler, Diepold von Schweinspeunt) nicht um Wappenschilde im heraldischen Sinn handelt, das heißt um individuelle Erkennungszeichen. Manche Schilde sind ganz frei geblieben; Schrägkreuz, Sparren, Raute und Quadrierung sind wenig originell und nicht konsequent zugeordnet, das am häufigsten verwendete Grün kommt heraldisch eher selten vor.

Hiniæ fortꝰ Rex

Castrū

Comes Rog̅ andr̅e

Imperialis Unctio

Serta recepturus cum cesar uenit in urbe,
Exultat pompis inclita roma nouis.
Ad petri deuenit eques uenerabile templum,
Quo pater antistes predituus erat.
Balsama, thus, aloe, miristica, cinnama, nardus,
Regibus assuetus ambra modestus odor.
Uicos, ptecta fragrant redolentque per urbem
Thuris aromatici spirat ubique rogus.
Vestit odora uiam mirtus sociata diathis,
Luxuriant croceis lilia iuncta rosis.
Prima domus templi bisso uestitur et ostro,
Stellificat edis cerea flama suis.   tædæ
At domus interior ubi mensa coruscat et agnus,
Purpurat aurato res operosa loco.
A uice petre tua pius introducitur heros
Inclitus altaris sistitur ante gradus.
Primo papa manus sacrat ambas crismate sacro, faruo
Vt testamentum uictor utrumque gerat.   testamentum
Brachia sctificans scaptas et pectus inungens,
In xpm dnm te ds unxit ait.   Sanctificans scapula
Post hec impii correptum tradidit ensem,
Quo petrus abscissa iussus ab aure tulit.
Ensis utrique potens templi defensor et orbis,
Hinc regit ecclesiam, corrigit inde solum.
Iura potestatis pondus pietatis et equi,
Signat in augusta tradita uirga manu.
Anulus ecclesie, regnorum nobilis arra,
Offertur digitis octauiane tuis.
Quam geris aurate cesar diadema thiare,
Signat te apostolicas participare uices.   apuliam
Post hec cantatis ad castra reuertitur ymnis, reuertuntur
Mandat in apulia quisque quod ire paret.

Mandat

P\<articula\> X.: Imperialis unctio

Serta recepturus cum Cesar venit in urbem,
    Exultat pompis inclita Roma novis.
Ad Petri devenit eques venerabile templum,
    Quo pater antistes preredimitus erat.
Balsama, thus, aloe, miristica, cinnama, nardus,
    Regibus assuetus ambra modestus odor,
Per vicos, per tecta fragrant redolentque per urbem,

    Thuris aromatici spirat ubique rogus.
Vestit odora viam mirtus sociata diathis,
    Luxuriant croceis lilia iuncta rosis.
Prima domus templi bisso vestitur et ostro,
    Stellificat tedis cerea flamma suis.
At domus interior, ubi mensa coruscat et agnus,
    Purpurat aurato, res operosa, loco.
A vice, Petre, tua pius introducitur heros:
    Inclitus, altaris sistitur ante gradus.
Primo papa manus sacrat ambas crismate sacro,
    Ut testamentum victor utrumque gerat.
Brachia sanctificans, scapulas et pectus inungens:
    »In Christum domini te deus unxit«, ait.
Post hec imperii correptum tradidit ensem,
    Quem Petrus abscissa iussus ab aure tulit.
Ensis utrimque potens, templi defensor et orbis,
    Hinc regit ecclesiam, corrigit inde solum.
Iura potestatis, pondus pietatis et equi,
    Signat in Augusta tradita virga manu.
Anulus ecclesie, regnorum nobilis arra,
    Offertur digitis, Octaviane, tuis.
Quam geris aurate, Cesar, diadema thiare,
    Signat apostolicas participare vices.
Post hec cantatis ad castra revertitur ymnis,
    Mandat, in Apuliam quisque quod ire paret.

Zehnter Abschnitt: Die kaiserliche Salbung

260 Als der Kaiser in die Stadt kam, um das Diadem zu empfangen,
    jauchzte das ehrwürdige Rom in nie gesehenem Aufzug.
Zu Pferde gelangte er zur ehrwürdigen Peterskirche,
    wo schon der Papst im Schmuck der Krone war.
Balsam, Weihrauch, Aloe, Myrrhe, Zimt, Narde
265   und der den Königen vertraute Amber, ein milder Duft,
verbreiten Wohlgerüche durch Stadtviertel und Häuser und durchziehen die Stadt.
    Würzigen Weihrauches Brand raucht überall.
Duftende Myrte schmückt vereint mit Zweigen vom Thyabaum den Weg,
    Lilien prunken vereint mit gelben Rosen.
270 Der Eingangsbereich der Kirche ist mit Batist und Purpur ausgeschlagen,
    die Flammen von Wachskerzen lassen Sterne leuchten.
Aber das Innere der Kirche, wo der Altar und das Lamm glänzen,
    leuchtet purpurn, eine aufwendige Angelegenheit, an goldenem Ort.
Von Deinem Stellvertreter, Petrus, wird der fromme Held hineingeleitet:
275   der Berühmte macht vor den Stufen des Altares halt.
Zuerst weiht der Papst beide Hände mit heiligem Chrisma,
    damit er als Sieger beide Testamente als Schild und Schwert führen kann.
Während er die Arme weiht und die Schultern und die Brust salbt, spricht er:
    »Zum Gesalbten des Herrn salbt Dich Gott.«
280 Danach greift er nach dem Reichsschwert und übergibt es ihm,
    das Petrus nach dem Abschlagen des Ohrs auf Befehl wegtrug.
Das Schwert ist für beides tauglich: Ein Verteidiger der Kirche und des Reiches,
    einerseits lenkt es die Kirche, andererseits richtet es die Welt.
Die herrscherlichen Rechte, das Gewicht der Frömmigkeit und Gerechtigkeit,
285   bezeichnet der Stab, der in die kaiserliche Hand gegeben wird.
Der Ring der Kirche, edles Unterpfand der Reiche,
    wird deinen Fingern, Oktavian, angesteckt.
Das Diadem einer goldenen Tiara, Caesar, das Du trägst,
    bedeutet, daß Du Anteil an dem apostolischen Amt hast.
290 Danach kehrt er unter Hymnengesang zum Lager zurück
    und ordnet an, daß jeder sich auf den Marsch nach Apulien vorbereite.

Die römische Kaiserkrönung Heinrichs VI. (Ostermontag, 15. April 1191) durch Papst Coelestin III. (*quando imperator Henricus venit Romam et a Celestino papa coronatus est*). Die Bildfolge ist die einzige Darstellung des Ablaufs einer Kaiserkrönung in ihren einzelnen Phasen, aber: sie ist deutlich der deutschen Königskrönung nachgestaltet und insofern historisch ohne Wert. – Mit wehendem Mantel sprengt der König – schon als *imperator*, Kaiser, bezeichnet –, den Reichsapfel in der Linken haltend, mit seinem Gefolge in Rom (*Roma*, in Großbuchstaben) ein, dessen stilisierte Architektur (der mittlere Turm ist dilettantisch später darübergesetzt) das Bild auf zwei Seiten einrahmt. Dem König voraus reitet der Bannerträger (s. fol. 132). Barhäuptig und diesmal das Szepter haltend, reitet der künftige Kaiser zur Peterskirche (*ecclesia beati Petri*, wenig später nachgetragen), die durch einen mit Kelch und brennenden Kerzen bedeckten Altar kenntlich gemacht ist. Vor der Kirche empfängt ihn der Papst (*papa Celestinus*), bekleidet mit den Pontifikalgewändern, einschließlich des Palliums, und reicht ihm die Hand. Hier leistet im Normalfall der künftige Kaiser das Schutzversprechen für die Kirche, bevor er geweiht und gekrönt wird. In unserer Bildfolge hat der König inzwischen sein Obergewand abgelegt. Vor der eigentlichen Weihe und Krönung wurde der künftige Kaiser in einer Seitenkapelle mit den geistlichen Gewändern bekleidet und formell in den Klerus aufgenommen. In der Sakristei gewährte ihm sodann der Papst die Pontifikalien, unter anderem die Mitra. Der Kaiser übernahm zwar keine klerikalen Standespflichten, hatte aber Anteil an bischöflichen Ehren. Hier werden ihm zuerst die Hände mit Chrisam gesalbt (*primo manus unguntur; crisma*), dann die Arme (*secundo brachia*); die Salbung ist jedoch im Normalfall Aufgabe des Kardinalbischofs von Ostia. Es folgen die Übergabe des Schwertes durch den Papst (*tercio hensem papa [tradit]*), des Szepters (*quarto virgam*), des Rings (*quinto anulum*) und schließlich der Mitra (*ultimo mitram*). Daß es sich hier nicht um einen Augenzeugenbericht, sondern um ein Konstrukt handelt, geht auch daraus hervor, daß von der eigentlichen Kaiserkrönung keine Rede ist und auch die Krönung von Heinrichs VI. Gemahlin Konstanze nicht erwähnt wird.

Quado Imperator henr̄ venit romā p̄ a celestino iii coronat̄ ee

ROMA

Ipator

Ipator · pp · celestin' ecc'lia beati petri

p̄mo manū ungit̄ · sec̄do brachia · t̄cio dat ei pp̄

q̄rto virgā · q̄īto anulū · ultimo mitrā

Regni legatio

Suscipit interea legatos scripta ferentes,
Quos poteres regni quos docuere duces.

Primus magnanimus scripsit comes ille rog̅, rogerius
Scripserat infelix semiuir ipse comes.

Scripsit consan' patrio comes ore uenusto,
Scripsit molisius inclitus ille comes.

Scripsit tricarici comes, 7 comes ille guirini
Scripsit cū triplici ple philipp' idem.

Et 6 gemini fr̅es magni scripsere lupini
Scripsit 7 antistes hoc capuanus idem.

Scripsit 7 antistes dn̅or̅ gēma panormi,
Scripserat 7 p̅sul Bartholomeus ide.

Scripsit cū multis pius archileuita salerni,
Cuius pura fides purior igne manet.

Particula XI.: Regni legatio

Suscipit interea legatos scripta ferentes,
    Quos proceres regni, quos docuere duces.

Primus magnanimus scripsit comes ille Rogerus,
    Scripserat infelix semivir ipse comes.   295

Scripsit Consanus, patrio comes ore venustus,
    Scripsit Molisius, inclitus ille comes.

Scripsit Tricarici comes et comes ille Gravini,
    Scripsit cum triplici prole Philippus idem.

Et gemini fratres magni scripsere Lupini,   300
    Scripsit et antistes hoc Capuanus idem.

Scripsit et antistes, dominorum gemma Panormi,
    Scripserat et presul Bartholomeus idem.

Scripsit cum multis pius archilevita Salerni,
    Cuius pura fides purior igne manet.   305

Elfter Abschnitt: Die Gesandtschaft des Königreiches

Er empfängt inzwischen die Gesandten, die Briefe bringen,
    die die Großen des Königreiches, die die Führer unterwiesen haben.

Als erster schrieb jener hochherzige Graf Roger,
    es hatte aber auch jener unglückliche Graf Halbmann geschrieben.

Es schrieb der Graf von Conza, einnehmend durch sein väterliches Antlitz,
    es schrieb der berühmte Graf von Molise.

Es schrieb der Graf von Tricarico und der Graf von Gravina,
    es schrieb mit seinen drei Söhnen Philippus.

Es schrieben die großen Lupini, die Zwillingsbrüder,
    es schrieb dasselbe auch der Bischof von Capua.

Es schrieb auch der Erzbischof, der Edelstein unter den Herren Palermos,
    und es schrieb der Bischof Bartholomäus.

Es schrieb mit vielen der fromme Archidiakon von Salerno,
    dessen reiner Glaube reiner als Feuer ist.

Kaiser Heinrich VI., majestätisch thronend, in byzantinisch-normannischer Gewandung, in der Linken das Szepter haltend, empfängt Boten aus dem Königreich Sizilien, die ihm versiegelte Briefe überbringen (*cursores regni missi ad serenissimum imperatorem H[enricum]*); zur Darstellung der Boten vgl. fol. 101. Das Bild faßt die Kontakte der normannischen Opposition mit Heinrich VI. im Gefolge der Königserhebung Tankreds zusammen und bezieht sich nicht ausschließlich auf die Zeit nach der Kaiserkrönung, denn der im Text zuerst genannte Graf Roger von Andria war bereits Ende 1190 ermordet worden (s. fol. 104). Gerade von ihm wissen wir aus anderer Quelle, daß er Heinrich VI. aufgefordert hat, ins Königreich zu kommen, um den Thron zu besteigen. Die im Text genannten Personen begegnen zum Teil auch als Zeugen in der ersten Urkunde, die der Kaiser nach Überschreiten der Grenze des Königreichs für die Abtei Montecassino ausgestellt hat (21. Mai 1191); hier fassen wir demnach in der Tat den Kern der prostaufischen Parteigänger. Daß auch Tankred (im Text: *infelix semivir ipse comes*; der Graf, jener unglückliche Halbmann) an Heinrich VI. geschrieben hat, ist anderweitig nicht verbürgt, braucht aber deswegen nicht frei erfunden zu sein. Über Boten (vgl. fol. 101), die der Kaiser seinerseits ins Königreich geschickt habe (*cursores Alamannie*), wissen wir sonst gleichfalls nichts. Bereits Weihnachten 1189 war auf einem Hoftag zu Eger ein Kriegszug in den Süden beschlossen worden, im Mai des folgenden Jahres überschritt der Reichsmarschall Heinrich Testa mit einem kleinen Heer die Grenze des Königreiches; von Deutschland aus wurden ihm Erzbischof Konrad von Mainz und der Kanzler Dieter hinterhergeschickt, um die Lage vor Ort zu beurteilen und darüber zu berichten.

106ʳ
Sizilianische Boten übergeben Heinrich VI. Briefe.
Darunter deutsche Boten

cursores regni missi ad serenissimū Imperatorē

cursores alamannie

primi imperatoris ingressus in regnum sicilie

En mouet impium mundi fortissimus heres,
Et uenit armata nobilitate ducum.
Non patitur falso laniari principe regnum,
Quod sibi p̄ patrios iura dedere gradus.
Hoc auus, hoc pauus quandoq̄ dedē tributis,   dedere
Que pat' a sc̄is regibus ipse tulit.   p̄ sc̄is
Si numerare uelis genitos a cesare magno,
In medio carolus fulminat orbe tuus.
Nec minor est fredericus eo, qui duxit ab illo
Ordinem 7 septrum nomen 7 esse tuum.
Cuncta sibi queq̄ uides seruire coegit,
Vicit in hoc carulos fortior hasta suos.
Quantum laudis ht̄ mundus quantum ue triumphi,
Fama minus titulis asserit esse suis.
In modicum reputans tandem pluribus orbem
In dn̄o uoluit spe meliore frui.
alter Ātu in hoc moyses aliam populos us egyptum
Deserit, ut redimat regna domin̄us dei.
Iam sua uota uidens int' sua gaudia xp̄o,
Migrat 7 et̄nis militat albus equis.
Plena potestatis fastidit y magos triumphos,
Ōs satis ex om̄i parte uidere suum.
Ex hoc ex aliis uer' dinosceris heres,
Nam tua pipiniis gl̄ia maior erit.
Augustos imitare tuos defende tuū ius,
Coniugis 7 magni iura tuere patris.
Tam tua quam soceri limes cot̄minet un',
Nam ius consortis in tua iura cadit.

Particula XII.: Primus imperatoris ingressus in regna Sicilie

En movet imperium mundi fortissimus heros,
 Et venit armata nobilitate ducum.
Non patitur falso laniari principe regnum,
 Quod sibi per patrios iura dedere gradus.
Hoc avus, hoc proavus quandoque dedere tributis, 310
 Que pater a Siculis regibus ipse tulit.
Si numerare velis genitos a Cesare magno,
 In medio Carolus fulminat orbe tuus.
Nec minor est Fredericus eo, qui duxit ab illo
 Et genus et septrum, nomen et esse tuum. 315
Cuncta sibi, quecunque vides, servire coegit:
 Vicit in hoc Carulos, fortior hasta, suos.
Quantum laudis habet mundus quantumve triumphi,
 Fama minus titulis asserit esse suis.
In modicum reputans tandem pro viribus orbem, 320
 In Domino voluit spe meliore frui.
Alter in hoc Moyses, aliam populosus Egyptum
 Deserit, ut redimat regna domumque dei.
Iam sua vota videns inter sua gaudia, Christo
 Migrat et eternis militat albus equis. 325
Plena postestatis fastidit ymago triumphos;
 Est satis ex omni parte videre suum.
Ex hoc, ex aliis verus dinosceris heres,
 Nam tua Pipinis gloria maior erit.
Augustos imitare tuos, defende tuum ius, 330
 Coniugis et magni iura tuere patris.
Tam tua quam soceri limes conterminet unus,
 Nam ius consortis in tua iura cadit.

Zwölfter Abschnitt: Der erste Einzug des Kaisers in das Königreich Sizilien

Siehe, es setzt der tapferste Held der Welt seine kaiserliche Macht in Bewegung
 und kommt mit dem bewaffneten Adel der Führer.
Er duldet nicht, daß das Königreich von einem falschen Fürsten zerfleischt wird,
 das ihm das Recht durch väterliche Erbfolge verliehen hat.
Das bezahlten der Großvater und Urgroßvater einst noch an Tributen,
 was der Vater von den Königen Siziliens erhielt.
Wenn Du die Abkömmlinge von Caesar dem Großen zählen möchtest,
 so blitzt Dein Karl in der Mitte des Kreises.
Und nicht geringer als er ist Friedrich, der von ihm ableitet
 sein Geschlecht, seine Herrschaft, seinen Titel und auch Deine Existenz.
Alles, was Du siehst, zwang er, ihm zu dienen:
 In diesem Punkt übertraf er, eine tüchtigere Lanze, seine Karle.
Was immer die Welt an Lob und Triumph zu bieten hat,
 sein Ruf bezeugt, daß es geringer ist als seine Ruhmestitel.
Schließlich hielt er die Welt für zu klein für seine Kräfte
 und wollte eine bessere Hoffnung genießen, nämlich die auf den Herrn.
Ein zweiter Moses verläßt er mit viel Volk ein zweites Ägyptenland,
 um das Himmelreich und die Heimstatt Gottes zu gewinnen.
Schon sieht er das Ziel seiner Wünsche, da wandert er in Freuden zu Christus
 und leistet weißgewandet auf ewigen Pferden seinen Kriegsdienst.
Zum vollen Bild der Macht gehört es, Triumphe zu verachten.
 Es genügt, einen zu sehen, der einem in jeder Hinsicht gleicht:
Daran wirst Du unter anderen als der wahre Erbe erkannt,
 denn Dein Ruhm wird größer sein als der Pippins.
Ahme deine kaiserlichen Vorfahren nach, verteidige Dein Recht
 und schütze die Rechte des großen Vaters Deiner Gemahlin.
Eine Grenze umschließt sowohl Deinen wie den Besitz Deines Schwiegervaters,
 denn das Recht Deiner Lebensgefährtin fällt mit Deinen Rechten zusammen.

Die beiden ersten Bildleisten zeigen als zeitliche Rückblende den Aufbruch Friedrichs I. Barbarossa zum Kreuzzug ins Heilige Land 1189 (*Fredericus fortissimus imperator cum innumera procerum multitudine domum Domini redempturus accelerat*). Mit sich führte er, worauf auch die Beischrift verweist, ein außergewöhnlich großes Heer, hier angedeutet durch eine siebenköpfige Ritterschar, die von einem Anführer kommandiert wird. Die Ritter tragen Ringelpanzer (Kettenhemden mit Kapuze, Panzerstrümpfe und Sporen) sowie – bis auf den Anführer – spitze Helme mit Naseneisen; die Hände sind ungeschützt. Am Helm tragen sie als Zeichen ihrer Sendung das Kreuz; »crucesignatus« (der mit dem Kreuz Bezeichnete) ist die zeitgenössische lateinische Bezeichnung für Kreuzfahrer. Barbarossa, selbst ohne Rüstung dargestellt, trägt ein nachträglich vergoldetes Kreuz an der rechten Schulter. Die Stadt am rechten Bildrand, auf die der Kaiser deutet, ist wohl Jerusalem, das Ziel des Kreuzzuges. – Die mittlere Bildleiste war übermalt und ist erst von dem Editor Rota teilweise wieder freigelegt worden. Bei der Ornamentik auf blauem Grund handelt es sich nicht um kufische Schriftzeichen, wie man bisweilen vermutet hat, doch ist das Muster von solchen beeinflußt. Die Übermalung wurde also noch im süditalienischen Raum vorgenommen, und zwar wohl unmittelbar nach der Fertigstellung der Handschrift und nach der ersten Einbindung (vgl. Stähli, S. 263): Die spätere »Zensur« tilgte dieses nicht zur panegyrischen Darstellungsabsicht passende Desaster der staufischen Geschichte. Gezeigt wird auf dem freigelegten Bild der Tod des Kaisers (10. Juni 1190) im Fluß Salef (heute: Göksu, bei Silifke, SO-Türkei): *Fredericus imperator in flumine defunctus*, und wie ein Engel die Seele des Toten (*anima Frederici imperatoris*), dargestellt als Wickelkind, in die Hand Gottes zurückgibt. Die Handschrift zeigt einen Unfall bei der Flußüberquerung des Heeres. Ein Teilnehmer des Kreuzzuges berichtet jedoch von einem Badeunfall. – Die untere Bildleiste zeigt in paralleler Gestaltung zur obersten Kaiser Heinrich VI. bei seinem ersten Einmarsch ins Königreich Sizilien 1191 (*quando serenissimus imperator Henricus regnum Sicilie pius ac misericors intravit*), der keineswegs »fromm und barmherzig« erfolgte. Die Blicke aller gepanzerten Ritter, auch der vorausreitenden, sind auf den Kaiser gerichtet.

107ʳ
Friedrich Barbarossa auf dem Zug ins Heilige Land.
Friedrichs Tod im Salef (übermalt). Heinrichs VI. Einzug
ins Königreich Sizilien

Fredericus fortissimus Imperator cum innumera peccatorum multitudine domum domini redemptoris accelerat

...Frederici Imperatoris...

...Imperatoris in flumine...

Obitus serenissimi Imperatoris Henrici Regnum Sicilie pie ac misericorditer tractantis

Castrorum teburne pertras.

Castra mouens cesar montis uolat ardua casini,
In quo Rofridus cura fidelis erat.
Cū grege cū poplō fecit quod debuit abbas,
Sola refrenauit cesaris arma fides.

Quādo capta est q̄ ui rocca d'archi

Subdit̄ ipio notaui gr̄tia castri,
Quo dux amisero rege burellus erat.
Exemplum cuius quā plurima castra sequunt̄,
Arcis eni princeps nomen ree gerit.
Quā castigato nat̄a creauit aceruo   natura
Hostes non recipit. saxa nec arma timet.

Quādo capuan̄ antistes gaudes au
gustū recepit.

In capuane pat̄ nec te consulta morent̄,
Armos quadrupedis calcar utrūq; cauet.
Quē tua spectabant suspiria. uota petebant.
Ecce uenit dn̄s quē tua uota petunt.

A stigna poplōs aquilis uictricib; orna
Menia. quod doleas ne furor ensis agat.
Post po situra fioem tua gens scissime p̄sul
Suscipit ancipiti corde salutis opem.

Particula XIII.: Castrorum inclinatur proceritas

Castra movens Cesar Montis volat arva Casini,
　In quo Rofridus, cura fidelis, erat.　　　　　　　335
Cum grege, cum populo fecit, quod debuit abbas:
　Sola refrenavit Cesaris arma fides.

Quando capta est per vim Rocca de Archis

Subditur inperio nota vi gloria castri,
　Quo dux a misero rege Burellus erat.
Exemplum cuius quam plurima castra sequuntur,　　340
　Archis enim 'princeps' nomen et esse gerit.
Quam castigato natura creavit acervo,
　Hostes non recipit, saxa nec arma timet.

Quando Capuanus antistes gaudens Augustum recepit

I, Capuane pater, nec te consulta morentur;
　Armos quadrupedis calcar utrumque cavet.　　　　345
Quem tua spectabant suspiria, vota petebant,
　Ecce venit dominus, quem tua vota petunt.
Assigna populos aquilis victricibus, orna
　Menia, quod doleas, ne furor ensis agat.
Postpositura fidem tua gens, sanctissime presul,　350
　Suscipit ancipiti corde salutis opem.

Dreizehnter Abschnitt: Die hohen Mauern einer Burg werden geschleift

Der Kaiser begibt sich auf den Marsch und eilt ins Gebiet von Monte Cassino,
　wo Roffredus, die treue Fürsorge, war.
Mit dem Konvent und mit dem Volk tat er, was er als Abt zu tun hatte:
　Allein sein Treuewort hielt die Waffen des Kaisers zurück.

Wie Rocca d'Arce gewaltsam eingenommen wurde.

Der Ruhm der Burg wird mit der bekannten Gewalt dem Reich unterworfen,
　wo Burellus als Burgherr von dem elenden König eingesetzt war.
Dessen Beispiel folgen viele Burgen,
　Denn es trägt den Namen »Anfang« und macht ihn auch.
Die Natur hat es geschaffen durch eine eng umschlossene Anhebung,
　daher nimmt es keine Feinde auf, noch fürchtet es Wurfsteine oder Waffen.

Wie der Erzbischof von Capua den Kaiser freudig aufnahm.

Mach Dich auf, Vater Capuas, Dich sollen keine Überlegungen aufhalten:
　Beide Sporen sollen die Flanken des Pferdes eindrücken.
Wen Deine Seufzer ersehnten, Deine Gebete erflehten,
　siehe, der Herr ist da, den Deine Gebete erflehen.
Füge Deine Truppen den siegreichen Adlern zu, schmücke
　die Mauern, damit das Rasen des Schwerts Dir kein Leid zufügt.
Wenn Dein Volk, heiligster Bischof, sein Treuewort hintanstellt,
　erhält es ängstlichen Herzens das Heil der Rettung.

Das obere Bild zeigt den Kaiser bei seinem Empfang in Montecassino im Mai 1191 (*quando serenissimus imperator ad Montem Casinum venit*). Abt Roffrid (*Rofridus fidelissimus abbas*), dessen Gesicht und Mitra mit dunklerer Tinte nachgezogen sind, kommt dem Kaiser in Begleitung einiger Mönche von der auf dem Berg gelegenen Abtei (*Mons Casinus*) entgegen; am Fuß des Berges erwartet ihn die Bevölkerung (siehe unten). Das Bild stellt insofern eine Verfälschung der Tatsachen dar, als sich der Abt, der sich für Tankred erklärt und dafür zwei Burgen erhalten hatte, durch den Dekan Adenulf vertreten ließ und eine schwere Krankheit vortäuschte. Er hatte freilich gemäß einer im Vorfeld des Besuches mit kaiserlichen Gesandten getroffenen Vereinbarung die Leute von San Germano nach Montecassino kommen lassen, damit sie dort dem Kaiser den Treueid leisteten. Vielleicht sind sie es, die am Fuß des Berges den Kaiser erwarten. Das Kloster Montecassino erhielt wenig später ein umfassendes Bestätigungsprivileg (Acerra, 21. Mai 1191).

Das zweite Bild gehört zeitlich vor das erste; es handelt sich um die Übergabe der Grenzfeste Rocca d'Arce (*Rocca Archis*) nordwestlich von Montecassino an den Kaiser (*imperator*), und zwar durch den sonst nicht bekannten Kastellan Matheus Burrellus, der die Schlüssel aushändigt (*Matheus Burrellus claves castri adsignat*). Auch das ist beschönigend, denn die Burg war einen Tag nach Überschreiten der Grenze auf Anhieb eingenommen und zerstört worden (30. April 1191), wie es auch der auf fol. 107ᵛ nachgetragene Titulus (nach v. 337) bezeugt.

Das untere Bild zeigt den Empfang des Kaisers (*imperator*) in Capua (*Capua*) durch Erzbischof Matheus, der ihm mit einigen Klerikern entgegenreitet und so den »adventus regis« zelebriert, das feierliche Einholungszeremoniell (*quando Capuanus ypocraticus domino imperatori obviam* [auf Rasur, verwischt] *processit*). Petrus von Eboli berichtet als einzige Quelle davon. Zeitlich gehört dieser Aufenthalt zwischen den Besuch in Montecassino und dessen Privilegierung in Acerra; Capua lag am Marschweg des Heeres. Erzbischof Matheus von Capua gehörte zu den treuesten Stützen der staufischen Partei und genoß auch das Vertrauen der Kaiserin; seit 1195 bis zu seinem Tod 1199 gehörte er dem Familiarenkolleg, dem »Kronrat«, an. Die Bezeichnung *ypocraticus* weist den Erzbischof als Jünger des Hippokrates, das heißt als Heilkundigen, aus. Gleiches ist auch von dem berühmten Erzbischof Romuald von Salerno (s. fol. 110) bekannt.

108ʳ
Begrüßung Heinrichs VI. durch Abt und Mönche von Montecassino. Übergabe der Schlüssel von Rocca d'Arce. Begegnung mit dem Bischof von Capua

Quando serenissimus pater ad montem Casinum venit

Rotfrid fidelissimus abbas

Mons Casin'

Imperator   Rocca Iannis

Quatis burrell' claves castri adsignat

Imperator   Quando Capuam ypocratice duo imperatores adient   Capua parietis   xiiij

Vrbs neapoli obsessa resistit

Vt mare spumescit subito, nubescit ut aer.
Obsidet ut quercum multa columba breuem.
Sic tua parthenope confinia cesar obumbrat
Et nisi pugnasset munera, uicta fores.
Iussit ut adextris cesar tentoria figi,
Circuit inceleri menia celsus equo.
Sat premunita gaudens circuspicit urbem,
Menib. & uallo. turribꝫ atqꝫ uiris.
Machina construit celsis se menibꝫ equans,
Porrigit ad lapides brachia longa ques.   grauis
Ex hac colonii pugnant, hac parte boemi.
Hac dux spoleti menia temptat eques   hostat
Ex hac turma uirum plenis succincta pharetis, pharetris
pugnat. & hac equitum plurima tela micant.
hic notat inmuro sinuato cominus arcu,
Mussante cupidum bella uidere uirum.
hic alium fantem conuicia plura minantem
Colligit, & medio corrigit ore minas.
Vnus erat qui saxa suos iactabat in hostes
Vocibꝫ insultans talia uerba dabat.
Iam sine cesarie uel iam sine cesare sach
Vix alacer detot militꝫ un' erit.
Nost siqua pot augustus in ore leonis   potuyt
Augustum uirm tondet & ei' oues.
hunc aliquis fante baliste cornua flectes
Percutit. & summa lapsus abarce ruit

Henricus dei gra Romanorum imperator Victor de triumphator et semp Augustus

Particula XIV.: Urbs Neapolis obsessa resistit

Ut mare spumescit subito, nubescit ut aer,
    Obsidet ut quercum multa columba brevem,
Sic tua, Parthenope, confinia Cesar obumbrat,
    Et, nisi pugnassent munera, victa fores.   355
Iussit ut a dextris Cesar tentoria figi,
    Circuit in celeri menia celsus equo.
Sat premunitam gaudens circumspicit urbem
    Menibus et vallo, turribus atque viris.
Machina construitur, celsis se menibus equans   360
    Porrigit ad lapides brachia longa graves.
Ex hac Colonii pugnant, hac parte Boemi,
    Hac dux Spoleti menia temptat eques.
Ex hac turma virum plenis succinta pharetris
    Pugnat, et hac equitum plurima tela micant.   365
Hic notat in muro, sinuato cominus arcu,
    Mussantem cupidum bella videre virum;
Hic alium fantem convicia plura minantem
    Colligit et medio corrigit ore minas.
Unus erat, qui saxa suos iactabat in hostes;   370
    Vocibus insultans, talia verba dabat:
»Iam sine cesarie vel iam sine Cesare facti,
    Vix alacer de tot milibus unus erit.
Noster si qua potest Augustus, more leonis
    Augustum vestrum tondet et eius oves.«   375
Hunc aliquis fantem baliste cornua flectens
    Percutit, et summa lapsus ab arce ruit.

Vierzehnter Abschnitt: Die belagerte Stadt Neapel leistet Widerstand

Wie das Meer plötzlich brandet, wie die Luft sich verfinstert,
    wie ein Schwarm Tauben eine niedrige Eiche besetzt,
so verdunkelt der Kaiser Dein Land, Parthenope,
    und wenn nicht Geschenke gekämpft hätten, wärest Du besiegt worden.
Sobald der Kaiser befohlen hatte, auf der rechten Seite die Zelte aufzuschlagen,
    ritt er hoch auf seinem schnellen Pferd rund um die Mauern.
Freudig sieht er die Stadt, die ausreichend befestigt ist
    mit Mauern, Wall, Türmen und Männern.
Eine Belagerungsmaschine wird gebaut, die sich den hohen Mauern angleicht.
    Sie bietet ihre langen Arme schweren Wurfsteinen.
Auf der einen Seite kämpfen die Kölner, auf der anderen die Böhmen,
    auf dieser greift der Herzog von Spoleto zu Pferd die Mauern an,
auf der anderen kämpft eine Schar, gegürtet mit vollen Köchern,
    wieder auf einer anderen glänzen viele Lanzen der Ritter.
Dieser trifft mit gespanntem Bogen unverzüglich einen, der auf der Mauer
    redend steht und Kämpfe der Männer nur zu betrachten begehrt.
Jener nimmt sich einen anderen vor, der viele Schmähungen vorbringt und droht,
    und berichtigt die Drohungen durch einen Treffer mitten ins Gesicht.
Einen gab es, der Wurfsteine gegen seine Feinde schleuderte,
    der brüstete sich mit Worten und sagte folgendes:
»Die ihr schon Glatzköpfe seid oder schon ohne Kaiser,
    kaum einer wird von soviel Tausenden mutig sein.
Wenn unser Augustus irgendetwas vermag, so wird er nach Art eines Löwen
    Euren Augustus und seine Schafe scheren.«
Während dieser noch redet, spannt einer die Hörner einer Armbrust,
    trifft ihn, und er stürzt von der hohen Burg.

Die Belagerung Neapels (*Neapolim*) von Ende Mai bis Ende August 1191. Die Bilder zeigen Szenen der Belagerung und das kaiserliche Feldlager. In beiden Szenen werden die Böhmen (*Boemii*) und die Kölner (*Colonienses*) besonders benannt; sie hatten sich dem Zeitgenossen unter den *Teutonici* (fol. 115, 117) offenbar ebenso nachhaltig eingeprägt wie die Bayern (s. fol. 110, 131). Die Führer beider Kontingente, Erzbischof Philipp und Herzog Konrad III. Otto, fielen vor Neapel der Seuche zum Opfer, während die bayrische Präsenz nur sehr dürftig war; der nicht beteiligte Herzog Ludwig I. erhielt erst im folgenden Jahr die Schwertleite. Die Belagerer operieren mit Armbrust- und Bogenschützen und mit Hilfe einer auf einer drehbaren Lafette befestigten Steinschleuder (Blide), die auch die Verteidiger benutzen und die bereits mehrfach auf den Türmen befestigter Anlagen zu sehen war. Wir sehen, wie einer der Böhmen die Schleuder lädt (und dann wohl arretiert), während acht Ritter das Gegengewicht bilden und die Schleuder spannen; die Lösung der Arretierung bewirkt die Freigabe der Schnellkraft des längeren Arms. Dieser Schleudertyp erzielt im Vergleich zu anderen – mit Gewichtskasten und Seilwinde operierenden – zwar nur geringere Weiten, dafür aber eine höhere Wurffrequenz. Auf dem rechten Turm der Stadt ist Graf Richard von Acerra (*comes Riccardus*) erkennbar, dessen Wangen von einem Pfeil durchbohrt sind. Für ihn übernahmen der Erzbischof von Salerno sowie der Podestà von Neapel das Kommando. Die beiden am Turm angebrachten Schilde (ein nach – heraldisch – links steigender farbloser Löwe sowie in hellbraun ein farbloser Schräglinks-Balken mit grünem Schildrand) sind noch nicht als festgelegte Wappenschilde im streng heraldischen Sinn aufzufassen (s. fol. 104). – Das zweite Bild zeigt das Heerlager, gebildet aus großen Rundzelten, von denen eines besonders hervorsticht und mit einem Kreuz bekrönt ist; es dürfte das kaiserliche sein. Die Schmuckborte weist von kufischen Schriftzeichen beeinflußte Ornamente auf. Davor galoppiert der Kaiser im Kreise seiner Herzöge (*imperator et duces*, auf Rasur), die nicht unterschieden sind, sondern farblose Schräglinks- oder Schrägrechts-Balken am Helm tragen. Hier zeigt sich ganz deutlich, daß dem Zeichner die Funktion des Wappens als individuelles Erkennungszeichen offensichtlich wenig vertraut war. Der Zug eilt offenbar den Belagerern zu Hilfe, denn der Kaiser ist erstmals in Rüstung (Ringelpanzer) dargestellt, wobei der Zeichner einen eigentümlichen Kronhelm mit Nasale konstruiert hat. Auf Schild, Helm und auf der Pferdedecke findet sich der kaiserliche Adler, nachträglich mit Gold gehöht. Der Adler bildete seit dem Ende der Regierungszeit Barbarossas das Reichswappen, seine Tingierung Schwarz auf Gold war aber erst seit der Mitte des 13. Jahrhunderts die Regel. Der Kavalkade trägt ein ungepanzerter, aber gespornter und mit einem Schwert bewaffneter »Fähnrich« das kaiserliche Banner voran (s. dazu fol. 132); unter Rasur über seinem Kopf war wohl einmal sein Name zu lesen. Darunter galoppieren Kölner Ritter hinter einem ähnlichen Banner; der letzte Ritter trägt jedoch ein davon verschiedenes (in Grün ein hellbrauner Schräglinks-Balken). Der Schild des ersten, mit einem Schwert bewaffneten Ritters zeigt in Grün einen hellbraunen steigenden Löwen.

Belagerung Neapels. Heinrich VI. mit seinen Edlen

Neapoli comes R[icc]

Boemi

Imperator et duces

colonenses

peracta

Comitis petitio 7 Salerni exaudita petitio

Cū comes egregiī tancredi gl̄am spesq̄;
Cesaris inuicti cernere castra uelit.
Se tegit electis, 7 menia scandit in armis
Illuuensq̄ uiris ars quibz arsq̄ erat.
Quē quis p̄cipiens licetū plicat auribz arctū
Lapsaq̄ p̄ medias arsit arundo genas *uſil*
Vt fragor antiquū nem⁹ ylicis īplet 7 auras,
Turbine quę rapido uulsa uel icta ruit.
Sic astrage tua comes omnis murmurat ętas,
Et rex ille tuus de breue sit breuior.
At miser antistes comitis succingit⸽ ense,
Polluit oblita religione manus.
Pars rate tuta uagans lunatos explicat arc⁹,
Et mare quos sequitur nāte boemus equo. *naut*
Supplicat intr̄a p̄ciose nuci⁹ urbis,
Exponens iuuenū pectora, uota senū
Corda puellarū, mentes 7 gaudia matrū,
Et quicq̄d uoti mens puerilis hē. *Pallat*
Sic ait archoticon ueniens tua nobilis uxor
Sublimis sedeat patris in urbe sui.
Hic uictor sera bella geras tua nupta saler*ni*
Gaudeat, 7 dubiā seruet in urbe fidē.
Nā si bella placent nō desunt p̄lia longe,
Hen turris maior bella diurna mouet.
Est ppe nō longe iusonis inutile castrū
In quo furtiui militis arma latent.
Est ppe dulce solū nobis satis utile semp,
Ebolus. aspirans q̄d petit urbis honor.
Est ppe campanię castrū spec⁹ īmo latiuū *Latiuum*
Quod ğuat ebolea sępe latent humum *ğenat*
Hec ubi legat⁹ fert corā p̄ncipe mīūdi,
Magnanimis p̄nceps q̄d petis inquit, erit.
P̄tin⁹ almipat̄ capuane sedulus urbis,
Suscipit a dn̄o talia iussa suo.
I bone nāq̄ pat̄ mentis pars maxima nr̄ę,
Factur⁹ semp q̄d mea nūpta uelit.
K ubi legat⁹ notat ī petrata salerni, *Solennis*
Sollępne pagunt gaudia plena diē
Exiit edictū onam cras ēē futuram
Cuiſ in aduentū se libi q̄sq̄ parat.

Particula XV.: Comitis percussio et Salerni exaudita petitio

Cum comes egregius, Tancredi gloria spesque,
  Cesaris invicti cernere castra velit,
Se tegit electis et menia scandit in armis, 380
  Illudensque viris, ars quibus arcus erat.
Quem quis percipiens liceum plicat auribus arcum
  Lapsaque per medias arsit arundo genas.
Ut fragor antique nemus ylicis implet et auras,
  Turbine que rapido vulsa vel icta ruit, 385
Sic a strage tua, comes, omnis murmurat etas,
  Et rex ille tuus de breve fit brevior.
At miser antistes comitis succingitur ense,
  Polluit oblita religione manus.
Pars rate tuta vagans lunatos explicat arcus, 390
  Per mare quos sequitur nante Boemus equo.
Supplicat interea preciose nuncius urbis,
  Exponens iuvenum pectora, vota senum,
Corda puellarum, mentes et gaudia matrum,
  Et quicquid voti mens puerilis habet. 395
Sic ait archoticon: »Veniens tua nobilis uxor
  Sublimis sedeat patris in urbe sui.
Hic victor fera bella geras; tua nupta Salerni
  Gaudeat et dubiam servet in urbe fidem.
Nam si bella placent, non desunt prelia longe: 400
  Hen turris maior bella diurna movet;
Est prope non longe Iufonis inutile castrum,
  In quo furtivi militis arma latent.
Est prope dulce solum, nobis satis utile semper,
  Ebolus, aspirans, quod petit urbis honor. 405
Est prope Campanie castrum, specus immo latronum,
  Quod gravat Eboleam sepe latenter humum.«
Hec ubi legatus fert coram principe mundi,
  Magnanimis princeps: »Quod petis«, inquit, »erit.«
Protinus almipater Capuane sedulus urbis, 410
  Suscipit a domino talia iussa suo:
»I, bone namque pater, mentis pars maxima nostre,
  Facturus semper, quod mea nupta velit.«
Hec ubi legatus notat impetrata Salerni,
  Sollempnem peragunt gaudia plena diem. 415
Exiit edictum dominam cras esse futuram,
  Cuius in adventum se sibi quisque parat.

Fünfzehnter Abschnitt: Die Geschoßverletzung des Grafen und die Erhörung der Bitte Salernos

Als der hervorragende Graf, Tankreds Ruhm und Hoffnung,
  das Lager des unbesiegbaren Kaisers beobachten wollte,
schützte er sich mit auserlesenen Männern und bestieg gewappnet die Mauern
  und verspottete die, deren Waffenhandwerk das Bogenschießen war.
Einer nimmt ihn wahr und spannt den lykischen Bogen bis zum Ohr.
  Das Rohr enteilt und brennt mitten in den Wangen.
Wie das Krachen einer alten Eiche den Wald und die Luft erfüllt,
  die durch einen starken Wirbelsturm ausgerissen oder abgebrochen stürzt,
so redet jedes Zeitalter von Deiner Verwundung, Graf,
  und Dein König wird aus einem schon Kleinen zu einem noch Kleineren.
Aber der elende Erzbischof gürtet sich mit dem Schwert des Grafen,
  entweiht seine Hände, der Religion vergessend.
Ein Teil fährt auf Schiffen sicher umher und macht die krummen Bogen bereit.
  Die Böhmen verfolgen sie auf schwimmenden Pferden über das Meer.
Ein Bote der prächtigen Stadt fleht indessen,
  indem er die Gesinnung der jungen Männer darlegt, die Wünsche der Alten,
die Herzen der Mädchen und die freudige Stimmung der Mütter,
  und was immer die Knaben für Wünsche haben.
So spricht der Bote: »Eure edle Gattin mag kommen
  und in der Stadt ihres erhabenen Vaters ihren Aufenthalt nehmen.
Hier magst Du als Siegreicher Krieg führen. Deine Braut soll an Salerno
  sich freuen und die zweifelhafte Treue der Stadt sichern.
Denn wenn Kriege erfreuen, so sind Kämpfe nicht weit entfernt:
  Siehe, der Hauptturm löst langwierige Kämpfe aus.
Nicht weit entfernt ist die nutzlose Festung Giffoni,
  in der Waffen versteckter Soldaten verborgen sind.
In der Nähe ist der fruchtbare Boden, der uns immer sehr nützlich war,
  Eboli, das gewährt, was die Schönheit einer Stadt verlangt.
Näher ist die Festung Campagna, eine Räuberhöhle,
  die oftmals heimlich das Land von Eboli bedrückt.«
Als der Gesandte dies vor dem Herrn der Welt ausführte,
  sprach der hochherzige Kaiser: »Was Du bittest, wird geschehen.«
Sofort erhält der eifrige liebe Vater der Stadt Capua
  von seinem Herrn folgende Befehle:
»Geh, lieber Vater, wichtigster Teil meiner selbst,
  und tu immer, was meine Braut möchte.«
Als der Gesandte Salernos bemerkt hatte, daß dies erreicht war,
  nehmen ungetrübte Freuden den ganzen Feiertag ein.
Ein Befehl ging hinaus, daß die Herrin anderntags eintreffen werde
  und daß ein jeder sich auf ihre Ankunft vorbereiten solle.

Die obere Szene führt das vorherige Bild weiter: Der von einem Pfeil durchbohrte Graf Richard von Acerra wird von einem Arzt (*medicus*) und Gehilfinnen versorgt (*quando percussus est comes Riccardus Acerrarum*). Links ist noch einmal die Ursache des Unfalls dargestellt.

Die mittlere Szene zeigt eine böhmische Reiterschar (*Boemii*) mit eingelegten Lanzen im Kampf gegen ein wegruderndes Schiff der Tankred-Anhänger (*Tancredini*), die sich mit Pfeil und Bogen zur Wehr setzen. Der mittlere Mann der Schiffsbesatzung stößt das Schiff mit einer Stake vom Ufer ab. Die Szene verdeutlicht das Dilemma der Kaiserlichen, die offene Seeseite, die die Belagerung schon bald als aussichtslos erscheinen ließ.

Die untere Szene zeigt, wie eine Gesandtschaft Salernos den Kaiser bittet, seine – offenbar leidende – Gemahlin möge in ihre Stadt kommen (*quando nuncii Salerni impetrant ab invictissimo imperatore illustrissimam Augustam Salernum venire*). Nach dem Wunsch der Gesandtschaft sollte die Anwesenheit der Kaiserin überdies die Stadt in ihrer Treue zum Kaiser erhalten, was offenbar nötig war (vgl. fol. 111). Das Kaiserpaar empfängt die Gesandten in ihrem Zelt; die Kaiserin sitzt zur Linken, auf dem Ehrenplatz, aber auf einem deutlich niedrigeren Thron. Von den drei namentlich gekennzeichneten Boten: *Cioffus, Romoaldus, Iohannes Princeps*, ist ersterer nicht sicher zu identifizieren. Es dürfte sich um den Bruder des königlichen Kämmerers Marius Rubeus handeln; die beiden sind 1163 Zeugen in einer Urkunde des auch als Geschichtsschreiber bekannten Erzbischofs Romuald von Salerno (1153–1181). Der Erzbischof war Mitglied der bedeutenden Familie Guarna, mit der der Kämmerer seinerseits verwandt war und aus der auch der hier genannte Romuald stammen dürfte. Er gehörte nach v. 458 zu den Geiseln, die die Stadt dem Kaiser für das Wohlergehen Konstanzes stellen mußte. Befremdlich ist, daß Romuald einen Turban trägt. Johannes Princeps schließlich, zutreffend als Kleriker dargestellt, ist der spätere Elekt der Stadt (1195–1196), der sich des besonderen Vertrauens der Kaiserin erfreute. Hier freilich könnte es sich um einen Irrtum des Poeten handeln, denn auf fol. 112 und an anderen Stellen (etwa vv. 304, 457, fol. 131ᵛ) ist der Archidiakon Aldrisius als Handelnder bezeichnet, der wie Johannes aus der Familie Princeps stammte, die gleichfalls mit den Guarna verwandt war. Das Bild zeigt somit drei Vertreter jener Sippe, die aus eigenem Interesse das prokaiserliche Gegengewicht gegen den antikaiserlichen Erzbischof der Stadt (Nikolaus de Ajello) bildete.

110ʳ
Graf Richard von Acerra verletzt. Abgesandte aus Salerno vor dem Kaiserpaar

Lando gentilis est
comes Riccacerre

medic'

boemu'   zanceidini

Quando nuncii Salerni impetrauit ab inuictissimo Imperatore illustrissimā augusta Salē
                                                                                 ...nine

Crocciu'   Romoald'   Joh'es p̄nceps

Augustalis ingressus in urbem

Sol ubi sydereas amouit crastinus umbras,
Vrbs ruit et dominę plaudit osanna suę.
Trinacrius pars fert equis, qui flore fruuntur
Oris et etatis, pars sedet acta rotis.
Ipsa puellaris uictis insignis auro,
Occurrit cultu turba superba suo.
Mollis et insolitus gressus fastidit arenam,
Tardat arenosum litus et unda pedes.
Cinnama. thus. aloe. nardus. rosa, lilia, mirtus
Inflamant nares. aera mutat odor.
Tantus odor nares nardinus inebriat afflans,
Quod noua perfundi balsama quisque ferat.
Iunonem spectare suam quis tardat in urbe,
Cesaris in laudes cantica nemo silet.
Vt modulantur aues folijs inuere renatis,
Post noctes yemis post graue tempus aquę.
Non aliter uerno uenienti plaudit orę,
Testari partus luminis ecce dies.
Ingreditur patrias tandem constantia sedes,
Que tancti diuina sentit in urbe fide.
Qua plures tacita collecti uoce susurrant,
Inter se referunt omina usa ducum.
Mons fugit a castro quantum uolat acta sagitta,
Et quantum lapides mittere funda potest.
Hunc super ascendount sit machina, pugna uicissim
Constituitur. uariant mutua bella uices.
Hinc sera tela uolant. fluuiales inde lapillos
Funda iacit. lassant iactaque saxa manus.
Et modo titantes mixti prope menia pugnant,
Pugnando misceent tela. manusque sonos.
Vt canis inter apros fuit, equibus eligit unum.
Vt rapit accipiter, quam legit inter aues.
Non aliter nisi uellunt ex hostibus unum,
Commixto rapiunt ordine sepe duos.

Particula XVI.: Augustalis ingressus in urbem

Sechzehnter Abschnitt: Der Einzug der Kaiserin in die Stadt

Sol ubi sydereas ammovit crastinus umbras,
    Urbs ruit et domine plaudit osanna sue.
Trinacriis pars fertur equis, qui flore fruuntur 420
    Oris et etatis, pars sedet acta rotis.
Ipsa puellaris vittis insignis et auro,
    Occurrit cultu turba superba suo.
Mollis et insolitus gressus fastidit arenam,
    Tardat arenosum litus et unda pedes. 425
Cinnama, thus, aloe, nardus, rosa, lilia, mirtus
    Inflamant nares, aera mutat odor.
Tantus odor nares nardinus inebriat afflans,
    Quod nova perfundi balsama quisque ferat.
Iunonem spectare suam quis tardat in urbe? 430
    Cesaris in laudes cantica nemo silet.
Ut modulantur aves foliis in vere renatis
    Post noctes yemis, post grave tempus aque,
Non aliter verno venienti plauditur ore;
    Testantur pariter: luminis ecce dies! 435
Ingreditur patrias tandem Constancia sedes,
    Que Tancridinam sentit in urbe fidem.
Quam plures tacita collecti voce susurrant,
    Inter se referunt omina versa ducum.
Mons fugit a castro, quantum volat acta sagitta 440
    Et quantum lapides mittere funda potest.
Hunc super ascendunt, fit machina, pugna vicissim
    Contrahitur, variant mutua bella vices.
Hinc fera tela volant, fluviales inde lapillos
    Funda iacit, lassant iactaque saxa manus; 445
Et modo tentantes mixtim prope menia pugnant,
    Pugnando miscent tela manusque sonos.
Ut canis inter apros furit, e quibus eligit unum,
    Ut rapit accipiter, quam legit inter aves,
Non aliter nostri vellunt ex hostibus unum; 450
    Commixto rapiunt ordine sepe duos.

Als die Sonne des folgenden Tages das Dunkel der Sterne beseitigte,
    eilte die Stadt heraus und rief ihrer Herrin Hosanna zu.
Der Teil reitet auf sizilischen Pferden, der die Blüte genießt
    der Jahre und des Antlitzes, ein Teil sitzt und wird in Wagen gefahren.
Auch Mädchen im Schmuck von Hauben und Gold
    ziehen entgegen, eine Schar, die stolz auf ihren Putz ist.
Ihr weicher und an nichts gewöhnter Fuß will den Ufersand nicht betreten,
    das sandige Ufer und das Wasser halten die Füße zurück.
Zimt, Weihrauch, Aloe, Narde, Rose, Lilie und Myrte
    reizen die Nase, der Duft verändert die Luft.
So starker Nardenduft macht heranwehend die Nase trunken,
    daß ein jeder glaubt, frischer Balsam werde ausgegossen.
Wer zögert in der Stadt, seine Juno zu sehen?
    Niemand schweigt bei den Gesängen zum Lobe des Kaisers.
Wie die Vögel singen, wenn im Frühling das Laub wieder grünt
    nach den dunklen Wintertagen, nach der schlimmen Zeit des Regens,
nicht anders applaudiert man mit Frühlingsgesicht dem Ankömmling.
    Zugleich bezeugen sie: Siehe, ein Tag des Lichts!
Schließlich betritt Konstanze die Stadt ihres Vaters,
    doch in der Stadt nahm sie Treue zu Tankred wahr.
Viele flüstern davon mit gedämpfter Stimme versammelt,
    untereinander berichten sie von den veränderten Vorzeichen der Führer.
Der Berg liegt, soweit ein abgeschossener Pfeil fliegt, von der Burg entfernt,
    und soweit eine Schleuder den Stein schießen kann.
Auf diesen steigen sie, man baut eine Belagerungsmaschine, Kampf hin und her
    wird begonnen, wechselseitige Schlachten folgen von verschiedener Art:
Von da fliegen grimme Geschosse, von da Flußsteine
    wirft die Steinschleuder, das Werfen der Steine läßt die Hände ermüden.
Und dann wieder greifen sie an und kämpfen vermischt nahe bei den Mauern.
    Beim Kämpfen mischen sie Waffen, Hände und Lärm.
Wie ein Hund zwischen Wildschweinen wütet, von denen er eines auswählt,
    wie der Habicht einen Vogel schlägt, den er aus dem Schwarm aussucht,
nicht anders packen die unsrigen einen von den Feinden
    und oft sogar zwei, wenn sie die Reihen durcheinandergebracht haben.

Feierlicher Empfang der Kaiserin in Salerno (*quando imperatrix triumphans Salernum ingreditur*). Die Bürger der Stadt (*cives Salerni*) und vornehme Frauen (*nobiles mulieres*) sowie ein Kind, Lilien in den Händen haltend, eilen der Kaiserin (*imperatrix*) entgegen, die mit der Rechten die Zügel und ein später rot ergänztes Szepter (nach Siragusa einen Olivenzweig) hält. Sowohl die Bürger als auch die Kaiserin führen ihr Banner mit, wobei die stereotyp verwendeten Schrägbalken erneut an Phantasiegebilde denken lassen. Den Zelter der im Damensitz reitenden Kaiserin führt ein Page.

Der untere Teil des Bildes zeigt, daß sich in der Stadt Tankrediner und Kaisertreue von zwei gegenüberliegenden Hügeln aus bekämpfen, von denen nur der linke befestigt ist (*turris maior*, die Burg Torremaggiore), während *torus* »Wulst« bedeutet, was der Zeichner umzusetzen versucht hat. Unter den gezeigten Waffen ist neu eine Stockschleuder; der Kämpfer wird durch eine ausladende Wand aus Flechtwerk geschützt, wie sie in ähnlicher Form auch die Gegenseite verwendet. Dort wird gerade eine Steinschleuder geladen (siehe dazu fol. 109); statt der das Gegengewicht bildenden Personen sieht man nur Hände nach den Seilen greifen. Zwischen den Kämpfenden ist über den drei grünen Bäumen eine größere Rasur erkennbar.

111ʳ
Einzug Konstanzes in Salerno. Kampf der Kaiserlichen und der Anhänger Tankreds

Quando Imperatrix cum turbis Salernum ingreditur

Imperatrix · cives Saler · nobiles mulieres

turris maior · torris

legatus cesilio de principis infirmitas

Principis interea ueniens legatus in urbem
Eligit e multa nobilitate uiros.
Quos ad neapolim mittit, qui multa timentes
Expediunt dubia mente laboris iter.
Inter quos fuit alfanides cognomine princeps
Alorisius popli publica lingua sui.
Libraq; iudicii Romoaldus, cetra turba
Quid uelit auguriant nescia causa uie.
Principis ut ueniunt ad castra magalia cetu
Herrant, mirantes agmen 7 arma ducum.
Exquirunt spectare suum per castra tonantem,
Nec datur accessus dux ubi magnus erat.
Attamen ingreditur que gens cognominat archos,
Exclusis sociis que petit un' adit.
Vt uidet augustum magnis a febribus actum,
Lentaq; purpureo menbra iacere thoro.
Tu color 7 species, tu sanguis ab ore recessit,
Tristis 7 exanguis percidit ante thorum.
Vt grauis e sopno cum mater in ubere natum
Inuenit exanime, territa mente caret.
Sic ruit ingemitu lacrimabilis archileuita,
Certans p tanto principe uelle mori.
Tunc pius augustus quamuis graue corpus haby
Conatus tenui talis ore loqui.
Parte tuis oculis sicussia cura salerni,
Si u bene ne timeas tercia febris abent
Fer sub ueste manum, pulsum p pende ietu,
Spes e de uita quod mea menbra madent.
Plurima cum uellet sopor e furatus ocellos,
Hunc rapit intuitus, surripit inde loqui.
Artis ypocratice seruans mandata gitard',
Attente famulis ora tenere iubet.
Nature seruabat opus studiosius amicum,
Nam sopor 7 sudor signa salutis erant.
Exiit ad socios tande pius archileuita,
Conantur lacrime non minus ore loqui.
Atq in alterius iactabant lumina uult,
Miscentes lacrimas mutua uerba dabant.

P\<articula\> XVII.: Legatorum exquisicio et principis infirmitas

Principis interea veniens legatus in urbem,
    Eligit e multa nobilitate viros,
Quos ad Neapolim mittit, qui multa timentes
    Expediunt dubia mente laboris iter.   455
Inter quos fuit Alfanides cognomine Princeps,
    Aldrisius, populi publica lingua sui,
Libraque iudicii Romoaldus; cetera turba,
    Quid velit, auguriant, nescia causa vie.
Principis ut veniunt ad castra, magalia circum   460
    Herrant, mirantes agmen et arma ducum.
Exquirunt spectare suum per castra tonantem,
    Nec datur accessus, dux ubi magnus erat.
Attamen ingreditur, quem gens cognominat Archos;
    Exclusis sociis, quem petit, unus adit.   465
Ut videt Augustum magnis a febribus actum
    Lentaque purpureo menbra iacere thoro,
Tum color et species, tum sanguis ab ore recessit,
    Tristis et exaguis procidit ante thorum.
Ut gravis e sopno cum mater in ubere natum   470
    Invenit exanimem, territa mente caret,
Sic ruit in gemitum lacrimabilis archilevita,
    Certans pro tanto principe velle mori.
Tunc pius Augustus, quamvis grave corpus haberet,
    Conatur tenui taliter ore loqui: 475
»Parce tuis oculis, fidissima cura Salerni,
    Sum bene, ne timeas, tercia febris abest.
Fer sub veste manum, pulsum perpende quietum,
    Spes est de vita, quod mea menbra madent.«
Plurima cum vellet, sopor est furatus ocellos,   480
    Hinc rapit intuitus, surripit inde loqui.
Artis ypocratice servans mandata Girardus
    Attente famulis ora tenere iubet.
Nature servabat opus studiosus amicum,
    Nam sopor et sudor signa salutis erant.   485
Exiit ad socios tandem pius archilevita,
    Conantur lacrime non minus ore loqui.
Alter in alterius iactabant lumina vultus,
    Miscentes lacrimas, mutua verba dabant.

Siebzehnter Abschnitt: Die Auswahl von Gesandten und die Krankheit des Kaisers

Inzwischen kam ein Gesandter des Kaisers in die Stadt
    und wählte aus dem zahlreichen Adel Männer aus,
die er nach Neapel schickte. Diese fürchten vieles
    und machen sich zweifelnden Herzens auf den Weg.
Unter ihnen war der Alfanide mit dem Beinamen »Princeps«,
    Aldrisius, das öffentliche Sprachrohr seines Volkes,
und die Waage des Rechts Romuald. Die übrige Menge
    vermutet nur, was er will und kennt den Grund der Reise nicht.
Als sie zum Lager des Kaisers gelangen, um die Zelte
    sie eilen und bewundern das Herr und die Waffen der Fürsten.
Sie suchen durch das Lager ihren donnergewaltigen Herrn, um ihn zu sehen,
    doch wird ihnen kein Zutritt gewährt, wo der große Fürst war.
Doch es tritt ein der, den das Volk »Archos« nennt,
    unter Ausschluß der Begleiter tritt er allein zu dem, den er aufsucht.
Als er sah, daß der Kaiser von schwerem Fieber geschüttelt wurde
    und daß seine Glieder schlaff auf dem Purpurbett lagen,
wichen Farbe, Schönheit und Blut aus dem Antlitz,
    traurig und blutleer sank er vor dem Bett nieder.
Wie eine Mutter, wenn sie noch schwer vom Traum an der Brust ihren Sohn
    leblos findet, erschreckt die Besinnung verliert,
so bricht der arme Archidiakon in Seufzen aus
    und versichert, er sei bereit, für einen so großen Kaiser zu sterben.
Da versucht der fromme Kaiser, obgleich er körperlich leidet,
    mit schwacher Stimme folgendes zu sprechen:
»Schone Deine Augen, treueste Fürsorge Salernos,
    mir geht es gut, fürchte Dich nicht, der dritte Fieberanfall ist vorüber.
Schieb deine Hand unter mein Gewand und prüfe den ruhigen Puls,
    es verleiht Hoffnung für mein Leben, daß mein Leib schwitzt.«
Als er noch weiteres sagen will, raubt der Schlaf seine Augen,
    nimmt ihm die Sehfähigkeit und entzieht ihm die Möglichkeit zu sprechen.
Gerhard, der die Anweisungen der hippokratischen Kunst beachtet,
    befiehlt den Gefährten besorgt, den Mund zu halten.
Sorgfältig bewahrte er das wohltuende Werk der Natur,
    denn Schlaf und Schweiß waren Zeichen der Rettung.
Schließlich trat der fromme Archidiakon zu den Gefährten hinaus.
    Seine Tränen versuchten nicht weniger als der Mund zu sprechen.
Einer warf den Blick auf das Gesicht des anderen,
    und sie tauschten Worte aus, indem sie ihre Tränen mischten.

Der Salernitaner Archidiakon reitet mit weiteren Bürgern der Stadt als Geisel zu Heinrich VI. nach Neapel und findet dort einen kranken Kaiser vor (*quando archidiaconus Salerni cum civibus suis Neapolim veniens, invenit Augustum pacientem*). Die Zeichnung legt nahe, daß die Geiseln mit den früheren Boten (fol. 110) identisch sind. Der Archidiakon wird in vv. 456f. näher bestimmt als aus der Familie Princeps stammend, die gleichfalls mit den Guarna verwandt war; vielleicht erklärt sich so die Verwechslung in fol. 110 mit Johannes Princeps, Sohn des Alfanus Princeps. Der Archidiakon scheint das Haupt der prokaiserlichen Partei in Salerno gewesen zu sein. Er mußte jedenfalls nach dem Sieg der Tankrediner die Stadt verlassen und ins Exil gehen (v. 536).

Die zweite Szene zeigt, daß von den jetzt vier Geiseln allein dem Archidiakon der Zutritt zum kaiserlichen Zelt gewährt wird durch den Arzt Girardus, der an der Tonsur als Kleriker kenntlich ist (*cives Salerni e quibus solus archidiaconus a magistro Girardo introductus est ad imperatorem*). Das Abgeschirmtsein des Kaisers dokumentiert auch der einen Vorhang raffende Diener. Die parallel angeordnete untere Szene zeigt den besorgten Archidiakon (*archidiaconus*) – man beachte Gesichtsausdruck und Gestik – zusammen mit dem Kühlung fächelnden Arzt (*magister Girardus*) am Krankenbett des Kaisers (*imperator*). Über die Person des Arztes besteht keine Klarheit. Wahrscheinlich handelt es sich um den kaiserlichen Hofarzt Berard, der Archidiakon von Ascoli Piceno war und von 1186 bis zum Tod des Kaisers am Hof bezeugt ist, nicht jedoch im Jahre 1191. Dennoch ist diese Lösung überzeugender als alle anderen Vorschläge. Den Namen mag der Poet mit dem des magister Gerardus, des Rektors der Salernitaner Kirche (1197) zur Abfassungszeit des Poems, verwechselt haben, dessen Person in den spärlichen Quellen keine Konturen gewinnt, erst recht nicht als Arzt.

Die Erkrankung des Kaisers zusammen mit vielen Reichsfürsten und Rittern ist verbürgt, die Verluste an Menschenleben waren beträchtlich (fol. 114). Die Symptome seiner Krankheit schildert Heinrich VI. in vv. 476ff. durch die Feder unseres Arzt-Poeten. Offenbar war im Heer eine Ruhr-Epidemie ausgebrochen, die in einigen Fällen mit einer Malaria-Erkrankung verbunden gewesen sein mag.

112ʳ
Der Archidiakon von Salerno als Geisel bei dem kranken Kaiser in Neapel

Quomodo archid(iaconus) Saler(nitanus) cu(m) amb(asciatoribus) suis Neapoli(m) venie(n)s ivit ad Angu(lum?)
archid(iaconus) A(n)n(ulu)m pacie(n)te(m)

(int(er)ductus) cives Saler(nitani) sci(licet) solus archid(iaconus) a magistro
Girardo (re)duct(us) est ad i(m)p(er)atore(m)

mag(ister) Girard(us)   i(m)p(er)ator
archid(iaconus)

Secundi philomeno.

Cereus ille comes sociis munitus et auro
Mandat, ut educat nullus ab urbe pedem.
Sic ait, in densis latitans philomena rubetis
adverso Non timet adverso mitis ab ungue capi.
Cum domino mundi quis enim contendere bello
Ausus erit, vel quis obviet ense pari.
Si placet, o cives, meliori mente fruamur,
Pro nobis avium pugnet et arma ferat.
Si sapitis cives comes exeat, in stet in armis,
Laus est domino succubuisse suo.
Parcite parcendis, electis parcite viris
Quisque suas vires novit unde timet.
Robore forte caret medio, quam cernitis arbor:
Sub vacuo spirat cortice nulla fides.
Prior ad casum, quanto procerior arbor,
In qua ventus agit, fulminat ipse deus.
Quid nicolaus agit puer actu nomine presul,
Quid nisi femineas abluit ipse genas.
Credite pastori pecudes, pecudes alieno
Tam male qui proprium curat ovile suum.
Quid facis o cesar quid frustra menia temptas
O bi nebulant socios regia dona tuos.
Qui falso remeare rogant, ne mortuus in aure
Fortius insurgat qui grave reddat iter.

Particula XVIII.: Exeundi prohibitio

Cereus ille comes sociis munitus et auro
    Mandat, ut educat nullus ab urbe pedem. 490
Sic ait: »In densis latitans philomena rubetis
    Non timet adverso mitis ab ungue capi.
Cum domino mundi quis enim contendere bello
    Ausus erit, vel quis obviet ense pari? 495
Si placet, o cives, meliori mente fruamur:
    Pro nobis aurum pugnet et arma ferat.« – (Nicolaus:)
»Si sapitis cives, comes exeat, instet in armis:
    Laus est pro domino succubuisse suo.
Parcite parcendis, electis parcite vestris, 500
    Quisque, suas vires, noverit, unde timet;
Robore forte caret medio, quam cernitis, arbor:
    Sub vacuo spirat cortice nulla fides.
Pronior ad casum, quanto procerior arbor,
    In quam ventus agit, fulminat ipse deus.« 505
Quid Nicolaus agit, puer actu, nomine presul?
    Quid nisi femineas abluit ipse genas?
Credite pastori pecudes, pecudes, alieno,
    Tam male qui proprium curat ovile suum!
Quid facis, o Cesar? Quid frustra menia temptas? 510
    Obnebulant socios regia dona tuos,
Qui falso remeare rogant, ne morbus in artus

    Fortius insurgat, qui grave reddat iter.

Achtzehnter Abschnitt: Das Verbot, die Stadt zu verlassen

Jener wachsweiche Graf, der mit Gefährten und Gold gewappnet war,
    ordnet an, daß keiner den Fuß aus der Stadt lenkt.
So spricht er: »Die Nachtigall, versteckt in dichten Dornbüschen,
    die Sanfte, fürchtet sich nicht, von feindlicher Klaue erfaßt zu werden.
Mit dem Herrn der Welt im Krieg zu kämpfen, wer
    will es wagen, wer ihm mit dem Schwert von gleich zu gleich entgegentreten?
Wenn Ihr wollt, Bürger, wollen wir Vorteil aus einer besseren Haltung ziehen:
    An unserer Stelle soll Gold kämpfen und die Waffen führen.« – [Nikolaus:]
»Wenn Ihr klug seid, Bürger, mag der Graf ausziehen, mit Waffen zu kämpfen.
    Lobenswert ist es, für seinen Herrn zu fallen.
Schont die, die man schonen muß, schont Eure Erlesenen!
    Jeder wird wissen, weshalb er seine Kräfte fürchtet.
Vielleicht hat der Baum, den ihr seht, kein Kernholz:
    Unter hohler Rinde atmet keine Zuverlässigkeit.
Geneigter zum Fallen ist ein Baum, je höher er ist,
    auf den der Wind einwirkt und Gott selbst Blitze schleudert.«
Was tut Nikolaus, ein Knabe im Handeln und nur dem Namen nach Bischof?
    Was, außer seine weibischen Wangen abzuwischen?
Vertraut nur einem fremden Hirten, Ihr Schafe, die Schafe an,
    der seinen eigenen Stall so schlecht versorgt!
Was tust Du, Kaiser? Wozu greifst Du vergeblich die Mauern an?
    Königliche Geschenke umnebeln deine Gefährten,
die unter dem Vorwand den Abzug erbitten, daß nicht die Krankheit in die Glieder
    noch stärker eindringe, die den Weg erschwert.

Nach Abbruch der Belagerung Neapels verbieten Graf Richard von Acerra und Erzbischof Nikolaus den Bewohnern, die Stadt zu verlassen (*recedente Augusto ab obsidione Neapolim comes Riccardus et Nicolaus presul Salerni prohibent, ne populus extra muros atemptet exire*). Der Graf (*comes Riccardus*) und der Erzbischof (*presul Salerni*) erteilen mit erhobenem Schwert als Zeichen der Kommando- und Gerichtsgewalt einer Schar Ritter den Befehl, über die Beachtung des Verbots zu wachen, und auf dem Mauerkranz sind schon Wächter aufgezogen. Die Ritter tragen unterschiedliche Schilde und Kennzeichen an ihren Helmen. Die »Ausgangssperre« sollte offensichtlich verhindern, daß man allzu sorglos einer Kriegslist des Kaisers aufsaß. – Unter den Arkaden vier Frauen in Neapel (*Neapolim*), die erste mit sorgenvoller Miene ihr kleines Kind hütend, die zweite spinnend mit Spindel und Spinnrocken, die dritte klagend oder bittend, die vierte hält eine Art Garnwinde. Diese Bildfolge soll offenbar darstellen, daß man in Neapel jetzt zum Alltag überging. Möglicherweise bildet sie aber auch den Kontrast oder besser die Ergänzung zur mittleren Bildfolge, die das Los der Frauen in Kriegszeiten schildert. E. Rota wollte eine ausgesprochen melancholische Haltung erkennen und vermutete, daß die Frauen das ungewisse Schicksal jener Geiseln beweinten, die der Kaiser mit nach Deutschland genommen hatte.

113ʳ
Ansprache Richards von Acerra und des Erzbischofs von Salerno an die Truppen. Der Bevölkerung ist verboten, die Stadt Neapel zu verlassen

Recedente augusto ab obsidioe neapoli. Comes Ricc̄ · ñcoꝰ p̄ſul
ſalerñi p̄hibet ne portꝭ extra muroſ ac̄ceptet exire.

Comes Ricc̄ · p̄ſul Salerñ

Neapoli.

Imp[er]ialis i[n]ue[n]didice reg[...]

Vt uidet ere duces saturatos cesar et auru[m]
Eructare suos. mens subit ista loqui.
Qui fluuios n[ost]ros dudu[m] siccastis yberos
In fontes sictos mergitis om[n]e caput
Equor[um] adhuc sup[er] est licet inpotabile uob[is]
Nec mare q[uo]d saturet uos nec abyssus sit.
Nec mora co[m]pta tunc cesar fraude suor[um]
Arripit a[n]c[i]ea febre coactus it.
O quantu[m] pene, quantu[m] ue timoris in om[ne]s
Sollicitans animos intulit illa dies.
Vt coadunat oues timor a pastore relictas
Quas canis exclusit solus abore lupi.
Non alit[er] quos ip[s]i pia gr[ati]a fouit
Hic flet et ille dolet regnat ubiq[ue] met[us].
Quid tibi tunc animi. que mens fuit archileuita
Cu[m] recipis uetitu[m] posse uidere iouem.
Et tam euelli subito temtoria cernis
Nox erat. et castris nec fragor ullus erat.
Funes co[m]buri testudinis ossa cremari
Cernis. et auxiliu[m] pallions om[n]e rui.
Vt quatit aura nouas resecandeq[ue] messis aristas
V[t] mouet equoreas eolus asp[er] aquas.
Sic sic alfanides patrii cognominis heres
Et sine sp[e] redit[us] et sine me[n]te tremit.
Tunc dolor et lacime singultib[us] ora fatigant
Tunc mens socratici pectoris om[n]is hebet.
Anxius ignotat quid agat[que] responsa referre
Ulla times. labor est itala castra sequi.
Que[m] matris amor. nec p[re]sens gl[or]ia rerum
Nec fratru[m] pietas. nec graue uicit it[er].
Impium sequit[ur] subit alta mente labores
At tancridini redeunt. rumorib[us] implent
Urbe[m] de magno p[ri]ncipe falsa ferunt.
Hic obit. ille obit. calet hic. frigescit et ille
Asserit. inme[n]to fluctuat or[e] fides.

P\<articula\> XIX.: Imperialis ab obsidione regressus

Ut videt ere duces saturatos Cesar et aurum
 Eructare suos, mens subit ista loqui:
»Qui fluvios nostros dudum siccastis Yberos,
 In fontes Siculos mergitis omne caput.
Equor adhuc superest, licet inpotabile, vobis,
 Nec mare, quod saturet vos, nec abyssus habet.«
Nec mora comperta tunc Cesar fraude suorum
 Arripit a tritea febre coactus iter.
O quantum pene quantumve timoris in omnes
 Sollicitans animos intulit illa dies!
Ut coadunat oves timor a pastore relictas,
 Quas canis exclusit solus ab ore lupi,
Non aliter, quos imperii pia gratia fovit,
 Hic flet, et ille dolet: regnat ubique metus.
Quid tibi tunc animi, que mens fuit, archilevita,
 Cum recipis vetitum posse videre Iovem,
Et tamen evelli subito temtoria cernis!
 Nox erat et castris nec fragor ullus erat.
Funes comburi, testudinis ossa cremari
 Cernis et auxilium Palladis omne ruit.
Ut quatit aura novas resecande messis aristas,
 Ut movet equoreas Eolus asper aquas,
Sic sic Alfanides patrii cognominis heres
 Et sine spe reditus et sine mente tremit.
Tunc dolor et lacrime singultibus ora fatigant,
 Tunc mens Socratici pectoris omnis hebet.
Anxius ignorat, quid agat. Responsa referre
 Ulla times? Labor est Itala castra sequi.

Quem non matris amor nec presens gloria rerum
 Nec fratrum pietas nec grave vicit iter,
Imperium sequitur, subit alta mente labores.
 ✳✳✳
At Tancridini redeunt, rumoribus implent
 Urbem, de magno principe falsa ferunt:
Hic: »Obit!«, ille: »Obiit!«, »Calet!« hic, »Frigescit!« et ille
 Asserit; incerto fluctuat ore fides.

515

520

525

530

535

540

545

Neunzehnter Abschnitt: Der Abzug des Kaisers von der Belagerung

Als der Kaiser sah, daß die Fürsten von Geld gesättigt waren und Gold
 seine Leute hervorrülpsten, kam es ihm in den Sinn, folgendes zu sagen:
»Die Ihr schon unsere iberischen Flüsse ausgetrocknet habt,
 steckt jetzt den ganzen Kopf in die sizilischen Quellen.
Das Meer bleibt Euch noch übrig, aber es ist ungenießbar,
 und weder Meer noch Ozean haben, was Euch sättigen könnte.«
Und als der Kaiser vom Verrat der Seinen erfahren hat, bricht er unverzüglich
 auf, vom Dreitagesfieber erfaßt.
O wie große Strafe, wie große Furcht in alle
 Herzen brachte dieser sorgenerregende Tag!
Wie die Angst Schafe zusammentreibt, die vom Hirten verlassen worden sind,
 die allein der Hund vor dem Rachen des Wolfes rettet,
nicht anders verhalten sich die, die die Huld des Reiches begünstigte:
 Dieser weint, jener grämt sich, überall herrscht Furcht.
Was ging in Dir vor, was fühltest Du, Archidiakon,
 als Du daran dachtest, daß es verboten war, Jupiter sehen zu können,
und doch siehst, daß plötzlich die Zelte abgebrochen werden.
 Nacht war es, und im Lager war kein Geräusch.
Wie die Stricke verbrannt, wie das Gerippe der Schildkröte eingeäschert wird,
 siehst Du, und wie die ganzen Hilfsmittel der Pallas zusammenbrechen.
Wie der Wind neue Ähren der schnittreifen Ernte schüttelt,
 wie Äolus das Wasser des Meeres heftig bewegt,
genau so muß der Alfanide, Erbe des väterlichen Beinamens,
 ohne Hoffnung auf Rückkehr und ohne Besinnung zittern vor Angst.
Da lassen Schmerz und Tränen von Schluchzen das Antlitz müde werden,
 da wird der Geist selbst in einer sokratischen Brust stumpf.
Angstvoll weiß er nicht, was er tun soll. Antworten zu überbringen,
 gleich welcher Art, fürchtest Du. Schwer ist es, dem Lager der Italiener zu folgen.
Wen schon nicht die Liebe der Mutter noch der gegenwärtige Ruhm der Taten
 noch die Liebe der Brüder noch der schwere Weg besiegten,
der schließt sich dem Reich an und nimmt hochgesinnt die Mühen auf sich.
 ✳✳✳
Aber die Anhänger Tankreds kehren zurück, mit Lärm füllen sie
 die Stadt, Fälschliches behaupten sie über den großen Kaiser:
Dieser sagt: »Er stirbt!«, jener: »Er ist schon tot!«, dieser: »Er ist warm!«– »Kalt

ist er schon!«, behauptet jener. Die Wahrheit wankt durch unsicheres Gerede.

Das obere Bild zeigt das nach dem Rückzug des kaiserlichen Heeres aus Neapel verlassen liegende Kriegsgerät: die umgestürzten Steinschleudern und Belagerungstürme sowie ein Zelt. Von späterer Hand wurden mit Rot überall Blutspritzer aufgesetzt; vielleicht handelt es sich aber auch um das in v. 532 erwähnte Feuer. Darunter reitet der Kaiser – krank und gewahr des Verlustes vieler Getreuer – in Begleitung zweier abgesessener Ritter, die ihn besonders abzuschirmen scheinen, nach Deutschland zurück (*dominus imperator egrotans suosque quamplurimos intuens eversos Alemanniam petit*). Man beachte, daß jetzt Banner und Feldzeichen fehlen. Die Verluste beziffert ein Zeitgenosse auf neun Zehntel des Heeres, ein anderer mit 10 000 Mann, doch dürften beide Angaben – wie oft bei mittelalterlichen Autoren – weit übertrieben sein. Zu den Opfern gehörten unter anderen Erzbischof Philipp von Köln, Konrad III. Otto, Markgraf von Mähren und Herzog von Böhmen, sowie der Kanzler Dieter. Die Interpretation der beiden unteren Gestalten, die auf Eseln oder Maultieren reiten, die rechte eine Reitgerte, die linke einen einfachen Stock schwingend, ist umstritten. Offenbar handelt es sich um Anhänger Tankreds, die vv. 545 ff. zufolge das Gerücht über den Tod des Kaisers verbreiteten. Die Gestalten sind bewußt als Leute aus dem einfachen Volk charakterisiert, das seinerzeit Tankred als König gewollt hatte (fol. 99).

dns ip̄ator egrotās suosq̄; q̄a ptimos truens eu̅sos alemāniā petiit

fide ultra religio

Ut rude murmur apum fumosa murmurat aruo, *aureo*
Sic nouus orbande rumor in urbe sonat.
Hic tres, hac septem, bis sex ibi, quattuor illic
Conueniunt tenui murmure plura loqui.
Consilio stimulata malo gens seua Salerni
Peccatum redimit crimine, fraude dolum. *crimina*
Obsequium prestare putant, plurima regi, *prestare*
Tancredum curant pacificare sibi.
Ast ubi circumdant inmensa palacia regum.
Que Tracina, nomen habere ferunt, *terracina*
Grelamant, quid agis constancia? stamina pensas,
Fila trahis, quid agis? andata pensa legis? *trahis*
Cesar abest, certe nos et te miseranda fefellit,
Que nimis ardebas, dic ubi cesar abit?
Quem tociens fausto iactabas ore potente,
Dic ubi bella gerit? qui sine crine iacet?
Felix parthenope, que nec te sola recepit,
Vrbs, per te quod te uiderit ista ruet,
Te uir dimisit, non uir sed apostolus egit, *apertius*
Hostia pro nobis pro da que dulcis eris.
In dominam iaciunt furibunde spicula lingue *spicula*
Saxa que cum multis associata minis.
Quicquid funda potest quicque balista ut ar *vel arcus*
Nititur in dominam.
Vt cornix aquila strepitat, qua plurima uisa,
Quam fore noctuole garrula ibi aue. *redit*
Unguibus et rostris furit, et mouet aera pennis,
Inque modum fabri flamina usat auis.
Hic ferit, ille salit, salies seque turque cadente,
Versat in plisa malleus ere uices.
Sic furit in dominam gens ancillanda potentem,
Uertitur in lolium tristo cremanda seges.

P<articula> XX.: Fidei oblita religio

Ut rude murmur apum fumoso murmurat antro,
    Sic novus orbanda rumor in urbe sonat. 550
Hic tres, hac septem, bis sex ibi, quattuor illic
    Conveniunt, tenui murmure plura loqui.
Consilio stimulata malo gens seva Salerni
    Peccatum redimit crimine, fraude dolum.
Obsequium prestare putant periuria regi, 555
    Tancredum curant pacificare sibi.
Ast ubi circumdant inmensa palacia regum,
    Que Terracina nomen habere ferunt,
Exclamant: »Quid agis, Constancia? Stamina pensas?
    Fila trahis? Quid agis? An data pensa legis? 560
Cesar abest. Nos certe et te, miseranda, fefellit!
    Quem nimis ardebas, dic, ubi Cesar abit?
Quem tociens fausto iactabas ore potentem,
    Dic, ubi bella gerit, qui sine crine iacet?
Felix Parthenope, que nec te sola recepit! 565
    Urbs pro te, quod te viderit, ista ruet.
Te vir dimisit. Non vir set apostolus egit:
    Hostia pro nobis predaque dulcis eris.«
In dominam iaciunt furibunde spicula lingue
    Saxaque cum multis associata minis. 570
Quicquid funda potest, quicquid balistra vel arcus,
    Nititur in dominam!
Ut cornix aquila strepitat quam plurima visa,
    Quam fore noctivolem garrula credit avem –
Unguibus et rostris furit et movet aera pennis 575
    Inque modum fabri flamina versat avis,
Hic ferit, ille salit, saliens sequiturque cadentem,
    Versat <ut> inverso malleus ere vices –,
Sic furit in dominam gens ancillanda potentem,
    Vertitur in lolium triste cremanda seges. 580

Zwanzigster Abschnitt: Die Beachtung der Treue gerät in Vergessenheit

Wie das ungeordnete Gebrumm der Bienen in rauchiger Höhle summt,
    so erklingt ein neues Raunen in der Stadt, die verwaisen wird.
Hier drei, da sieben, dort zwölf, dort vier
    kommen zusammen, um mit leiser Stimme vieles zu bereden.
Durch üblen Rat angestiftet kauft sich das böse Volk von Salerno
    durch ein Verbrechen von seiner Verfehlung los, durch Betrug von seiner List.
Sie halten es zwar für Eidbruch, dem König Gefolgschaft zu leisten,
    wollen sich aber Tankred friedlich stimmen.
Aber als sie den gewaltigen Palast umringen,
    der den Namen Terracina trägt,
rufen sie: »Was machst Du, Konstanze? Prüfst Du den Aufzug beim Weben?
    Spinnst Du? Was machst Du? Oder erledigst Du Deine Handarbeiten?
Der Kaiser ist fern. Uns hat er sicher und Dich, Elende, getäuscht.
    Sag, wohin ging der Kaiser, nach dem Du Dich so sehr sehntest?
Den Du sooft mit heiterer Miene als mächtig gepriesen hast,
    sag, wo er Krieg führt, der ohne sein Kaiserhaar darniederliegt?
Glückliches Neapel, das allein Dich nicht aufnahm!
    Diese Stadt wird Deinetwegen, weil sie Dich sah, noch fallen.
Dich hat Dein Mann verlassen. Nicht als Mann, sondern als Apostel handelte er.
    Du wirst unser Opfer und unsere willkommene Beute sein.«
Gegen ihre Herrin schleudern sie Pfeile rasender Rede
    und Steine vereint mit vielen Drohungen.
Was die Schleuder vermag, was das Wurfgeschoß oder der Bogen,
    das wird gegen die Herrin aufgeboten!
Wie die Krähe in großer Zahl krächzt, wenn ein Adler in Sicht gekommen ist,
    den die Geschwätzige für einen nachts fliegenden Vogel hält –
mit Krallen und Schnabel wütet sie und bewegt die Lüfte mit ihren Flügeln,
    und der Vogel betätigt nach Art eines Schmiedes gleichsam den Blasebalg,
dieser stößt nieder, jener steigt auf, und der Aufsteigende folgt dem Fallenden,
    wie ein Hammer im Takt auf das gewendete Metall schlägt –,
so rast das Volk, das versklavt werden wird, gegen seine mächtige Herrin,
    verwandelt sich in unfruchtbaren Lolch die Saat, die verbrannt werden wird.

Nach dem Rückzug des Kaisers aus Neapel wird die Lage in Salerno für die Kaiserin bedrohlich, es kommt zu ersten Handgreiflichkeiten (*Salernitanus populus audito recessu imperatoris in suam dominam calcaneum erexerunt*). Die Deutschen (*Teutonici*) werfen vom Dach des Palastes (*Terracina*: fol. 117) Steine auf die gestikulierende Menge, hier dargestellt durch drei Personen, deren mittlere, wie es scheint, von den beiden anderen zurückgehalten werden muß. (Die Fäuste im freien Feld sind Studien von späterer Hand). Die Auseinandersetzungen haben sich also jetzt von der Burg Torremaggiore (*turris maior*; die beiden Köpfe und der Hund sind von späterer Hand ergänzt), die hier den Scheitelpunkt der angedeuteten Stadtmauer bildet, in die Stadt verlagert. Die Kaiserin selbst (*imperatrix*) erscheint zusammen mit zwei Hofdamen oder Dienerinnen am Fenster oder auf der Loggia des Palastes, wendet sich aber von der dicht gedrängten und gestikulierenden Menge vor dem Tor ab, deren Sympathien geteilt sind: die einen freuen sich und spotten, die anderen trauern (*hii gaudent, hii dolent*). Man beachte, daß Jugendliche eindeutig in der Mehrzahl sind. Der rechts unten angedeutete Brunnen befindet sich offenbar innerhalb des Palastes (vgl. fol. 101). In dieser Situation scheint die Wasserversorgung den Zeichner besonders interessiert zu haben.

turris maior

Salernitani p̄p̕lis audito recessu ꝑatoris
ĩ s̄uā dn̄am calcaneū erexer̄t.

Teutonici

Ipa͞ix

hii gaudēt. *hii dolēt.*

Inpavidus populo resistenti loquitur

Exhinc teutonicus uerbis respondet et armis.
O spes in ignota dimicat orbe fides.
Illa tam constans ut erat de nomine constans,
Et quia famosi cesaris uxor erat,
Hostes alloquitur audacter a bore fenestre
Sic ait audite qui mea uerba uelint.
Saltim dum loquimur compescite tela manusque:
Pauca loquar, multo pondere uerba tamen.
Gens magne fidei rationis summa probate,
Que sim, que fuerim, nostris, et inde quior.
Cesar abiit, ut obiit uobis ut dictum ergo
Si placet exul eam cesaris orbe mei.
Ad mentem reuocate fidem, cohibete furorem
Nec uos seducant. littera uerba. sonus.
Nec quociens resonant in nube tonitrua celi,
Et misso tociens fulminat igne deus.
Si ipse scripsit, tamen ut reor inuita scripsit,
Hic patrie fraudis curat et artis op.
Hic thyrus inspes scelerum, gerit omne malorum,
Quod patris ora uomunt filius haurit id.
Credite pastori perfugio, qui natus ab ydra
Ut colubris numquam degenerare potest.
Est igitur uirtus quadam presistere uerbis,
Et dare pro fidei pondere membra neci.
Si pugnare licet, sup est in miles et aurum
Inppam redeat consulo quisque domum.
Est michi corradus capue, dipoldus tarchi.
Hic pars milicie, dux erit ille ducum,
Darii eboleos ut ait in nucei agros.
Hac remat, hac radit ille thetin onus.
Gens pure fidei mediis exerit et armis
Velle meum, pro me sponte parata mori.
Hec sine uelle meo multo hei hoste coacta,
Ad tancridinum uult repedare scelus.
Huius ad exemptum cines gurrite gentis,
Que sit in ebolea discite gente fides.
Ebole, ne peream, memori te lance rependam,
Pectoris affectus que meruere boni.
Durus ad hec populi truculentior aspide facies
Atrius insurgit. acrius.

P\<articula\> XXI.: Imperialis populo resistenti loquutio

Ex hinc Teutonicus verbis respondet et armis:
    Ospes in ignota dimicat orbe fides!
Illa tamen constans, ut erat de nomine constans,
    Et quia famosi Cesaris uxor erat,
Hostes alloquitur audacter ab ore fenestre. 585
    Sic ait: »Audite, quid mea verba velint.
Saltim dum loquimur, compescite tela manusque.
    Pauca loquar, multo pondere verba tamen.
Gens magne fidei, rationis summa probate,
    Que sim, que fuerim, nostis, et inde queror. 590
Cesar abit vel obit, vobis ut dicitur; ergo,
    Si placet, exul eam Cesaris orba mei.
Ad mentem revocate fidem, cohibete furorem,
    Nec vos seducant littera, verba, sonus.
Nec quociens resonant in nube tonitrua celi, 595
    Emisso tociens fulminat igne deus.
Si presul scripsit, tamen, ut reor, irrita scripsit.
    Hic patrie fraudis curat et artis opus,
Hic trahit in species scelerum genus omne malorum;
    Quod patris ora vomunt, filius haurit idem. 600
Credite pastori profugo, qui natus ab ydra
    Ut coluber nunquam degenerare potest;
Est igitur virtus quandoque resistere verbis
    Et dare pro fidei pondere menbra neci.
Si pugnare licet, superest michi miles et aurum: 605
    In propriam redeat, consulo, quisque domum.
Est michi Corradus Capue, Dipoldus in Archi:
    Hic pars milicie, dux erit ille ducum.
Darius Eboleos, ut ait michi nuncius, agros
    Hac cremat, hac radit ille Thetinus oves. 610
Gens pure fidei mediis exquirit in armis
    Velle meum, pro me sponte parata mori;
Nec sine velle meo, multo licet hoste cohacta,
    Ad Tancridinum vult repedare scelus.
Huius ad exemplum, cives, concurrite gentis, 615
    Que sit in Ebolea, discite, gente fides.
Ebole, ni peream, memori tibi lance rependam,
    Pectoris affectus, que meruere boni.«
Durus ad hec populus truculentior aspide factus
    Acrius insurgit. 620

Einundzwanzigster Abschnitt: Rede der Kaiserin an das widerspenstige Volk

Da reagieren die Deutschen mit Worten und Waffen.
    Als Gast in einer fremden Welt kämpft die Treue!
Standhaft aber, ihrem Namen entsprechend,
    und weil sie die Gemahlin des berühmten Kaisers war,
Sprach sie mutig die Feinde von der Fensteröffnung aus an.
    So sprach sie: »Hört, was meine Worte bedeuten.
Mäßigt wenigstens, während wir sprechen, eure Wurfgeschosse und Hände.
    Weniges will ich sagen, doch Worte von großem Gewicht.
Volk von großer Treue, Gipfel erprobter Vernunft,
    ihr wißt, wer ich bin, wer ich war, und deshalb klage ich.
Der Kaiser ist fern oder tot, wie Euch berichtet wird. Also
    will ich, Witwe meines Caesar, wenn es recht ist, als Flüchtling abziehen.
Bringt Euch die Treue in Erinnerung, gebietet dem Rasen Einhalt!
    Laßt Euch nicht von Briefen, Worten oder Gerüchten verleiten!
Nicht immer, wenn in einer Wolke am Himmel Donner dröhnt,
    läßt es der Gott auch mit herabfahrendem Feuer blitzen.
Wenn der Erzbischof schreibt, so schreibt er, wie ich glaube, vergeblich.
    Dieser besorgt für das Vaterland das Werk der Täuschung und List.
Dieser zieht das ganze Volk in den Verdacht übler Verbrechen.
    Was der Mund des Vaters von sich gibt, das trinkt sein Sohn.
Glaubt nur dem flüchtigen Hirten, der geboren von einer Hydra
    wie eine Giftschlange niemals aus der Art schlagen kann!
Wohlan, das ist Tapferkeit, bisweilen mit Worten Widerstand zu leisten
    und für das Gewicht der Treue seinen Leib dem Tode zu überantworten!
Wenn Ihr kämpfen wollt, ich habe noch Gold und Soldaten:
    Ich rate Euch, gehe ein jeder in sein Haus zurück!
Ich habe noch Konrad in Capua und Diepold in Rocca d' Arce:
    Dieser wird mir ein Teil meiner Truppen sein, jener Anführer der Führer.
Wie mir ein Bote meldet, verbrennt Darius die Felder von Eboli
    hier, dort schert Thetinus meine Schafe.
Das Volk von reiner Treue erfragt mitten unter Waffen
    meinen Willen und ist bereit, freiwillig für mich zu sterben,
und ist ohne meine Zustimmung auch unter starkem feindlichen Druck
    nicht bereit, zu dem Verbrechen Tankreds zurückzukehren.
Nach dem Beispiel dieses Volkes richtet Euch, Bürger,
    was Treue heißt, lernt am Volk von Eboli!
Eboli, wenn ich nicht sterbe, zahle ich Dir mit einer dankbaren Waage zurück,
    was die guten Gefühle Deines Herzens verdienen!«
Verhärtet gegenüber diesen Worten und grausamer als eine Otter
    dringt das Volk noch heftiger vor.

Das Bild ist eine Fortsetzung der Szene von fol. 115; der Druck auf die im Palast eingeschlossenen Deutschen wächst, sie werden mit Armbrust, Bogen und Steinschleuder angegriffen. Vergeblich versucht die Kaiserin, auf die Salernitaner einzuwirken (*imperatrix alloquitur cives Salerni*). Sorgenvoll betrachten die beiden Dienerinnen die Szene. – Die Architektur des Palastes ist gegenüber fol. 115 verändert, wenngleich die Perspektive dieselbe ist, aber eine realistische Wiedergabe der Örtlichkeiten wird man von dem Zeichner nicht erwarten. Das erhellt auch daraus, daß jetzt in den freien Raum zwischen der *turris maior* am oberen Bildrand und dem Palast der Kaiserin eine Kirche eingefügt ist. Im Sinn hatte der Zeichner sicher die berühmte, von Erzbischof Alfanus († 1085) mit Unterstützung Roberts Guiscard erbaute Kathedrale. Der »Realismus« des Zeichners manifestiert sich aber darin, daß er weder die Glockenseile noch das Schloß des Palasttores vergaß, letzteres zugleich ein manifestes Zeichen für die Lage der Kaiserin.

īpātr alloq̄ cives
salerni.

Augustat oro p vindicta.

Illa genu flexo pansis ad sidera palmis,
Plenaq; singultu fletib; uda suis.
Sic orans loquit' clausis hinc inde fenestris,
Eccerat ambigua clausa fenestra die.
Alfa deus ds o. mundi moderator & auctor,
Erbus uindicta supplico sume dolis.
Alfa ds. ds o. liquide scrutator abyssi,
In me pii'tas confer queso manus.
Alfa deus. ds o. stellati rector olimpi
Pena malignates puniat alta iuros.
Alfa deus. ds o. iuris seruator & equi,
Iam tua conflictus uindicet ira meos.
Alfa ds. deus o. ūx fundator amicte,
In me pugnantes ferrea flama uoret.
Alfa ds. deus o. rerū ds omi creator,
Supplicis ancille respice queso pces.
Istu congemines acuas pena q; furore
Accendas, tumidos coprime, pde feros.
Contē fastuosos, instantes, pde supbos,
Da pace, gladios diuide, scinde mali'.
Arma cadat arcusq; teras. balistia cremetur,
Rupe polū. specta. collige. scribe. nota.
hos notet exiliū, scribat psceptio, plures
Obpbriūm signet.
Rupe polum īnsmitte uirū ropheā geretem,
Eruat ancillam. dissipet ora canūm.
Alfa ds. deus o. genitor genitura creatr,
Quod pcor acceptes alfa ds. deus. o.

Particula XXII.: Augustalis oratio pro vindicta

Illa, genu flexo, pansis ad sidera palmis,
   Plenaque singultu fletibus uda suis,
Sic orans loquitur, clausis hinc inde fenestris,
   – Fecerat ambiguam clausa fenestra diem –:
»Alfa deus, deus O, mundi moderator et auctor,
   Ex hiis vindictam, supplico, sume dolis.
Alfa deus, deus O, liquide scrutator abyssi,
   In me periuras contine, queso, manus.
Alfa deus, deus O, stellati rector Olimpi,
   Pena malignates puniat alta viros.
Alfa deus, deus O, iuris servator et equi,
   Iam tua conflictus vindicet ira meos.
Alfa deus, deus O, terre fundator amicte,
   In me pugnantes ferrea flamma voret.
Alfa deus, deus O, rerum deus omnicreator,
   Supplicis ancille respice, queso, preces.
Iram congemines, acuas penamque furorem
   Accendas, tumidos comprime, perde feros,
Contine fastosos, instantes perde superbos,
   Da pacem, gladios divide, scinde manus.
Arma cadant, arcusque teras, balistra cremetur.
   Rumpe polum, specta, collige, scribe, nota.
Hos notet exilium, scribat proscriptio, plures
   Obprobrium signet.
Rumpe polum, transmitte virum romphea geretem,
   Eruat ancillam, dissipet ora canum.
Alfa deus, deus O, genitor, genitura creatrix,
   Quod precor, acceptes, Alfa deus, deus O.«

Zweiundzwanzigster Abschnitt: Das Gebet der Kaiserin um Rache

Jene beugte das Knie, breitete die Arme gen Himmel aus,
   war voller Schluchzen, naß von ihrem Weinen
und sprach betend so, nachdem sie allseits die Fenster geschlossen hatte
   – das Schließen der Fenster hatte ein Zwielicht geschaffen –:
»Gott, Alpha und Omega, Lenker und Schöpfer der Welt,   625
   von diesen Verrätern fordere, so flehe ich, Strafe!
Gott, Alpha und Omega, der Du den Abgrund des klaren Meeres durchschaust,
   zügle, so bitte ich, die gegen mich eidbrüchigen Hände!
Gott, Alpha und Omega, Lenker des Sternenhimmels,
   schwere Strafe soll die Männer, die mich schmähen, treffen.   630
Gott, Alpha und Omega, Bewahrer des Rechts und der Gerechtigkeit,
   sogleich räche Dein Zorn meine Not.
Gott, Alpha und Omega, Schöpfer der schönen Erde,
   eine unvergängliche Flamme vertilge die, die gegen mich kämpfen.
Gott, Alpha und Omega, Gott, Allschöpfer der Welt,   635
   nimm die Bitten Deiner demütigen Magd, so flehe ich, an!
Verdopple Deinen Zorn, verschärfe die Strafe, dein Wüten
   entflamme, die Übermütigen wirf nieder, vernichte die Trotzigen,
Halte die Hochmütigen im Zaum, vernichte die angreifenden Rebellen!
   Gib mir Frieden, trenne die Schwerter, bring auseinander die Hände!   640
Die Waffen mögen sinken, die Bogen zertrete, die Wurfgeschütze verbrenne!
   Reiß den Himmel auf, schau, notiere, schreib auf, vermerke!
Die einen mag das Exil notieren, die anderen die Proskription aufschreiben, viele
   die Schmach bezeichnen.
Reiß den Himmel auf, schick den Mann mit dem zweischneidigen Schwert!   645
   Errette Deine Magd, zerstreue die Mäuler der Hunde.
Gott, Alpha und Omega, Zeuger, zeugende Zeugung,
   was ich bitte, nimm an, Alpha und Omega!

Die vorausgehende Szene wird fortgesetzt: die Kampfhandlungen zwischen den Deutschen (*Teutonici*) und den Salernitanern (*cives Salerni*) dauern unvermindert an; erstmals begegnet als Bewaffnung eine Handschleuder (vgl. fol. 132). Innerhalb des jetzt als regelrechter Wehrbau dargestellten Palastes *Terracina* – hier erstmals benannt – bittet die Kaiserin bei Nacht, angedeutet durch drei Sterne, Gott um Rache für die ihr angetane Schmach (*imperatrix orans ad Dominum*). Im übrigen hat man den Eindruck, daß der Zeichner von fol. 115 an bis fol. 118 wie mit einem Zoom-Objektiv den Palast und die Kaiserin immer stärker in den Mittelpunkt stellt.

Caput maior

terremotu

tracina

preces

orat ad dnm

cives saler

Oratio salutaris

Ex oriente deus augusti dirige gressus.
Ut meus hinc cesar te duce sospes eat.
Ex oriente ds̄ conserua cesaris actus.
Ille tuus raphael p̄paret eius iter.
Ex oriente ds̄ romanum p̄tege solem.
Ut repetat patriam sospite mente sua.
Ex oriente ds̄ custodi nup̄ euntem.
Quo tibi p̄ magno munere uota feram.
Ex oriente ds̄ dulcem comitare maritum.
Et molli duros saxea colla doma.
Ex oriente ds̄ tumidos tere. p̄de sup̄bos.
Coniugis anglicum fac redeuntis iter.   *anglicum*
Ex oriente ds̄ qui regnas in trib; unus.
Redde uirū famule que pīt absq; uiro.
Cui mare, cui tellus, cui celū uiuit æther.
Ut nīs int tot dona sup̄stes eat.
Sī p̄eo, p̄eum p̄eo. quia cesare uiuo.
Triste nichil patiar dū modo capta ferar.
A̱uitor interea gisualdi uenit elias
Exhonerans famulas sera podagra manus.
Sanguine nō hōium dicitur lenire dolore.
Nec sapit antidotū seue mathee tuum.
Qui uiuet ut dn̄am. quasi gallice ore rotundo
Fatur; in dn̄a gl̄is satur exta uomit.
Heia siqua potes nr̄is uirtutib; insta.
Eia siqua potes bella mouere moue.
Qui cupit omne quod est; partī cedere nescit
Amittet totum.
Sic u̇ dū uelles totū quod uoluit euo   *libȳ*
Contigit regno p̄ b̄uiore cauis   *pro breuiori*
Est opus ut uenias merito captiua panormum
Sic pop̄ls, sic Rex. hic petit ille iubet.

P<articula> XXIII.: Oratio salutaris

»Ex oriente deus, Augusti dirige gressus,
  Ut meus hinc Cesar te duce sospes eat.
Ex oriente deus, conserva Cesaris actus,
  Ille tuus Raphael preparet eius iter.
Ex oriente deus, Romanum protege solem,
  Ut repetat patriam sospite mente suam.
Ex oriente deus, custodi nuper euntem,
  Quo tibi pro magno munere vota feram.
Ex oriente deus, dulcem comitare maritum,
  Emolli duros, saxea colla doma.
Ex oriente deus, tumidos tere, perde superbos,
  Coniugis angelicum fac redeuntis iter.
Ex oriente deus, qui regnas in tribus unus,
  Redde virum famule, que perit absque viro.
Cui mare, cui tellus, cui celum vivit et ether,
  Vir meus inter tot dona superstes eat.
Si pereo, per eum pereo, quia Cesare vivo
  Triste nichil patiar, dum modo capta ferar.«
Proditor interea Gisualdi venit Elias,
  Exhonerans famulas sera podagra manus:
Sanguine non hominum didicit lenire dolorem
  Nec sapit antidotum, seve Mathee, tuum.
Qui, videt ut dominam, quasi gallicus ore rotundo
  Fatur, et in domina, glis satur, exta vomit:
»Heia, si qua potes, nostris virtutibus insta!
  Eia, si qua potes bella movere, move!
Qui cupit omne, quod est, et parti cedere nescit,
  Amittet totum.
Sic tibi, dum velles totum, quod volvitur evo,
  Contigit, et regno pro breviore cadis.
Est opus, ut venias merito captiva Panormum;
  Sic populus, sic rex: hic petit, ille iubet.«

Dreiundzwanzigster Abschnitt: Gebet um Rettung

Gott aus dem Osten, lenke die Schritte des Kaisers,
  damit mein Caesar unter Deiner Führung wohlbehalten geht! 650
Gott aus dem Osten, bewahre die Taten des Caesar,
  Dein Raphael bereite seinen Weg!
Gott aus dem Osten, schütze die Sonne Roms,
  damit er in sein Vaterland unversehrt zurückkehrt!
Gott aus dem Osten, bewache den eben Abgereisten, 655
  auf daß ich Dir für Deine große Gabe Gelübde darbringe!
Gott aus dem Osten, begleite meinen lieben Mann,
  erweiche die Harten, zähme die steinernen Nacken!
Gott aus dem Osten, zertritt die Stolzen, vernichte die Hoffärtigen,
  mach den Weg meines heimkehrenden Gemahls dem der Engel gleich. 660
Gott aus dem Osten, der Du in Dreien als Einer regierst,
  gib Deiner Magd ihren Mann zurück, die ohne ihn zugrundegeht.
Dem das Meer, dem die Erde, dem der Himmel lebt und der Äther,
  mein Mann soll unter sovielen Gaben mit dem Leben davonkommen.
Wenn, dann sterbe ich durch seinen Tod – weil ich, wenn der Kaiser lebt, 665
  nichts Schlimmes erleide –, während ich nur gefangen weggeführt werde.«
Inzwischen kommt der Verräter Elias de Gisualdo,
  der dienende Hände belastete, seine Gicht war in fortgeschrittenem Stadium:
Er hat nicht gelernt, den Schmerz mit Menschenblut zu lindern,
  und kennt nicht Dein Heilmittel, böser Matheus! 670
Als dieser die Herrin erblickt, wie ein Franzose mit geschraubten Worten
  spricht er und erbricht, eine fette Haselmaus, seine Eingeweide auf die Herrin:
»Wohlan, wenn Du etwas vermagst, so leiste unseren Kräften Widerstand!
  Wohlan, wenn Du in der Lage bist zu kämpfen, dann kämpfe!
Wer alles will, was es gibt, und keine Zugeständnisse machen will, 675
  wird alles verlieren.
So ging es Dir, die Du alles wolltest, was sich in der Welt bewegt,
  und für ein recht kleines Königreich fällst Du nun selbst.
Du mußt nach Palermo kommen als rechtmäßige Gefangene:
  So wollen es das Volk und der König, dieser bittet, jenes befiehlt.« 680

Die Kaiserin betet im Palast (die Beschriftung am oberen Rand ist beschnitten: *Terrac[ina]*) auch für das Wohlergehen ihres Gemahls (*imperatrix orans*). Dann ändert sich die Lage: Begleitet von zwei mit Morgensternen Bewaffneten und wegen seiner Gichtbrüchigkeit getragen von zwei Helfern, erscheint der »Verräter« Elias de Gisualdo als Verhandlungsführer der Salernitaner. Gegen freien Abzug der Deutschen erreicht er die Übergabe der Kaiserin, der »Herrin der Welt« (*quando proditor Helias Gisualdi assecuratis Teutonicis dominam mundi cepit*). Man beachte hier und auf der folgenden Tafel die bewußt gewählte Größendifferenz zwischen Elias und Konstanze, die sich später bei der Gegenüberstellung mit Tankred wiederholt (fol. 120), und die unterschiedliche Standhöhe. – Elias de Gisualdo (Gesualdo, Provinz Avellino) war ein mächtiger Feudalherr der Region und begegnet 1183 und 1186 als hoher königlicher Verwaltungsbeamter (Justitiar und Comestabulus). Er war Sohn und – spätestens 1150 – Nachfolger Wilhelms (de Altavilla), eines illegitimen Sohnes Herzog Rogers Borsa, und zugleich ein Vetter der Mutter König Tankreds aus dem Hause der Grafen von Lecce. Elias war folglich mit beiden Thronprätendenten, Konstanze und Tankred, verwandt.

Imperator

§ Guido petit ut helias grimaldi assecuraret teutonicos dn̄am mundi cōm

dñe coacta descensio

At dñe uultus pallescere nescius unquam,
Inmodicũ pallens lumina crispat humo.
Nec mora, pallor abit, pprij rediere colores.
Simplicius ludunt lilia simpla rosis.
Vt tenuis quandoq; diem denigrat amictꝰ,
Et subito lapsa nube clescit humus,
Pauca quidẽ loquitur, ueniam tancrede panoꝛ.
Et ueniam, ueniã non aditura tuam,
Ptinus obiecit pactũ, gens annuat, inquit,
Vt meus hinc saluo pectore miles eat.
Instanti popto placuit sententia talis,
Nec mens intantis omnibꝫ una fuit.
Nam tancridini celebres noua sabbata libũt,
Non minus inde dolent archileuita tui.
Exultant illi munus meruisse triumphi,
Qui titulũ tantę pdicionis habent.
Guills de pistilio uir doctus in armis,   Guillelmus
Maluit exiliũ quã temerare fidem,
Iamq; parata ratis centeno remige tuta,
Accelerat, zephirus dũ mare lentus agit.
O noua consilij spes prudentia maior
Induit auratos ut noua nupta sinus.
Induit artiferos pciosę uestis amictus,
Ornat, ɿ inpinguat pondere ɿ arte comas.
Aurorant inuestę rosę, nec aromata desunt,
Forma teres phebi pendet ab aure dies.
Pectoris in medio coeunt se cornua lunę,
Ars lapidũ uaria sidere ditat opus.
Coniugis amplexus tanqm uisura nouellos
Fausta uenit, naue scandit, ɿ illa uolat.

<Particula> XXIV.: Domine coacta descensio

At domine vultus, pallescere nescius unquam,
    Inmodicum pallens, lumina crispat humo.
Nec mora pallor abit: proprii rediere colores.
    Simplicibus ludunt lilia simpla rosis,
Ut tenuis quandoque diem denigrat amictus   685
    Et subito, lapsa nube, diescit humus.
Pauca quidem loquitur: »Veniam, Tancrede, Panormum
    Et veniam, veniam non aditura tuam.«
Protinus obiecit pactum: »Gens annuat«, inquit,
    »Ut meus hinc salvo pectore miles eat.«   690
Instanti populo placuit sententia talis,
    Nec mens in tantis omnibus una fuit.
Nam Tancridini celebres nova sabbata libant,
    Non minus inde dolent, archilevita, tui.
Exultant illi munus meruisse triumphi,   695
    Qui titulum tante prodicionis habent.
Guilelmus de Pistilio, vir doctus in armis,
    Maluit exilium quam temerare fidem.
Iamque parata ratis, centeno remige tuta,
    Accelerat, Zephirus dum mare lentus agit.   700
O nova consilii species! Prudentia maior!
    Induit auratos ut nova nupta sinus,
Induit artiferos preciose vestis amictus,
    Ornat et inpiguat pondere et arte comas!
Aurorant in veste rose nec aromata desunt,   705
    Forma teres Phebi pendet ab aure dies.
Pectoris in medio coeunt se cornua lune;
    Ars lapidum vario sidere ditat opus.
Coniugis amplexus tanquam visura novellos
    Fausta venit, navem scandit et illa volat.   710

Vierundzwanzigster Abschnitt: Der erzwungene Abzug der Herrin

Aber das Antlitz der Herrin, das niemals zu erblassen pflegt,
    wird kreidebleich und heftet den unsicheren Blick auf den Boden.
Doch die Blässe verschwand sofort: ihre eigenen Farben kehrten wieder.
    Schlichte Lilien spielen mit schlichten Rosen,
sobald eine zarte Verhüllung bisweilen das Tageslicht verdunkelt,
    und die Erde kaum, daß die Wolke verwunden ist, wieder taghell wird.
Nur weniges spricht sie: »Ich werde, Tankred, nach Palermo kommen,

ich werde kommen, doch nicht um Deine Gnade zu erflehen.«
Sofort schlägt sie einen Vertrag vor: »Das Volk soll zustimmen«, sagt sie,
    »daß meine Soldaten unversehrt von hier abziehen.«
Dem andrängenden Volk gefiel dieser Vorschlag,
    doch hatten nicht alle in einer so wichtigen Angelegenheit dieselbe Gesinnung:
Denn die Tankrediner feiern in großer Zahl einen noch nie dagewesenen Sabbat,
    und nicht weniger trauern Deine Leute, Archidiakon, deswegen.
Jene jubeln, das Geschenk eines Triumphes erhalten zu haben,
    denen vorher der Makel des Verrats anhaftete.
Wilhelm von Postiglione, ein waffenkundiger Mann,
    zog das Exil einer Verletzung der Treue vor.
Und schon ist ein Schiff bereit, sicher durch hundert Ruderer,
    es eilt dahin, während der Westwind das Meer gelinde bewegt.
O unerhörter Plan, überlegene Klugheit!
    Sie legt wie eine Jungvermählte ein goldenes Kleid an,
legt an den kunstvollen Mantel einer kostbaren Gewandung,
    schmückt und salbt ihr Haar mit lastendem Schmuck und Kunstfertigkeit.
Es leuchten Rosen auf dem Kleid und Wohlgerüche fehlen nicht,
    vom Ohr hängt herab die runde Form der Sonne, leuchtend wie der Tag.
Mitten auf der Brust treffen sich die Hörner des Mondes.
    Edelsteinschmuck bereichert das Werk mit schimmerndem Glanz.
Als ob sie die ersten Umarmungen des Bräutigams erleben sollte,
    so kommt die Kaiserin, besteigt das Schiff und dieses enteilt.

Bei Nacht, verdeutlicht durch Mond und drei Sterne, verläßt Konstanze (*Romanorum imperatrix*), begleitet von zwei trauernden Dienerinnen, den Palast, um sich als Gefangene per Schiff nach Messina zu begeben (*quando domina imperatrix a Terracina descendens navim adscendit Messanam itura*). Erneut fällt sofort der Kontrast im Erscheinungsbild zwischen Elias und der Kaiserin ins Auge (vgl. fol. 118), die in der Rechten das Szepter hält: sie ist auch in der Gefangenschaft ganz Herrscherin. In der verhüllten Linken scheint Konstanze einen später mit Gold gehöhten Halbmond zu halten, der die »Herrin der Welt« (so v. 1041 und fol. 118, 120) in die Nähe der Himmelskönigin rücken könnte. Tatsächlich handelt es sich jedoch um ein Schmuckstück (v. 707); lunulaförmiger Hals-, Brust- und Ohrenschmuck war seit der Antike sehr beliebt und ist gerade für Byzanz und seine Nachahmer bezeugt. Im Heck des mit Ruderern und Bewaffneten besetzten Kriegsschiffes (mit einem Rammsporn am Bug) ist der Kaiserin ein Zelt reserviert, das mit einem achteckigen Stern verziert ist, welcher vielleicht mit dem Halbmond in Beziehung zu setzen ist. Darüber ist mit Rot die Aufschrift *imperatrix* geschrieben, welche stark verblaßt auch oberhalb des Zeltes steht. Die Bezeichnung der zweiten Person im Bug als *Lia* ist von jüngerer Hand. Tatsächlich berichtet eine andere Quelle, daß Tankreds bewährter Admiral Margaritus von Brindisi, der Neapel erfolgreich auf der Seeseite verteidigt hatte, die Kaiserin nach Palermo gebracht habe, nicht nach Messina, wie in der Berner Handschrift gezeigt wird. Daß aber Elias nach Überzeugung des Zeichners die Kaiserin zumindest begleitete, zeigt fol. 120; von ihm ist im folgenden keine Rede mehr; er starb vor Mai 1206. – Von den beiden Fahnen, die in unterschiedliche Richtungen flattern, ähnelt die rechte der der Salernitaner auf fol. 111, während die linke mit der dort gezeigten Fahne Konstanzes nicht übereinstimmt. Die Wimpel im Bug entbehren besonderer Kennzeichen. Diese Fahnen verweisen demnach noch in eine Zeit, in der ihre Bedeutung im Gegenstand selbst, nicht in der Farbgebung lag (s. fol. 132). Man beachte die realistische Darstellung der Meerestiere.

*119*ʳ
Konstanze verläßt Salerno. Überfahrt als Gefangene nach Messina

eundo dña k̄pax̄ a traïna descendēs navī ascendit messanā itura

heliaſ ſ giſualdo

ſ Romanoꝝ Impax̄

Et modo uela tument, modo brachia iacta resudant,
Atterunt cepta remus et aura uiam.
Suspectas palinure tuas ratis effugit undas,
Nam noua transuires preda fatigat aquas.
Iam presentit aquas dubia uertigine motas
Quas uomit, et subito gutture scilla rapit,
Iam ratis insidie metuens uada ceta caribdis,
Exerceo uires remige, uoce, manu.
Messanā ueniunt, ubi rex et curia tota
Sperabant facile re phibente fugam,
A rate descendens ylari constantia uultu, hilari
Obuia tancredo triste repensat aue.
Tandē suspirans auguste friguo inquit,
Non tibi toci sufficit orbis honor.
Quid mea regna petis, ds est qui iudicat equū.
Inse sperantis uindicat acta uiri.
Te tua fata michi turbantē stimulantē regna uedere
hius tuus egroto corpe cesar abit.
Iulia respondit, quod ais tancrede recordor,
Ut in retrogradū, iam tibi sidus erit.
Quidqd fata uoluut, stat ineuitabile semper,
Et uarias uario curritur axe uices.
Non tua regna peto, sed patris iura requiro
An tu rogorii filius? absit, ego
Heres regis, ego matris iustissima ples,
Lex patris et matris, dat in quicqd habes.
Regna tenes tanti usurpata sed illa
Uiuit in erpta qui petat ense suo.
Que leges, que iura tibi mea regna dederunt?
Nam lichiū uobis gra sola dedit.
Post hec intalamos patrios se leta recepit,
Italicos mores inpiosa gerens.

<Particula> XXV.: <Domine adventus et loquutio ad Tancredum>

Et modo vela tument, modo brachia iacta resudant,
 Attenuat ceptam remus et aura viam.
Suspectas, Palinure, tuas ratis effugit undas,
 Nam nova trans vires preda fatigat aquas.
Iam presentit aquas dubia vertigine motas, 715
 Quas vomit et subito gutture Scilla rapit.
Iam ratis, infide metuens vada ceca Caribdis,
 Exercet vires remige, voce, manu.
Messanam veniunt, ubi rex et curia tota
 Sperabant facilem, re perhibente, fugam. 720
A rate descendens, ylari Constantia vultu
 Obvia Tancredo triste repensat ave.
Tandem suspirans Auguste frigidus inquit:
 »Non tibi tocius sufficit orbis honor.
Quid mea regna petis? Deus est, qui iudicat equum, 725
 In se sperantis vindicat acta viri.
Te tua fata michi turbantem regna dederunt,
 Hinc tuus egroto corpore Cesar abit.«
Iulia respondit: »Quod ais, Tancrede, recordor:
 Ut michi, retrogradum iam tibi sidus erit. 730
Quidquid fata volunt, stat inevitabile semper,
 Per varias vario curritur axe vices.
Non tua regna peto, set patris iura requiro.
 An tu Rogerii filius? Absit! Ego
Heres regis, ego matris iustissima proles; 735
 Lex patris et matris dat michi, quicquid habes.
Regna tenes <patris> tamen, usurpata set illa;
 Vivit, inexperta qui petat ense suo.
Que leges, que iura tibi mea regna dederunt?
 Nam Lichium vobis gratia sola dedit.« 740
Post hec in talamos patrios se leta recepit,
 Italicos mores inperiosa gerens.

Fünfundzwanzigster <Abschnitt: Ankunft der Kaiserin und Ansprache an Tankred>

Und bald nun schwellen die Segel, bald mühen sich die tätigen Arme ab,
 lassen Ruder und Wind den begonnenen Weg schwinden.
Deinen gefährlichen Wogen, Palinurus, entkommt das Schiff,
 denn die ungewohnte Beute läßt über die Kräfte hinaus das Wasser bearbeiten.
Schon spürt es die Wogen, die von gefährlichem Strudel bewegt werden,
 die Skylla verschluckt und plötzlich mit ihrem Schlund raubt,
schon fürchtet das Schiff die Untiefen der Charybdis, der nicht zu trauen ist,
 es müht seine Kräfte, was Ruderer, Stimme und Hand betrifft.
Sie gelangen nach Messina, von wo, wie der König und der ganze Rat
 hofften, die Flucht nach Ausweis der Tatsachen leicht wäre.
Konstanze entstieg dem Schiff heiteren Angesichtes,
 begegnete Tankred und erwiderte seinen unfreundlichen Gruß.
Schließlich seufzte er auf und sprach frostig zu der Kaiserin:
 »Dir genügt die Zier der ganzen Welt nicht.
Was forderst Du noch mein Königreich? Gott läßt Gerechtigkeit walten
 und schützt das Handeln eines Mannes, der auf ihn vertraut.
Das Schicksal hat Dich, die Du meine Herrschaft störst, mir ausgeliefert,
 kranken Leibes zog Dein Caesar von hier ab.
Julia antwortete: »Was Du sagst, Tankred, halte ich in Erinnerung.
 Wie mir, so wird auch Dir Dein Gestirn untergehen.
Was immer das Schicksal will, steht unausweichlich fest.
 durch verschiedene Wechselfälle läuft man unter verschiedenem Himmel.
Nicht Dein Reich erstrebe ich, sondern ich fordere die väterlichen Rechte.
 Oder bist Du der Sohn Rogers? Das sei ferne! Ich
bin die Erbin des Königs, ich rechtmäßiges Kind meiner Mutter!
 Das Gesetz des Vaters und der Mutter verleiht mir, was Du hast.
Du hast das Königreich <des Vaters> dennoch inne, aber es ist usurpiert.
 Es lebt der, der noch Unerprobtes mit seinem Schwert angreift.
Welche Gesetze, welche Rechtsansprüche gaben Dir meine Herrschaft?
 Denn Lecce verlieh Dir lediglich die königliche Gnade.«
Danach zog sie sich fröhlich in das väterliche Gemach zurück
 und praktizierte herrscherlich ihre italienische Wesensart.

Nach der Überfahrt nach Sizilien (jetzt unter Segel) und der Durchquerung der Meerenge von Messina (*Farum*) landet die Kaiserin im Hafen von Messina (*portus Messane*) und geht an Land, empfangen von einer Hofdame und einer bärtigen, nur noch schemenhaft erkennbaren Gestalt, die auf dem Kopf eine Art Dreispitz trägt. Deutlich gibt die »Herrin der Welt« ihrer Empörung Ausdruck, indem sie Tankred als »Affen« tituliert (*domina mundi dixit regem simiam*), eine Reminiszenz an die frühere Aussage des Autors (v. 185; fol. 104), man habe einen Affen zum König gemacht. Siragusa wollte *reperite* statt *regem* lesen und so den Passus »entschärfen«, aber die Lesart der Handschrift ist eindeutig. Petrus' ganze Verachtung für Tankred zeigt die zentrale Szene des Bildes, die erste Begegnung des Usurpators mit der Kaiserin in Messina (*Messana*). Der zwergenhafte Tankred sitzt zwar auf dem Thron, gekrönt und mit dem Szepter in der Hand, aber ganz verkrampft: Man beachte, wie die Linke, die doch den Reichsapfel halten sollte (den hat Konstanze!), verlegen vor den Bauch gelegt ist und am Ende des Gürtels zerrt; das ist erneut die Karikatur eines Königs, der im übrigen auch nicht den üblichen normannisch-byzantinischen Herrscherornat trägt, den der Miniator sehr wohl kannte und zeichnen konnte (s. fol. 106). Abweichend von den übrigen Kronendarstellungen trägt Tankred hier – wie auf seinem Wachssiegel – eine Bügelkrone. Der Zeichner will demnach auf jede Weise deutlich machen: das ist nicht der rechtmäßige König! Demgegenüber tritt die fast doppelt so groß gezeichnete »Herrin der Welt« majestätisch auf, und so hat sie Tankred gegenüber auch gesprochen: gebietend, nicht bittend (*quando domina mundi ante Tancredum imperiose loquuta respondit*). Auch Elias de Gisualdo, der Zeuge dieser Szene ist, scheint im Gespräch mit einem Diener tief beeindruckt von der Szene. Zum Gestus der verhüllten Hände bei der Begleiterin Konstanzes vgl. fol. 103.

120ʳ
Ankunft Konstanzes in Messina.
Ihr Empfang bei Tankred

farū

Messana
Tancred' — g'ido d'nia m'ndi ante tancredu i'p'[...] os[...] loquitta respondit

d'nia m'ndi d[...] [...] Rege [...]

Vt videt augustam tancredus gaudia vultu
Pro populo simulans, pectore tristis erat.
Ingreditur thalamum foribus post terga reductis, terga
Precipitans huius frigida membra thoro.
At genitor incertus sexus iniuria nati
Talia tancredum verba dedisse ferunt.
heu mihi hiis quis Cui mihi quis poterit ostendere cesaris armis,
Hactenus augusti mitior ira fuit.
Nec me turrite cellis in motibus urbes,
Nec me defendet oppida iuncta polo.
Non opus est bello, quia me fortuna reliquit,
Iam vires miseri destituere senem.
Mille meos equites ex angustalibus unus,
Vincit, et unius lancea mille fugat.
Vni Rōbaldus regnum mihi, cum tribus aufert.
In dio puldeo nomine terra tremit.
Experiar superos si forte videbor in armis,
Nostram dipuldus non lacerabit humum.
Absit ut experiar dipuldi nomen et arma,
Nec videat oculos lumina nostra suos.
Est in cognatis proceras gigantis ymago,
Sat probus et fortis, sed nimis arma timet.
Sunt mihi non pauci, quos res mihi fecit amicos,
Si res defuerit, denique nullus erit.
Felix argentum, sed eo felicius aurum,
Nam ius a superis atque nummum emit.   nummum
heu Cum si forte cadet salientis vena metalli,
Quis mihi quis puero causa salutis erit.
Sex sumus inbelles ego natus filius uxor
Infelix pelago turba relicta suum.

\<Particula\> XXVI.: \<Tancredus futura cogitans lacrimatur\>

Ut videt Augustam Tancredus, gaudia vultu
  Pro populo simulans, pectore tristis erat.
Ingreditur thalamum, foribus post terga reductis, 745
  Precipitans humili frigida menbra thoro.
At genus incertum, sexus iniuria nostri,
  Talia Tancredum verba dedisse ferunt:
»Eu michi, quis poterit contendere Cesaris armis?
  Hactenus Augusti mitior ira fuit. 750
Nec me turrite celsis in montibus urbes
  Nec me defendent oppida iuncta polo.
Non opus est bello, quia me fortuna reliquit,
  Iam vires miserum destituere senem.
Mille meos equites ex augustalibus unus 755
  Vincit et unius lancea mille fugat.
Unus Rombaldus regnum michi cum tribus aufert,
  In Diopuldeo nomine terra tremit. –
Experiar superos: si forte videbor in armis,
  Nostram Dipuldus non lacerabit humum. – 760
Absit, ut experiar Dipuldi nomen et arma,
  Nec videant oculos lumina nostra suos. –
Est michi congnatus, procera gigantis ymago,
  Sat probus et fortis, set nimis arma timet.
Sunt michi non pauci, quos res michi fecit amicos. – 765
  Si res defuerit, denique nullus erit. –
Felix argentum, set eo felicius aurum,
  Nam ius a superis, a Iove numen emit. –
Eu, si forte cadet salientis vena metalli,
  Quis michi, quis puero causa salutis erit? 770
Sex sumus, inbelles: ego, nate, filius, uxor;
  Infelix pelago turba relicta sumus.«

\<Sechsundzwanzigster Abschnitt: Tankred denkt an die Zukunft und weint\>

Als Tankred die Kaiserin sah, täuschte er Freude durch seine Miene
  vor dem Volk vor, im Herzen aber war er traurig.
Er betrat das Gemach, zog hinter sich die Türen zu
  und warf die kalten Glieder auf das niedrige Lager.
Aber das unbestimmte Etwas – ein Verbrechen an unserem Geschlecht! –,
  Tankred, soll folgendes gesagt haben:
»Weh mir, wer wird mit den Waffen des Kaisers kämpfen können?
  Bis jetzt war der Zorn des Kaisers noch milde.
Weder turmreiche Städte auf hohen Bergen
  noch Festungen, die den Himmel berühren, werden mich verteidigen.
Es bedarf keines Krieges, da das Glück mich verlassen hat,
  und die Kräfte mir armem Alten geschwunden sind.
Tausend meiner Soldaten besiegt ein einziger der Kaiserlichen,
  und die Lanze eines einzigen schlägt tausend Mann in die Flucht.
Rombaldus allein nimmt mir mit drei Mann das Reich,
  und beim Namen Diepold erzittert die Erde.
Ich will die Götter versuchen: Wenn ich vielleicht in Waffen erscheine,
  dann wird Diepold unser Land nicht heimsuchen. –
Ferne sei es, daß ich den Namen und die Waffen Diepolds kennenlerne,
  und unsere Augen sollen die seinen nicht sehen.
Ich habe einen Verwandten, das hochragende Abbild eines Riesen,
  recht tüchtig und stark, aber er fürchtet die Waffen zu sehr.
Ich habe nicht wenige, die mir mein Vermögen zu Freunden machte:
  Wenn es aber aufgebraucht ist, wird es schließlich keiner mehr sein.
Glückbringend ist das Silber, noch mehr das Gold,
  denn das Recht kauft es von den Göttern, von Jupiter seine Göttlichkeit.
Wehe, wenn die Ader des hervorsprudelnden Metalls versiegt,
  wer wird mir dann, wer meinem Knaben eine Ursache zur Rettung sein?
Sechs schwache Leute sind wir: Ich, die Töchter, der Sohn und die Frau,
  eine unglückliche Schar sind wir, auf dem Meer verlassen.«

Diese Seite war aus unbekannten Gründen zunächst leer geblieben. Die jetzt zu sehende Bildseite stammt von einem etwas späteren Zeichner. Auf der oberen Hälfte ist neben Tankred ganz undeutlich eine Gruppe von Rittern in voller Rüstung zu erkennen, welche nachträglich ausgekratzt und ausgewaschen wurden, so daß der König nun ganz allein und verlassen auf seinem Thron sitzend zu sehen ist. Der Stilbruch in der Art der Zeichnung ist auf Anhieb zu erkennen, wenn man etwa die Darstellung des Pferdes (vgl. fol. 138) oder Richards und der Ritter (vgl. fol. 140) vergleicht. Zu beachten ist auch das völlig andere Aussehen des Richard von Acerra (fol. 123). Auf dem oberen Bild, das offenbar mehrfach überarbeitet wurde, denkt Tankred, wiederum mit – nachträglich noch akzentuierter – affenartiger Physiognomie im Profil dargestellt, über die Zukunft nach und weint (*Tancredus futura cogitans lacrimatur*); der vom Autor beigesteuerte Monolog erinnert fast an Shakespeares Königsdramen. Vorbild für die Darstellung könnte der »traurige« Tankred auf fol. 128 sein. – Auf dem unteren Bild sehen wir Graf Richard von Acerra mit einer Schar Ritter nach Capua reiten (*comes Riccardus Capuam pergit*), um gegen die dort verbliebenen deutschen Truppen vorzugehen. Das Vorbild für die Reitergruppe dürfte fol. 107 (unten) sein, während für die Person Richards die Figur des Kaisers (fol. 108 unten) Pate gestanden haben könnte.

121ʳ
Tankred trauernd auf dem Thron. Richard von Acerra auf dem Weg nach Capua

Tancred' futura cogitans lacrimat'

Comes Ricc' capuā pgit.

Urbs antiqua suis ubérrima deniq; campis,
Mater opum, felix presule, plena uiris.
Ubere luxuriat tellus, attinus habundat,
Vite maritatur poplis amnis amans.
Ordine dispositas eadem complectitur ulmos
Incola fastidit quod fluit uua merum.
Ter sata, ter seritur, tria dat responsa colono
Ter sub sole nouo semina pensat humus.
Urbem qua loquimur comes obsidione coartat,
Que sola potuit proditione capi.
Hanc ubi Corradus ui defensare fatigat,
Dicitur his uerbis ammonuisse suos.
Qui mecum poteres gelido uenistis ab axe,
Cernite quid poplis, quid locus iste uelit.
Et locus et poplis nostro discordat amori,
In nos astiferas cernitis esse manus.
Quisq; suum nudo pugnet caput ense tueri,
Si ec hoc, nec pretio gens facit ista pium.
Libertas est marte mori, seruire malignum,
Nobis uita mori, uiuere pena datur.
Hinc augustus abest, augustaq; capta tenet,
Quid sup est nobis restat in ense salus.
Spes est nulla fuge, quia nos foris obsidet hostis,
Intus ad est hostis, nec dom hoste caret.
Sic aper ferus a canib; circundatus, unco
Dente furens multos ultus ab hoste cadit.
Sic uirum si forte cadat, sit nullus inultus,
Victorem uicti penituisse iuuet.
Exhinc aduersus ita paucis explicat ora:
Vos pocor ospitib; iussa temerate fide,
Augusto seruate fide: si forte quod absit,
Tancredum uirum sacrificare placet.
Nos hinc incolumes obnoxius ire rogamus,
Non hic a longo uenimus orbe mori.
Augustus si nos abest, ut climata mundi,
Implexas nostis habet manus.
A etenus arrecta uarium bibit aure tumultum,
Et stupet, et memor e se super esse uirum.
Ut cum mella uolunt examina rapta tueri,
Indicreta uolant sollicitata fremit:
Sic Teutonicos urbs pene tumultuat omnis,
Rege polluto nominat ore siuum.
Non nisi Tancredo clamans se nosse regem,
Reponit monstrum tam breue stulta iouis

<Particula XXVII.: Corradus obsessus suos alloquitur>

Urbs antiqua, suis uberrima denique campis,
  Mater opum, felix presule, plena viris.
Ubere luxuriat tellus, atumnus habundat,
  Vite maritatur populus, amnis amans.
Ordine dispositas eadem complectitur ulmos,
  Incola fastidit, quod fluit uva merum.
Ter sata, ter seritur, tria dat responsa colono,
  Ter sub sole novo semina pensat humus.
Urbem, quam loquimur, comes obsidione coartat,
  Que sola potuit proditione capi.
Hanc ubi Corradus vi defensare fatigat,
  Dicitur his verbis ammonuisse suos:
»Qui mecum, proceres, gelido venistis ab axe,
  Cernite, quid populus, quid locus iste velit.
Et locus et populus nostro diffidit amori,
  In nos astiferas cernitis esse manus.
Quisque suum nudo pugnet caput ense tueri,
  Nec prece nec pretio gens facit ista pium.
Libertas est Marte mori, servire malignum:
  Nobis vita mori, vivere pena datur.
Hinc Augustus abest, Augustaque capta tenetur:
  Quid superest nobis? Restat in ense salus.
Spes est nulla fuge, quia nos foris obsidet hostis,
  Intus adest hostis, nec domus hoste caret.
Sicut aper ferus a canibus circumdatus, unco
  Dente furens, multos ultus, ab hoste cadit,
Sic vestrum, si forte cadat, sit nullus inultus,
  Victorem victi penituisse iuvet.«
Exhinc ad cives ita paucis explicat ore:
  »Vos, precor, ospitibus non temerate fidem.
Augusto servate fidem. Si forte, quod absit,
  Tancredum vestrum sanctificare placet,
Nos hinc incolumes obnixius ire rogamus;
  Non hic a longo venimus orbe mori.
Augustus si noster abest trans climata mundi,
  Ipsum prolixas nostis habere manus.«
Actenus arrecta varium bibit aure tumultum
  Et stupet et memor est se superesse virum.
Ut cum mella volunt examina rapta tueri,
  Indiscreta volant, sollicitata fremunt,
Sic in Teutonicos urbs pene tumultuat omnis,
  Regem polluto nominat ore suum.
Nonnisi Tancredum clamans se noscere regem,
  Preponit monstrum tam breve stulta Iovi.

<Siebenundzwanzigster Abschnitt: Der belagerte Konrad spricht zu seinen Leuten>

Eine alte Stadt, reich durch ihre Felder,
  Mutter des Reichtums, glücklich durch ihren Erzbischof, voll von Menschen.
Das Land frohlockt in seiner Fruchtbarkeit, der Herbst bringt reiche Ernte,
  die Pappel wird mit dem Weinstock verbunden, die den Bach liebt.
Er umarmt auch die in die Reihe gestellten Ulmen.
  Der Einwohner achtet kaum den Wein, den die Traube ausströmen läßt.
Dreimal eingesät – dreimal wird gesät! – gibt dem Bauern drei Antworten
  der Boden und wiegt morgens dreimal das Saatgut auf.
Die Stadt, von der wir sprechen, bedrängt der Graf durch eine Belagerung.
  Nur durch Verrat konnte sie eingenommen werden.
Diese gewaltsam zu verteidigen, müht Konrad sich ab.
  Mit folgenden Worten soll er die Seinen ermahnt haben:
»Ritter, die Ihr mit mir aus der kalten Region gekommen seid,
  seht, was das Volk und der Ort im Schilde führen.
Sowohl der Ort als das Volk mißtrauen unserer Liebe,
  Ihr seht lanzenbewehrte Hände gegen uns gerichtet.
Jeder kämpfe darum, mit dem blanken Schwert sein Haupt zu schützen.
  Weder auf Bitten noch gegen Belohnung tut das Volk etwas Frommes.
Wir haben die Freiheit, im Kampf zu fallen, Versklavung ist ein Übel:
  Uns wird der Tod als Leben gegeben, Leben als Strafe.
Der Kaiser ist fern von hier, die Kaiserin wird gefangengehalten:
  Was bleibt uns noch? Das Heil beruht nur noch auf dem Schwert.
Hoffnung auf Flucht gibt es nicht, weil uns der Feind von außen belagert,
  drinnen ist der Feind, nicht einmal das Haus ist ohne Feind.
Wie ein wilder Eber, der von Hunden umzingelt ist, mit krummem
  Zahn wütet und, nachdem er viele gestraft hat, vor dem Feinde fällt,
so soll von Euch keiner, wenn er denn fällt, ungerächt sein,
  es mag Euch freuen, daß es den Sieger des Besiegten reut.«
Danach führt er mit wenigen Worten Folgendes an die Bürger gerichtet aus:
  »Ihr, so bitte ich, verletzt nicht die Treue gegenüber Euren Gastfreunden!
Bewahrt dem Kaiser die Treue! Wenn Ihr, was ferne sei,
  Euren Tankred verehren wollt,
so bitten wir inständig, laßt uns unversehrt abziehen!
  Wir sind nicht hierher gekommen aus einer fernen Weltgegend, um zu sterben.
Wenn unser Kaiser auch fern in einer anderen Zone der Erde ist,
  so wißt Ihr doch, daß er einen langen Arm hat.«
Bis dahin nimmt er mit gespitztem Ohr den wechselnden Aufruhr wahr,
  und wundert sich und wird gewahr, daß er von den Männern noch übrig ist.
Wie Bienenschwärme, wenn sie den gesammelten Honig verteidigen wollen,
  durcheinander fliegen und aufgeregt brummen,
so lärmt beinahe die ganze Stadt gegen die Deutschen
  und benennt ihren König mit schandbarem Mund.
Sie ruft, sie kenne keinen König außer Tankred,
  und zieht töricht eine so kleine Mißgeburt dem Jupiter vor.

Das Bild zeigt die in *Capua* eingeschlossenen Truppen, die der Befehlshaber Konrad von Lützelhard durch eine Ansprache ebenso auf das Kommende vorbereitet wie die Capuaner (*hic Corradus marchio obsessus a Tancridinis alloquitur suos; hic idem Corradus alloquitur Capuanos*). Die Weinreben am oberen Bildrand, die Pappeln anstelle von Rebstöcken umranken (v. 776), und das am unteren Bildrand abgebildete Getreide illustrieren den im Text gelobten Reichtum der Stadt sowie die Fruchtbarkeit ihres Landes und geben zugleich einen Hinweis auf die Zeit der Handlung. Capua wurde im Oktober von den Tankredinern eingenommen, doch konnte sich Konrad von Lützelhard noch eine Zeitlang in der Burg behaupten. Konrad begegnet erstmals 1186 in Italien im Gefolge Heinrichs VI., und schon damals nannten ihn die Italiener »Moscaincervello« (»Mück-im-Hirn«), »weil er meistens wie von Sinnen schien«, wie ein deutscher Gewährsmann versichert (Burchard von Ursberg). Gleichwohl hatte er sich als militärischer Führer offenbar bewährt, denn zusammen mit dem Burgherrn von Rocca d'Arce, Diepold von Schweinspeunt, den Tankred fürchtete (vv. 758 ff.), und Konrad von Marley als Kastellan von Sora sollte Konrad für die Zeit der Abwesenheit des Kaisers die deutschen Brückenköpfe im Königreich halten. Zur Belohnung wurde er 1192 von Heinrich VI. zum Markgrafen (*marchio*) von Tuszien ernannt. Der ihm schon hier beigelegte Titel ist demnach anachronistisch, wenngleich Konrad schon 1177 einmal als Markgraf der Mark Ancona genannt wurde.

122ʳ
Ansprache des Konrad von Lützelhard an seine Leute und an die Verteidiger von Capua

Capua.

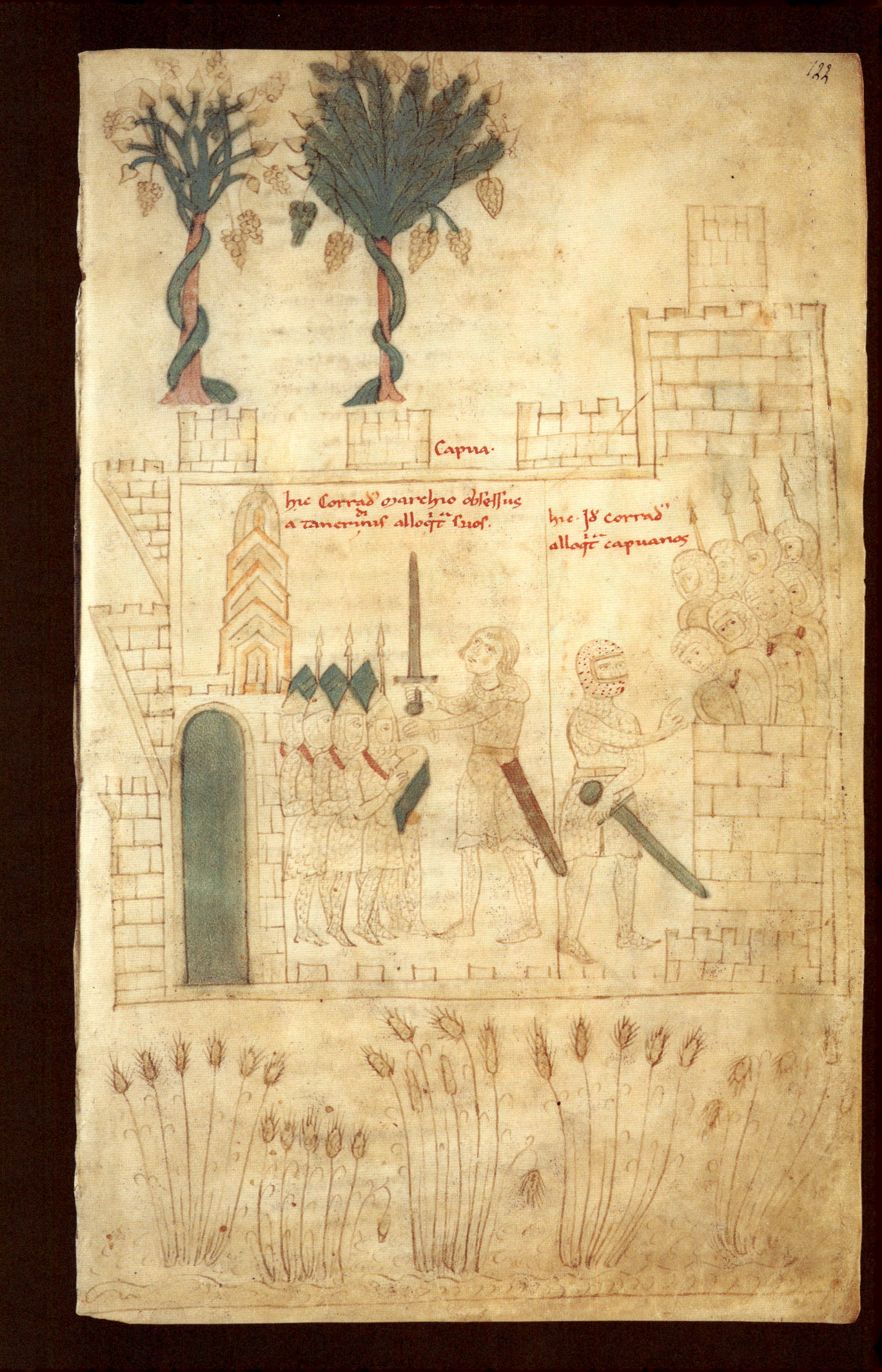

hic Conrad' marchio obsessus
a tacrinus allocq' suos.

hic I̅S̅ Conrad"
alloq' capuanos

Interea comes ante fores pluuit in armis
Simones multos nouit in urbe uiros.
Ecce subito patuere fores; foris obice fracto
Fit ciuile nephas; fit popt̄are scelus.
Exit ab ignoto cadit, ospes ab ospite falso
Hic latus ense cauat, demetit ille caput.
Lorica loricam p̄mit; furit ensis in ensem:
In clipeos clipei, cassis in gra ruit.
A galeis galeę famascunt ensib; enses
Tela uomit flamas iactaq; fulgur agit. egunt
Os pueris τ cari tela foait ille cerebrum,
Hic ferus ille ferox, hic ferit, ille ferit. forte ruit.
Hic salit. ille salit. tenet ille tenet ab illo, cadit.
Hic leuis. ille celer. apt' utq; fuga.
Hic caput. ille caput certat iactare pictis
Opponit telis hic latus. ille latus. telis
Hi ij certant clipeis ludentes passib; equis.
Ut ludit socio sepe maritus ouis.
Hic ruit a muris p̄cepsq; suū trahit hostem
A uicto uictor. uictus ab hoste cadit.
Ut solet a capto iouis armiger angue ligari,
Hic ligat. ille tenet. nexus utq; p̄it.
Non alit qui bella gerunt immerit; altis.
Cū duo se miscent, sunt sibi causa necis.
Alter alt' subnectens brachia dorsum,
Si ruit. alo ruunt. unus τ alt' obit.
Cantet inauditū, cantet mirabile dictu,
Nunc mea calliope.
Dū comes iret equeis spectatū męnia circum,
Et uenisset ubi. maxima turris erat.
Hunc uir teutonic' sūma speculat' ab arce,
Se dedit incomite lapsus ad una miser.
Et nisi fata uirū rapuissent a strage ruentis,
Tunc comes elapsū triste tulisset honus.
Ut leuis in brifeas p̄ nubes fulgurat ęther,
Cū sita primas nubila uent' arat.
Non sex in radijs. pcul armatura coruscat,
Nec no cristatū fulgurat omne caput.
Post. pceru cedes uita corrad' τ arma
Vendicat. τ socios quos sup esse uidet.
Hunc comes τ socios uertra securat rore,
Non poterant poeres tot sine cede capi.
Ne tabo soluatur num' quadriga laborat
Mergis in fluidis omne cadauer aquis.

<Particula XXVIII.: Comitis Riccardi proditio et Corradi deditio>

Interea comes ante fores preludit in armis,
  Sinones multos novit in urbe viros.
Hen, subito patuere fores, foris obice fracto,
  Fit civile nephas, fit populare scelus. 820
Exter ab ignoto cadit, ospes ab ospite falso.
  Hic latus ense cavat, demetit ille caput.
Loricam lorica premit, furit ensis in ensem,
  In clipeos clipei, cassis in era ruit.
A galeis galee fumascunt, ensibus enses, 825
  Tela vomunt flammas iactaque fulgur agunt.
Ospitis et cari telo fodit ille cerebrum.
  Hic ferus, ille ferox, hic ferit, ille ferit;
Hic salit, ille salit, tenet ille, tenetur ab illo;
  Hic levis, ille celer, aptus uterque fuge. 830
Hic caput, ille caput certat iactare periclis,
  Opponit telis hic latus, ille latus.
Hii certant clipeis, ludentes passibus equis,
  Ut ludit socio sepe maritus ovis.
Hic ruit a muris precepsque suum trahit hostem: 835
  A victo victor, victus ab hoste cadit.

Ut solet a capto Iovis armiger angue ligari,
  Hic ligat, ille tenet, nexus uterque perit:
Non aliter, qui bella gerunt in menibus altis,
  Cum duo se miscent, sunt sibi causa necis. 840
Alter in alterius subnectens brachia dorsum,
  Si ruit, ambo ruunt, unus et alter obit.
Cantet inauditum, cantet mirabile dictu
  Nunc mea Calliope!
Dum comes iret eques spectatum menia circum, 845
  Et venisset, ubi maxima turris erat,
Hunc vir Teutonicus summa speculatus ab arce,
  Se dedit in comitem, lapsus ad ima miser,
Et nisi fata virum rapuissent [a] strage ruentis,
  Tunc comes elapsum triste tulisset honus! 850
Ut levis inbriferas per nubes fulgurat ether,
  Cum sua per rimas nubila ventus arat:
Non secus in radiis procul armatura coruscat,
  Nec non cristatum fulgurat omne caput.
Post procerum cedes, vitam Corradus et arma 855
  Vendicat et socios, quos superesse videt.
Hunc comes et socios dextra securat et ore:
  Non poterant proceres tot sine cede capi.
Ne tabo solvatur humus, quadriga laborat:
  Mergitur in fluidis omne cadaver aquis. 860

<Achtundzwanzigster Abschnitt. Verrat des Grafen Richard und Übergabe Konrads>

Inzwischen plänkelt der Graf draußen mit Waffen,
  und kennt in der Stadt viele Sinons.
Wehe, plötzlich standen die Tore offen, nach Brechen des Riegels draußen
  ereignet sich ein bürgerlicher Frevel, ein öffentliches Verbrechen.
Der Fremde fällt von unbekannter Hand, der Gast vom falschen Gastfreund.
  Dieser schlägt mit dem Schwert in die Seite ein Loch, jener haut den Kopf ab.
Der Panzer drängt gegen den Panzer, das Schwert wütet gegen das Schwert.
  Schilde schlagen an Schilde, der Helm an Metall.
Helme speien Rauch von Helmen, Schwerter von Schwertern.
  Geschosse speien Flammen, und geworfen schleudern sie Blitze.
Und jener durchbohrt mit dem Geschoß den Kopf seines lieben Gastes,
  dieser ist wild, jener trotzig, dieser schlägt zu, jener schlägt auch zu.
Dieser springt, jener springt, jener hält und wird von diesem gehalten.
  Dieser ist leichtfüßig, jener schnell, beide geeignet für die Flucht.
Dieser will seinen Kopf und auch dieser den seinen Gefahren aussetzen.
  Dieser setzt seine Seite den Geschossen aus und auch jener.
Diese kämpfen mit den Schilden in gleichen Schritten,
  wie der Widder des Schafes mit seinem Genossen kämpft.
Dieser stürzt von der Mauer und zieht seinen Gegner vornüber:
  Durch den Besiegten fällt der Sieger, der Besiegte fällt von der Hand des Gegners!

Wie der Waffenträger des Jupiter von der gefangenen Schlange gefesselt wird,
  so würgt der, klammert jener, und umschlungen sterben beide.
Nicht anders geht es denen, die auf hohen Mauern kämpfen:
  Wenn zwei aneinandergeraten, sind sie sich gegenseitig die Todesursache.
Wenn einer seine Arme um den Rücken des anderen schließt
  und fällt, fallen beide, und der eine stirbt wie der andere.
Es mag Unerhörtes singen, es mag merkwürdig zu Berichtendes singen
  jetzt meine Muse!
Als der Graf zu Roß ausritt, um die Mauern ringsum zu besichtigen,
  und dorthin gekommen war, wo der Hauptturm war,
erblickte ihn ein Deutscher vom höchsten Punkt der Festung
  und warf sich auf den Grafen, nachdem der Arme bis unten gefallen war.
Und wenn das Schicksal ihn nicht dem Untergang des Stürzenden entrissen hätte,
  hätte der Graf den Gefallenen als traurige Last getragen.
Wie der leichte Äther durch regenbringende Wolken blitzt,
  wenn der Wind seine Wolken durch Spalte pflügt,
nicht anders glänzen die Waffen in Strahlen weithin,
  und blitzt auch jeder behelmte Kopf.
Nach dem Tod der Ritter rettet Konrad das Leben und die Waffen
  und die Gefährten, die er noch überlebend sieht.
Ihn und die Gefährten sichert der Graf mit Handschlag und Wort.
  Die Ritter hatten nicht ohne solche Verluste gefangen werden können.
Damit der Boden nicht durch die Verwesung verfaule, arbeitet ein Viergespann.
  Alle Leichen werden in fließenden Wassern versenkt.

Die Szenen zeigen die erbitterten und verlustreichen Kämpfe in Capua, nachdem Richard von Acerra offenbar durch Verrat die Stadt hatte einnehmen können, die meisten umbrachte und dann Konrad, der sich wegen fehlender Verpflegung nicht länger halten konnte, mit den wenigen Überlebenden freien Abzug gewährte (*quando comes Riccardus prodiciose Capuam ingrediens plurimis interfectis marchionem et pauc[as] suorum reliquias assecuravit*). Die Szenen und das mit Leichenteilen übersäte Schlachtfeld sprechen für sich und bedürfen keines Kommentars. Rechts oben kämpfen Kaiserliche (*imperiales*) gegen Tankrediner (*Tancridini*), und dazu berichten Autor (vv. 845 ff.) und Zeichner von der Heldentat eines Deutschen, der Graf Richard von Acerra unterhalb der Zinnen erblickte und sich kopfüber von der Mauer stürzte, um ihn zu verderben, ihn aber verfehlte (*Teutonicus viso comite Riccardo a su[mmo] usque deorsum sponte labitur volens se et [eum] perdere*). Graf Richard ist als zentrale Gestalt in der Mitte zu sehen (*comes Riccardus*), wie er per Handschlag dem Markgrafen Konrad – der im Schild wie Richard (fol. 109) einen nach links steigenden Löwen führt – freien Abzug gewährt. Am unteren Rand werden die Leichen der Gefallenen auf einem von einem Mann mit Lanze geführten Ochsenkarren wegtransportiert, um sie in den Fluß, den Volturno, zu werfen (*cadavera mortuorum proiciuntur in fluvio*).

Quando comes Riccardus periculose capud ingrediens plurimis refertis marchione pau-
cisque reliquis assecuravit.

teutonicus uiso comite Ricc̃ a s[ed]-
e usq; dorsũ sp[on]te labi uolens se p[er]-
dere.

tancredus

{4}pales

comes Ricc̃

cadauera mortuor[um] pic[t]urũ in flumio

Cor breue tancredi merito diffidit ubiq;
Tam sibi quam mundo credit abee fidem.
Nunc mare, nunc terras animo scrutat' q' urbes,
Pectore sollicit' nec loca fida uidet.
Tand~ consilio dubitantis pectoris usus,
Curam custodis mittit ut uxor agat.
Accepto calamo finitur ep'la paucis
Exul quam diuicit littera greca fuit.

Ep'la tancredi ad uxorē
Hoc ego tancredus tibi mitto sibilia scriptum,
Quod postquam tacito legeris ore crema.
Tu quondam comitissa, modo regi ria uocaris,
Tu quondam luciu, tu modo regna tenes,
Quas nunc fastidis, q̃ q'̃ quandoq; fuere,
Diuitias memori singula mente nota.
Hec ẽ rogerij, p'to regis nobilis heres,
Illius est uxor qui quatit omē solū.
Hanc ego dulcis amor mea pre kīta consors,
Seruadā uigili pectore mitto tibi.
Sis comes 7 custos 7 ei sis, ospes 7 hostis,
Hanc nūq'm sine te si sapis ēē sinas.
Vna domi' uob; unū de nocte cubile.
Quā cuiquā sine te ne patiare loqui;
Deliciosa duas cōmunicet una parablis,
Nunc maior. nunc par. nunc minor ēē uelis.

Post hec assissis socijs augusta panor'mū
Conuehit; multi condoluere senes.
Heu heu, clamantes tacito sub pectore flebant,
hereden H ede regni que mari ausa tenet.
Et dolor ingrediens augusta palacia patris,
Et pudor insidias obsidionis habet.
Ipsa tam gaudens tanq̃ uicisse resultat,
Et quociens loquit' uisa sup̃ba loqui.
Cerue fastidit opus, fastidit amari,
Fausta sedens neutris imp'iosa iubet.
Quo cerua dolet, p eā tu sepe uocar'
Mittit tancredo talia mota suo.

<Particula XXIX.: Tancredus mittit Constanciam uxori scribens ei>

Cor breve Tancredi merito diffidit ubique,
　Tam sibi quam mundo credit abesse fidem.
Nunc mare, nunc terras animo scrutatur et urbes,
　Pectore sollicitus, nec loca fida videt.
Tandem consilio dubitantis pectoris usus, 865
　Curam custodis mittit ut uxor agat.
Accepto calamo, finitur epistola paucis;
　Exul quam didicit, littera greca fuit.

Epistola Tancredi ad uxorem

»Hoc ego Tancredus tibi mitto, Sibilia, scriptum,
　Quod, postquam tacito legeris ore, crema. 870
Tu quondam comitissa, modo regina vocaris,
　Tu quondam Licium, tu modo regna tenes.
Quas nunc fastidis et que quandoque fuere,
　Divitias, memori singula mente nota.
Hec est Rogerii protoregis nobilis heres, 875
　Illius est uxor, qui quatit omne solum.
Hanc ego, dulcis amor, mea prebeatissima consors,
　Servandam vigili pectore mitto tibi.
Sis comes et custos et ei sis ospes et hostis;
　Hanc nunquam sine te, si sapis, esse sinas. 880
Una domus vobis, unum de nocte cubile,
　Quam cuiquam sine te ne patiare loqui.
Deliciosa duas communicet una parabsis.
　Nunc maior, nunc par, nunc minor esse velis.«

Post hec, assissis sociis, Augusta Panormum 885
　Convehitur. Multi condoluere senes.
Heu heu clamantes tacito sub pectore flebant:
　»Heredem regni que manus ausa tenet!
Pro dolor!, ingrediens Augusta palacia patris, –
　Pro pudor! – insidias obsidionis habet!« 890
Ipsa tamen gaudens tanquam vicisse resultat
　Et quociens loquitur, visa superba loqui.
Cerree fastidit opus, fastidit amari,
　Fausta sedens neutris imperiosa iubet.
Quo Cerrea dolet – per eam tum sepe vocatur – 895

　Mittit Tancredo talia mota suo.

<Neunundzwanzigster Abschnitt: Tankred schickt Konstanze zu seiner Frau und schreibt ihr>

Das kleine Herz Tankreds hat zu Recht überall Mißtrauen,
　denn er glaubt, daß es wie bei ihm selbst auch in der Welt keine Treue gibt.
Bald erforscht er das Meer, bald die Länder, bald die Städte in seinem Geist,
　im Herzen besorgt, und sieht doch keinen sicheren Ort.
Schließlich greift er zu einem Plan seiner zweifelnden Brust
　und ordnet brieflich an, daß seine Gemahlin die Sorge der Bewachung trägt.
Nachdem er zur Feder gegriffen hat, beendet er den Brief mit wenigen Worten.
　Die Schrift war griechisch, die er als Verbannter gelernt hatte.

Brief Tankreds an seine Frau.

»Dieses Schriftstück sende ich, Tankred, Dir, Sibylle,
　welches Du, nachdem Du es still gelesen hast, verbrennen sollst.
Einst wurdest Du Gräfin, seit kurzem wirst Du Königin genannt,
　einst hattest Du Lecce, seit kurzem das Königreich.
Die Du jetzt gering achtest und die es einst gab,
　die Reichtümer, verzeichne einzeln in Deiner Erinnerung.
Diese ist die edle Erbin des früheren Königs Roger,
　sie ist die Gattin dessen, der alle Welt erschüttert.
Diese, meine süße Liebe, meine glückseligste Gattin,
　sende ich Dir, damit Du sie mit höchster Aufmerksamkeit bewachst.
Sei ihr Gefährtin, Wächterin und sei ihr Gastfreundin und Feindin.
　Laß sie, wenn Du klug bist, keinen Moment ohne Deine Gesellschaft.
E i n Haus sollt ihr haben, und des Nachts e i n Schlafgemach.
　Erlaube nicht, daß sie ohne Dein Beisein mit jemandem spricht!
Eine leckere Speise vereine Euch beide,
　Sei bald überlegen, bald gleichrangig, bald geringer!«

Danach wurden die Gefährten von der Kaiserin getrennt, und nach Palermo
　reiste sie ab. Viele Alte trauerten.
»Wehe, wehe«, jammerten sie und weinten schweigend im Inneren:
　»Welche waghalsige Hand hält die Erbin des Königreiches gefangen!
O Schmerz! Da betritt die Kaiserin den Palast ihres Vaters …
　O Schmach! … Sie ist den Nachstellungen einer Belagerung ausgesetzt!«
Sie selbst aber ist freudig, als ob sie ihren Sieg verkündet,
　und sooft sie spricht, scheint sie stolz zu sprechen.
Sie verachtet das Werk der Acerranerin, sie lehnt es ab geliebt zu werden,
　die Kaiserin befiehlt im Sitzen herrisch den Eunuchen.
Darunter leidet die Acerranerin und – oft wird er in dieser Zeit von ihr angerufen –
　schickt erregt ihrem Tankred folgende Zeilen:

In den folgenden Bildern geht es um das weitere Schicksal der Kaiserin. Für diese Episoden ist zwar Petrus von Eboli unsere einzige Quelle, doch sind sie kaum frei erfunden. Tankred überlegt zunächst, ob er die Kaiserin in Messina behalten kann, schickt sie aber dann seiner Frau nach Palermo zur Bewachung und kündigt dies in einem griechischen Brief an, den er einem Notar diktiert und einem Boten (*cursor*) übergibt (*cum dubitaret Tancredus tenere imperatricem apud Messanam, ipsam uxori sue custodiendam Panormum mittit scribens ei*). Der Bote ist zunächst mit einem Stab (wie fol. 101 und 133), dann aber mit einer Axt bewaffnet. – Das untere Bild zeigt die Kaiserin beim Einritt in Palermo, freudig erwartet und begrüßt von den Bürgern (*cives Panormi*). Im Hintergrund der Königspalast mit dem Glockenturm, den auch andere zeitgenössische Berichte erwähnen. Ein Bote übergibt Sibylle, der Gemahlin Tankreds (*uxor Tancredi*), den Brief des Königs (*cursor adsignans litteras Tancredi uxori eius*). Die Königin Sibylle ist im Gegensatz zu ihrem Gemahl nicht karikiert, sondern ganz stattlich gezeichnet. Sie hält in der Linken einen undefinierbaren Gegenstand. Aber auch ihr gegenüber tritt die Kaiserin mutig und selbstbewußt auf (*imperatrix ingressa palacium audacter et imperiose loquitur et respondit uxori Tancredi*).

cu subintrarer tancred' tenere iparcs apd' melliana iparc
in uxor sue custodiedu panormu mittere scribens ei.

cursor   cursor

imparc ingressus palacium audact
et ipsos legit et respondit uxori
cives panormi   cursor adsignat littas
                                 tancredi uxori ei.

uxor tancr.

Epistola uxoris ad tancredum suum

Quid facis o demens, comite misisti an hostem,
Ecce quod exarsit ius patris hostis habet.
Venit ad hoc cesar, sed ad hoc sua venit et uxor,
Victorem victu pcla supba facit.
Non opus armare uiros, uel are carinas,
Nec pcers belli nec numerare duces.
Nec uestire sinus maculosi tegmina ferri,
Non ensare manus, non galeare caput.
Ptinus ut ueniat, nullo discrimine iuncet,
Regna, pudore cesar habebit opes.
Quas nimis ipse doles causis male consulis egis,
In caput a stomacho morb; habundat iners.
Qua male dispensa aliis medicamina menbris,
Si caput ignoras.
Si caput egrotet, ualeat et cetera menbra,
Si caput abradas, cetera menbra ruent.
Hec ubi tancredus legit que miserat uxor
Altera rescriptum pagina tale tulit
Cara michi coniux, et casti fedus amoris,
Quam michi misisti pagina robur habet.
Vir magne fidei, mature gra mentis,
Est ibi, consilio fac rogo cuncta suo.
Consule marm p quem regina uocaris,
Illi debem quicqd utq; sumus.
Trans hoiem diuina sapit, uidet omia longe
A thitofel altum, pectus ulixis habet.
Hunc igitur michi cara nimis de more uocatum,
Consule; consiliis ipsa quiesce suis.

<Particula XXX.: Uxor Tancredi rescribit viro suo et Tancredus iterum rescribit ei>

Epistola uxoris ad Tancredum suum

»Quid facis, o demens? Comitem misistis an hostem?
　Ecce, quod exarsit, ius patris hostis habet.

Venit ad hoc Cesar, sed ad hoc sua venit et uxor,
　Victorem victum preda superba facit.　　　　　　900
Non opus est armare viros, velare carinas,
　Nec proceres belli nec numerare duces,
Nec vestire sinus maculosi tegmine ferri,
　Non ensare manus, non galeare caput.
Protinus ut veniat, nullo discrimine vincet　　　　905
　Regna: per uxorem Cesar habebit opes.
Quas nimis ipse doles, causis male consulis egris:

In caput a stomacho morbus habundat iners.
Quam male dispensas aliis medicamina menbris,
　Si caput ignoras.　　　　　　　　　　　　　　910
Si caput egrotet, valeant et cetera membra?
　Ni caput abradas, cetera menbra ruent.«

Rescriptum Tancredi ad uxorem

Hec ubi Tancredus legit, que miserat uxor,
　Altera rescriptum pagina tale tulit:
»Cara michi coniunx et casti fedus amoris,　　　　915
　Quam michi misisti, pagina robur habet.
Vir magne fidei, mature gratia mentis
　Est ibi; consilio fac, rogo, cuncta suo.
Consule Matheum, per quem regina vocaris:
　Illi debemus, quicquid uterque sumus.　　　　　920
Trans hominem divina sapit, videt omnia longe,
　Achitofel alter, pectus Ulixis habet.
Hunc igitur, michi cara nimis, de more vocatum
　Consule, consiliis ipsa quiesce suis.«

<Dreißigster Abschnitt: Die Gattin Tankreds schreibt ihrem Mann zurück und Tankred schreibt ihr erneut>

Brief der Gattin an ihren Tankred.

»Was tust Du, Wahnsinniger? Hast Du eine Gefährtin gesandt oder eine Feindin?
　Siehe, die Feindin hat das väterliche Recht, das immer mehr zur Geltung kommt.
Deswegen kam der Kaiser, aber deswegen kam auch seine Gattin.
　Die hochmütige Beute macht den Sieger zum Besiegten.
Es ist unnötig, Männer zu bewaffnen, Schiffe mit Segeln auszustatten,
　noch Recken, noch Anführer für den Krieg zu zählen,
noch die Brust mit dem Panzer aus fleckigem Eisen zu bekleiden,
　Hände mit Schwertern und den Kopf mit einem Helm.
Kaum daß er kommt, wird er ohne Unterschied besiegen
　das Königreich: Allein durch seine Gattin wird der Kaiser die Mittel haben.
Um die Krankheitsursachen, die einen selbst quälen, kann man sich schlecht kümmern.
　Vom Bauch geht die schlaffe Krankheit auf den Kopf über.
Wie schlecht verwendest Du Medikamente für die anderen Körperteile,
　wenn Du den Kopf nicht berücksichtigst.
Wenn der Kopf erkrankt ist, sollen da die übrigen Glieder gesund sein?
　Wenn Du nicht den Kopf rasierst, werden die übrigen Glieder niederfallen.«

Antwortschreiben Tankreds an sein Gattin.

Als Tankred das las, was die Gattin ihm gesandt hatte,
　trug eine andere Seite folgendes Antwortschreiben:
»Meine mir liebe Gattin und Pfand keuscher Liebe,
　die Seite, die Du mir geschrieben hast, hat Kraft.
Ein Mann von großer Treue, die Gunst eines reifen Geistes,
　ist dort bei Dir. Tu alles, so bitte ich, nach seinem Rat.
Laß dich von Matheus beraten, durch den Du Königin genannt wirst.
　Ihm verdanken wir, was immer wir beide sind.
Über Menschenmaß hinaus erkennt er das Göttliche und sieht alles weit voraus.
　Ein zweiter Achitofel, hat er das Herz eines Odysseus.
Diesen also, herzliebe Gattin, den ich gewohnheitsmäßig heranziehe,
　frage um Rat und stimme seinen Ratschlägen zu.«

Das Bild zeigt die Korrespondenz zwischen Sibylle und Tankred betreffs Konstanzes: Sibylle schreibt an Tankred (*uxor Tancredi rescribit ipsi viro suo*) und rät zur Beseitigung Konstanzes, die in Palermo viele Anhänger besitze. Darauf antwortet Tankred seiner Gemahlin (*Tancredus recipiens rescriptum uxoris sue iterum rescribit ei*), sie solle sich bezüglich Konstanzes ganz dem Rat des Kanzlers Matheus anvertrauen. Diesmal wird neben Tankred auch Sibylle durch einen auf der Krone sitzenden Vogel verunglimpft (s. fol. 102). – Man beachte, daß auch der Notar der Sibylle – wie schon die Notare der Königskanzlei (fol. 101) – ein Laie ist, Ausdruck der im Süden fest verwurzelten laikalen Schriftkultur. Die Briefe sind mit einem Siegel verschlossen; daß Tankred seinem Boten (*cursor Tancredi*) eine Rolle übergibt, die als gefalteter Brief ankommt, ist ein Versehen des Zeichners. Der Bote Sibylles trägt an seinem über die Schulter gelegten Wanderstab zwei Ringbrote als Wegzehrung (vgl. fol. 104) und daneben Tornister und Wasserflasche (fol. 101).

125ʳ
Austausch von Botschaften zwischen Tankred und seiner Gattin Sibylle

uxor tacr

uxor tancr rescribens
p vro suo

Tancred recipiens rescriptu uxoris sue
rex rescribit ei

Scurra tancredi

rex tancr

uxor tancr

nec calo-
unā amici ueniente suo
cancell. ē uiro ęquiperē

Nec mora matheū tristis cerrea uocauit,
Sic ait. o ueterū bibliotheca ducū.
O regni tutela. fides purissima regum,
Antidotū uite. consule, mesta quęror.
Sensato de rege quęror, quo nescio pacto
Serpente medio pectore gnarus alit
A senio pperans dementior exit ab annis,
Et iubet unde uiuat penituisse senē.
Quę spes regnandi uel quę in uita supsies,
Cū ppo me patrio iure supba sedet.
Et quotiens uideo quę cesaris ore suphir,
A toriens animi deficit inde meus.
Consule quid faciā. priuatis consule morbis,
Nam cruciant animos nocte dieq; meos.
Tunc ita mathis merito sibilla uocaris,
Nā peul erypta mente futura uides.
Regis culpa fuit. certe nō imputo regi
Plurima cor nri regis agenda grauant.
Inplicit° multū dnantis sensus obertat,
Et quandoq; iubet quod rationis eget.
Et quia castra fidem quā plurima nō bene seruāt
Vrbes spē modicę credulitatis habent.
Vere ꝯ indubiū quo sit custode tuenda,
Vel quo seruetur pda uerenda loco.
Inde suos deiecit humo maeas ocellos,
In cor se referens pmeditata ait.
Est locus est memini mediis content° inundis,
Quē maris ex omni parte tuentur aquę
Quē uis naturę cumulū potuit inaltum,
Qui circū scoptos subpede rupis habet,
A rate reminiaeq; scoptis munit acutis.
Inde lapis hostiles hūc uetat unda pedes,
Qui nosm saluator hŧ quia credite saluat.
Tantaq; sit tanto pda tenda loco.
Cerge placuit nunc ꝗ quod dixerat ille,
Scribitur urbano parua parua uiro.
Hanc alierne comes uiduum carce serues
Si t sup hoc regi graeci esse putes
P tin° angusta cerrea hospiciū.
Adte parthenope remus z aura uehit.

<Particula XXXI.: Uxor Tancredi et bigamus sacerdos>

Uxor Tancredi vocato suo cancellario de viro conqueritur

Nec mora Matheum tristis Cerrea vocavit,
    Sic ait: »O veterum bibliotheca ducum,
O regni tutela, fides purissima regum,
    Antidotum vite, consule, mesta queror.
Sensato de rege queror, quo nescio pacto
    Serpentem medio pectore gnarus alit.
Ad senium properans, dementior exit ab annis
    Et iubet, unde iuvat penituisse senem.
Que spes regnandi vel que michi vita superstes,
    Cum prope me patrio iure superba sedet?

Et quotiens video, que Cesaris ore superbit,
    A, tociens animus deficit inde meus.
Consule, quid faciam; privatis consule morbis,
    Nam cruciant animos nocte dieque meos.«

Responsio bigami

Tunc ita Matheus: »Merito Sibilla vocaris,
    Nam procul experta mente futura vides.
Regis culpa fuit, certe non inputo regi.
    Plurima cor nostri regis agenda gravant;
Inplicitus multum dominantis sensus oberrat,
    Et quandoque iubet, quod rationis eget.
Et quia castra fidem quam plurima non bene servant,
    Urbes spem modice credulitatis habent,
Vertitur in dubium, quo sit custode tuenda
    Vel quo servetur preda verenda loco.«
Inde suos deiecit humo Matheus ocellos;
    In cor se referens, premeditatus ait:
»Est locus, est, memini, mediis contentus in undis,
    Quem maris ex omni parte tuentur aque,
Quem vis nature cumulum produxit in altum,
    Qui circum scopulos sub pede rupis habet.
A rate remivaga scopulis munitur acutis,
    Hinc lapis hostiles, hinc vetat unda pedes.
Qui nomen Salvator habet, quia credita salvat;
    Tantaque sit tanto preda tenenda loco.«

Cerree placuit nimium, quod dixerat ille;
    Scribitur urbano pag<ina> parva viro:
»Hanc, Alierne comes, mu<nito> carcere serves:
    Nil super hoc regi gracius esse putes.«
Protinus Augustam, Cerrea precipiente,
    Ad te, Parthenope, remus et aura vehit.

<Einunddreißigster Abschnitt: Die Gattin Tankreds und der bigamistische Bischof>

Die Gattin Tankreds klagt, nachdem sie den Kanzler herbeigerufen hat, über ihren Mann.

925 Unverzüglich rief die unglückliche Acerranerin Matheus
    und sprach so: »O Bibliothek der alten Führer.
O Schutz des Königreiches, reinste Treue gegenüber den Königen,
    Medikament des Lebens, berate mich, ich klage traurig!
Über den hochweisen König klage ich. Wie, das weiß ich nicht,
930   nährt er wissentlich eine Schlange mitten an der Brust.
Auf das Alter zueilend wird er von Jahr zu Jahr schwachsinniger
    und befiehlt Dinge, aufgrund derer es den Alten freut, sie später zu bereuen.
Welche Hoffnung auf Königsherrschaft bleibt mir oder was für ein Leben,
    wenn neben mir die durch ihren väterlichen Rechtsanspruch Hochmütige sitzt?
935 Und sooft ich sehe, wie sie mit kaiserlicher Miene auftrumpft,
    ach, ebensooft verläßt mich die Besinnung.
Rate mir, was ich tun soll. Kümmere Dich um meine privaten Leiden,
    denn sie quälen Tag und Nacht meine Seele.«

Antwort des Bigamisten.

Da sprach Matheus Folgendes: »Zu Recht heißt Du Sibylle,
940   denn weit in der Zukunft Liegendes siehst Du in Deinem erfahrenen Geist.
Es war sicherlich die Schuld des Königs, ich lege es ihm aber nicht zur Last.
    Mehrere Handlungen unseres Königs bedrücken unser Herz:
Der mit vielem befaßte Verstand des Herrschers geht in die Irre,
    und bisweilen befiehlt er Dinge, die der Vernunft entbehren.
945 Und weil die zahlreichen Burgen die Treue nicht sicher bewahren,
    tragen die Städte seine Hoffnung, einigermaßen vertrauenswürdig zu sein.
Es wird dem Zweifel ausgesetzt, von welchem Wächter zu schützen
    oder an welchem Ort die kostbare Beute zu bewahren sei.«
Dann richtete Matheus seine Augen zu Boden.
950   Er zog sich in sein Inneres zurück und sprach nach vorheriger Überlegung:
»Es gibt einen Ort, er ist, wie ich mich erinnere, mitten im Wasser eingeschlossen.
    Das Wasser des Meeres schützt ihn von allen Seiten.
Die Kraft der Natur hat ihn zu einem hohen Berg angehoben,
    der am Fuß des Felsens ringsum Riffe hat.
955 Durch die scharfen Riffe wird er vor rudergetriebenen Schiffen geschützt.
    Von da hält der Stein, von da die Brandung die Füße der Feinde fern.
Er hat den Namen Salvator, denn er bewahrt, was man ihm anvertraut.
    Eine so bedeutende Beute muß an einem so bedeutenden Ort bewacht werden.«
Der Acerranerin gefiel sehr, was dieser gesagt hatte.
960   Ein kleiner Zettel wird dem Stadtkommandanten geschrieben:
»Diese, Graf Aliernus, halte in einem festen Kerker gefangen!
    Sei überzeugt, daß dem König nichts lieber ist als dies.«
Unverzüglich führen die Kaiserin auf Befehl der Acerranerin
    zu Dir, Neapel, Ruder und Wind.

Während Tankreds Gemahlin (*uxor Tancredi*) noch überlegt, was zu tun sei, schreibt Tankreds Kanzler Matheus de Ajello dem Befehlshaber von Neapel, Aliernus Cottone, er solle die Kaiserin in dem dortigen Castel dell'Ovo in Gewahrsam nehmen (*scribit bigamus sacerdos Alierno Neapolitano, ut imperatricem in Castro Salvatoris ad mare bene custodiat*). Das untere Bild zeigt die Kaiserin (*imperatrix*) mit einer Dienerin (zur Sitte der verhüllten Hände vgl. fol. 103) in dem genannten Kastell in Neapel (*Castrum Salvatoris ad mare*). Dieses noch heute bestehende Kastell, das unter Friedrich II. zeitweise den Staatsschatz beherbergte, demnach als sehr sicher galt, ist auf einem unmittelbar vor der Stadt aus dem Meer ragenden Felsplateau errichtet, wie der Zeichner wohl aus eigener Anschauung wußte. Man hat oft an der Neapolitaner Gefangenschaft Konstanzes gezweifelt, aber schwerlich zu Recht; von hier wurde sie schließlich auch freigelassen (fol. 128).

126
Die Gattin Tankreds und ihr Kanzler Matheus de Ajello.
Die im Castel dell'Ovo in Neapel gefangene Konstanze

Scribit Bigam[us] sac[er]dos alierno napolitano vxor eius
in [im]p[er]ato[re] in castro saluatoris ad mare
in custodia

Castru[m] salua-
toris ad mare   Rex.

Die beiden Bilder sollen den Kanzler Matheus de Ajello (*Matheus cancellarius*) diskreditieren. Das obere erläutert die für ihn durchgängig gebrauchte Bezeichnung *bigamus*: wegen seiner Gichtbrüchigkeit (siehe unten) wird er von seinen beiden Frauen getragen (*prima uxor, secunda uxor*). Die erste Frau des Matheus, von der wir wissen, Sica mit Namen und aus einer der vornehmsten Familien Neapels stammend, war im März 1171 bereits verstorben, als der damalige Vizekanzler dem von ihm gegründeten Nonnenkloster S. Maria de Latinis in Palermo eine Anniversarstiftung machte. Seine zweite Gemahlin Iudicta starb am 25. Juni 1180. Der Bigamie-Vorwurf des Autors kann sich demnach begründet nur auf die Wiederverheiratung beziehen (sukzessive Bigamie), die die frühe Kirche ungern sah (vgl. etwa 1 Kor. 7, 8–9, 39–40). Auch war Matheus, soweit wir sehen, kein Kleriker, wie Petrus von Eboli suggeriert (fol. 102, 126), der in v. 991 mittels eines süffisanten Wortspiels (*prece vel precio*, durch Bitte oder Geld) auf eine Dispens anspielt. Er entstammte entgegen Petrus' Behauptung im Text einer Richterfamilie in Salerno, wo sein Sohn Nikolaus später als Erzbischof fungierte, der zugleich Neapel gegen Heinrich VI. hatte verteidigen helfen (siehe fol. 109). Die Karriere des Matheus als Notar der Königskanzlei ist seit 1156 zu verfolgen (er schrieb den Vertrag von Benevent); 1169 wurde er Vizekanzler und nach der Königserhebung Tankreds, an der er maßgeblich beteiligt war, dessen Kanzler. Er starb am 21. Juli 1193. – Das zweite Bild spricht für sich: bei Gichtschmerzen habe Matheus seine Füße in das Blut ermordeter Knaben, hier wohl eines Mohren oder Sarazenen, getaucht (*quocienscumque bigamus dolorem podagricum paciebatur, interfectis pueris pedes suos in sanguine eorum mittebat*); vgl. vv. 164f., 669f., 995f. Die herausgestreckte Zunge des Opfers scheint den Kanzler zu verhöhnen.

127ʳ
Matheus de Ajello und seine beiden Frauen. Fußbad des Kanzlers im Blut eines Knaben

Scribit Rigant[...] sacdos alvernū napolitano
in [...] in castro salvatoris ad mare
in custodia

uxor

castrū salva-
toris ad mare

[...]trix

Hic scelus eructat, scelerum qua fumat abyssus,
Thura qua mortiferi sulfuris olla uomit.
Hic uetus exalat fumum putredinis antrum,
Effundit que uix texta uenena capit.
O sidomea lues, o gomorrea propago,
Vixeris urbanis moisque ruina tuis.
Vas uas peccati uetris uetus aora fraudis, (ancora / saluaque)
Fons odij, nephas, exiciale chaos.
Templum luciferi qui nocte lucifer odit,
Qui quanto uoluit, celsior esse ruit.
Duxeris unde genus, gens a me nulla requirat,
Nam cartago tuos diruta misit auos.
Paupere lintheolo tecta uenere salernum,
Quo pauperes quid nisi flere sciunt?
Quos utinam numquam uidissent littera nostra,
Ex hijs nature non quereretur opus.
Officium quoque nature crimen et hostis,
Feminas ceca polluit arte genas.
Exultans odijs, contraria patris amasti,
Ecce stimulus, seu rationis bonus.
Iusticiam uiduis uiso non ere negasti,
Multotiens socius causaque litis eras.
Primitieias odij pro regno sepe litasti,
Vnde queri poterant secula solus eras.
Tres sinus ecce contra decreta recepit,
Peccati bigamum non decet ara dei.
Te prece uel precio scissime papa fefellit,
Nescio quo pacto tanta licere uiro.
Vt bigami scelerata manus tractaret in ara,
Cui os et nos se dedit esse parem.
Sepe laboranti cum nil succurrere posset,
Humano tepuit sanguine gutta pedum.
Vt paris exussit troiam fatalis ustam,
Vt sodomos misere mersit abusa uenus.
Vrbs ita lernina tibi credens false sacerdos,
Mortis in obprobrium perpetua facta ruet.
Quo miser extollis, qui ius usurpat et omen,
Qui male consortes precipitando ruet.
Nec tu parthenope, quia cesar abinde recessit,
Exultes, ueniet fortior atque ferus.
Vt iouis ad predam quanto uolatu altius ales,
Descendens tanto forti ungue ferit.
Nam alius cesar mungi descendet abala,
Tunc ueniet tandem qui fuit ante pius.

<Particula XXXII.: Scelera bigami>

Sic scelus eructat, scelerum sic fumat abyssus,
  Thuraque mortiferi sulfuris olla vomit.
Sic vetus exalat fumum putredinis antrum,
  Effundit, que vix texta venena capit.
O Sodomea lues, o Gomorrea propago,
  Vixeris urbanis morsque ruina tuis.
Vas, va!, peccati, veteris vetus amfora fraudis,
  Fons odiique nephas, exciciale chaos,
Templum Luciferi, qui noctem Lucifer odit,
  Qui, quanto voluit celsior esse, ruit.
Duxeris unde genus, gens a me nulla requirat,
  Nam Cartago tuos dirruta misit avos.
Paupere lintheolo tecti venere Salernum,
  Quorum pauperies quid nisi flere fuit?
Quos utinam nunquam vidissent litora nostra!
  Ex hiis nature non quererentur opus,
Officium quorum, nature crimen et hostis,
  Femineas ceca polluit arte genas.
Exultans odiis, contraria pacis amasti,
  Ecclesie stimulus seu rationis honus.
Iusticiam viduis, viso non ere, negasti
  Multotiens sociis causaque litis eras.
Primicias odii pro regno sepe litasti;
  Unde queri poterant secula, solus eras.
Te sinus ecclesie contra decreta recepit:
  Peccati bigamum non decet ara dei.
Te prece vel precio, sanctissime papa, fefellit,
  Nescio quo pacto tanta licere viro,
Ut bigami scelerata manus tractaret in ara,
  Cui deus eterno se dedit esse parem.
Sepe laboranti cum nil succurrere posset,
  Umano tepuit sanguine gutta pedum.
Ut Paris exussit Troiam fataliter ustam,
  Ut Sodomos misere mersit abusa Venus,
Urbs ita Lernina tibi credens, false sacerdos,
  Mortis in obprobrium per tua facta ruet.
Quem, miser, extollis, qui ius usurpat et omen,
  Qui male consortes precipitando ruet!
Nec tu, Parthenope, quod Cesar abinde recessit,
  Exultes: veniet fortior atque ferus.
Ut Iovis ad predam, quanto volat altius, ales
  Descendens tanto fortius ungue ferit,
Non aliter Cesar mundi descendet ab ala,
  Trux veniet tandem, qui fuit ante pius.

<Zweiunddreißigster Abschnitt: Die Verbrechen des Bigamisten>

965 So stößt Verbrechen aus, so raucht der Abgrund der Verbrechen,
  und so gibt die Hölle Rauch von todbringendem Schwefel von sich.
So verströmt die alte Höhle der Verwesung Rauch,
  gießt Gifte aus, die kaum eine Flasche faßt.
O Pest Sodoms, Brut Gomorrhas,
970 Du möchtest wohl leben als Tod und Verderben Deiner Stadtbürger.
Pfui, Du Gefäß der Sünde, alte Amphore des Alten Verrats,
  Quell des Hasses, Frevel, todbringendes Chaos,
Tempel des Luzifer, Luzifer, der die Finsternis haßt,
  der, je höher er steigen wollte, umso tiefer fiel.
975 Woher Du deine Abstammung herleitest, soll kein Volk mich fragen.
  Denn das zerstörte Karthago schickte Deine Ahnen.
Mit ärmlichem Leinen bedeckt kamen sie nach Salerno.
  Ihre Armut, was war sie, außer einem Weinen?
Wenn doch unsere Küsten diese Leute niemals gesehen hätten!
980 Dann würden sie nicht das Werk der Natur beklagen, das aus denen stammt,
deren Beischlaf – ein Verbrechen an der Natur und ihr Feind –
  weibliche Augen durch dunkle Praktiken befleckte.
Du freust Dich am Haß, hast das dem Frieden Entgegenstehende geliebt,
  Verführer der Kirche, Belastung für die Vernunft.
985 Die Spende hast Du Witwen und Waisen, ohne dafür Geld zu sehen, verweigert.
  Oftmals warst Du für Freunde ein Anlaß für Streit.
Für das Königreich hast Du oftmals ein Opfer des Hasses dargebracht.
  Du warst der einzige Grund, weswegen die Zeiten klagen konnten.
Gegen das Kirchenrecht nahm Dich die Kirche in ihren Kreis auf.
990 Der Altar Gottes ziemt sich nicht für den Bigamisten der Sünde.
Dich, heiligster Papst, hat er durch Bitte oder Geschenk getäuscht.
  Ich weiß nicht, wie es kommt, daß einem Manne soviel erlaubt wird,
daß die verbrecherische Hand eines Bigamisten am Altar den berührt,
  dem als Ewigem sich Gott gleichstellte.
995 Als ihm, der oft litt, nichts helfen konnte,
  wurde die Fußgicht von Menschenblut warm.
Wie Paris das niedergebrannte Troja unglücklich verbrannt hat,
  wie die mißbrauchte Sexualität die Sodomiter elend untergehen ließ,
so wird Salerno, indem es Dir vertraut, falscher Bischof,
1000 in schimpflichen Tod durch Dein Handeln stürzen.
Wen, Du Elender, erhebst Du, der das heilige Recht an sich reißt,
  der seinesgleichen bei seinem Sturz mitreißen wird!
Und auch Du, Neapel, weil der Kaiser von hier abgezogen ist,
  jubele nicht: Denn er wird stärker und ungestüm wiederkommen.
1005 Wie der Vogel Jupiters, je höher er fliegt, wenn auf die Beute
  er herabstürzt, umso stärker mit der Kralle trifft,
nicht anders wird der Kaiser vom Flügel der Welt herabsteigen,
  unerbittlich wird er schließlich kommen, der vorher milde war.

Die beiden Bilder sollen den Kanzler Matheus de Ajello (*Matheus cancellarius*) diskreditieren. Das obere erläutert die für ihn durchgängig gebrauchte Bezeichnung *bigamus*: wegen seiner Gichtbrüchigkeit (siehe unten) wird er von seinen beiden Frauen getragen (*prima uxor, secunda uxor*). Die erste Frau des Matheus, von der wir wissen, Sica mit Namen und aus einer der vornehmsten Familien Neapels stammend, war im März 1171 bereits verstorben, als der damalige Vizekanzler dem von ihm gegründeten Nonnenkloster S. Maria de Latinis in Palermo eine Anniversarstiftung machte. Seine zweite Gemahlin Iudicta starb am 25. Juni 1180. Der Bigamie-Vorwurf des Autors kann sich demnach begründet nur auf die Wiederverheiratung beziehen (sukzessive Bigamie), die die frühe Kirche ungern sah (vgl. etwa 1 Kor. 7, 8–9, 39–40). Auch war Matheus, soweit wir sehen, kein Kleriker, wie Petrus von Eboli suggeriert (fol. 102, 126), der in v. 991 mittels eines süffisanten Wortspiels (*prece vel precio*, durch Bitte oder Geld) auf eine Dispens anspielt. Er entstammte entgegen Petrus' Behauptung im Text einer Richterfamilie in Salerno, wo sein Sohn Nikolaus später als Erzbischof fungierte, der zugleich Neapel gegen Heinrich VI. hatte verteidigen helfen (siehe fol. 109). Die Karriere des Matheus als Notar der Königskanzlei ist seit 1156 zu verfolgen (er schrieb den Vertrag von Benevent); 1169 wurde er Vizekanzler und nach der Königserhebung Tankreds, an der er maßgeblich beteiligt war, dessen Kanzler. Er starb am 21. Juli 1193. – Das zweite Bild spricht für sich: bei Gichtschmerzen habe Matheus seine Füße in das Blut ermordeter Knaben, hier wohl eines Mohren oder Sarazenen, getaucht (*quocienscumque bigamus dolorem podagricum paciebatur, interfectis pueris pedes suos in sanguine eorum mittebat*); vgl. vv. 164f., 669f., 995f. Die herausgestreckte Zunge des Opfers scheint den Kanzler zu verhöhnen.

127ʳ
Matheus de Ajello und seine beiden Frauen. Fußbad des Kanzlers im Blut eines Knaben

Mathe[us] cancellari[us]

prima uxor   s[e]c[un]da uxor

p[ro]cresc[ens]q[ue] bigam[us] dolore[m] podagre[um] paciebat[ur] ref[e]ctis pueris, pedes suos i[n] sang[ui]ne eo[rum] mittebat

Tempus elapsu, spacioq; uagante dierum,
A celestino littera missa fuit.
Hec tancrede tibi mando p̄numina celi,
Et nisi quod iubeo feceris, hostis ero.
Vnde tibi tantus furor aut dementia tanta
Iniubar illicitas solis inire manus.
Vnde tibi tante sup̄ est audatia mentis,
Ausus es expiam detinuisse diem.
Iam tumet unda maris, iam feruet ira leonis,
Iam trepidant montes, iam mea cimba timet.
Iam fera concutiunt sine lege tonitrua mundū,
Iam polus ignoscit, ethera fulgur agit.
Quam geris inclusam, d̄ns alpes cornua sumit,
Sollicitans solē regia luna suū.
Quis tibi iura dedit, tribuit quis uincula petri
Ius sine iure tenes cōnubiale uiro.
An tibi sceptra paru̅ regni sumsisse uidetur?
Infelix honeri cur sup̄addis honus?
Sepius instrage ruit incidentis, et icta
Allidens longe concutit arbor humum.
Que gerit accinct̄ gladiator leuius ense,
Qui p̄ri̅ incep̄it ubera plus uoluit.
Et tibi contiget saladin quod contigit olim
Cui hierusalē lancea uicit humū.
Crux ubi capta fuit, qua certa redēptio n̄ra ē,
Mouit inadore secta p̄da suū.
Sic inte tua p̄da man̄s cōmiserit om̄s,
Et compensabit libera p̄da uices.
His igit̄ lectis tibi mitto remitte maritā;
Ipsa suū poterit pacificare uirum.
Hec ubi plegit tancred̄, ut unda mouetur,
Vt quatitur tumidis paruula puppis aquis.
Ignorans q̄uid agat, dn̄am dimittere minor,
Fluctuat, et contra iusta tenere timet.
Vt ciuis inueniens nemorū diuisa uiarū
Copita, quo tendat tramite nescit homo.
Tandē consiliū delibat anxi̅ in se,
Quam tenet inclusam tristis abire iubet.

<Particula XXXIII.: Epistula Celestini et liberatio Constancie>

Temporis elapsu spacioque vagante dierum,
   A Celestino littera missa fuit:
»Hec, Tancrede, tibi mando per numina celi,
   Et nisi, quod iubeo, feceris, hostis ero.
Unde tibi tantus furor aut dementia tanta,
   In iubar illicitas solis inire manus?
Unde tibi tante superest audatia mentis?
   Ausus es Experiam detinuisse diem?
Iam tumet unda maris, iam fervet et ira leonis,
   Iam trepidant montes, iam mea cimba timet,
Iam fera concuciunt sine lege tonitrua mundum,
   Iam polus ignescit, ethera fulgur agit.
Quam geris inclusam, trans Alpes cornua fundit,
   Sollicitans solem regia luna suum.
Quis tibi iura dedit? tribuit quis vincula Petri?
   Ius sine iure tenes connubiale viro.
An tibi sceptra parum regni sumsisse videtur?
   Infelix, honeri cur superaddis honus?
Sepius in stragem ruit incidentis et icta
   Allidens longe concutit arbor humum.
Quem gerit, accintus gladiator leditur ense;
   Qui prius incepit verbera, plus doluit.
Et tibi contiget, Saladin quod contigit olim,
   Cuius Hierusalem lancea vicit humum.
Crux ubi capta fuit, qua certa redemptio nostra est,
   Movit in actorem secula preda suum.
Sic in te tua preda manus converterit omnes
   Et compensabit libera preda vices.
Hiis igitur lectis, tibi mitto, remitte maritam,
   Ipsa suum poterit pacificare virum.«
Hec ubi perlegit, Tancredus ut unda movetur,
   Ut quatitur tumidis parvula puppis aquis.
Ignorans, quid agat, dominam dimittere mundi
   Fluctuat et contra iussa tenere timet,
Ut citus inveniens nemorum diversa viarum
   Compita, quo tendat tramite, nescit homo.
Tandem consilium deliberat anxius in se:
   Quam tenet inclusam, tristis abire iubet.

<Dreiunddreißigster Abschnitt: Brief Papst Coelestins und Befreiung Konstanzes>

Nach einer Zeit und dem Verstreichen eines Zeitraums mehrerer Tage
   wurde von Coelestin ein Brief geschickt:
»Dies befehle ich Dir, Tankred, im Namen der himmlischen Mächte,
   und wenn Du nicht tust, was ich befehle, werde ich Dein Feind sein.
Woher hast Du diese Raserei oder einen solchen Wahnsinn,
   daß Deine Hände ohne Erlaubnis gegen den Glanz der Sonne vorgehen?
Woher hast Du noch eine so große Unverschämtheit?
   Du hast es gewagt, das Tageslicht Italiens gefangenzuhalten?
Schon schwillt die Brandung des Meeres, schon wütet der Zorn des Löwen,
   schon zittern die Berge, schon ist mein Nachen in Furcht,
schon erschüttert wildes Donnern ohne Maß die Welt,
   schon brennt der Himmel, der Äther schleudert Blitze.
Die Du eingeschlossen hältst, läßt ihre Hörner jenseits der Alpen zunehmen,
   ein königlicher Mond, der seine Sonne aufruft.
Wer gab Dir Rechte? Wer gab Dir die Schlüssel Petri?
   Du besitzt ohne Berechtigung das einem Manne ehelich zustehende Recht.
Oder scheint es Dir zuwenig, das Szepter des Königreiches genommen zu haben?
   Unglücklicher, warum fügst Du einer Last noch eine weitere hinzu?
Oft fällt er zum Unglück dessen, der ihn ansägt, und geschlagen
   erschüttert weithin beim Auftreffen den Boden der Baum.
Der Gladiator wird durch das Schwert verwundet, das er am Gürtel trägt.
   Wer zuerst Schläge austeilt, der hat am meisten zu leiden.
Auch Dir wird zustoßen, was Saladin einst widerfuhr,
   dessen Lanze den Boden Jerusalems besiegte.
Nachdem das Kreuz erobert worden war, in dem sicher unsere Erlösung liegt,
   rief die Beute die Welt gegen den auf, der sie eingetrieben hatte.
So dürfte auch Deine Beute die Hände aller gegen Dich wenden,
   und wird die Freilassung der Beute für einen Ausgleich sorgen.
Nach Lektüre dieser Zeilen, so bescheide ich Dich, sende die Gemahlin zurück,
   sie selbst wird am ehesten ihren Mann besänftigen können.«
Als Tankred das las, wurde er wie eine Welle in Bewegung versetzt,
   und wie ein kleines Schiff bei hohem Seegang wurde er erschüttert.
Er wußte nicht, was er tun sollte; die Herrin der Welt ziehen zu lassen,
   hat er Bedenken, doch sie gegen den Befehl zu behalten, fürchtet er.
Wie ein Eilbote, der im Wald verschiedene Wege findet,
   weiß der Mensch nicht, auf welchem Pfad er wandeln soll.
Schließlich denkt er sich, angstvoll in seinem Inneren, einen Plan aus:
   Die Frau, die er eingeschlossen hält, läßt er traurig ziehen.

Papst Coelestin III. schreibt durch einen Boten (*cursor domini pape*) an König Tankred, er solle die Gemahlin des Kaisers freilassen (*quando dominus papa Celestinus misit Tancredo, ut consortem Cesaris dimitteret*). Im mittleren Bild erhält Tankred – erneut zwergenhaft dargestellt und wiederum mit dem Vogel auf der Krone – den Brief des Papstes aus den Händen des Boten und läßt die Kaiserin frei (*Tancredus suscipiens litteras aposto[lici] dominam Romanorum et mundi liberat*), die in Begleitung einer Dienerin von Neapel aus nach Deutschland zurückkehrt (*a castro exiens Augusta versus Alemanniam pergit*) und Tankred traurig zurückläßt (*tristis Ta[ncredus]*, der zweite Teil des Namens ist später ergänzt; vgl. fol. 121). Konstanze trägt in ihrer Rechten einen Palmzweig, vielleicht als Siegeszeichen, während ihre Dienerin den zeichnerisch etwas verunglückten Reichsapfel hält. – Tankred war auf die päpstliche Unterstützung und Anerkennung angewiesen, so daß der Papst mit Erfolg die Auslieferung der Kaiserin verlangen konnte, die er nun seinerseits als politisches Druckmittel gegenüber Heinrich VI. einzusetzen gedachte. Daß es dazu nicht kam, beruhte auf dem zufälligen Zusammentreffen der päpstlichen Gesandten und Konstanzes mit deutschen Truppen unter Führung Abt Roffrids von Montecassino. Näheres ist nicht bekannt, wohl aber das Ergebnis: Die Kaiserin reiste im Frühsommer an Rom vorbei nach Deutschland weiter, ohne den Papst gesehen zu haben. Tankred erhielt gleichwohl seine Anerkennung im Konkordat von Gravina (Juni 1192), wenn auch erkauft mit weiteren gravierenden Zugeständnissen an den Papst.

Quando dns pp. celestin misit ctiared in colon cesar s bunec re

Curtos dni pp.

tancred suscipies
dnians Romanoy 7 mūdi libtar
cursor r

Imperatx
A castro gues Augusta versus alemaniā pgit

Cesaris ut fugeret leges, tuus Anglia princeps,
Turpis ad obsequium turpe minister erat.
Quid prodest usare dapes, servire culine?
Omnia quis fuit, cesar in orbe videt.
Rex sub veste latens, male non nescius ut hospes
Captus defertur cesaris ante pedes.
Cesar cesareum vocat ad se more senatum,
Conveniens regem talia questus ait.
Quis te posse dedit nostrum saturare cruorem,
Nostros nocturna perdere fraude duces?
Parco tibi, iam libeas in sanguinis haustum,
Nam tua ierusalem dextra redemit humum.
Spectat et adhuc certe reditus macria uestros,
Que tibi sub falso munere preda fuit.
Nam fallis miserum sola formidine regem,
Dissimulans bellum iura sororis agens.
Te postquam vicit multo tancredus in auro,
Ausus es in nostrum ius pibere fidem.
Rex ita respondit tollens ad sidera palmas
A meritis, inquit, collige digna, deus.
O deus omnividens hominum, qui cernis abyssum,
Qui mare, qui terras concutis: astra legis
Qua bene respondes pacientibus, ardua parte
Sic tuus emeruit miles ab hoste capi.
Hinc ait. o cesar quod opus? que causa? quis actus?
Me nunc incusant, te modo causa ferat.
Sum reus, auctor abest. nec adest. si abest necesse est
Quisquis erit. vires regis et arma prebet.
Salua pace tua ueniat, qui pugnet et insistet
O uictis faciens ensis utriqe fidem.
An pugnare meo solus cum cesare veni?
Absit. in hac humili veste quis arma mouet?
Et si cum dicto mundi pugnare licebit,
Unde michi veniet miles et unde pedes?
O decus impii, nec me sine iudice dampnes
Nam tua iudicii crimine iura carent.
Me tibi committens tuis oro miti in me
Qua meritum nostri postulet ensis agat.
Flectitur hac humili prece, que non mille talenta,
Nec summi potuit flectere carta patris.
Impio postquam iurans se subdidit, inquit.
Viuat ines nam lux mea liberco.

‹Particula XXXIV.: Rex Anglie captus, liber absolvitur›

Cesaris ut fugeret leges tuus, Anglia, princeps,
 Turpis ad obsequium turpe minister erat.
Quid prodest versare dapes, servire culine?
 Omnia, que fiunt, Cesar in orbe videt.
Rex sub veste latens, male nam vestitus ut ospes,
 Captus defertur Cesaris ante pedes.
Cesar cesareum vocat ad se more senatum,
 Conveniens regem talia questus ait:
»Quis tibi posse dedit, nostrum saturate cruoris,
 Nostros nocturna perdere fraude duces?
Parco tibi, iam liber eas in sanguinis haustum!
 Nam tua Jerusalem dextra redemit humum.
Spectat adhuc certe reditus Trinacria nostros,
 Que tibi sub falso munere preda fuit.
Nam fallis miserum sola formidine regem,
 Dissimulans bellum, iura sororis agens.
Te postquam vicit multo Tancredus in auro,
 Ausus es in nostrum ius peribere fidem.«

Rex ita respondit, tollens ad sidera palmas:
»A meritis«, inquit, »collige digna, deus!
O deus omnividens hominum, qui cernis abyssum,
 Qui mare, qui terras concutis, astra legis,
Quam bene respondes pacientibus ardua pro te:
 Sic tuus emeruit miles ab hoste capi!«
Hinc ait: »O Cesar, quod opus, que causa, quis actus
 Me nunc incusant? Rem modo causa ferat.
Sum reus? – Auctor abest nec adest, sed abesse necesse est;
 Quisquis erit, vires regis et arma probet.
Salva pace tua, veniat, qui pugnet et instet

 Obiectis, faciens ensis utrique fidem.
An pugnare meo solus cum Cesare veni?
 Absit! In hac humili veste quis arma movet?
Et si cum domino mundi pugnare licebit,
 Unde michi veniet miles et unde pedes?
O decus inperii, nec me sine iudice dampnes,
 Nam tua iudicii crimine iura carent.
Me tibi committens, tuus oro mitius in me,
 Quam meritum nostri postulet, ensis agat.«
Flectitur hac humili prece, quem non mille talenta
 Nec summi potuit flectere carta patris.
Imperio postquam iurans se subdidit, inquit:
 »Vivat in eternum lux mea, liber eo.«

Die Gefangennahme des englischen Königs Richard Löwenherz (21./22. Dezember 1192) in Erdberg (heute Stadtteil von Wien) und seine Übergabe an den Kaiser (*illustris rex Anglie a Ierosolimis rediens captus presentatur Augusto*). Richard hatte Anfang Oktober das Heilige Land verlassen, in der Adria Schiffbruch erlitten und dann versucht, seine welfischen Verwandten in Sachsen auf dem Landweg zu erreichen. Trotz seiner Verkleidung – Quellen zufolge als Pilger; offenbar hat er einen zusammengerollten Teppich oder eine Decke umgehängt – wurde er erkannt und von Herzog Leopold V. von Österreich aus Privatrache gefangengesetzt. Richard hatte im Juli 1191 in Jerusalem ein Wappen oder eine Fahne des Herzogs von einem eroberten Turm abreißen und die Deutschen bei der Verteilung der Beute leer ausgehen lassen. An Heinrich VI. ausgeliefert, finanzierte das riesige Lösegeld – 150 000 Kölner Mark (1 M. = ca. 234 gr) Silber, von denen trotz größter Anstrengungen zunächst nur zwei Drittel aufgebracht werden konnten – den zweiten Kriegszug nach Sizilien. – Im zweiten Bild wird die Freilassung allein als Gnadenakt des Kaisers dargestellt: Der englische König sei wegen des Todes des Markgrafen (Königs von Jerusalem) Konrad von Montferrat (28. April 1192) angeklagt gewesen, habe seine Schuld bestritten und sich mit dem Schwert – wohl durch einen gerichtlichen Zweikampf – reinigen wollen (*rex Anglie de morte ma[r]chionis accusatur, quod abnegans se ensiva manu excusaturum promittit*). Dann habe er um Gnade gefleht und sei freigelassen worden (*tandem veniam petens liber absolvitur*). Diese Szene hat der Zeichner dadurch verstärkt, daß der »entlarvte« König sich vor dem Kaiser zu Boden wirft und ihm die Füße küßt. Bekannt war unserem Autor offenbar die im normannischen Hofzeremoniell aus Byzanz übernommene, dem westlichen Kaisertum fremde Proskynese (»Anhündeln«), das sich Niederwerfen vor dem Herrscher mit Fußkuß. Beides, Prostration und Fußkuß, kannte der klerikale Autor auch aus dem kirchlichen Bereich als Zeichen höchster Ehrerbietung. Heinrich VI. hält statt Szepter und Reichsapfel einen Palmwedel, offenbar als Siegeszeichen.

129ʳ
Gefangennahme des verkleideten Richard Löwenherz. Er bittet den Kaiser um Gnade und wird freigelassen

Illustris rex anglie a ierosolimis rediens capit' p̄sentat' augusto.

Rex anglie d' morte machonis accusat' quod abnegans se ensi manu excussum p̄miirit.

Tandem veniam petens lit' absolvit'.

Intea dipuldus ouans armata capiscit,
Virtutis sequitur gratia diua uirum.
Castra superba cremat, capit oppida, territat urbes.
A tancridina que rediere fidem.
Sub pede montis adest iburnina uilla casini,
Que nec pastori credere cauta fuit.
Hanc ferus inuadens dipuldus abaggere dextro
Dissipat instantes ut leo magnus oues.
Cum ab agricolis circumdatur a tribus horum
In triplici cultro digladiatur equus.
Stans pedes ense pedes duros detruncat et armos
Se fore dipuldum clamat et ense probat.
Vt trepidant uolucres, iouis inquas fulminat ales
Vt lepus algescit lapsus aboro canis.
Non alit gens illa timet uictoris ab ense,
In dipuldo nomine uicta cadit.
Subortu impio sacrati uillula castri,
Et facit inuita dextra coacta fidem.
Idem post modicum paucis comitatus alumnis,
Exiit a castro, sortis agebat iter.
Illo forte die propria comes ibat in urbe
Ibat in adiusu sorte latente uirum.
Ex hac dipuldus, comes ex hac obuius ibat,
Alter in alterius nescit ibat iter,
Ventum est ad facies, sit clamor uocis utrinque,
Constactis sudibus tela reclusa micant.
Hic ferit, ille ferit, cadit hic, sup hunc stat et ille,
Octipotens comitem denique uicit aper.
Sic dioptuldus uir quisque suum ligat hostem,
Captiuosque ferunt in sua castra uiros.

<Particula XXXV.: Quando Dipuldus aggressus est>

Interea Dipuldus ovans armenta capiscit;
  Virtutis sequitur gratia diva virum.
Castra superba cremat, capit oppida, territat urbes,
  Ad Tancridinam que rediere fidem.
Sub pede Montis adest uberrima villa Casini,
  Que nec pastori credere cauta fuit.
Hanc ferus invadens, Dipuldus ab aggere dextro
  Dissipat instantes, ut leo magnus oves.
Cuius ab agricolis circumdatus, a tribus horum
  In triplici cultro digladiatur equus.
Stans pedes, ense pedes duros detruncat et armos,
  Se fore Dipuldum clamat et ense probat.
Ut trepidant volucres, Iovis in quas fulminat ales,
  Ut lepus algescit, lapsus ab ore canis,
Non aliter gens illa timet victoris ab ense,
  In Diopuldeo nomine victa cadit.
Subditur imperio sacrati villula castri,
  Et facit invitam dextra coacta fidem.
Idem post modicum, paucis comitatis alumpnis,
  Exiit a castro, sortis agebat iter.
Illo forte die propriam comes ibat in urbem,
  Ibat in adversum, sorte latente, virum.
Ex hac Dipuldus, comes ex hac obvius ibat;
  Alter in alterius nescius ibat iter.
Ventum est ad faciem, fit clamor vocis utrinque,
  Confractis sudibus, tela reclusa micant.

Hic ferit, ille ferit, cadit hic, super hunc stat et ille,
  Dentipotens comitem denique vicit aper.
Sic Diopuldeus vir quisque suum ligat hostem,
  Captivosque ferunt in sua castra viros.

<Fünfunddreißigster Abschnitt: Wie Diepold angegriffen wurde>

Inzwischen erbeutete Diepold freudig Viehherden. 1090
  Erfolg, die Göttin der Tüchtigkeit, folgt dem Manne.
Stolze Burgen brennt er nieder, er erobert befestigte Orte, schreckt Städte,
  die in ein Bündnis mit Tankred eingetreten sind.
Am Fuß eines Berges liegt das reiche Landgut des Klosters Cassino,
  das dem Oberhirten anzuvertrauen nicht vorgesehen war.
Dies griff der wilde Diepold an, und die von der rechten Seite her 1095
  Angreifenden zerstreute er, wie ein großer Löwe die Schafe.
Nachdem er von dessen Bauern angegriffen worden war, wurde von dreien
  mit drei Dolchen sein Pferd abgeschlachtet.
Als Fußsoldat haut er im Stehen mit dem Schwert die kräftigen Füße und Arme ab
  und ruft, er sei Diepold, und beweist es mit dem Schwert. 1100
Wie Vögel sich ängstigen, auf die der Vogel Jupiters herabstößt,
  wie der Hase sich fürchtet, der dem Rachen des Hundes entkommt,
nicht anders fürchtet sich jenes Volk vor dem Schwert des Siegers
  und fällt besiegt im Namen Diepolds.
Dem Reich wird der zu der heiligen Burg gehörige Gutshof unterworfen, 1105
  und wider Willen leistet die Hand gezwungen den Treueid.
Derselbe zog nach einer Weile, begleitet von einigen seiner Leute,
  aus der Burg und marschierte, wie es der Zufall wollte.
An diesem Tag zog zufällig der Graf in die eigene Stadt
  und traf durch das unergründliche Schicksal auf seinen Feind. 1110
Von der einen Seite kam Diepold, von der anderen der Graf entgegen.
  Einer kam ahnungslos dem anderen in den Weg.
Man wurde einander ansichtig, auf beiden Seiten erhob sich Geschrei,
  und nachdem die Lanzen zerbrochen sind, blitzen die gezückten Schwerter auf.
Dieser schlägt, jener haut, dieser fällt, und über ihm steht jener. 1115
  Schließlich besiegt der Eber mit den kapitalen Hauern den Grafen.
So bindet jeder der Männer Diepolds seinen Gegner,
  und sie bringen die Gefangenen in ihre Burg.

Das Bild, eine Fortsetzung zu fol. 122 und 123, zeigt die Kämpfe Diepolds von Schweinspeunt († nach 1221) im Gebiet von Montecassino – der Name *Mons Casinus* ist am oberen Bildrand größtenteils weggeschnitten –, das treffend als hoch auf dem Berg gelegene Kloster-Festung dargestellt ist. Auf dem Weg nach San Germano töteten drei Bauern Diepolds Pferd, das am unteren Bildrand verblutend liegt. Gleichwohl erreichte Diepold, mannhaft zu Fuß weiterkämpfend, die Stadt (*quando Diopuldus aggrediens Sanctum Germanum equum suum a tribus rusticis digladiatum ammisit et villam viriliter cepit*). Diepold, einer bayrischen Ministerialenfamilie entstammend, war von Heinrich VI. nach dessen Rückzug aus dem Königreich als Burgherr der Grenzfeste Rocca d'Arce (Provinz Frosinone) eingesetzt worden (vgl. fol. 122) und erwies sich in der Folgezeit als härtester Gegner der Anhänger Tankreds, dessen Schwager Diepold gefangennehmen konnte und ihm als Graf von Acerra nachfolgte. Diepolds Kampf mit Graf Richard von Acerra sehen manche in der linken unteren Ecke des Bildes widergespiegelt, wo ein Eber, das Wappentier Diepolds, einen Reiher (?) schlägt, der als Erkennungszeichen Richards angesehen wird (die Federzeichnung oberhalb des Ebers ist wiederum ein Nachtrag). Auf fol. 109 sehen wir jedoch Richard zu anderen Schilden in Beziehung gesetzt, während der Eber in der Tat konsequent als Erkennungszeichen Diepolds verwendet wird (fol. 132, 133). Offenbar bezieht sich dieses redende Wappen Diepolds auf seine Herkunft (Schweinspoint, Gemeinde Marxheim, Kreis Donauwörth), auf die wohl auch Diepolds Bezeichnung als »(kampanischer) Eber« (*aper, aper Nucerinus*) anspielt (vv. 1116, 1666). Die allegorische Deutung der Szene bleibt freilich unsicher.

130ʳ
Bestürmung von S. Germano durch Diepold von Schweinspeunt

quando theopuldus aggrediens sanctum germanum equum
suum a sanctis rusticis digladiatum amisit

milla moveri
cepit

Expliciu̅ lib p̅m̅s. Incipit sec̅d̅s

Ut pius armipotens fugat om̅e letus eclipsi,
Reddit ⁊ exp̅ios in sua iussa d̅cos.
Imp̅at h̅e puppes animos' ubiq̅: patari,
Nec mora que fiunt uir capit unda rates.
Marchio quinq̅: min̅us t̅r̅s̅misit mille carinas,
Austrin̅ totidē miserat octo min̅us.
Turine̅ centu̅ septē min̅ equore classes
An̅numerat. non min̅' equor au̅at.   Scauius arol
Bauuarus eius̅at centeno remige pontu̅,
Alsatie̅q̅: pari remige spumat aquas.
Ter quat̅ octo rates portantes agmen equo₂,
Helgie̅. ⁊ totidē linthea saxo tulit.
Mille rates ter q̅nq̅: mi̅n̅' pomeranie̅ armat,
Flandrie̅ equoreas sulcat amicus aquas.
Sex decies ligur uentis dedit ampla sedis   flandie
Vela. sec̅ol̅sati̅s' p̅freta longa uolat.
Mille uiros etate pares burgundia mittit,
Mittit uictrices tuscia mille manus.
Mille quir̅o clipeos iouis arma sueuia gestat,
Mille faret̅tos magna boema uiros.
Mille coruscantes mittit lothoringia cristas,
Mittit ⁊ igniuomas anglia mille manus.
Mille polona uiros nit̅idis p̅sentat in armis   nitidis
Fracia mille bou̅ bellica t̅erga tulit.
Mittit siluicole̅ brabantia tela diane̅,
Balistas lectos frisia mittit hum̅'.
Bis duodena ducu̅ sup̅u̅ sol regna uocauit.
P̅ maria p̅terras numina cesar habet.
Iect in apulia p̅p̅erat, p̅mo q̅: salern̅
Appetit. urbs merito depop̅landa suo̅erat
Vulneris elapsi memor ē q̅n̅doq̅: cicatr̅
Qui spuit in ce̅lu̅ polluit ora sui.

EXPLICIT LIBER PRIMUS INCIPIT SECUNDUS

‹Particula XXXVI.: Stolium et exercitum imperator fieri iubet›

Ut pius armipotens fugat omnem letus eclipsin,
    Reddit et Experios in sua iussa deos.
Imperat hinc puppes animosus ubique parari;
    Nec mora: que fiunt, vix capit unda rates.
Marchio quinque minus transmisit mille carinas,
    Austrinus totidem miserat octo minus,
Turineus centum septem minus equore classes
    Annumerat, Scavus non minus equor arat,
Bawarus eversat centeno remige pontum,
    Alsaticusque pari remige spumat aquas.
Ter quater octo rates portantes agmen equorum
    Belgicus et totidem linthea Saxo tulit.
Mille rates ter quinque minus Pomeranicus armat,
    Flandicus equoreas sulcat amicus aquas.
Sex decies Ligur ventis dedit ampla secundis
    Vela, set Olsaticus per freta longa volat.
Mille viros etate pares Burgundia mittit,
    Mittit victrices Tuscia mille manus.
Mille quidem clipeos, Iovis arma, Suevia gestat,
    Mille faretratos magna Boema viros.
Mille coruscantes mittit Lothoringia cristas,
    Mittit et ignivomas Anglia mille manus.
Mille Polona viros nididis presentat in armis,
    Francia mille boum bellica terga tulit.
Mittit silvicole Brabantia tela Diane,
    Balistas lectos Frisia mittit humus.
Bis duodena ducum superum sol regna vocavit:
    Per mare, per terras numina Cesar habet.
Letus in Apuliam properat primoque Salernum
    Appetit, urbs merito depopulanda suo.
Vulneris elapsi memor est quandoque cicatrix.
    Qui spuit in celum, polluit ora sui.

ES ENDET DAS ERSTE BUCH ES BEGINNT DAS ZWEITE

‹Sechsunddreißigster Abschnitt: Der Kaiser befiehlt eine Flotte und ein Heer auszurüsten›

Der fromme Waffenmächtige stellt, um die ganze Finsternis zu vertreiben,
    die Götter Italiens unter sein Kommando.
Dann befiehlt er beherzt, überall Schiffe auszurüsten.
    Und ohne Verzug faßt kaum das Wasser die Schiffe.
Der Märker schickte 995 Schiffe,
    der Österreicher schickte 992,
der von Thüringen fügt 93 Schiffe auf dem Meer
    hinzu, der Slave pflügt mit derselben Zahl das Meer,
der Baier wühlt mit hundert Rudern das Meer um,
    der Elsässer peitscht es mit der gleichen Zahl an Ruderern auf.
96 Schiffe, die eine Abteilung von Pferden tragen,
    schickt der Belgier und ebensoviele Segel der Sachse.
985 Schiffe rüstet der Pommer,
    der flandrische Verbündete durchfurcht das Meerwasser.
60 große Segel übergab der Ligurer den günstigen Winden,
    aber der Holsteiner eilt über das weite Meer.
Tausend Mann in gleichem Alter schickt Burgund,
    auch Tuszien schickt tausend siegreiche Hände.
Tausend Schilde, die Waffen des Jupiter, stellt Schwaben,
    das große Böhmen stellt tausend Bogenschützen.
Tausend leuchtende Helme schickt Lothringen,
    England schickt tausend feuerspeiende Hände.
Polen bietet tausend Mann in glänzenden Waffen,
    Franken schickt tausend kriegstüchtige Häute von Rindern,
Brabant die Geschosse der Waldbewohnerin Diana,
    der Boden Frieslands schickt auserlesene Schleuderer.
Vierundzwanzig Reiche der Führer ruft die Sonne der Himmlischen auf:
    über Meer und Länder hat der Kaiser die Gewalt.
Froh eilt er nach Apulien, und zuerst nach Salerno
    strebt er. Die Stadt muß durch eigene Schuld verwüstet werden.
Die Narbe erinnert sich bisweilen an die verheilte Wunde.
    Wer in den Himmel spuckt, der befleckt seine eigenen Wangen.

Das Bild eröffnet mit dem zugehörigen Text unvermittelt das zweite Buch des Epos; unerwähnt bleiben die Schicksalsschläge, die Tankred († 20. Februar 1194) und sein Königtum 1193/94 trafen und günstige Voraussetzungen für die Eroberung Siziliens durch den Kaiser schufen. Dargestellt sind hier die Vorbereitungen Heinrichs VI. für den zweiten Sizilienzug (1194): der Kaiser befiehlt, eine Flotte und ein Heer aufzustellen (*potentissimus imperator Henricus stolium et exercitum fieri iubet*). Als Befehlshaber der Flotte ist offenbar soeben der Reichsministeriale Markward von Annweiler († 1202) bestellt worden, der als Zeichen seiner Kommandogewalt ein Schwert empfangen hat, selbst aber noch ungerüstet ist (*Marchisius senescalcus*). Der aufgestellte Schild zeigt sein Wappentier, den – etwas verunstalteten – Schwan. Markward war im Dienst Heinrichs VI. noch in dessen Königszeit zum Truchseß aufgestiegen, verhandelte 1194 mit Genua und Pisa wegen der Bereitstellung der Flotten und wurde vom Kaiser mit dem Oberbefehl betraut, den er erfolgreich ausübte und dafür 1195 zum Dank aus dem unfreien Ministerialenstand entlassen wurde und durch kaiserliche Übertragung bis 1197 ein weites Herrschaftsgebiet in Ober- und Mittelitalien kumulierte (Herzogtum Ravenna, Markgrafschaft Ancona, Grafschaften Abruzzen und Molise). Als Flottenchef Heinrichs VI. begegnet seit 1197 der Genuese Wilhelm Crassus, der damit die beachtliche Reihe genuesischer Admirale in staufischen Diensten eröffnet. Mit Markward hat er bis zu dessen Tod eng zusammengearbeitet. Aus dem Heer werden wiederum die Böhmen (*Boemii*, vgl. fol. 109, 110) und anstelle der Kölner (fol. 109) diesmal die Bayern (*Bavvarienses*) hervorgehoben. Die beiden Kontingente bestanden gewiß nicht nur aus Sondereinheiten von Bogen- und Armbrustschützen, wie natürlich auch die Angaben des Textes (dort die Bayern als Ruderer) nicht die tatsächlichen Heereskontingente wiedergeben.

marchisi senescalc̈ potentissimi Ipa̅ ... henr̄ ...

boemi

bannarienses

Haud pcul armipotens, uenit archileuita Salerni,
Cum quo cui notum Guarna philippus erat.
Sic ait: o ciues ego sum qui multa laborum
Pondera portaui, multa timenda tuli.
Nunc uideo saluare mea, si creditis urbem,
Credite conciui, credite, uera loquor.
A dño factum est, pro uobis exul ut irem,
Ioseph nunc uobis pacifer altus ero.
Peccastis grauium peccatum noscite uestrum,
Non a miens fessa sibi quando relaxat honus.
Iam prope cesar adest, iam cesaris arma coruscant,
Iam uexilla micant, iam sua signa tonant.
Mittite de uestris qui dicant, reddimus urbem,
Subiacet impio phisica terra tuo.
Parce tuis seruis, non pena, sed neue dignis:
Que potuit uestrum pena piare scelus?
A ueniam credo flectetur more tonantis,
Vobiscum faciens absque rigore pium.
Vt nazarenus dns a patre natus in orbem,
Venit inhumano tegmine factus homo.
Ipse quidem tota cum maiestate futurus
Per meritis iudex omne piabit opus.
Sic nis armipotens primo pius atque benigni,
Nos adiit, sed nunc ut igne fulmen adest.
Iam non multa loquar, quia iam uictoria sentit
Que loquor urbs uestra mane uidebit idus.

<Particula XXXVII.: Loquutio archilevite ad cives Salerni>

Haud procul armipotens, venit archilevita Salernum,
    Cum quo, cui nomen Guarna, Philippus erat.
Sic ait: »O cives, ego sum, qui multa laborum
    Pondera portavi, multa timenda tuli.
Nunc redeo salvare meam, si creditis, urbem:
    Credite concivi, credite, vera loquor.
A domino factum est pro vobis exul ut irem:
    Joseph nunc vobis pacifer alter ero.
Peccastis graviter; peccatum noscite vestrum,
    Nam mens fessa sibi grande relaxat honus.
Iam prope Cesar adest, iam Cesaris arma coruscant,
    Iam vexilla micant, iam sua signa tonant.
Mittite de vestris, qui dicant: 'Reddimus urbem,
    Subiacet imperio phisica terra tuo.
Parce tuis servis, non pena, set nece dignis:
    Que poterit nostrum pena piare scelus?'
Ad veniam, credo, flectetur more Tonantis,
    Vobiscum faciens absque rigore pium,
Ut Nazarenus deus a patre natus in orbem
    Venit, in umano tegmine factus homo,
Ipse quidem tota cum maiestate futurus
    Pro meritis iudex omne piabit opus,
Sic meus armipotens primo pius atque benignus
    Nos adiit, sed nunc ut grave fulmen adest.
Iam non multa loquar, quia iam Nuceria sentit,
    Que loquor; urbs vestra mane videbit idem.«
          ***

<Siebenunddreißigster Abschnitt: Rede des Archidiakons an die Bürger von Salerno>

Der Waffenmächtige war nicht mehr fern, da kam der Archidiakon nach Salerno.
    Mit ihm war Philipp, der den Namen Guarna trägt.
So sprach er: »O Bürger, ich bin es, der viele der Mühen
    Lasten trug und vieles, was Angst macht, hinnahm.
Jetzt kehre ich zurück, um meine Stadt, wenn ihr es glaubt, zu retten.
    Glaubt mir, Mitbürger, glaubt mir, ich spreche die Wahrheit.
Vom Herrn ist es eingerichtet, daß ich als Verbannter für Euch ging:
    Jetzt werde ich Euch ein friedensbringender Joseph sein.
Ihr habt Euch schwer vergangen, erkennt Eure Schuld,
    denn eine geständige Gesinnung erleichtert die für sie schwere Last.
Schon ist der Kaiser nahe, schon blinken die Waffen des Kaisers,
    schon leuchten die Fahnen, schon klingen seine Signalhörner.
Schickt welche aus Eurer Mitte, die sagen sollen: Wir übergeben die Stadt,
    das Land der Heilkunst untersteht Deinem Befehl.
Verschone Deine Diener, die nicht Strafe, sondern den Tod verdienen.
    Welche Strafe könnte unser Verbrechen sühnen?
Zur Gnade wird er, glaube ich, nach Art des himmlischen Herrschers bewogen
    und ohne Strenge mit Euch liebevoll verfahren.
Wie der Gott aus Nazareth, vom Vater gezeugt, in die Welt
    kam, zu einem Menschen gemacht in sterblicher Hülle,
der doch in seiner Majestät kommen wird,
    jedes Werk als Richter zu sühnen,
so ist auch mein Waffengewaltiger zuerst liebevoll und wohlwollend
    zu uns gekommen, aber jetzt ist er wie ein schwerer Blitz da.
Ich sage nicht mehr viel, denn Nocera spürt bereits,
    was ich sage. Morgen wird Eure Stadt dasselbe erleben.«
          ***

Schon Rota und Siragusa hatten vermutet, daß hier eine Folioseite ausgefallen sei, was die kodikologische Analyse jetzt bestätigt hat. Dargestellt war vielleicht das Heer Heinrichs VI. vor Salerno. Hier spricht links oben der Archidiakon (*Archid[iaconus]*) Aldrisius (s. fol. 110) zu seinen Salernitaner Mitbürgern, und dann folgt Heinrichs Rache an Salerno für die schmähliche Behandlung seiner Gemahlin: Die Stadt wurde am 17. September 1194, am zweiten Tag der Belagerung, erobert. Die Belagerungsszene gleicht früheren. Gegen den heftigen Widerstand der Verteidiger, denen sich auch ein nur mit Schild und Handschleuder Bewaffneter zugesellt hat (vgl. fol. 117), erklimmen die Deutschen die Mauern der Stadt und pflanzen das kaiserliche Banner auf (*imperiale vexillum*). Das Volk von Salerno (*populus Salerni*), insbesondere Mütter mit ihren Kindern, drängen sich angsterfüllt zusammen oder bringen ihre Habe (*suppellex*) in Sicherheit; vgl. auch fol. 133. An einer Flucht hindern sie die Belagerungstruppen. Am unteren Bildrand sprengt der Kaiser (*imperator*) hinter einer Reiterschar her. Der letzte Ritter ist durch den Eber-Schild als Diepold von Schweinspeunt kenntlich gemacht. In dem Streit um das Aussehen der staufischen Kaiserfahne ist Petrus von Eboli ein schlechter Gewährsmann, weil bei ihm die Farbgebung variiert (fol. 105, 107, 109). Immerhin hat er die beiden Embleme des Kaisers, den Adler (auf Schild, Helm und Schabracke) und die seit Heinrich VI. begegnende Kreuzfahne, richtig erkannt. Bei der Belehnung Cremonas 1195 verwandte Heinrich VI. die auch später übliche rote Fahne mit weißem Kreuz, in der man vermutungsweise eine Umkehrung der Mailänder Farben hat sehen wollen. Rote Fahnen ohne Kreuz sind bereits für Friedrich Barbarossa belegt, während die Farben vor dem 12. Jahrhundert noch nicht festgelegt waren.

populus Salerni

Imperiale vexillum

suppellex

Imperator

nita siculis solo terrore subactis.
Iuratis auguste cesaris urget iter.
Ut p̄pet scribit quia iā trinacria uicta ē,
Et puppes p̄fugo rege redire rogant.
Iam satur amisere spoliis exercuit urbis
Fastidit uicta uictor in urbe moras.
Mane dato signo, tunc calandrin̄ in alt
Milicie sociū circuit agmen equo.
Impat ut p̄p̄ent; tutū est p̄perare panorm̄,
Nec mora teutonici iussa iubentis agunt.
Est data dipuldo renouandi cura salerni,
Nec non toti trauita uira soli.
Vir pure fidei, uir magni nominis, om̄
Milicie titulus, impiale decus.
Quē nec p̄missū numerosi ponderis aurū
Mouit, nec potuit sollicitare timor.
Hostib; in mediis qua plurima castra subegit,
Egregius alacer uicit in ense uiros.
Cuius uirtutis p̄conia uidit aquinū,
Quo uicit uictor milia quinq; uirū.
Vera loquar, falsūq; nichil mea musa notabit.
Nec mea romanas fistula fallet aues.
Quodā forte die ueniens dipuldus abarchi,
Colligit innultos fulmifer arua, sinus.
Innumeras p̄datur oues, capit agm̄ equor̄
Agricolas multos ⁊ iuga mille boum,
Que uenale genus tactu uice pastor agebat.
Heu heu dux prede uile lupanar erat.
Cū uictor tandē castrū saturatus adiret,
Spectat in aduersū milia quinq; uiros.
Qui p̄dam c̄tare parant, stringunt in arma,
Et tam expositos Guido retardat equos.
Tunc dipuldus ait, michi sors qua seta uideris
Hoc mens, hoc ānimus hoc mea uota petunt.
Me p̄bet esse uirū contra, quicūq; coruscat.
Exhinc ad socios talia uba dedit.
Nec uos aspectus numerosi terreat hostis,
Femineos tellus parturit ista uiros.
Ad speculū natos effeminat umbra quietis,
Quos alit in teneris dulce cubile rosis.
Hij tam criduni sum̄ ⁊ nos impiales,
Hii pecudes, sed nos dicimur ē sues.
Sus agat in pecudes, ⁊ eas uelut portet.
Audaces sequitur sors bona sepe uiros.
Hac ten; in irus clipeo, comissus ⁊ asty caple
Dū ferit, eiusos tīga ferire pudet.
Mille uiros fi era, per unus febriat asta,
Et ligat ⁊ tondit mille uir un̄ oues.
Nec tacto q̄d neapoly denicit in seruuis,
Quod loga exp̄tu, fr̄a laboris h̄abet.

<Particula XXXVIII.: Gesta Dipuldi>

Interea Siculis solo terrore subactis,
  Dux ratis auguste Cesaris urget iter.
Ut properet, scribit: »Quia iam Trinacria victa est,
  Et puppes, profugo rege, redire rogant. 1180
Iam satur a misere spoliis exercitus urbis
  Fastidit victa victor in urbe moras.«
Mane dato signo, tunc Calandrinus in alto
  Milicie socium circuit agmen equo,
Imperat, ut properent; tutum est properare Panormum. 1185
  Nec mora Teutonici iussa iubentis agunt.
Est data Dipuldo renovandi cura Salernum
  Nec non totius tradita iura soli.
Vir pure fidei, vir magni nominis, omnis
  Milicie titulus, imperiale decus, 1190
Quem nec promissum numerosi ponderis aurum
  Movit nec potuit sollicitare timor,
Hostibus in mediis quam plurima castra subegit
  Egregios alacer vicit in ense viros.
Cuius virtutis preconia vidit Aquinum, 1195
  Quo vicit victor milia quinque virum.
Vera loquar falsumque nichil mea Musa notabit,
  Nec mea Romanas fistula fallet aves.
Quodam forte die veniens Dipuldus ab Archi,
  Colligit in multos fulmifer arva sinus, 1200
Innumeras predatur oves, capit agmen equorum,
  Agricolas multos et iuga mille boum,
Que venale genus factum vicepastor agebat;
  Heu heu, dux prede vile lupanar erat.
Cum victor tandem castrum saturatus adiret, 1205
  Spectat in adversum milia quinque viros,
Qui predam certare parant, stringuntur in arma,
  Et tamen expositos Guido retardat equos.
Tunc Dipuldus ait: »Michi, sors, quam sera videris!
  Hoc mens, hoc animus, hoc mea vota petunt! 1210
Me probet esse virum, contra quicumque coruscat.«
  Exhinc ad socios talia verba dedit:
»Nec vos aspectus numerosi terreat hostis:
  Femineos tellus parturit ista viros.
Ad speculum natos effeminat umbra quietis, 1215

  Quos alit in teneris dulce cubile rosis.
Hii Tancridini, sumus et nos imperiales.
  Hii pecudes, sed nos dicimur esse sues.
Sus agat in pecudes et eas et vellera portet;
  Audaces sequitur sors bona sepe viros.« 1220
Hactenus innixus clipeo, commissus et aste,
  Dum ferit eversos, terga ferire pudet.
Mille viros flexa procer unus inebriat asta,

  Et ligat et tondit mille vir unus oves.
Nec tracto, quod Neapolim devicit inhermis; 1225
  Quod loquor, expertum Terra Laboris habet.

<Achtunddreißigster Abschnitt: Die Taten Diepolds>

Als nun die Sizilianer allein durch Einschüchterung unterworfen waren,
  drängte der Führer der kaiserlichen Flotte auf das Erscheinen des Kaisers.
Er schreibt, daß er eilen soll, da Sizilien schon besiegt ist,
  und die Schiffe nach der Flucht des Königs um Heimkehr bitten.
Das schon an der Beute aus der unglücklichen Stadt gesättigte Heer
  verabscheut längeren Aufenthalt als Sieger in der besiegten Stadt.
Nachdem früh das Signal gegeben worden war, umritt der von Kalden hoch
  zu Roß den Heerzug der Gefährten.
Er befiehlt, sich zu beeilen. Sicher ist es, eilends nach Palermo zu marschieren.
  Unverzüglich befolgen die Deutschen den Befehl ihres Anführers.
Diepold wurde die Sorge für den Wiederaufbau Salernos übertragen
  und die Verfügungsgewalt über den gesamten Grund und Boden.
Ein Mann reiner Treue, Träger eines bedeutenden Namens, des ganzen
  Heeres Ruhm, Zierde des Reichs,
den nicht das Versprechen von vielen Pfunden Gold
  beeinflußte, noch Furcht in Unruhe versetzte.
Mitten unter den Feinden eroberte er zahlreiche Festungen,
  hervorragende Männer bezwang er mutig mit dem Schwert.
Den Ruhm seiner Tapferkeit sah Aquino,
  wo er als Sieger fünftausend Mann besiegte.
Ich will die Wahrheit sagen, und meine Muse wird nichts Falsches aufschreiben,
  noch wird meine Flöte die römischen Vögel täuschen.
Eines Tages kam Diepold zufällig von Rocca d'Arce,
  der Blitzeschleuderer sammelt Getreide in viele Säcke,
erbeutet zahllose Schafe, fängt ein Pferdeherde,
  viele Bauern und tausend Joch Ochsen.
Diese Beute trieb in der Rolle des Hirten das wohlfeile Gewerbe.
  O weh, der Führer der Beute war ein nichtswürdiges Bordell.
Als der Sieger schließlich gesättigt zur Burg zog,
  sah er sich fünftausend Mann gegenüber,
die ihm die Beute abspenstig machen wollten. Man wird handgemein,
  doch Guido hält die Pferde der Vorhut auf.
Da sprach Diepold: »Schicksal, wie spät erscheinst Du mir!
  Das erstrebt mein Mut, das mein Herz, das all mein Verlangen!
Wer immer die Waffe gegen mich schwingt, soll erfahren, daß ich ein Mann bin!«
  Dann richtete er folgende Worte an die Gefährten:
»Der Anblick des zahlreichen Feindes soll Euch nicht schrecken!
  Diese Erde gebiert weibische Männer!
Die schattige Muße verweichlicht sie, die geboren sind, vor dem Spiegel zu stehen.
  Ein süßes Ruhebett läßt sie auf zarten Rosen gedeihen.
Das sind Tankrediner, wir sind Kaiserliche.
  Diese sind Schafe, wir werden Schweine genannt.
Das Schwein soll gegen die Schafe vorgehen und sie und ihre Felle davontragen.
  Verwegenen Männern kommt oft gutes Glück zu Hilfe.«
Bis hier auf den Schild gelehnt ließ er sich auf das Lanzengefecht ein,
  und als er auf die Besiegten einsticht, will er doch nicht von hinten zustoßen.
Tausend Mann läßt e i n Recke mit seiner biegsamen Lanze betrunken aussehen,
  und e i n Mann bindet und schert tausend Schafe.
Und ich behandle nicht, daß er Neapel als Unbewaffneter besiegte;
  was ich sage, hat die Terra di Lavoro erfahren.

Bild und Text rühmen die »Taten Diepolds«. Diepold von Schweinspeunt (s. fol. 130) hat den Autor offenbar deswegen besonders interessiert, weil sein Wirkungskreis Kampanien, die Heimat des Dichters, war. Diepold begegnet seit Ende März 1195 als Justitiar der Terra di Lavoro, worauf vielleicht vv. 1187–88 anspielen. Wir sehen Diepold (*Diopuldus*), kraftvoll einhersprengend und Beute an Vieh (Pferde, Kühe, Schafe und Ziegen) und Männern machend, die von Buhlerinnen – Stäbe mit Kugel-Knauf wie bei den Boten auf fol. 101 und 124 hochreckend – getrieben werden (*meretrices ducunt predam*) und die Diepold auf dem unteren Bild gegen den Zugriff eines sonst nicht belegten Tankred-Anhängers verteidigt, der in die Flucht geschlagen wird (*Guido de Castello Veteri volens predam erigere* [statt *eripere*] *in fugam versus est*). Mit seiner Lanze trifft Diepold einen der flüchtenden Ritter, der kopfüber vom Pferd stürzt. Vielleicht ist Guido mit jenem königlichen Beamten identisch, den Diepold anderen Quellen zufolge 1192 bei Aquino besiegte, dabei das Land verheerte und auch die Landbevölkerung nicht schonte. Die Einreihung der Episode zu 1194 ist demnach fraglich.

133ʳ
Diepold von Schweinspeunt galoppierend und eine Reiterschar verfolgend. Frauen treiben Herden und zwei gefangene Männer vor sich her

diopold*

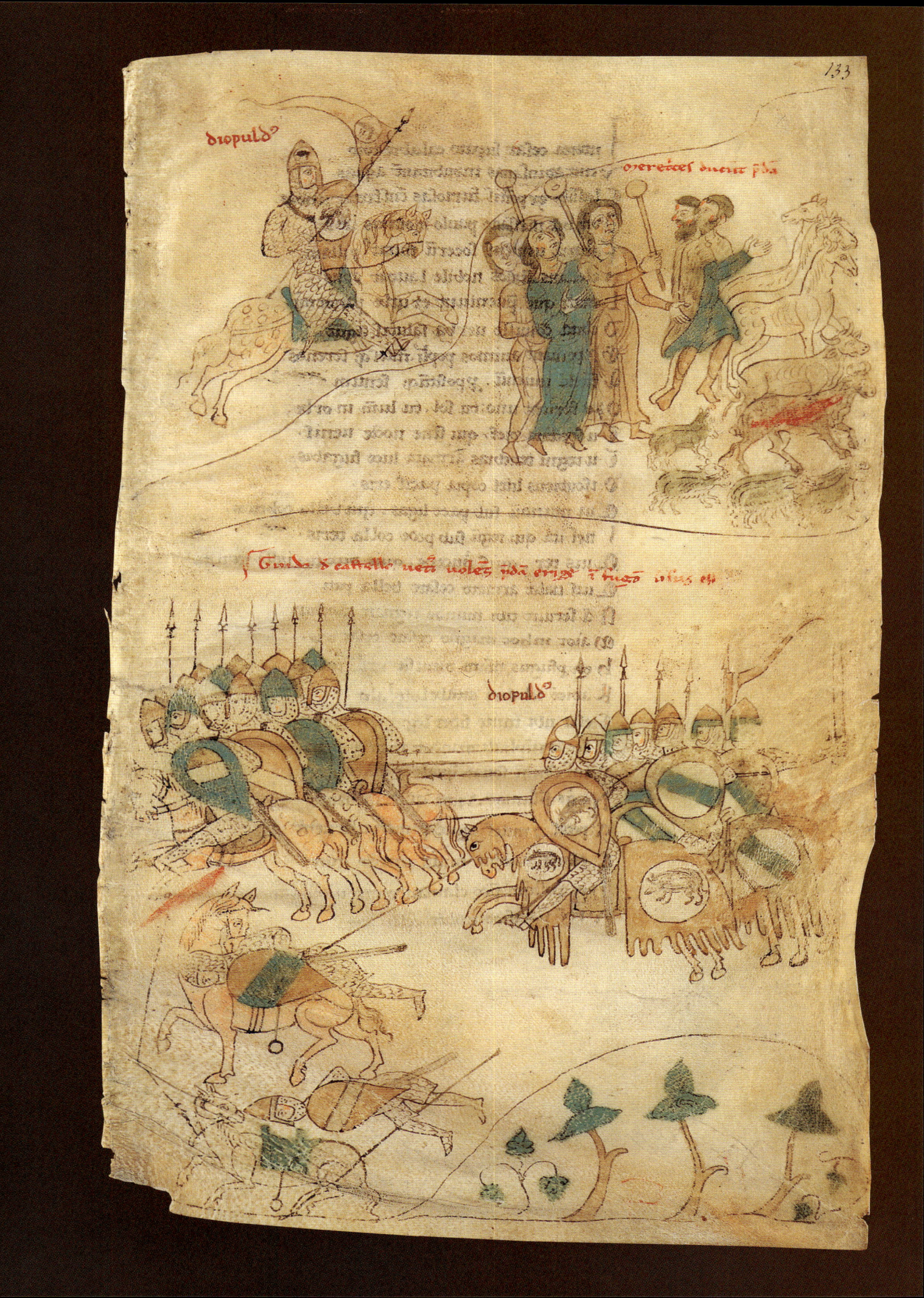

hereties ducit p̄ba

Guido d castello ne nolēs p̄pa t hugo v̄ius ē

diopold*

Interea cesar superato calabre toto
Venit ad insanas indubitanter aguas.
Classib; ex pontis furiosas tris fretat undas.
Post hec messane paulo moratus abit.
Fabariam ueniens socerum miratur, et illam
Delectans animos nobile laudat opus.
Leteti que preueniunt ex urbe panormi,
Debita comisse uerba salutis agunt.
Exponunt animos popli metusq; serenos,
Affectu iuuenum propositucq; senum.
Ope feruunt uno; tu sol, tu lumen in orbe,
Tu spectata dies, qui sine nocte uenis.
Tu regni tenebras armata luce fugabis.
Discutiens lites copia pacis eris.
Qui mundum sub pace ligas, qui bella coherces,
Nesc ita qui regii sub pede colla teris.
Quis rex, quis princeps, quis dux tua iussa recusat?
Quis ualet armato cesare bella pati.
Na seruire tibi mundo regnare uidetur,
Maior in hoc magno cesare cesar eris.
Hen profugus nostram dimisit regis urbem,
Radices colubri catabelotti alit.
Cesar ubi tante fidei legata recepit,
Pace triumphali mandat in urbe frui.
Statim edictum sonat in piale per omnes,
Ne quis presumat, unde querela uenit,
Et pedes et miles caute pomeria seruent
Cesaris aduentus nulla uirecta queret.
Hec postquam preco clamando circuit agmen,
Urbem pacifico milite cesar adit.

<Particula XXXIX.: Legatio Panormi>

Interea Cesar, superato Calabre toto,
  Venit ad Insanas indubitanter Aquas.
Classibus expositis, furiosas transfretat undas,
  Post hec Messane paulo moratus abit.
Fabariam veniens, socerum miratus et illam,
  Delectans animos nobile laudat opus.
Legati quem preveniunt ex urbe Panormi,
  Debita commisse verba salutis agunt.
Exponunt animos populi mentesque serenas,
  Affectum iuvenum propositumque senum.
Ore ferunt uno: »Tu sol, tu lumen in orbe,
  Tu spectata dies, qui sine nocte venis,
Tu regni tenebras armata luce fugabis,
  Discuties lites copia pacis eris,
Qui mundum sub pace ligas, qui bella coherces,
  Inclita qui regum sub pede colla teris.
Quis rex, quis princeps, quis dux tua iussa recusat?
  Quis valet, armato Cesare, bella pati?
Nam servire tibi mundo regnare videtur:
  Maior in hoc magno Cesare Cesar eris.
Hen, profugus nostram dimisit regulus urbem,
  Radicem colubri Catabelotus alit.«
Cesar ubi tante fidei legata recepit,
  Pace triumphali mandat in urbe frui.
Protinus edictum sonat imperiale per omnes,
  Ne quis presumat, unde querela venit,
Et pedes et miles caute pomaria servent,
  Cesaris adventus nulla virecta gravet.
Hec postquam preco clamando circuit agmen,
  Urbem pacifico milite Cesar adit.

<Neununddreißigster Abschnitt: Die Gesandtschaft Palermos>

Nachdem nun der Kaiser ganz Kalabrien unterworfen hatte,
  kam er ohne Zögern zu den unberechenbaren Wassern
und setzte, nachdem die Flotte zu Wasser gelassen war, über das Meer.
  Dann verweilte er etwas in Messina und zog weiter.   1230
Er kam nach dem Schloß Favara seiner Schwiegereltern, bewunderte es
  und lobte den Bau, der die Herzen erfreute.
Hierher kommen ihm Gesandte aus der Hauptstadt Palermo entgegen
  und überbringen die schuldigen Grußworte.
Sie legen die Gesinnung des Volkes dar und die freundliche Stimmung,   1235
  die Zuneigung der Jungen und die Vorsätze der Alten.
Aus einem Munde sprechen sie: »Du bist die Sonne, Du das Licht in der Welt,
  Du der ersehnte Tag, der Du kommst ohne Nacht,
Du wirst die Finsternis des Reiches mit dem Licht Deiner Waffen vertreiben,
  Du wirst die Fülle des Friedens sein, der Du die Streitigkeiten schlichtest,   1240
der Du die Welt unter den Frieden zwingst, der Du die Kriege unterdrückst,
  der Du die stolzen Nacken der Könige unter Deinem Fuße zertrittst.
Welcher König, welcher Fürst, welcher Herzog weist Deine Befehle zurück?
  Wer vermag, nachdem der Kaiser sich gewappnet hat, den Krieg zu ertragen?
Denn der Welt zu dienen, das scheint Dir Herrschen zu bedeuten,   1245
  und darin wirst Du als Kaiser größer als der große Caesar sein.
Siehe, das Königlein hat als Flüchtling unsere Stadt verlassen,
  Caltabellotta nährt den Sproß der Schlange.«
Als der Kaiser die Botschaft solcher Treue empfangen hatte,
  ordnete er an, in der Stadt einen friedlichen Triumph zu feiern.   1250
Sofort ergeht ein kaiserliches Edikt an alle,
  daß niemand etwas wagen soll, was zu Klagen Anlaß gebe,
und daß Fußsoldat und Ritter sorgfältig die Obstgehölze erhalten
  und die Ankunft des Kaisers keine Gärten schädige.
Nachdem ein Herold das Heer umrundet hatte, indem er dies verkündete,   1255
  betrat der Kaiser mit friedfertigen Soldaten die Stadt.

Die Flotte unter Markward von Annweiler und das kaiserliche Heer hatten sich Ende Oktober in Messina vereinigt, die Eroberung der Insel, hier angedeutet durch die vier Kastelle Caltabellotta, Vicari, Caltavuturo und (abgegangen) Calatahameth, bei Calatafimi, Provinz Trapani (*Catabellot, Bicarim, Catabutur, Calatamet*), war nur noch eine Frage der Zeit. Die Köpfe über den Zinnen von Caltabelotta sind von späterer Hand nachgetragen. Dorthin hatte Tankreds Witwe Sibylle ihren noch im Kindesalter stehenden Sohn, König Wilhelm III., in Sicherheit bringen und Vorsorge treffen lassen für eine längere Belagerung. Auf dem mittleren Bildfeld ist der Kaiser bis zum königlichen Lustschloß Favara vor den Toren Palermos gekommen, als eine – auch sonst bezeugte – Gesandtschaft der Stadt ihn aufsucht (*serenissimus imperator Henricus Fabariam veniens nuncios ab urbe Panormi recepit; nuncii Panormi*), um ihm die Stadt kampflos zu übergeben. Die Königinwitwe Sibylle sehen wir traurig im Königspalast der Hauptstadt (*tristis uxor Tancredi*); die Krone fällt von ihrem Haupt, ein Hinweis auf das baldige Ende der normannischen Königsherrschaft, das durch den feierlichen Einzug des Kaisers in der Hauptstadt am 20. November 1194 besiegelt wurde (*cum pompa nobili et triumpho glorioso Augustus ingreditur Panormum*). Eine ausführliche Schilderung des Triumphzuges bietet die Chronik Ottos von St. Blasien (oben S. 27f.). Seit diesem Tag nannte sich der Kaiser offiziell auch König von Sizilien, also noch vor seiner Krönung am Weihnachtstag.

134ʳ
Vier Kastelle Siziliens. Der Kaiser empfängt drei Abgesandte Palermos. Einzug des Kaisers in Palermo

¶ Catabellot. ¶ bicari. ¶ Catabutur. ¶ Cilocamir

Serenissim' īpator henr' labaria veniēs
nūcios ab urbe panor' recepit

Nuncij panormi

tristis uxor tancredi

¶ Cū popa nobili 7 triūpho glōrioso august' igredit' panormū.

Angesichts des triumphalen Einzugs des Kaisers in die Hauptstadt beklagt die – jetzt ohne Krone dargestellte – Königinwitwe Sibylle in der Kapelle des Königspalastes ihr Schicksal und betet um ihr Wohlergehen zu den Aposteln Petrus und Paulus (*uxor Tancredi ut videt Augustum triumphantem in urbem orat apostolos Dei Petrum et Paulum*). Sibylle ist zweimal dargestellt: als sorgenvolle Beobachterin in Begleitung zweier Dienerinnen und als Beterin. Die Darstellung der beiden Apostel, Paulus mit Buch, Petrus mit Rolle und Schlüsseln (die Beischriften sind von späterer Hand), läßt darauf schließen, daß dem Künstler die byzantinischen Mosaiken der Cappella Palatina und der Kathedrale von Monreale bekannt waren; sie sind in der Zeichnung nachempfunden. – Unerwähnt läßt der Autor, daß der Kaiser vor dem Einzug in Palermo dem jungen König Wilhelm III. gleichsam als Entschädigung die Grafschaft Lecce und das Fürstentum Tarent verliehen hatte; die Belehnung wurde freilich nicht realisiert (siehe fol. 136, 137).

135ʳ
Die Gemahlin Tankreds ruft Petrus und Paulus an. Sibylle mit zwei Frauen, die sich das Gesicht verhüllen

Cataballot · bicari · cacabuntit · Clocamer

Serenissim' imperator henr' sabaria veniens nucios ab urbe pan[ormi] recepit

Nuncij panormi

Sibilla uxor tancredi

Cum popa nobili et triupho gloriolo augustus ingreditur panormu

Hec ubi tancredi miseri miserabilis uxor
Respicit, ut glacies mane nouella riget.
Membra cruor, calor artus, spūs ossa reliqit.
Vix a femineis ē recreata uiris.
At postqm sūpsit dubias in pectore uires
In lacrimas oculos soluit amara suos.
Brachia iactat huc quos leserat ausa peari
Sctos: nec paulus nec petrus audit eam.
Colligit inmeritū piuria multa mariti
Cedes hoium nequitieq; genus.
Causatur sua gesta prīs, causatur et inde
Piuri totiens ipsa facta uiri.
Sic ait. o utinā lichio com̄ issa manere,
Terrerent animos plia nulla meos.
Vir michi forsan adhuc supēet, et inclita ples
Nunc lichiū tristis orba duobus eo.
Voluisset nucm̄ uisus trinacria nros,
Nunc michi deserte dos mea tuta foret.
Quā cito falsus honor deserit, et fugit om̄ .
Vt noua furtiuus bruma liquescit honor.
Ardeat in medio vicecancellarī orto,
Qui fuit excicti sedula causa mei.
Quantū nequitie, quantū ue tirānidis ausus
Vir meus, in penas hec tulit hora meas.
Ei michi quid, poest, quod rex tulit anglie aurū
Ei michi quid psunt, que tibi roma dedi.
Thesauros exausta meos succurrite relicte,
Auxiliū phibe si potes ipsa michi.
Cur tua carta uirū tibi dante dona fefellit,
Hen tuus egrot' regnat et arma tenet.
Mortuus hen uincit. tuus eger in urbe tūphat,
Sic tua decepit littera falsa uirum.
Ei michi nec tutū est romane credere puppi,
Aue quas in sequitur has imitatur aquas.
Nec michi greca nurus pdest dulcissime fili.
Quā nec adhuc nisa fronte philippus amat.
Ergo quod ē tutū ueniam sūmissa pcabor,
Effundens lacrimas cesaris ante pedes.
Singult', lacrime, gemitus, suspiria, fletus,
Hec uir, et hec ples, hec michi fr̄ erunt.
Pme pugnabunt, pme diuīnq; rogabunt
Plus facient lacrime quā mea tela michi.
Plus poterit pietas, quā nisia mille quiritū
Plus pco, quā telis cesar habēdus erit.

<Particula XL.: Sibille questus>

Hec ubi Tancredi miseri miserabilis uxor
 Respicit, ut glacies mane novella riget.
Menbra cruor, calor artus, spiritus ossa reliquit,
 Vix a femineis est recreata viris.
At postquam sumpsit dubias in pectore vires,
 In lacrimas oculos solvit amara suos.
Brachia iactat humo, quos leserat, ausa precari
 Sanctos: nec Paulus nec Petrus audit eam.
Colligit in meritum periuria multa mariti
 Et cedes hominum nequicieque genus.
Causatur sua gesta prius, causatur et inde
 Periuri tociens impia facta viri.
Sic ait: »O, utinam Lichio comitissa manerem,
 Terrerent animos prelia nulla meos,
Vir michi forsan adhuc superesset et inclita proles.
 Nunc Lichium tristis orba duobus eo.
Vidisset nuquam visus Trinacria nostros,
 Nunc michi deserte dos mea tuta foret.
Quam cito falsus honor nos deserit et fugit omnis,
 Ut nova furtivus bruma liquescit honor.
Ardeat in medio vicecancellarius orco,
 Qui fuit excicii sedula causa mei.
Quantum nequicie qunatumve tirannidis ausus
 Vir meus, in penas hec tulit hora meas.
Ei michi, quid prodest, quod rex tulit Anglicus aurum?
 Ei michi, quid prosunt, que tibi, Roma, dedi?
Thesauros exausta meos succurre relicte,
 Auxilium perhibe, si potes, ipsa michi.
Cur tua carta virum tibi dantem dona fefellit?
 Hen, tuus ›egrotus‹ regnat et arma tenet.
›Mortuus‹, hen, vincit, tuus ›eger‹ in urbe triumphat:
 Sic tua decepit littera falsa virum.
Ei michi, nec tutum est Romane credere puppi,
 Que, quas insequitur, has imitatur aquas.
Nec michi Greca nurus prodest, dulcissime fili,
 Quam, nec adhuc visa fronte, Philippus amat.
Ergo, quod est tutum, veniam summissa precabor,
 Effundens lacrimas Cesaris ante pedes.
Singultus, lacrime, gemitus, suspiria, fletus,
 Hec vir et hec proles, hec michi frater erunt.
Pro me pugnabunt pro me dominumque rogabunt,
 Plus facient lacrime, quam mea tela, michi.
Plus poterit pietas quam milia mille Quiritum,
 Plus prece quam telis Cesar habendus erit.«

<Vierzigster Abschnitt: Die Klage der Sibylle>

Als dies die elende Gattin des elenden Tankred
 sah, erstarrte sie wie frisches Eis am Morgen.
Das Blut entwich dem Leib, die Wärme den Gliedmaßen, das Leben dem Gebein. 1260
 Kaum konnte sie von den Eunuchen wiederbelebt werden.
Aber nachdem sie unsichere Kräfte in ihrem Innern wiedererlangt hatte,
 ließ sie verbittert aus ihren Augen die Tränen fließen.
Sie wirft ihre Arme auf den Boden und wagt, die sie zuvor verletzt, zu bitten,
 die Heiligen, doch weder Paulus noch Petrus erhört sie.
Als ein Verdienst zählt sie die vielen Meineide ihres Ehegatten auf 1265
 und die Morde an Menschen und weitere Verbrechen.
Sie führt zuerst ihre Taten ins Feld, dann
 die ebenso häufigen ruchlosen Taten ihres Mannes.
So spricht sie: »O wenn ich doch Gräfin von Lecce geblieben wäre!
 Keine Kämpfe würden mein Herz dann erschrecken. 1270
Mein Mann lebte vielleicht noch und mein edler Sohn.
 Nun gehe ich traurig und von beiden verlassen nach Lecce.
Hätte Sizilien niemals unsere Augen gesehen!
 Dann wäre mir Verlassener meine Mitgift sicher.
Wie schnell verläßt uns die trügerische Ehre und schwindet ganz! 1275
 Wie frischer Schnee löst sich die angemaßte Ehre auf!
Der Vizekanzler soll mitten in der Hölle brennen,
 der die rastlos tätige Ursache meines Untergangs war.
Wieviel an Verbrechen, wieviel an Tyrannei gewagt hat
 mein Mann, das bringt diese Stunde als meine Strafe. 1280
Weh mir, was nützt es, daß der englische König Gold schickte?
 Weh mir, was nützen die Dinge, die ich Dir, Rom, schenkte?
Die Du meine Schätze erschöpft hast, eile der Verlassenen zu Hilfe,
 bringe Du selbst mir Hilfe, wenn Du kannst!
Warum täuschte Dein Schreiben den Mann, der Dir Geschenke gab? 1285
 Siehe, Dein »Kranker« herrscht und hält die Waffen in der Hand.
Siehe, der »Tote« siegt und Dein »Siecher« triumphiert in der Stadt:
 So täuschte Dein falscher Brief meinen Mann.
Weh mir, es ist nicht sicher, dem römischen Schiff zu vertrauen,
 das sich den Wassern anpaßt, in deren Strömung es schwimmt. 1290
Auch die griechische Schwiegertochter nützt mir nichts, liebster Sohn,
 die, ohne bisher ihr Antlitz gesehen zu haben, Philipp liebt.
Also werde ich, was sicher ist, demütig um Gnade flehen
 und vor den Füßen des Kaisers Tränen vergießen.
Schluchzen, Tränen, Wehklagen, Seufzen und Weinen, 1295
 die werden mir Mann, die Sohn, und die Bruder sein.
Sie werden für mich kämpfen und werden für mich den Herrn bitten.
 Mehr werden für mich die Tränen erreichen als meine Waffen.
Mehr wird Frömmigkeit vermögen als tausend mal tausend Römer,
 mehr durch Bitten als durch Waffen wird der Kaiser eingenommen werden. 1300

Angesichts des triumphalen Einzugs des Kaisers in die Hauptstadt beklagt die – jetzt ohne Krone dargestellte – Königinwitwe Sibylle in der Kapelle des Königspalastes ihr Schicksal und betet um ihr Wohlergehen zu den Aposteln Petrus und Paulus (*uxor Tancredi ut videt Augustum triumphantem in urbem orat apostolos Dei Petrum et Paulum*). Sibylle ist zweimal dargestellt: als sorgenvolle Beobachterin in Begleitung zweier Dienerinnen und als Beterin. Die Darstellung der beiden Apostel, Paulus mit Buch, Petrus mit Rolle und Schlüsseln (die Beischriften sind von späterer Hand), läßt darauf schließen, daß dem Künstler die byzantinischen Mosaiken der Cappella Palatina und der Kathedrale von Monreale bekannt waren; sie sind in der Zeichnung nachempfunden. – Unerwähnt läßt der Autor, daß der Kaiser vor dem Einzug in Palermo dem jungen König Wilhelm III. gleichsam als Entschädigung die Grafschaft Lecce und das Fürstentum Tarent verliehen hatte; die Belehnung wurde freilich nicht realisiert (siehe fol. 136, 137).

135ʳ
Die Gemahlin Tankreds ruft Petrus und Paulus an. Sibylle mit zwei Frauen, die sich das Gesicht verhüllen

Quo zancredi ut uidet augustu[m] Eufrate[m]
sup[er]e orat apostolos s[an]c[t]i petru[m] [et] pauli.

S. palus. S. pet[rus]

Postqm questa sui lacrimabilis omnia fati
dulichium ueniam poscit itura suum.
Impetrat et supplex nato ueniamque nepoti
Inde triumphante suscipit aula duce.
Regia letatur, tenebrax nube fugatur,
Exultans iubilos premeruisse dies.
Cesar ut accepit sceptrum regale potitus,   pubsibil'
Multiplicat carolis nomen et omnis auus.   omnis
A uiciis mundat sacrata palacia regum,
Et saturninos excutit inde dolos.
Et iouis, et magni tempus nouat octauiani,
Integra sub nro pax salomonis redit   mansuit
Que sub tancredo dudum defuncta manebat,
Cesare sub nro uiuida facta uiget.
Cesaris inuicti pax nobis exit ab armis
Nam stat inuicto cesaris ense salus.
Pulsantes omnes claues et scrinia portant,
Assignant, quas quas fiscus habebat opes.
Thesauros numerant, quos unis arane ille
A userat, et frustra retia neuit apris.

Primum neutrox claues escriniat omnes
Alit apodixas explicat, alit opes.
Hec quantum calab, seu qrtum debeat afer
Apulus aut siculus debeat orbis habet.
Miratur gazas, qs antiquissim' ardor   quas antiquissimus
Sortis incerte grude redegit honus.
Diuitias partitur eis, qs prelia nulla   quos
Terruerat, et bello nec renuere mori.
                                tinnulus

<Particula XLI.: Imperator occupat triumphans regiam>

Postquam questa sui lacrimabilis omina fati,
　Ad Lichium veniam poscit itura suum.
Inpetrat et supplex nato veniamque nepoti.
　Inde triumphantem suscipit aula ducem.
Regia letatur, tenebrarum nube fugata,
　Exultans iubilos promeruisse dies.
Cesar ut accepit sceptrum regale potenter,
　Multiplicat Carolis nomen et omen avis.
A viciis mundat sacrata palacia regum
　Et Saturninos excutit inde dolos,
Et Iovis et magni tempus novat Octaviani.
　Integra sub nostro pax Salomone redit:
Que sub Tancredo dudum defuncta manebat,
　Cesare sub nostro vivida facta viget!
Cesaris invicti pax nobis exit ab armis,
　Nostra stat in nudo Cesaris ense salus.
Putifares omnes claves et scrinia portant,
　Adsignant, quasquas fiscus habebat opes.
Thesauros numerant, quos vermis araneus ille
　Auserat et frustra retia nevit apris.
Primus neutrorum claves escriniat omnes,
　Alter apodixas explicat, alter opes.
Hec, quantum Calaber seu quantum debeat Afer,
　Apulus aut Siculus debeat, orbis habet.
Miratur gazas, quas antiquissimus ardor
　Sortis in incerte grande redegit honus.
Divicias partitur eis, quos prelia nulla
　Terruerant, bello nec renuere mori.
　　　　　＊＊＊

<Einundvierzigster Abschnitt: Der Kaiser ergreift triumphierend vom Königspalast Besitz>

Nachdem sie die Aussichten ihres beklagenswerten Schicksals bejammert hatte,
　bat sie, im Begriff, nach Lecce zu gehen, um Gnade.
Sie erlangt sie auch bittflehend für ihren Sohn und Neffen.
　Dann nimmt der Hof den triumphierenden Führer auf.

1305　Der Palast frohlockt; daß er nach Vertreibung der Wolke der Finsternis
　Freudentage verdient hat, bejubelt er.
Als der Kaiser machtvoll das königliche Szepter empfing,
　übertraf er den Namen Karl seiner Ahnen und dessen Schicksalsbedeutung.
Er reinigte den heiligen Palast der Könige von Lastern
1310　und vertrieb von dort die Listen des saturnischen Zeitalters
und erneuerte die Zeit Jupiters und des großen Oktavian.
　Unbegrenzter Frieden kehrte unter unserem Salomo zurück.
Er, der unter Tankred eben noch tot darniederlag,
　lebt jetzt unter unserem Kaiser zum Leben erweckt!
1315　Von den Waffen des unbesiegbaren Kaisers geht Frieden für uns aus,
　unser Wohlergehen beruht auf dem blanken Schwert des Kaisers.
Alle Schatzmeister bringen Schlüssel und Schreine
　und bezeichnen die Vermögenswerte, die der Fiskus hatte.
Sie zählen die Schätze, die jenes Spinnengetier
1320　vermehrt hatte. Doch vergeblich hatte es seine Netze nach den Ebern gestellt.
Der erste der Eunuchen holt alle Schlüssel aus den Schreinen,
　einer entrollt die Abgabenverzeichnisse, ein anderer die Güter.
Das, was immer der Kalabrese schuldet, was der Afrikaner,
　was der Apulier oder der Sizilianer, enthält ein Verzeichnis.
1325　Er bewundert die Schätze, die die uralte Leidenschaft,
　die sich um das unsichere Schicksal bemüht, als schwere Last zusammentrug.
Die Reichtümer verteilt er an die, die keine Kämpfe
　geschreckt hatten und die bereit gewesen waren, im Kampf zu fallen.
　　　　　＊＊＊

Die Abbildung paßt nicht zum Text; hier fehlt ein Blatt, welches auf der Vorderseite die bildliche Darstellung des kaiserlichen Triumphzuges (oben S. 27 f.) und auf der Rückseite den Text zur vorliegenden Zeichnung geboten haben muß. Das Bild zeigt eine Verschwörergruppe um die Königinwitwe Sibylle, den etwas verloren wirkenden kindlichen König (*regulus*; die Beischrift ist von späterer Hand) und den Erzbischof Nikolaus von Salerno (*presul Salerni*; von späterer Hand), den Sohn des verstorbenen Kanzlers Tankreds, Matheus de Ajello. In der oberen Bildhälfte diktiert der Erzbischof im Beisein des Königs einem Notar einen Brief; in der unteren Szene leisten die Verschwörer über einem Evangelienbuch einen Eid (*domus in qua coniurant proditores regni*). Nicht alle Genannten sind zweifelsfrei zu identifizieren; auch finden sich zwei Namen mehr als Personen. Links neben Sibylle (*uxor Tancredi*) sind versammelt Erzbischof Nikolaus (*presul Salerni*), der Admiral Margaritus von Brindisi (*Margaritus*) und – vielleicht – Graf Roger von Chieti (*Rogerius Tharthis*). Auf der rechten Seite wurden identifiziert Graf Richard von Acerra oder Graf Richard von Carinola und Conza (*comes Riccardus*), Graf Roger von Molise oder Roger, Sohn Graf Richards von Acerra (*comes Rogerius*), Graf Richard de Ajello, der Bruder des Erzbischofs von Salerno (*comes Riccardus de Agello*), Admiral Eugenius, der spätere Oberkämmerer Apuliens und der Terra di Lavoro (*Eugenius*), Graf Wilhelm von Marsico und Ragusa (*comes Willelmus de Marsico*), Johannes, der Bruder des Salernitaner Erzbischofs (*Iohannes frater presulis Salerni*), Graf Roger von Avellino (*comes Rogerius Avilini*), Alexius, der Oberkämmerer König Tankreds (*Alexius servus Tancredi*). Zum Hintergrund vgl. fol. 137.

136ʳ
Der Bischof von Salerno diktiert einem Schreiber. Der kleine Sohn Tankreds. Verschwörung von elf Großen des Landes unter Vorsitz der Witwe Tankreds

regulus·   presul salei·

dom̄ īq̄ iurāt p̄dcōsl Reg
uxor tancredi | Comes Ricc̄
phūs salernī | Comes Roḡ
Margaritꝰ | Comes Ricc̄ d'agell
Roḡ tharchꝰ | eugenī
 | Comes· W· d'marsic̄
 | Ioh̄s fr̄ p̄sulis Salē
 | dom̄ Reḡ aīulmꝰ
 | Alex̄ seruus tancredī

At deus impaciens fraudis sceleris q; nefandi
Explicat in luce, quod tegit archa nephas.
Nam nichil admittit felix fortuna sinistrum,
Nec possunt quod obest, prospera fata pati.
Hec tria felices comitantia cesaris actus
Quam bene dispensant, sors bona, fata, deus.
Conscius archani quidam secreta reuelat,
Et docet insidias enumeratq; uiros.
Detegit & scriptum nocturna lampade factum,
Quod docet in cayphe presule posse capi.
Obstupet armipotens famulos miratus iniquos:
Ducit & in dubiam uerba relata fidem.
Postquam certa fides sup hijs datur, indice septo
Coniuratoris dissimulatur opus.
Curia contrahitur, resident in iure uocati,
Quisq; sibi dubitans multa timenda timet.
Iamq; silere dato, solio redimitus ab alto
Exoluit querulo cesar in ore moras.
Quis pro pace necem, uel quis pro munere damnum,
Aut quis pro donis dampna meretur, ait.
Nec xpo cayphas fecit, nec senius anna,
Quam michi conscripte disposuere manus.
Protinus armiferis pleno iubet ore ministris,
Vt capiant quos quos littera lecta notat.
Qui cum mandatis inplent pia iussa receptis,
Infectos capiunt poditione uiros.
Dampnatos ex lege uiros clementia differt,
Et suffert pietas impietatis onus.
In condempnatos meritum sententia tardat:
Quo datur, ut uictos apula dampnet humus?
Quam cesar properans ex parte licenciat agmen,
Nequet urbanos maxima turba suos.
Bauuarus & scauus, lonbardus, marchio, tuscus,
In propria redeunt saxo, boemus, hunum.

<Particula XLII.: Coniuratio proditorum detegitur>

At deus, inpaciens fraudis scelerisque nefandi,
    Puplicat in lucem, quod tegit archa nephas. 1330
Nam nichil admittit felix fortuna sinistrum,
    Nec possunt, quod obest, prospera fata pati.
Hec tria felices comitantia Cesaris actus
    Quam bene dispensant: sors bona, fata, deus!
Conscius archani quidam secreta revelat 1335
    Et docet insidias enumeratque viros.
Detegit et scriptum nocturna lampade factum,
    Quod docet in Caypha presule posse capi.
Ostupet armipotens famulos miratus iniquos,
    Ducit et in dubiam verba relata fidem. 1340
Postquam certa fides super hiis datur, indice scripto,
    Coniuratorum dissimulatur opus.
Curia contrahitur, resident in iure vocati,
    Quisque sibi dubitans, multa timenda timent.
Iamque silere dato, solio redimitus ab alto 1345
    Exolvit querulo Cesar in ore moras:
»Quis pro pace necem vel quis pro munere dampnum
    Aut quis pro donis dampna meritur?«, ait.
»Nec Christo Cayphas fecit nec sevius Anna,
    Quam michi conscripte disposuere manus.« 1350
Protinus armiferis pleno iubet ore ministris,
    Ut capiant, quosquos littera lecta notat.
Qui cito mandatis inplent pia iussa receptis,
    Infectos capiunt prodicione viros.
Dampnatos ex lege viros clementia differt, 1355
    Et suffert pietas impietatis honus.
In condempnatos meritum sentencia tardat,
    Quo datur, ut vinctos Apula dampnet humus.
Quam Cesar properans ex parte licenciat agmen,
    Ne gravet urbanos maxima turba suos. 1360
Bawarus et Scavus, Lonbardus, Marchio, Tuscus,
    In propriam redeunt Saxo, Boemus humum.

<Zweiundvierzigster Abschnitt: Die Verschwörung der Verräter wird aufgedeckt>

Aber Gott, der den Betrug nicht duldet und das ruchlose Verbrechen,
    bringt offen zu Tage, welches Verbrechen der Schrein enthält.
Denn ein glückliches Schicksal läß nichts Negatives zu,
    und ein günstiges Fatum kann nichts dulden, das hinderlich ist.
Diese drei, die die Taten des Kaisers begleiten,
    wie gut walten sie: gutes Glück, Schicksal und Gott!
Einer, der das Geheimnis kennt, enthüllt die verdeckten Pläne
    und bezeichnet die Anschläge und zählt die Beteiligten auf.
Er deckt auch ein bei nächtlichem Lampenschein abgefaßtes Schriftstück auf,
    das lehrt, daß man in dem Bischof einen Kaiphas zu fassen bekommt.
Der Waffengewaltige stutzt, verwundert sich über die unrechten Diener
    und zieht die Glaubwürdigkeit der berichteten Worte in Zweifel.
Nachdem aber sichere Gewähr dafür geleistet worden ist,
    wird das Werk der Verschwörer verheimlicht.
Der Rat wird versammelt, die Einberufenen sitzen zu Gericht,
    ein jeder ist im Zweifel über sich, sie befürchten viel Furchterregendes.
Nachdem nun Schweigen geboten war, gekrönt vom hohen Thron
    beseitigte der Kaiser durch seine Anklagerede weitere Verzögerungen:
»Wer verdient für Frieden Tod oder wer für einen Gunsterweis Schädigung
    oder wer für Geschenke Verluste?«, so spricht er.
»Nicht Kaiphas und nicht Hannas haben Christus schlimmer behandelt,
    als es die schriftlich verzeichneten Hände mir zugedacht hatten.«
Unverzüglich befiehlt er mit lauter Stimme bewaffneten Dienern
    festzunehmen, wen immer das verlesene Schreiben nennt.
Diese erfüllen sofort nach Erhalt ihres Auftrages die frommen Befehle
    und verhaften die in die Verschwörung verwickelten Männer.
Die Milde gewährt den gesetzmäßig Verurteilten Aufschub,
    und die Nächstenliebe erträgt die Last der Lieblosigkeit.
Das Machtwort hält die verdiente Strafe gegnüber den Verurteilten auf,
    wodurch es ermöglicht wird, daß der Boden Apuliens die Gefesselten bestraft.
Dorthin eilt der Kaiser und entläßt teilweise sein Heer,
    damit keine große Masse seine Stadtbürger belastet.
Der Baier und Slave, der Lombarde und Märker, der Toskaner,
    sie kehren auf den heimischen Boden zurück wie auch der Sachse und Böhme.

Die beiden Bilder zeigen die Entdeckung der Verschwörung und die Deportation der Verschwörer. Während der Text im ungewissen läßt, wer die Verschwörung aufdeckte, entschied sich der Zeichner für einen Mönch (*monachus iste coniurationem proditorum detexit*), der dem Kaiser (*imperator Henricus VI.*) den entscheidenden Hinweis gab. Eine andere Quelle spricht von einem Zisterzienser. Unter den Verschwörern, im oberen Bild schon zusammengepfercht (*isti sunt proditores*), erkennt man rechts die Königinwitwe Sibylle mit ihrem kleinen Sohn. Die Funktion der beiden übrigen Personen ist nicht klar; die knieende scheint um Gnade zu flehen, die stehende hat man zu Unrecht mit dem Kinderkönig identifiziert, der vielmehr deutlich unter den Verschwörern erkennbar ist. Im unteren Bild werden die Verschwörer nach Verlesen eines entlarvenden Briefes gefangen abgeführt (*lectis litteris proditionis capiuntur proditores*). Man beachte die unterwürfige Haltung des Vorlesers (s. die Boten auf fol. 101, 106, 124, 125). Unter den Gefangenen sind diesmal weder Sibylle noch Wilhelm III. zu identifizieren. Vielleicht schreckte der Zeichner davor zurück, eine ehemalige Königin und einen König in Ketten darzustellen. Die deutschen Ritter sind nicht näher bezeichnet. Wir wissen aber, daß die Gefangenen vor ihrer Deportation nach Deutschland von Markgraf Konrad von Lützelhard in Apulien inhaftiert wurden, um dann in Deutschland auf verschiedene Plätze verteilt zu werden: Wilhelm III. auf die Burg Hohenems (Vorarlberg), Sibylle mit ihren Töchtern in das Stift Odilienberg (Elsaß), andere auf den pfälzischen Trifels. Die Deportation der ehemaligen Königsfamilie und ihrer engsten Berater ist auch anderweitig bezeugt, und doch darf vermutet werden, daß die Verschwörung nur fingiert war, um die alte Führungsschicht zu beseitigen, obwohl der Kaiser selbst in einem Brief an Erzbischof Walter von Rouen von dieser Verschwörung spricht. Wilhelm III. starb in Gefangenschaft, der Finanzexperte Eugenius wurde vorzeitig ins Königreich zurückgeholt, die übrigen kehrten im Laufe des Jahres 1198 nach Sizilien zurück.

137ʳ
Ein Mönch unterrichtet den Kaiser von der Verschwörung. Rechts die Verräter. Die Verräter werden dem Kaiser vorgeführt

Imparator henr[icus] VI · Monach[us] iste co[mmun]ione[m] p[e]r[e]gi derexit · Milites ed[u]ca[n]t[u]r

Lectis l[itte]ris p[ro]ditonis · capiu[n]t p[ro]ditores

Venit ab excepta natiui palma triumphi,
Et noua felicis signa parentis habens.
Duxerat ingemitu presentis secula uite,
Quod fuerat fructus palma morata suos.
Serior ad fructus tanto constantior arbor
Natificat tandem sic oliua parens.
Cumq; triumphator nudis iam paxeret armis,
Nascitur augusto qui regat arma puer.
Felix namq; pater. sed erit felicior infans.
Hic puer ex omni parte beatus erit.
Nam pater ad totum uictrici cuspide partes
Ducet, et impium stare quod ante dabit.
Hoc speculatur arabs, et io suspirat egypt?
Hoc iacob, hoc ysaac a daniele sapit.
O uotiue puer renouandi temporis etas,
Cy hic rog. hinc fredericus eris.
Maior habendus auis fato meliore creat?
Qui bene ux natus cum patre uincis auos.
Pax oritur tecum, quia te nascente creamur:
Te nascente. sumus, quod pia uota petunt.
Te nascente dies, non celi sidera condit:
Te nascente suum sidera lumen habent.
Te nascente suis tellus honeratur aristis:
Suspecti redimit temporis arbor opes.
Luxuriant montes, pinguescit et arida tellus
Credita multiplici sorte repensat ager.
Sol sine nube, puer numqm passurus eclipsim,
Regia que peperit solis in orbe dies.
A modo non timeam suspecte tempora noctis,
Per siluas, per humum, per mare. totus eo.
Non aquila uolucres, modo si arista leone
Non metuent rapidos uellera nostra lupos.
Nor ut clara dies gemino sub sole diescit,
Terra suos geminos sic olimpus habet.

<Particula XLIII.: Frederici nativitas>

Venit ab Experia nativi palma triumphi
 Pernova, felicis signa parentis habens.
Duxerat in gemitum presentis secula vite,
 Quod fuerat fructus palma morata suos.
Serior ad fructus tanto constantior arbor
 Natificat tandem sicut oliva parens.
Cumque triumphator nudis iam parceret armis,
 Nascitur Augusto, qui regat arma, puer.
Felix namque pater, set erit felicior infans:
 Hic puer ex omni parte beatus erit.
Nam pater ad totum victrici cuspide partes
 Ducet et inperium stare, quod ante, dabit.
Hoc speculatur Arabs, et idem suspirat Egyptus;
 Hoc Jacob, hoc Ysaac a Daniele sapit.
O votive puer, renovandi temporis etas,
 Exhinc Rogerius, hinc Fredericus eris,
Maior habendus avis, fato meliore creatus,
 Qui bene vix natus cum patre vincis avos!
Pax oritur tecum, quia, te nascente, creamur;
 Te nascente, sumus, quod pia vota petunt;
Te nascente, dies non celi sidera condit;
 Te nascente, suum sidera lumen habent;
Te nascente, suis tellus honeratur aristis;
 Suspecti redimit temporis arbor opes.
Luxuriant montes, pinguescit et arida tellus,
 Credita multiplici sorte respensat ager.
Sol sine nube, puer, nunquam passurus eclipsim,
 Regia quem peperit solis in orbe dies.
Amodo non timeam suspecte tempora noctis:
 Per silvas, per humum, per mare tutus eo.
Non aquilam volucres, modo non armenta leonem,
 Non metuent rapidos vellera nostra lupos.
Nox ut clara dies gemino sub sole diescit,
 Terra suos geminos sicut Olimpus habet.

<Dreiundvierzigster Abschnitt: Die Geburt Friedrichs>

Aus Italien kam die Palmfrucht einer triumphalen Geburt,
 ganz neugeboren und mit den Zeichen des glücklichen Vaters ausgestattet.
Es hatte die Zeitläufte des irdischen Lebens zum Seufzen gebracht,
 daß die Palme ihre Früchte zurückgehalten hatte.
Je später er zum Ertrag gelangt, desto beständiger trägt der Baum
 schließlich Früchte wie die fruchtbare Olive.
Und als der Sieger die blanken Waffen bereits zur Seite gelegt hatte,
 wurde dem Kaiser ein Knabe geboren, der die Waffen führen sollte.
Der Vater ist zwar vom Glück begünstigt, aber das Kind wird es noch mehr sein:
 Dieser Knabe wird in jeder Hinsicht glücklich sein!
Denn der Vater wird mit siegreicher Lanze die Teile zum Ganzen
 führen und das Reich auferstehen lassen, wie es früher war.
Das sieht mit Mißtrauen der Araber, dasselbe ersehnt unter Seufzen der Ägypter.
 Das weiß Jakob und Isaak von Daniel.
O willkommener Knabe, Epoche der Erneuerung der Ära,
 von jetzt an wirst Du Roger, von jetzt an Friedrich sein.
Für größer als Deine Ahnen muß man Dich halten, unter besserem Stern geboren,
 der Du, kaum geboren, mit Deinem Vater die Ahnen übertriffst.
Mit Dir beginnt der Frieden, weil wir durch Deine Geburt gezeugt werden,
 durch Deine Geburt sind wir, was fromme Gebete erflehen.
Durch Deine Geburt verbirgt der Tag das Himmelsgestirn nicht,
 durch Deine Geburt haben die Gestirne ihr eigenes Licht,
durch Deine Geburt wird die Erde mit Ähren beladen,
 und der Baum gibt die Reichtümer der sorgenvoll erwarteten Zeit zurück,
die Berge haben Überfluß, und die trockene Erde wird fett,
 das Feld gibt mit vielfältigem Ertrag das ihr anvertraute Saatgut zurück.
Wolkenloser Sonnenschein, Knabe, der Du niemals eine Finsternis erleben wirst,
 den ein königlicher Tag im Rund der Sonne gebar.
Von jetzt an fürchte ich nicht die Zeiten der angstvollen Nacht:
 Durch Wälder, über Land und Meer wandle ich sicher.
Die Vögel brauchen nicht den Adler, die Rinder nicht den Löwen
 noch unsere Schafe die reißenden Wölfe zu fürchten.
Die Nacht leuchtet wie der helle Tag unter doppelter Sonne,
 wie der Himmel, so hat auch die Erde ihr Doppelgestirn.

Die Geburt des Thronfolgers am 26. Dezember 1194 eröffnete in den Augen des Dichters eine neue Zeit, symbolisiert in den Palmen der oberen Bildhälfte, und gab Heinrichs VI. Politik ein neues Ziel: Jetzt galt es, die Verbindung Siziliens mit dem Reich dauerhaft zu sichern. Erste Maßnahmen sollten auf einem großen Hoftag ergriffen werden, den der Kaiser für Ostern 1195 nach Bari einberufen hatte. Auch die Kaiserin wurde dort erwartet, weil ihr für die Dauer der Abwesenheit des Kaisers die Regentschaft übertragen werden sollte. Die dargestellte Szene – eine der am häufigsten reproduzierten Zeichnungen der Handschrift – zeigt den Abschied der im Damensitz reitenden Kaiserin (*imperatrix*) von ihrem Sohn, den sie – wohl auf Geheiß des Kaisers – in die Obhut der Gemahlin des deutschen Herzogs Konrad von Spoleto nach Foligno (Provinz Perugia) gibt (*imperatrix Siciliam repetens benedictum filium suum ducisse dimisit*). Im Text ist davon keine Rede; in der Beischrift klingt vielleicht Lukas 1.42 an (»gebenedeit ist die Frucht deines Leibes«), und deutlich sind auch die Bezüge zu Vergils berühmter vierter Ekloge, der zufolge die Geburt eines Knaben ein neues, goldenes Zeitalter ankündigen werde (vv. 1377, 1381), was christliche Interpretatoren stets auf den Messias bezogen. Friedrich II. hat seine Mutter erst Ende 1197 wiedergesehen, die aber bereits ein Jahr später starb; seinen Vater hat Friedrich II. wohl nur einmal, Anfang November 1196, gesehen. Die Darstellung des gekrönten Kinderkönigs entspricht der Konstanzes auf fol. 96.

138ʳ
Vor ihrer Reise nach Sizilien übergibt Konstanze ihren Sohn Friedrich (II.) der Herzogin von Spoleto

e uo uir uuil ilbi uolui cru
e ercis prerer qo ium fuit uelligar r erenia
e circa poſt millum quod ſſi beluroſa poena
γ iue puer corpus ubiq; noua tempora paſſu
G ni ſtruituri ginitrix nimir regniciſ xxx
γ uae inclic ſcla ſet regnaturio in futuri
G ui tenes ſceptru; hoc imuate urenio
γ qui aniq; ſibi uſp regna promeret herene
γ ſtirpis aue qs ue ſ ne ui ſit

Imperatrix ſiciliam repetens brederieu filiu ſuum duciſſe dimiſit.

Imperatrix

Res rata quam loquimur, quidam presentat yberus
Pisces, qui nato cesare digni erat.
Quos puer accepiens bene dispensante magistro
Diuidit.
Pisce triptito gemina sibi parte retenta,
Quod sup est par mittit abinde puer.
Maxima uenture signans presagia uite
Quod sibi detinuit uesp et ortus erit.
Tertia pars que missa fuit, designat in armis
Tertia pars mundi quod sit habenda patri.
Viue puer decus ytalie noua tempris etas,
Qui geminos gemina merce reducis auos.
Viue iubar solis, sol regnaturus in euum,
Qui potes aciuris luce iuuare diem.
Viue iouis proles, romani nominis heres,
Inmo reformator orbis et inpii.
Viue patris specimen, felicis gloria matris,
Nasceris in plenos fertilitate dies.
Viue puer felix, felix genitura parentum
Dulcis amor stirpis inclite uiue puer.
In media sine nube die tibi pandatur yris.
O tenens medio sol stetit orbe suo.
Unde uenit titan, et nox ubi sidera condit
Ex yri metas sol uidet esse tuas.
Viue puer, dum uesp erit, dum lucifer ardet
Nunquam seu nusquam uespe digni eris.
Viue puer, dum lit agit, dum nubila uent
Ut uideas natis secula plena tuis.
Viue patris uirtus dulcissima mats ymago,
Viue diu, dum sol lucet et astra micant.
Viue diu iouis et superum pulcherrime princeps
Viue diu pautis fact ad astra uoles.

<Particula XLIV.: Frederici presagia>

Res rata, quam loquimur, quidam presentat Yberus
  Piscem, qui nato Cesare dignus erat.
Quem puer accipiens, bene dispensante magistro,
  Dividit.
Pisce tripartito, gemina sibi parte retenta,
  Quod superest, patri mittit abinde puer,
Maxima venture signans presagia vite:
  Quod sibi detinuit, vesper et ortus erit!
Tercia pars, que missa fuit, designat, in armis
  Tercia pars mundi quod sit habenda patri.
Vive, puer, decus Ytalie, nova temporis etas,
  Qui geminos gemina merce reducis avos.
Vive, iubar solis, sol regnaturus in evum,
  Qui potes a cunis luce iuvare diem.
Vive, Iovis proles, Romani nominis heres,
  Inmo reformator orbis et inperii.
Vive, patris specimen, felicis gloria matris,
  Nasceris in plenos fertilitate dies.
Vive, puer felix, felix genitura parentum,
  Dulcis amor superis, inclite, vive, puer.
In media sine nube die tibi panditur Yris,
  Omnitenens medio sol stetit orbe suo.
Unde venit Titan et nox ubi sidera condit,

  Ex Yri metas sol videt esse tuas.
Vive, puer, dum vesper erit, dum Lucifer ardet:
  Nunquam seu nusquam vespere dignus eris.
Vive, puer, dum litus agit, dum nubila ventus,
  Ut videas natis secula plena tuis.
Vive, patris virtus, dulcissima matris ymago,
  Vive diu, dum sol lucet et astra micant.
Vive diu, Iovis et superum pulcherrime princeps,
  Vive diu, proavus factus ad astra voles.
          ***

<Vierundvierzigster Abschnitt: Die Vorzeichen Friedrichs>

Ein Iberer – das ist eine Sache, wert, daß wir sie erwähnen – präsentierte
  einen Fisch, der eines geborenen Kaisers würdig war.
Der Knabe nahm ihn entgegen, und unter kundiger Lenkung seines Lehrers
  zerteilte er ihn. 1400
Und nachdem er ihn dreigeteilt hatte, behielt er zwei Teile für sich zurück,
  was noch übrig war, schickte der Knabe von dort seinem Vater,
womit er ein bedeutendes Zeichen des kommenden Lebens setzte:
  Was er für sich behielt, wird Westen und Osten sein.
Der dritte Teil, der abgesandt wurde, bezeichnet, daß mit Waffengewalt 1405
  der dritte Teil der Welt vom Vater beherrscht werden wird.
Lebe, Knabe, Zier Italiens, neues Zeitalter,
  der Du zwei Ahnen durch zwei Fischportionen zum Leben erweckst.
Lebe, Glanz der Sonne, Sonne, die in Ewigkeit herrscht,
  der Du von der Wiege an den Tag mit Deinem Licht fördern kannst. 1410
Lebe, Sohn des Jupiter, Erbe des Römervolkes,
  nein, vielmehr Wiederbegründer des Weltreiches.
Lebe, Abbild des Vaters, Ruhm der glücklichen Mutter,
  Du wirst für Tage geboren, die von Fruchtbarkeit erfüllt sind.
Lebe, glücklicher Knabe, glücklicher Sproß Deiner Eltern, 1415
  süße Liebe der Himmlischen, lebe, edler Knabe.
Mitten am wolkenlosen Tage wird Dir der Regenbogen ausgespannt:
  die alleserhaltende Sonne stand in der Mitte ihrer Bahn.
Daß dort, woher sie kommt, und dort, wo die Nacht das Himmelsgestirn verbirgt,
  die Endpunkte Deines Regenbogens sind, das sieht die Sonne. 1420
Lebe, Knabe, solange es Abend wird, solange Luzifer leuchtet:
  Niemals oder nirgends wirst Du den Abend verdienen.
Lebe, Knabe, solange der Wind das Gestade peitscht und die Wolken,
  damit Du lange Zeiten voll mit Deinen Nachkommen erlebst.
Lebe, Tapferkeit des Vaters, lieblichstes Abbild der Mutter, 1425
  Lebe lange, solange die Sonne leuchtet und die Sterne glänzen.
Lebe lange, Jupiters und der Himmlischen schönster Fürst,
  lebe lange, erst Urahn geworden magst Du zu den Sternen entschwinden.
          ***

Fol. 144 paßt nicht zum Text. Die ursprüngliche Reihenfolge der Blätter wurde hier zudem durch eine spätere Umbindung gestört, die die moderne Blattzählung festschrieb; vgl. Stähli, S. 255 ff. Fol. 144 und fol. 145 gehören vor fol. 139 und bilden die bei der Überarbeitung neu gestaltete Überleitung vom zweiten zum dritten Buch. Nach dem letzten Blatt des zweiten Buches (fol. 138) fehlt ein Blatt, welches dem erhaltenen Text entsprechend der Verherrlichung Friedrichs II. dienen sollte. Die Rückseite dieses verlorenen Blatts enthielt den Text zu dem Bildfragment, welches wir heute auf fol. 144 vor uns haben. Offenbar handelt es sich um eine Darstellung des thronenden Kaisers, flankiert von Rittern. Zu ihm tritt eine offenbar höhergestellte Person, wohl der Kanzler Konrad. Siragusa sah in der Figur die Weisheit, die freilich in der ursprünglichen Bildfolge erst später begegnet (fol. 140), während der Kanzler im dritten Buch eine große Rolle spielt und wohl sogar als sein Anreger oder Auftraggeber gelten darf (fol. 139). Auf dem unteren Teil hält ein Notar (*notari[us]*) eine Pergamentrolle mit der Aufschrift: Herzog, Graf, Fürst (*dux, comes, princeps*). Unter der rechten Arkade sehen wir das Volk (*populus*). E. Rota interpretiert die Szene so, daß der Kaiser allen im Königreich die Geburt seines Sohnes angezeigt habe, wobei freilich die Geistlichkeit ausgespart wäre. Eine solche Nachricht haben wir in der Tat für die Stadt Lucca, die von der Kaiserin unterrichtet worden sein soll, während der Kaiser in einem Brief an den Erzbischof Walter von Rouen (20. Januar 1195) die Geburt des Thronfolgers eher beiläufig erwähnt.

144^r
Auf dem fehlenden oberen Teil des Blattes wohl der Kaiser auf dem Thron und Kanzler Konrad. Unten zeigt ein Notar dem Volk eine Rolle mit den Worten *dux, comes, princeps*

notari   popls

sug cari ī price

Q nos
Et q̄ e p̄ie dictard̄
Sit licet īmanis omissi sartī[...]
hec Augustali sit pietate minor.
Sic igr̄ seruate fide, ne sera ciarti,
Vuln̄ī antiquū rupta redire queat.
Nam meus Augustꝰ, q̄ lites diliḡit, sit
Ol ites ⁊ puros more tonātis amat.
Neqꝰ ob exiliū, q̄ dudū ꝑtulit īse,
Elatꝰ redies ciuibꝰ ee uelit.
Cesaris oceanū supat clemētia magnū.
⁊ tam illꝰ comouet ira deos.
S igꝭ tancredū nimiū dilexerit olī,
Quid nisi p̄ nauas brachia monit aq̄s
Viuit ī Augusto pietas ⁊ gr̄a crescēs,
⁊ gladiꝰ uindex nimit ⁊ hasta potēs.

<Particula XLV.: Corradi cancellarii loquutio ad proceres regni>

✳✳✳

Quos ✳✳✳
    Et que dictarat ✳✳✳
Sit licet immanis commissi sarci\<na fraudis\>,
    Hec Augustali fit pietate minor.
Sic igitur servate fidem, ne sera cicatrix
    Vulnus in antiquum rupta redire queat.
Nam meus Augustus, qui lites diligit, odit:
    Mites et puros more Tonantis amat.
Ne quis ob exilium, quod dudum pertulit in se,
    Elatus rediens civibus esse velit.
Cesaris oceanum superat clementia magnum,
    Et tamen illius commovet ira deos.
Si quis Tancredum nimium dilexerit olim,
    Quid, nisi per vanas brachia movit aquas?
Vivit in Augusto pietas et gratia crescens
    Et gladius vindex, vivit et hasta potens.

<Fünfundvierzigster Abschnitt: Die Rede des Kanzlers Konrad an die Vornehmen des Reiches>

✳✳✳

Diese ✳✳✳
    und was er geschrieben hatte, ✳✳✳   1430
Wenn auch die Last des begangenen Verbrechens gewaltig ist,
    wird sie doch geringer sein als die Nächstenliebe des Kaisers.
Bewahrt so die Treue, damit nicht eine Narbe spät noch,
    wenn sie aufbricht, wieder zu der alten Wunde werden kann.
Denn die Gesinnung des Kaisers haßt denjenigen, der Streit liebt: 1435
    Nach der Art Gottes liebt er die Friedfertigen und die reinen Herzens sind.
Keiner soll aufgrund des Exils, das er soeben erleiden mußte,
    danach trachten, als Heimkehrer sich über die Bürger zu erheben.
Die Milde des Kaisers ist größer als der weite Ozean,
    und doch kann sein Zorn selbst die Götter erschrecken.   1440
Wenn jemand Tankred in der Vergangenheit sehr nahegestanden hat,
    was erreicht der, außer daß er seine Arme durch leeres Wasser bewegt?
Es ist im Kaiser Nächstenliebe lebendig und wachsende Huld,
    aber es lebt auch sein rächendes Schwert und seine mächtige Lanze.

Die Zeichnung und der zugehörige Text bilden wie fol. 144 die bei der Überarbeitung neugestaltete Überleitung vom zweiten zum dritten Buch. Einrichtung und Darstellungsstil entsprechen denen des dritten Buches und heben sich deutlich von den bisherigen Bildseiten ab. Kanzler Konrad von Querfurt hält eine Ansprache an die Großen des Königreichs (*Corradus cancellarius imperialis loquens ad proceres ⟨re⟩ regni*), die – deutlich verkleinert und ohne Beischrift nicht identifizierbar – neben seinem thronähnlichen Sitz stehen (*comites et proceres regni*). In der Linken hält der Kanzler das Ende seines Gürtels, wie es schon bei Graf Roger von Andria zu beobachten war (fol. 99). Konrad begegnet seit dem Bareser Hoftag 1195 als Kanzler, wurde also offenbar parallel zu dem sizilischen Kanzler, Bischof Walter von Troia, ernannt. Noch im selben Jahr wurde Konrad zusätzlich zum Bischof von Hildesheim gewählt, ist aber vor allem im Dienst des Kaisers nachzuweisen, so etwa seit Ende 1195 als Reichslegat in Süditalien.

145ʳ
Der Kanzler Konrad von Querfurt spricht zu den Vornehmen des Reiches

. Conrad?
Cancell'apulis loq'ns ad p'ceres re
gni

cortes' p'ces regni

Sol augustus

Qui regis ad placitum victor iure rotas,
Fortuna tua dextra novam sibi condit ubique,
Ducas fortune que te frena placet.
Legi que veterum servat armaria libros,
Inveni titulis cuncta minora tuis.
Nec Salomon, nec Alexander, nec Iuli ipse
Promeruit vir, quod meruere dies.
Sextus ab equociis sexto quod scriberis euo,
Dignas etatis tepa plena tue.
Vivat honor mundi vivat pax plena triumphis,
Vivat ut eterno nomine regnet avus.
Ut videas natis plenumque nepotibus evum,
Tepa zodiaci dum rota solis agit.
Suscipe queso meum sol augustissime munus
Qui mundum ditas, qui regis omne solum.
Suscipe queso meum lux indefecta libellum,
Ipse sui natis nota libellus agat.

Interpretatio huius nominis. Henric.

Collige primas litteras de primis dictionibus
Subscriptor versuum, nomen habebis imperatoris
Et de ipsis primis dictionibus eiusdem victoria
Imperatoris preponte potens

Hic princeps ut habet danielis nobile scriptum,
Exaltabit avos subiges sibi victor egyptum.
Non iherede patria virtute quiescet.
Romani iuris duplici rogus igne calescet.
Impii forma tepli quod reducet ad kastra.
Cum non hostis erit sua ponet cum iove castra.
Vicerit ut mundi Syon david arce redepta,
Sicilia repetens rome reget aurea sceptra.

<Particula XLVI.: Libellus ad Augustum inscribitur>

SOL AUGUSTORUM,
    Qui regis ad placitum victor in axe rotas,
Fortunam tua dextra novam sibi condit ubique,
    Ducis fortune quo tibi frena placet.
Legi, quos veterum servant armaria, libros:
    Inveni titulis cuncta minora tuis.
Nec Salomon nec Alexander nec Iulius ipse
    Promeruit, vestri quod meruere dies.
Sextus ab equivocis sexto quod scriberis evo,
    Signas etatis tempora plena tue.
Vivat honor mundi, vivat pax plena triumphis,
    Vivat et eterno nomine regnet avus,
Ut videas natis plenumque nepotibus evum,
    Tempora zodiaci dum rota solis agit.
Suscipe, queso, meum, sol Augustissime, munus,
    Qui mundum ditas, qui regis omne solum.
Suscipe, queso, meum, lux indefecta, libellum:
    Ipse sui vatis vota libellus agat.

Interpretatio huius nominis HENRICI

Collige primas litteras de primis dictionibus subscritorum versuum et nomen habebis imperatoris et de ipsis primis dictionibus eiusdem victoriam imperatoris perpendere poteris.

HIC princeps, ut habet Danielis nobile **scriptum**,
EXALTABIT avos, subigens sibi victor **Egyptum**.
NOMEN in herede patria virtute **quiescet**.

ROMANI iuris duplici rogus igne **calescet**.
IMPERII formam templique reducet ad **hastra**.
CUM non hostis erit, sua ponet cum Iove **castra**.
VICERIT ut mundum, Syon, David arce, **redempta**,
SICILIAM repetens, Rome reget aurea **sceptra**.

<Sechsundvierzigster Abschnitt: Das Werk wird dem Kaiser zugeeignet>

SONNE DER KAISER,
    Der Du als Sieger nach Deinem Willen die Himmelsbahnen lenkst,
überall schafft sich Deine Rechte ein neues Geschick,
    Du lenkst die Zügel des Schicksals, wohin es Dir gefällt.
Ich habe die Bücher der Alten gelesen, die die Bibliotheken aufbewahren,
    Aber alle Ruhmestitel fand ich geringer als die Deinen.
Weder Salomo noch Alexander noch selbst Iulius Caesar
    verdienten, was Deine Tage verdienten.
Weil Du als Sechster der Gleichnamigen im sechsten Weltalter eingetragen bist,
    bezeichnest Du die Vollendung Deines Zeitalters.
Es lebe die Ehre der Welt, es lebe der Friede voller Triumphe,
    es lebe und herrsche ein Großvater mit unvergänglichem Namen,
auf daß Du eine Epoche voll mit Söhnen und Enkeln erleben mögest,
    während das Rad der Sonne die Zeitabschnitte des Tierkreises bewegt.
Nimm, erhabenste Sonne, mein Geschenk bitte an,
    der Du die Welt bereicherst, der Du alles Land regierst.
Nimm bitte mein Buch, unauslöschliches Licht:
    Das Buch mag die Wünsche seines Dichters vortragen.

Auslegung des Namens HEINRICH

Nimm die Anfangsbuchstaben der ersten Wörter der untenstehenden Verse, und Du hast den Namen des Kaisers. Und aus den ersten Wörtern selbst kannst Du den Sieg dieses Kaisers beurteilen:

DIESER Fürst, wie es in Daniels bekannter Schrift enthalten ist,
WIRD ERHöHEN sein Geschlecht, indem er sich als Sieger Ägypten unterwirft.
DEN NAMEN DES Geschlechts wird er als Erbe in sich bewahren durch ererbte Tugend.
RöMISCHEN Rechtes Lohe wird in doppeltem Feuer brennen.
REICHES und der Kirche Gestalt wird er zu den Gestirnen führen.
DA kein Feind mehr sein wird, wird er neben Jupiter sein Lager aufschlagen.
ER BESIEGT zuerst das Reich Zion, erobert die Burg Davids,
SIZILIEN wird er dann aufsuchen und das goldene Szepter Roms regieren.

Fol. 139 bietet das Dedikationsbild der Handschrift, mit welchem der Dichter sein Buch Kaiser Heinrich VI. widmet. Auffallend ist, daß dieses Widmungsbild nicht, wie sonst in mittelalterlichen Handschriften üblich, am Anfang des Codex steht; s. dazu fol. 95. Der Architekturrahmen ist dem von fol. 145 ähnlich. Der majestätisch thronende Kaiser (*imperator Henricus VI.*) empfängt auf Vermittlung des Kanzlers Konrad (*Corradus cancellarius*) das golden eingebundene Werk aus der Hand des Dichters (*poeta*). Ob freilich das Buch dem Kaiser tatsächlich jemals übergeben wurde, ist umstritten. Zu beachten ist jedoch, daß der Dichter vom Kaiser nachweislich mit einer Mühle honoriert wurde. – Der Text preist den Kaiser als Vollender des sechsten Zeitalters (vgl. fol. 141, 143), das nach der im Mittelalter weit verbreiteten Geschichtsphilosophie des hl. Augustinus mit Christus begann und unmittelbar dem Jüngsten Gericht vorausgeht. Auf der Rückseite dieses Blattes beginnt der Text des dritten Buches. Er leitet über zum ersten Bild der Verherrlichung des Kaisers, welche mit der Anrufung der Weisheit durch den Dichter einsetzt.

139ʳ
Der Dichter, begleitet vom Kanzler, überreicht dem Kaiser das Buch

Imp̄ator henr̄ vj.

Corrad⁹ cancellari⁹

poeta

Incipit liber Theodi ad honorem gloriamque magni imperatoris.

Desine Calliope, satis est memorasse Phyllo
Tityrus ad fagi tegmina duxit oves.
Desine tu Paean, celeberrima desine Clio
Sit pugillæ satis commemorasse Iovem.
Non mea Calliopes, nec Apollinis ara litabit
Carmina, quæ pecudum quæ nouit extra litat.
Te peto, te cupio summi sapientia patris
Quæ legis æterna mente quod orbis sit.
Tu pelagi metiris aquas, metiris abyssum
Te metuit solum, te uenerantur aquæ.
Tu patris legis astrum polus seruit olympus
Te sine uita perit, te sine nemo sapit.
Nam quod sol bonum Salomon dedit, id ex ipse plus
Sensit, seu meruit credit esse tuum.
Tu Mallam discepta rude, tulisti amice
Primicias, certo conciliata loco.
Tu depinxisti fatali sidere cælum
Unde uenit nosti Phoebus, unde soror.
Iam quod friget hiemps, uer uiret, torret æstas
Siccitat autumnus, creditur esse tuum.
Quod breue litus aquæ refrenat æquore motus
Quod montes, quod humum, sustinet unda tuum.
Tu pudor et uis sacrasti uirginis aluum
Tu sata, tu nascens, tu genitum creans.
Thesauros aperis, ueniens illatæ cælo
Semper es ut uerum, da michi uera loqui.
Tu diuina loqui petis, post rete debilti
Ex uno parte flumina uentre fluunt.
Hæc minor in partes diuisa sed integra costas
Ut uis, quæque uis daris tua dona tuis.
Hos genuis eloquis, uteres interpretis illos
Hos titulis opus premeruisse facis.
Da in cœpta loqui, da cœptis fine potiri
Possit ut Augusto iussa placere suo.

<EXPLICIT LIBER SECUNDUS>

INCIPIT LIBER TERCIUS
ad honorem et gloriam magni imperatoris

<Particula XLVII.: Sapientiam invocat poeta>

Desine, Calliope; satis est memorasse, quod holim
  Tityrus ad fagi tegmina duxit oves.
Desine tu, Pean, celeberrima, desine, Clio:
  Sit mugisse satis commemorasse Iovem.
Non mea Calliopes nec Apollinis ara litabit
  Carmina, que pecudum, que vorat, exta litant.
Te peto, te cupio, summi Sapientia patris,
  Que legis eterna mente, quod orbis habet.
Tu pelagi metiris aquas, metiris abissum;
  Te metuunt solam, te venerantur aque.
Tu patrii legis astra poli, tibi servit Olimpus,
  Te sine vita perit; te sine nemo sapit.
Nam quod sol hominum, Salomon, David inclita proles,
  Sensit seu meruit, creditur esse tuum.
Tu, massam discepta rudem, tu, litis amice
  Primicias certo conciliata loco,
Tu depinxisti fatali sidere celum:
  Unde venit, nosti, Phebus et unde soror.
Nam quod friget yemps, ver umet, torret et estas,
  Siccitat autunnus, creditur esse tuum.
Quod breve litus aquas refrenat turbine motas,
  Quod montes, quod humum sustinet unda, tuum.
Tu, pudor eternus, sacrasti virginis alvum,
  Tu sata, tu nascens, tu genitura creans,
Thesauros aperi, veniens illabere celo:
  Semper es ut verax, da michi vera loqui.
Tu divina loqui Petro post rete dedisti,

  Ex uno per te flumina ventre fluunt.
Nec minor in partes divisa, set integra constas,
  Ut vis et que vis, dans tua dona tuis.
Hos genus eloquii, mentes interpretis illos,
  Hos virtutis opus promeruisse facis.
Da michi cepta loqui, da ceptis fine potiri,
  Possit ut Augusto Musa placere suo.

<ES ENDET DAS ZWEITE BUCH>

ES BEGINNT DAS DRITTE BUCH
zur Ehre und zum Ruhme des großen Kaisers

<Siebenundvierzigster Abschnitt: Der Dichter ruft die Weisheit an>

Halt ein, Kalliope; es ist genug, davon zu berichtet zu haben, daß einst
  Tityrus seine Schafe zum Laubdach der Buche führte.
Halt ein, Pän, berühmte Klio, halt ein:
  Es soll genügen, davon berichtet zu haben, daß Jupiter gedonnert hat.
Mein Altar bringt nicht der Kalliope noch des Apoll
  Opferlieder dar, die die Eingeweide von Schafen, welche er verzehrt, weihen.
Dich erstrebe ich, Dich begehre ich, Weisheit des höchsten Vaters,
  die Du in Deinem ewigen Geist sammelst, was die Welt enthält.
Du mißt die Wasser des Meeres und mißt die Tiefe.
  Dich allein fürchten und verehren die Wasser.
Du zählst die Sterne am Firmament des Vaters, Dir dient der Himmel,
  ohne Dich geht das Leben zugrunde, ohne Dich hat keiner Vernunft.
Denn was die Sonne der Menschen, Salomo, der berühmte Sproß Davids,

  erkannte oder verdient hat, das wird für Deine Gabe gehalten.
Du, die Du die rohe Materie getrennt hast, Du, die Du freundlich des Streites
  Anfänge geschlichtet hast, von sicherem Platz aus.
Du hast den Himmel mit den schicksalhaften Sternen geschmückt.
  Du weißt, woher Apollo kommt und woher seine Schwester.
Denn daß der Winter kalt ist, der Frühling feucht, der Sommer heiß
  und der Herbst trocken, das hält man für Dein Werk.
Daß ein kurzes Gestade die vom Sturmwind bewegten Wasser bändigt,
  daß das Wasser die Berge und die Erde trägt, das ist Dein Werk.
Du, unvergängliche Scham, hast den Leib der Jungfrau geheiligt,
  Du bist Saat, Du Geborener, Du schöpfender Gezeugter.
Öffne Deine Schätze, komm vom Himmel und dringe in mich ein,
  gewähre mir, wie Du immer wahrhaftig bist, die Wahrheit zu sprechen.
Du hast Petrus nach der Arbeit mit dem Netz Gottes Wort zu verkünden gewährt.
  Aus einer Höhlung fließen durch Dich die Flüsse.
Du bist nicht kleiner, obwohl in Teile geteilt, sondern bestehst als Ganzheit,
  wie Du und was Du willst, gibst Du den Deinen als Deine Gabe.
Die einen läßt Du die Redegabe, andere einen zur Ausdeutung befähigten Geist,
  wieder andere die Ausübung der Tapferkeit verdienen.
Gewähre mir, das Begonnene zu sagen, dem Begonnenen, das Ende zu erlangen.
  damit meine Muse ihrem Kaiser gefallen kann.

Personifizierte Darstellung der (göttlichen) Weisheit (mit Bügelkrone und blauem Nimbus), die alles umfaßt (*sapientia continens omnia*) und eine stilisierte Weltkarte vor sich hält (*mappa mundi*). In anderen zeitgenössischen Darstellungen ist es Christus selbst, der die Weltkarte hält. Links vor der Karte der Dichter (*poeta*), den Blick zum Betrachter gewandt und die Weisheit anrufend. Die beiden altfranzösischen Zeilen sind von einer späteren Hand des 14./15. Jahrhunderts und nehmen spöttisch Bezug auf die Eingangsbehauptung *sapientia continens omnia*: »rar si ge/gi puse achaper« (»selten, wenn ich mich davonmachen kann«). Ob die Weltkarte tatsächlich Bestimmtes darstellen soll, bleibt fraglich. Man hat an eine Darstellung Europas gedacht mit Mittelmeer, Rhône, Po/Adria und Bosporus oder an eine Zonenkarte, auf der als Kontinentenzäsuren Mittelmeer, Nil und Tanais/Don dargestellt seien. Man hat weiterhin vermutet, daß die Karte »auch als große Radkarte selbständig am Hofe existiert« habe (B. U. Hucker), womit man sich erst recht in das Reich der Spekulation begibt, vor allem wenn man zudem aus den dargestellten Größenverhältnissen Rückschlüsse auf die ursprüngliche Größe der Karte zu ziehen wagt. Die Karte erscheint im Kleinformat nochmals auf fol. 147 in der Hand des Kanzlers.

sapia cōtinens ōnia

mappa mūdi

poeta

Rar̄ sig̃ puc̄
Rar̄ sig̃ puc̄ acharer

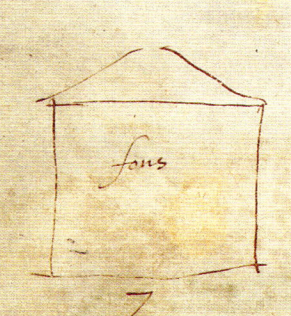

Fortunata dies, felix p(rae) te(m)pi(bus) temp(oribus),
Que sextu(m) sexto tempore cernit heru(m).
Nimis etatis felicia tempora n(ost)re,
Pro pugnatore(m) que(m) meruere suu(m).
Gaudeat om(n)is hum(us), tellus sine nube dieseat,
Rore spectati muneris astra pluit.
Mane serena dies venit, p(er) serotin(us) iber.
Impiu(m) cesar solus, (et) un(us) l(ice)t.
Iam redit aurati saturnia te(m)p(or)is etas,
Iam redeu(n)t magni regna iheta iovis.
Sponte parit tellus, gratis honer(an)t aristis,
Vomeris ammisso d(ic)te relata parit.
Hec fecunda fimo, nec nitris i(n)diget ullis,
N(on) opu(s), pecori p(ro)spera, grata viris.
O(mn)is olim seit phebeis frondib(us) arbor,
Vix arbor p(ar)t(us) sustinet orta novos.
Nec rosa, nec viole, nec lilia g(ra)tia vallis,
Marcescut aliq(uo) te(m)p(or)e nata semel.   bellus
Felix n(ost)ra dies, nec est felicior illa,
Letior, aut locuples, a Salomo(n)e fuit.
E vomuit serpens vir(us) sub siu(e)ce rep(o)stu(m),
Aruit i(n) vires mesta cicuta suas.
Hec sonipes griphes, nec oves allicuit luprum
O(mn)is timet, ut ovis stat lup(us) int(er) oves.
Uno fonte bibu(n)t, q(u)as pisciu(n)t(ur) varia
Bos, leo, grus, aq(ui)la, sus, canis, ursus aq(ue).
Non erit i(n) n(ost)ris movent q(ue) bella dieb(us),
A iu(s) p(er)petue te(m)pi pacis erunt.
Nulla manent hodie, veteris vestigii fraudis,
Qua tancridin(us) polluit error humu(m).
Ipsaq(ue) transilit devisi te(m)p(or)is regis,
Nam meus Egust(us) solus, (et) un(us) erit.
Unus amor, co(m)mune lonu(m), Rex om(n)ib(us) un(us),
Unus sol, unus pastor, (et) una fides.

<Particula XLVIII.: Pax tempore Augusti>

Fortunata dies, felix post tempora tempus,
    Que sextum sexto tempore cernit herum!
O nimis etatis felicia tempora nostre,
    Propugnatorem que meruere suum!
Gaudeat omnis humus, tellus sine nube diescat,
    Rorem spectati muneris astra pluant.
Mane serena dies venit et serotinus imber:
    Imperium Cesar solus et unus habet.
Iam redit aurati Saturnia temporis etas,
    Iam redeunt magni regna quieta Iovis.
Sponte parit tellus, gratis honeratur aristis,
    Vomeris a nullo dente relata parit,
Nec fecunda fimo nec rastris indiget ullis
    Mater opum, pecori prospera, grata viris.
Omnis olivescit Phebeis frondibus arbor,
    Vix arbor partus sustinet orta novos.
Nec rosa nec viole nec lilia, gloria vallis,
    Marcescunt, aliquo tempore nata semel.
Felix nostra dies, nec ea felicior ulla,
    Lecior aut locuplex a Salomone fuit.
Evomuit serpens virus sub fauce repostum,
    Aruit in vires mesta cicuta suas.
Nec sonipes griphes nec oves assueta luporum
    Ora timent: ut ovis stat lupus inter oves.
Uno fonte bibunt, eadem pascuntur et arva
    Bos, leo, grus, aquila, sus, canis, ursus, aper.
Non erit in nostris, moveat qui bella, diebus;
    Amodo perpetue tempora pacis erunt.
Nulla manent hodie veteris vestigia fraudis,
    Qua Tancridinus polluit error humum,
Ipsaque transibant derisi tempora regis.
    Nam meus Augustus solus et unus erit,
Unus amor, commune bonum, rex omnibus unus,
    Unus sol, unus pastor et una fides.

<Achtundvierzigster Abschnitt: Der Frieden zur Zeit des Kaisers>

1505 Glückstag, glückliche Zeit am Ende der Zeit,
    der im sechsten Zeitalter den Sechsten als Herrn sieht!
O allzu glückliche Zeiten unserer Epoche,
    die ihren Vorkämpfer verdient haben.
Es freut sich alles Land, die Erde ist ohne Wolke taghell erleuchtet.
1510   Die Sterne lassen den Tau einer prächtigen Gabe fließen.
Frühmorgens bricht ein heiterer Tag an, und spät erst kommt der Regen:
    Der Kaiser hat allein und als einziger das Reich inne.
Schon kehrt die saturnische Epoche, eine goldene Zeit, wieder,
    schon kehrt wieder die friedliche Herrschaft des großen Jupiter.
1515 Von sich aus gebiert die Erde, ohne Gegenleistung wird sie mit Ähren beladen,
    von keiner Schar eines Pfluges gewendet gebiert sie,
und fruchtbar bedarf sie weder des Düngers noch der Hacke,
    die Mutter des Wohlstands, günstig dem Vieh und huldvoll den Menschen.
Jeder Baum mit dem Laub Apolls trägt Oliven,
1520   kaum gepflanzt trägt der Baum schon neue Früchte.
Weder Rose, noch Veilchen, noch die Lilie, der Ruhm des Tales,
    verblühen, wenn sie einmal zu irgendeiner Zeit entsprungen sind.
Glücklich unser Tag, und keiner war glücklicher als er
    oder ersprießlicher oder so reich seit Salomo.
1525 Die Schlange hat ihr im Rachen bereitgehaltenes Gift von sich gegeben,
    Der Schierling ist, traurig über seine Wirkung, verdorrt.
Weder die Pferde brauchen die Greife noch die Schafe der Wölfe bekannte
    Rachen zu fürchten: Wie ein Schaf steht der Wolf zwischen den Schafen.
Aus einer Quelle trinken sie, dieselben Fluren weiden ab
1530   Rind, Löwe, Kranich, Adler, Schwein, Hund, Bär und Eber.
Es wird in unseren Tagen niemanden geben, der Kriege beginnt;
    Von jetzt an werden Zeiten ewigen Friedens sein.
Keine Spuren des alten Verrats werden heute mehr bleiben,
    durch den der Wahnsinn Tankreds die Erde befleckte,
1535 und die Zeiten des lächerlichen Königs sind vorbei.
    Denn mein Kaiser wird als einziger und allein dasein,
die einzige Liebe, das gemeine Wohl, ein König für alle,
    Eine Sonne, ein Hirte und ein Glaube.

Das Bild verherrlicht blühendes Gedeihen und vollendete Harmonie im kaiserlichen Frieden der neuen Zeit, des goldenen Zeitalters (fol. 139, 143): Solch' ein Friede herrscht unter dem Kaiser, daß alle Tiere, wilde und zahme, aus einer Quelle trinken (*tanta pax est tempore Augusti, quod in uno fonte bibunt omnia animalia*). Das erinnert deutlich an das Auftreten des gerechten Königs nach Jesaja 11.1–9 (vgl. Jesaja 65.25). Hier werden demnach christologische Vorstellungen auf den Kaiser übertragen (vgl. fol. 147), der gleichsam paradiesische Zustände schafft (Genesis 2.8ff.), wenngleich hier von den vier Paradiesflüssen nur zwei angedeutet sind. Soweit erkennbar, handelt es sich bei den dargestellten Tieren – nicht ganz dem Text entsprechend – um Rebhühner, Stier, Löwe, Bär, Widder, Leopard, Eber, Hirsch und Ziege, die sich um die Quelle (*fons*, von späterer Hand) scharen. Ob die recht exotisch wirkenden Bäume der oberen Bildhälfte neben ihrer Funktion als Fruchtbarkeitssymbol auch noch auf den Traum Nebukadnezzars (Daniel 4,17–19) anspielen, wie man geglaubt hat, bleibe dahingestellt.

141ʳ
Allegorie auf die paradiesischen Zustände unter der Herrschaft Heinrichs VI.

tanta pax est t[em]p[o]re augusti q[uo]d i[n] uno fonte bib[unt]
o[mn]ia animalia

fons

Dic mea musa soror genuit q̄ nobilis aluus.
Henricum. uel que dextra cubile dedit.
Que superum nutrix dedit ubera. q̄ dedit artes,
Quis puero tribuit scire. ut arma uiro.
Qua ue domo genitus fuerit puer aureus pleꝯ,
Quis pater, unde parens, dic mea musa soror.
Est domus etherei qui ludit tempore ueris,
Ipse domus puries exadamāte riget.
Ante domum pitulo pluit sole tentrum,
Quo salit in medio fons arethusa tuus.
Ipsa quat̄ denis tnitikꝯ aula columpnis,
Inglꝯ impij tota ǵescit burū.
Hic corradus adē iuris seruator yeq̄,
Scribent edictum certa tributa legent.
Cancellos resoiant mundi signacula soluet
Colligit italicas alt̄ homerus opes.
Nulla tamen auri sitis illi nulla metalli,
Res noua. qua loq̄m meus sua nūm bʒ.
Diligit ecclesiam. nec matrem filius odit.
Que euangelij. iuris apta manus.
Angelt in multos. nec nō puiclet̄ totiꝯ
Vittit. ⁊ mitti sat ī oro deus
Hic marcualdus cui te neptunꝰ ad oūe
Gello dedit. cui utūrs se dedit ⁊ purꝯ.
Illuc conueniunt geōū cardine mundi,
Quantes augusto plena tributa duces.
Quos breuis absoluit positis apodyca tributis,
Qua tua cornade griphea signat auis.
Hic graue pondus arabs milli delitet auri,
Hic melechinat exhibet indus opes.
Et decus ꝑtiū, gemmas dat psis ⁊ aurū
Materia supinū mittit egypt̄ opus.
Argentū. gemmas. aurī gemmas sclite celū
Delicias homīnū ꝙ habet orbis habeꝯ.

<Particula XLIX.: Teatrum imperialis palacii>

Dic, mea Musa, precor, genuit que nobilis alvus
    Henricum, vel que dextra cubile dedit?
Que superum nutrix dedit ubera, quis dedit artes?
    Quis puero tribuit scire vel arma viro?
Quave domo genitus fuerit puer, aurea proles,
    Quis pater, unde parens, dic, mea Musa, precor.
Est domus, etherei qua ludunt tempora veris,
    Ipse domus paries ex adamante riget.
Ante domum patulo preludit sole teatrum,
    Quo salit in medio fons, Arethusa, tuus.
Ipsa quater denis innititur aula columpnis,
    In quibus imperii tota quiescit humus.
Hic Corradus adest, iuris servator et equi,
    Scribens edictum, certa tributa legens.
Cancellos reserans, mundi signacula solvens,
    Colligit Italicas, alter Homerus, opes.
Nulla fames auri, sitis illi nulla metalli;
    Res nova, quam loquimur: mens sua numen habet.
Diligit ecclesiam nec matrem filius odit,
    Dux evangelii, iuris aperta manus.
Angelus in multos necnon paracletus in omnes
    Mittitur, et missi fatur in ore deus.
Hic Marcualdus, cui se Neptunus ad omne
    Velle dedit, cui Mars se dedit esse parem.
Illuc conveniunt ex omni cardine mundi,
    Dantes Augusto plena tributa, duces,
Quos brevis absolvit positis apodixa tributis,
    Quam tua, Corrade, griphea signat avis.
Hic grave pondus Arabs missi deliberat auri,
    Hic melechinas exhibet Indus opes
Et decus et precium, gemmas dat Persis et aurum,
    Materiam superans mittit Egyptus opus.
Argentum, gemmas, auri genus, inclite Cesar,
    Delicias hominum, quas habet orbis, habes.

<Neunundvierzigster Abschnitt: Der Vorhof des kaiserlichen Palastes.>

Sage, meine Muse, bitte, welcher edle Mutterleib gebar
    Heinrich oder welche Hand ein Bett verlieh,
welche göttliche Amme die Brüste reichte, wer Kenntnisse vermittelte!
    Wer schenkte dem Knaben oder dem Manne die Kenntnis der Waffenkunst.
In welchem Hause der Knabe, der goldene Sproß, geboren wurde,
    Wer der Vater und von welcher Abstammung der Vater, bitte sag es mir, Muse!
Es steht ein Haus, wo die himmlischen Frühlingslüfte spielen,
    Die Wand des Hauses glänzt von Diamant.
Dem Haus vorgelagert ist im weiten Sonnenlicht ein Vorhof,
    in dem Dein Quell, Arethusa, entspringt.
Der Hof selbst ruht auf vierzig Säulen,
    auf denen der ganze Boden des Reiches ruht.
Hier ist Konrad anwesend, der Wahrer des Rechts und der Gerechtigkeit,
    er schreibt das Edikt, sammelt die festgesetzten Tribute,
schließt die Kanzlei auf, öffnet die Siegel der Welt,
    sammelt die Schätze Italiens, ein zweiter Homer.
Er hat keinen Hunger nach Gold, keinen Durst nach Edelmetall;
    Etwas Unerhörtes ist es, was wir sagen: sein Geist hat etwas Göttliches.
Er liebt die Kirche und haßt als ihr Sohn die Mutter nicht,
    ein Vorkämpfer des Evangeliums, eine offene Hand des Rechts.
Als Bote wird er zu vielen und als geistlicher Lehrer zu allen
    gesandt, und aus dem Munde des Gesandten spricht Gott.
Hier ist Markward, dem sich Neptun zu allen
    Wünschen zur Verfügung stellte, dem Mars sich als ebenbürtig bekannte.
Hierher kommen aus allen Weltgegenden zusammen
    die Führer, die dem Kaiser reiche Tribute bezahlen.
Diese entlastet nach Entrichtung des Tributs eine knappe Quittung,
    die Dein Greifensiegel, Konrad, bestätigt.
Hier wägt der Araber das schwere Gewicht des gesandten Goldes,
    hier bietet der Inder seine edlen Schätze,
Kostbarkeiten und Geld, Persien gibt Edelsteine und Gold,
    der Ägypter schickt Kunstwerke, die das Material an Wert übertreffen.
Silber, Edelsteine, Goldgegenstände, edler Kaiser,
    alle Freuden der Menschen, die der Erdkreis bietet, hast Du.

Vorhof des kaiserlichen Palastes (*teatrum imperialis palacii*) ist das Bild überschrieben, das unter Arkaden die Namen jener Gebiete und Länder auflistet, über die der Kaiser gebot. Petrus von Eboli zufolge handelt es sich bei diesem »Theater« um einen großen Säulenhof des Königspalastes, der durch viermal zehn Säulen begrenzt war und in dessen Mitte die Quelle der Arethusa (*fons Arethuse*) sprudelte. Diese wußte freilich der Kanzler Konrad in seinem brieflichen Reisebericht an den Propst von Hildesheim ganz richtig in Syrakus beheimatet: »Neben dieser Stadt entspringt auf dem Gestade des Meeres die Quelle Arethusa, welche zuerst der besorgten Mutter auf Befehl den Raub der Proserpina enthüllt hat. Neben dieser Quelle Arethusa fließt nahe der in Arkadien entspringende Alpheus vorüber und durch die Mitte des Meeres bis nach Sizilien hinab und strebt dort, nachdem er seine Gestalt geändert, sich den Gewässern zu vermengen«. Nach der Sage liebte Alpheios, ein Fluß in Elis, die dort gelegene Quelle Arethusa. Die ihr gewogene Artemis verwandelte sie gleichfalls in einen Fluß und verlieh ihr die Fähigkeit, unter dem Meer nach Sizilien zu fließen, wohin ihr freilich Alpheios folgte und sich bei Syrakus mit ihr vereinigte. Diese Sage war offenbar weithin bekannt, aber die Quelle wird sonst nirgends mit dem Königspalast in Palermo in Verbindung gebracht. Der Palast beherbergte natürlich zahlreiche Höfe und Säle, darunter jenen »Empfangssaal in einem großen Hof, umschlossen von einem Garten und Kolonnaden«, den der arabische Reisende Ibn Ǧubayr im Jahre 1184 sah und dessen Größe ihn beeindruckte. Aber obwohl Petrus auch im nächsten Bild Wandgemälde des kaiserlichen Palastes beschreibt, wird man diese Räume und ihre Ausschmükkung als fiktiv ansehen müssen; es gibt darauf sonst keinerlei verläßliche Hinweise, und Petrus selbst sagt noch nicht einmal, wo sich dieser Palast befinden soll. Die 24 Namen der beherrschten Länder lauten (von links oben fortlaufend): *Frisia, Bavaria, Austria, Turingia, Saxonia, Boemia, Olsatia* (Holstein), *Scavia* (ostelbisches Slawenland), *Pomarania, Polonia, Mestfalia* (Westfalen), *Brabancia; Tuscia, Lonbardia, Marchia* (ital. Marken), *Burgu[n]dia, Liguria, Svevia, Francia, Lothoringia, Alsatia, Belgia, Anglia, Fland[r]ia*. Eine vergleichbare Zusammenstellung besitzen wir von Gottfried von Viterbo, dem Kapellan Heinrichs VI., mit dessen Bemühungen um die staufische Herrscherideologie sich Petrus auch sonst in manchen Punkten trifft. Die Zahl 24 könnte eine Reminiszenz an die 24 Ältesten der Offenbarung des Johannes sein, deren Throne rings um den Thron Gottes angeordnet sind und die Gott und das Lamm anbeten (Offenb. 4.4, 10 u.ö.). Auffallend ist vielleicht Holstein, das sich aber durch Graf Adolf III. von Holstein erklärt, der einer der eifrigsten Parteigänger des Kaisers und zudem Schwager des Kanzlers war. Zwischen den beiden Säulenreihen empfängt der Kanzler Konrad – mit hoch erhobener Feder und in der Linken eine Pergamentrolle haltend – die Gold-Tribute Arabiens und Indiens (*cancellarius recipiens tributa; Arabs, Indus*), eine allegorische Darstellung der kaiserlichen Weltherrschaft, die durch den rechts mit gezücktem Schwert dastehenden Ritter, wohl der im Text (v. 1561) genannte Markward von Annweiler, garantiert wird.

142ʳ
Kanzler Konrad erläßt im Hof des kaiserlichen Palastes Verordnungen und nimmt Tribute entgegen

Teatrū īpalus palaciī

Frisia · Bavaria · Austria · Turigia · Saxonia · Boemia · Olsacia · Scania · Pomarania · Polonia · Ost Alba · brabancia

Cancell' recipies ēbuīa · font' arc' thule

Arabs · Indī

Ethra · Lonbardia · Marchia · Burgūdia · Laguria · Suevia · Frācia · Lothoringia · Alsacia · Belgica · Anglia · Flandria

In talamos sex una dom. partit. ꝫ horꝰ
Prima creatoris regia scribit opꝰ
Illic in specie sup undas diua columbe
Maiestas opm pingit ipse deus.
Alta satiferum cataclismi pingit abyssu,
Tertia fert habrahe credulitatis iter.
Quarta pharaone submergens iudat egyptu,
Quinta dom. dt. tempa regis lt.   Dauid
Sexta fredericu diuo depingit amictu.
Cesarea septm ple senile latꝰ.

Hic fredericus ouans in militibꝰ undiqꝫ fret,
Feruidus typo miles iturus erat.
Hic erat annosu multa nemꝰ ylice septu,
Non in p gladios silua satura uias.
Innumꝰ ōe furit ferru, nemꝰ ōe fauillas
Fit uia qd dudu parte negabatur iter.
Hic erat in fide tua fallax ungare dextra,
Qualit iurito te frederic abit.
Hic ysaac intuita fides, fictile fedus,   mestita
Ille grecoꝝ nō sine cede dolus.
Hic obsessi poli: nec nō. platea p annu   constantinopoli
Vinea, cesareꝗ qui coluere manu.
Hic conuiuij pinguntꝰ opes, bella feracis
Hic frederici ades fulminat ense poen.
Hic pꝛ arma tenet, subit illic filiꝰ urbe,
Pars prior augusto sub seniore cadit.
At postꝗ conuij spoliis saturant ꝫ auro,
Castra mouent, nec eis cum quietis erat.
Proh dolor ad flum ponunt tentoria thursi,   hebrue
Quo lacerat tumidas naus fredericus aꝗs   aquas
Suspetas iuenit aqs q rapt abundat
Exuit humanu, seruit ꝫ ante dm.
Liuit inertim fredericus lancea cuiꝰ   ab ysmny
Nugua fraudato cuspide uersa fuit.

<Particula L.: Domus imperialis palacii>

In talamos sex una domus partitur, et horum
 Prima creatoris regia scribit opus.
Illic in specie super undas diva columbe
 Maiestas operum pingitur, ipse deus.
Altera fatiferum cataclismi pingit abyssum.
 Tercia fert Habrahe credulitatis iter.
Quarta Faraonem submergens nudat Egyptum.
 Quinta domus David tempora regis habet.
Sexta Fredericum divo depingit amictu,
 Cesarea septum prole senile latus.
Hic Fredericus ovans in milibus undique fretus
 Fervidus in Christo miles iturus erat.
Hic erat annosum multa nemus ylice septum,
 Non nisi per gladios silva datura vias.
In nemus omne furit ferrum, nemus omne favillat,
 Fit via, quod dudum parte negabat iter.
Hic erat, infide, tua fallax, Ungare, dextra,
 Qualiter invito te Fredericus abit.
Hic Ysaac mentita fides et fictile fedus,
 Illic Grecorum non sine cede dolus,
Hic obsessa Polis necnon plantata per annum
 Vinea, cesaree quam coluere manus.
Hic Conii pinguntur opes et bella ferocis,
 Hic Frederici ales fulminat ense procer.
Hic pater arma tenet; subit illic filius urbem,
 Pars prior Augusto sub seniore cadit.
At postquam Conii spoliis saturantur et auro,
 Castra movent; nec eis cura quietis erat.
Proh dolor, ad flumen ponunt temtoria Tharsis,
 Quo lacerat tumidas nans Fredericus aquas.
Suspectas invenit aquas, qui raptus ab undis
 Exuit humanum, servit et ante deum.
Vivit in eternum Fredericus, lancea cuius
 Nunquam fraudata cuspide versa fuit.

<Fünfzigstes Kapitel: Das Gebäude des kaiserlichen Palastes>

Das eine Gebäude teilt sich in sechs Gemächer, und deren
 erster Palast schildert das Schöpfungswerk.
Hier wird im Bilde der Taube, die schwebt über dem Wasser, die göttliche
 Majestät dargestellt, der Gott der Schöpfung selbst.
Der zweite stellt den unheilbringenden Abgrund der Sintflut dar.
 Der dritte bietet den Auszug Abrahams voll Gottvertrauen.
Der vierte läßt den Pharao untergehen und entvölkert Ägypten.
 Das fünfte Haus hat die Zeiten König Davids.
Das sechste zeigt Friedrich in göttlichem Gewand,
 die greisen Hüften von kaiserlicher Nachkommenschaft umgeben.
Hier war Friedrich, freudig im Vertrauen auf seine Tausendschaften ringsum,
 im Aufbruch, glühend als Soldat in Christus.
Hier war der durch zahlreiche Eichen undurchdringliche Urwald,
 der nur dem, der vom Schwert Gebrauch machte, Zugang gewährte.
Gegen den ganzen Wald wütet das Schwert, der ganze Wald wird zu Asche,
 es wird ein Weg, was eben noch den Durchmarsch teilweise verwehrte.
Hier war, treuloser Ungar, deine trügerische Rechte zu sehen,
 und wie Friedrich gegen Deinen Willen abzog.
Hier war die erlogene Treue Isaaks und das vorgetäuschte Bündnis,
 dort die List der Griechen, die nicht ohne Blutvergießen war.
Hier das belagerte Konstantinopel und der für ein Jahr gepflanzte
 Weingarten, den die Hände des Kaisers pflegten.
Hier werden die Machtmittel und Kämpfe des kriegerischen Konya dargestellt,
 hier ist der Adler Friedrichs, der Recke schleudert Blitze mit dem Schwert.
Hier hält der Vater die Waffen; dort rückt der Sohn gegen die Stadt vor.
 Der erste Teil fällt unter dem alten Kaiser.
Aber nachdem sie sich an der Beute und dem Gold Konyas gesättigt haben,
 marschieren sie weiter und kümmerten sich nicht um Ruhe.
O Schmerz, am Fluß Tharsis schlagen sie ihre Zelte auf,
 wo Friedrich schwimmend die angeschwollenen Fluten teilt.
Die gefährlichen Wasser fand er, der, von den Wellen fortgerissen,
 den menschlichen Leib ablegte und vor Gott dient.
Friedrich lebt in Ewigkeit, dessen Lanze
 niemals ihre Spitze vorenthielt und sich abwandte.

Die Bildfolge beschreibt sechs – fiktive (siehe fol. 142) – Räume des kaiserlichen Palastes, deren Wandgemälde im wesentlichen den sechs Weltaltern der augustinischen Geschichtsdeutung entsprechen, wobei die Staufer das sechste und letzte Zeitalter, von Christus bis zum Weltende, markieren und so im göttlichen Heilsplan als Erfüller der Zeiten erscheinen. Im ersten Raum (*[im]perii prima domus*) die Erschaffung der Welt (*Deus creans omnia*), im zweiten die Arche Noah (*secunda domus, archa Noe*), im dritten Abraham (*tercia domus, Habraham*), dem die Engel Gottes Weisung überbringen, im vierten Moses (*quarta domus, Moyses*), das geteilte Rote Meer (*Mare Rubrum*) wieder schließend, wodurch die Ägypter ertrinken, im fünften König David (*quinta domus, David rex*), der bekanntlich auch – neben Salomo und Ezechias – auf einer der Bildplatten der Reichskrone abgebildet ist, und schließlich im sechsten (*sexta domus imperii*) Kaiser Friedrich Barbarossa (*Fredericus imperator*), der seinen beiden Söhnen Heinrich (*Henricus*) und Philipp (*Phi[li]ppus*) segnend die Hände auflegt. Bei Augustinus ist statt Moses nach David die Babylonische Gefangenschaft angesetzt, aber vielleicht hat Petrus den Vorfahren des Messias in eine direkte Beziehung zu den Staufern setzen wollen. Heinrich VI. trägt als Thronfolger mit Krone und Szepter herrscherliche Insignien, wozu auch die Gewandung paßt. Philipp ist dagegen mit wehendem Mantel, aber ohne typische Kennzeichen dargestellt. Zunächst für die geistliche Laufbahn bestimmt (1189 Propst des Aachener Marienstifts, 1191 Elekt von Würzburg), trat er 1193 in den Laienstand zurück und wurde 1195 Herzog von Tuszien, 1196 Herzog von Schwaben und 1198 schließlich selbst König in zwiespältiger Wahl mit Otto IV. Das Staufer-Bild läßt unmittelbaren Zeitbezug erkennen: Antritt des Kreuzzuges (1189) in dem Bewußtsein, daß die Dynastie gesichert ist, und unbeirrtes Fortsetzen des Weges trotz aller Widrigkeiten: Kaiser Friedrich befiehlt, den ungarischen Wald zu fällen (*Fredericus imperator iubet incidere nemus Ungarie*). Das ist nicht korrekt, denn die Aufnahme der Kreuzfahrer in Ungarn war überaus herzlich: Barbarossas Sohn Friedrich, der Herzog von Schwaben, wurde mit einer ungarischen Königstochter verlobt, und man vergnügte sich mehrere Tage bei der Jagd. Gemeint ist vielmehr der schwer passierbare Bulgarenwald an der Morava südöstlich von Belgrad, wo das Kreuzfahrerheer erstmals unter Überfällen zu leiden hatte.

143ʳ
Fünf Szenen des Alten Testaments. Friedrich Barbarossa mit seinen Söhnen Heinrich und Philipp. Friedrich Barbarossa läßt auf dem Kreuzzug Wälder roden

pma dom' secuda dom' tcia dom' quarta dom' qnta dom'
de caus'oia archa nee abraham moyses d' Rex

Serta dom'
Impij fideric' Imparor jhus
henr

frederic' Impator ruber icis nem ungarie

Illic diua puer̃t supr̃a lip̃a mat
Vberis henrico munem digna dabit.
Sũ ministrantes septẽ conuenta sorores,
Et puerũ doceant officiola uagit.
Prima loqͥ recte docet, alt̃a iurgia linguę,
Tertia cõditos reddit Toro sonos.
Quarta qͩ altͥa uelit cũ uita coire repͬsũ
Quinta docet numerũ p̃ratioẽ legi.
Sexta gradus Tuoce suos docet Ip̃ure cantu.
Septima metur̃ posse magistrat hũmũ.
Suscipit Tgremio ututũ gͥn mat
Ore uirũ, Iuuenẽ corpe, m̃te senẽ.
Quẽ uirtͧ dilapsa polo sic possidet õis.
Singla quod iͬ asserit eẽ suũ.
Hec mores Tformat, usibus illa coaptat
Hec sibi p̃ multũ uendicat, illa pͥu.
Hec ũ uel posset rigidũ facit, illa modestũ
Lex quͩoqͥ potest de p̃tate queri.
Arma fatigarut supos que cotulit illa.
Sic sic era riget, arma qͩ hoste caret.
Nos numidos, quos sarmaticos sibi roma subegt,
Inde redit titͭ, nox ubi p̃ma subit.
Magn̾ alexander dariũ qͩ uicit Tarmis,
Nos fuit impio t̃in subacta suo.
Et qͩ pompeiũ cesar patresqͥ fugauit,
Inde tolom̃r eriĩ egyptͦ habet.
Jullus ei similis, n̾ p̃es, nemo secundus.
Ist meus Henricus exp̃erandus erit.
Icm̃ henricus latet hic Tuoce triũphus,
Nos latet. Ipartes littera ducta parit.
Certant ututes, certati numen fbent.
resplet Taugusto gͥn plena meo.
Ufra quẽ gremiũ sapientia dulcis recepit
Hec os ore docet, p̃torie poetͥ alit.

<Particula LI.: De septem artibus liberalibus>

Illic diva parens superum, Sapientia mater,
  Uberis Henrico munera digna dabat.
Ipsa ministrantes septem conventa sorores,
  Ut puerum doceant, officiosa rogat. 1610
Prima loqui recte docet, altera iurgia lingue,

Tercia conditos reddit in ore sonos.
Quarta, quid astra velint, cum visa coire retrorsum,
  Quinta docet numerum pro ratione legi.
Sexta gradus in voce suos docet impare cantu, 1615
  Septima metiri posse magistrat humum.
Suscipit in gremio virtutum gratia mater
  Ore virum, iuvenem corpore, mente senem,
Quem virtus dilapsa polo sic possidet omnis,
  Singula quod virtus asserat esse suum. 1620
Hec mores informat et usibus illa coaptat;
  Hec sibi preiustum vendicat, illa pium;
Hec, ubi res poscit, rigidum facit, illa modestum:
  Lex quandoque potest de pietate queri.
Arma fatigarant superos, que contulit illa: 1625
  Sic sic era rigent, arma quod hoste carent.
Quod Numidos, quod Sarmaticos sibi Roma subegit,
  Unde redit Titan, nox ubi prima subit,
Magnus Alexander Darium quod vicit in armis,
  Quod fuit imperio terra subacta suo, 1630
Et quod Pompeium Cesar patresque fugavit,
  Unde Tolomei crimen Egyptus habet:
Nullus ei similis, nisi proles, nemo secundus,
  Diis meus Henricus equiperandus erit.
Dicitur Henricus; latet hac in voce triumphus: 1635
  Quod latet, in partes littera ducta parit.
Certant virtutes, certatim munera prebent,
  Crescit in Augusto gratia plena meo,
Infra quem gremium Sapientia dulce recepit:
  Hec os ore docet, pectore pectus alit. 1640
***

<Einundfünfzigster Abschnitt: Über die sieben freien Künste>

Dort spendete die göttliche Mutter, die Weisheit, die Mutter der Himmlischen,
  die Heinrichs würdigen Gaben ihrer Mutterbrust.
Sie selbst tritt an die sieben ihr dienenden Schwestern heran
  und bittet pflichtbewußt, daß sie den Knaben lehren.
Die erste lehrt richtiges Sprechen, die zweite die sprachliche Auseinandersetzung,
  die dritte sorgt für die Würze des Wohlklangs in der Rede,
die vierte lehrt, was es bedeutet, wenn Sterne scheinbar rückwärts sich treffen,
  die fünfte lehrt, wie die Zahlen der Methode entsprechend zu lesen sind,
die sechste ihre Tonstufen in der Stimme durch verschiedenartigen Gesang,
  die siebte unterweist, wie der Boden zu messen ist.
Um seiner Tugenden willen nimmt die Mutter ihn in ihren Schoß,
  Mann dem Antlitz nach, dem Körper nach Knabe, dem Geist nach ein Greis,
den jede Tugend, vom Himmel herabgekommen, so besitzt,
  daß jede versichert, er sei der Ihre.
Diese bildet seine Sitten und jene paßt ihn den Erfordernissen an,
  Diese nimmt für sich in Anspruch, daß er sehr gerecht, jene, daß er fromm ist.
Diese macht ihn streng, wo die Sache es fordert, jene maßvoll:
  Manchmal kann schon das Gesetz über seine Nächstenliebe klagen.
Selbst der Götter Widerstand hatten die von ihr verliehenen Waffen gebrochen:
  Das Erz der Waffen starrt so, weil sie eines Feindes harren.
Daß Rom sich die Numider und Sarmaten unterwarf,
  von wo die Sonne zurückkehrt, wo die erste Dämmerung aufzieht,
daß Alexander der Große Dareios militärisch besiegte,
  daß seinem Befehl die Erde unterworfen wurde
und daß Caesar Pompeius und die Senatoren vertrieb,
  woher Ägypten das Verbrechen des Ptolemaios hat:
Keiner ist ihm ähnlich außer seinem Sohn, niemand kommt selbst in die Nähe.
  Den Göttern wird mein Heinrich gleichzusetzen sein.
Er heißt Heinrich, und im Namen ist der Triumph verborgen.
  Das Verborgene enthüllen die zergliederten Buchstaben.
Es wetteifern die Tugenden, im Wettstreit bringen sie ihre Gaben dar,
  es wächst die volle Gnade in meinem Kaiser,
den die Weisheit in ihren Schoß aufnahm:
  Sie lehrt seinen Mund mit ihrem Mund, sie nährt sein Herz mit dem ihren.
***

Text und Bild passen nicht zusammen, da vor dieser Seite ein Blatt fehlt. Der große Kaiser Heinrich VI. (*Henricus VI. magnus Romanorum imperator*), Reichsapfel (*mundus*, mit Schreibtinte) und Szepter haltend und majestätisch thronend im Kreise der sieben Tugenden (*virtutes*), von denen Tapferkeit und Gerechtigkeit (*fortitudo, iusticia*) eigens benannt sind und entsprechende Symbole tragen: Helm und Schild bzw. ein Gesetzesbuch. Diese gehören neben Klugheit und Maßhaltung zu den sogenannten vier Kardinaltugenden, so daß auf der anderen Seite ergänzend die drei theologischen Tugenden: Glaube (mit dem Symbol des Schwertes), Liebe und Hoffnung, erkannt werden müssen. Der nicht zum Bild gehörige Text deutet die »sieben Schwestern« als die sieben freien Künste (*septem artes liberales*), die den profanen Lehrstoff des Mittelalters umfaßten und auf der ausgefallenen Bildseite dargestellt waren: Grammatik, Dialektik, Rhetorik als »Grundstudium« (Trivium; daher: trivial!) sowie Astronomie, Arithmetik, Musik, Geometrie als »Aufbaustudium« (Quadrivium). Die für einen mittelalterlichen deutschen König ungewöhnliche Bildung Heinrichs VI., der auch als Minnesänger hervortrat, bezeugen mehrere Quellen unabhängig voneinander. In die Gemeinschaft der abgebildeten Tugenden bittet auch die gekrönte, als allegorische Frauengestalt mit ihrem Rad (*rota fortune*) dargestellte Fortuna aufgenommen zu werden; sie erhebt flehend ihre Hände, wird aber abgewiesen (*fortuna rogat virtutes esse in consorcio earum, set repulsam passa est*). Und so dreht sie ihr Rad weiter und überrollt einen Unglücklichen, den eine jüngere Hand als *Tancredus* bezeichnet hat, wohl in Anlehnung an fol. 147 (vgl. fol. 103). Eine weitere spätere Hand des 14. Jahrhunderts hat die Drehung des Glücksrades gegen den Uhrzeigersinn mit Beischriften versehen: emporgehoben rühme ich mich (*glorior elatus*), erniedrigt steige ich hinab (*descendo minorificatus*), zuunterst werde ich vom Rad zerdrückt (*infimus axe teror*), und erneut werde ich in die Höhe getragen (*rursus [in] alt[um] feror]*).

146ʳ
Die sieben Tugenden huldigen dem Kaiser, Fortuna mit ihrem Glücksrad bittet um Aufnahme

henr. vi. magn' Romanor Imperator

virtutes   fortitudo   virtutes   Justicia

fortuna rogat virtutes
et i gloria ear set re-
pulsam passa est

Rota fortune

Tancred

Inclita regales crispans sapientia uires
Aspera fortune talia uota dedit.
Sit tuus Andronicum saturat cede nepotis,
Cui cruor ytalicus potus et esca fuit.
Sit tuus Andronicus, qui crassum cede suorum
Addidit occisi stirpe necare plus.
Cui adest tremulus, licet impar pena reatu,
Os ors sua perpetuo iudice feda caret.
Sit tuus ille senex, qui raptus ut Icarus alis,
Occidit, et pelago flet sua mersa ratis.
Occidit ut quondam series in insula gigantum,
Quis fuit impium cura uidere iouis.
Sic Tancredum multo miser ebrius auro,
Occidit in dum diu tulit arma suum.
Si potes Andronicum ciuilibus eripe telis.
Si potes Alexium regna tuere senis.
Iam meus Henricus magna sede sedebit,
Nam rex Salomon sedit in orbe potens.
Talis erit sedes, ebur uiolabit in auro,
Hoc hominum sensus occupabit opus.
Bissenos habitura gradus henrica sedes,
Ex auro sedet; sex ex adamante gradus.
Per quos fuluescent ciuili more leones.
Ordine suppositi iussa sedentis agant.
Procedunt de sede throni res ardua grifes,
Procedunt agile seu mucroninus aper.
Procedunt rigidi nisi de sede leones,
Procedat fenix nuncia picis auis.
Aleua neptunum aqua castiget, et omnis
Iuppiter adextris corrigat ipse solum.
Aleua citharam mouent mercurius auro,
Inuidens dextra phebum in aure legat.
Os ars presede sedens gladiator territet orbe,
Cogat et impium sidera fata deos.

Cesariorum senonensium

‹Particula LII.: Sapientia convicians Fortune›

Inclita regales crispans Sapientia vultus
  Aspera Fortune talia verba dedit:
»Sit tuus Andronicus, saturatus cede nepotis,
  Cui cruor Ytalicus potus et esca fuit.
Sit tuus Andronicus, qui crassus cede suorum   1645
  Addidit ex omni stirpe necare probos.
Cuius ad extremum licet impar pena reatu,
  Mors sua perpetuo vindice feda caret.
Sit tuus ille senex, qui raptus ut Yccarus alis
  Occidit et pelago flet sua mersa ratis.   1650
Occidit, ut quondam series inmensa gigantum,
  Quis fuit imperium cura videre Iovis.
Sic et Tancredus multo miser ebrius auro
  Occidit, in dominum dum tulit arma suum.
Si potes, Andronicum civilibus eripe telis;   1655
  Si potes, alterius regna tuere senis.
Nam meus Henricus materna sede sedebit,
  In qua rex Salomon sedit in orbe potens.
Talis erit sedes: ebur uxorabit in auro;
  Hoc hominum sensus exuperabit opus.   1660
Bis senos habitura gradus Henricia sedes,
  Ex auro sex, sex ex adhamante gradus,
Per quos fulvescent civili more leones:
  Ordine suppositi iussa sedentis agant.
Procedant de sede throni, res ardua, grifes,   1665
  Procedant aquile seu Nucerinus aper,
Procedant rigidi nostra de sede leones,
  Procedat fenix, nuncia pacis avis.
A leva Neptunus aquas castiget, et omne
  Iuppiter a dextris corrigat ipse solum.   1670
A leva citharam moveat Mercurius aure,
  Omnividens dextra Phebus in aure legat.
Mars pre sede sedens gladiatus territet orbem,
  Cogat ad imperium sidera, fata, deos.«

‹Zweiundfünfzigster Abschnitt: Die Weisheit beschimpft die Fortuna›

Die edle Weisheit legt ihr königliches Antlitz in Falten
  und richtet folgende Worte an Fortuna:
»Dein mag Andronikos sein, der satt ist vom Blute seines Neffen,
  dem italisches Blut Trank und Speise war.
Andronikos mag der Deine sein, der fett vom Blut der Seinen
  noch zusätzlich die Rechtschaffenen aus jeder Familie tötete.
An dessen Ende, wenngleich eine der Schuld nicht gleichkommende Strafe,
  ein schimpflicher Tod seines ewigen Richters harrt.
Dein mag jener Greis sein, der fortgetragen von seinen Flügeln wie Ikarus
  starb, und sein im Meer versenktes Schiff weint.
Er starb wie einst die ungeheure Schar der Giganten,
  deren Sorge es war, das Reich Jupiters zu sehen.
So ging es auch Tankred: Der Elende, vom vielen Golde trunken,
  starb, als er seine Waffen gegen seinen Herrn erhob.
Wenn Du kannst, entreiße Andronikos den Waffen der Bürger,
  wenn Du kannst, schütze auch des anderen Greises Reich:
Denn mein Heinrich wird auf dem mütterlichen Thron sitzen,
  auf dem König Salomo, mächtig in der Welt, saß.
So wird der Thron aussehen: Elfenbein vereint sich mit Gold,
  dieses Kunstwerk wird die Sinne der Menschen übersteigen.
Zweimal sechs Stufen wird der Thron Heinrichs haben,
  sechs aus Gold, sechs Stufen aus Diamant,
durch die in friedlicher Haltung Löwen goldgelb leuchten:
  der Rangfolge nach untertan sollen sie die Befehle des Thronenden ausführen.
Vom Thronsessel aus sollen, kaum zu glauben, Greife ausgehen,
  es sollen Adler ausgehen oder der Eber von Nocera.
Es sollen wilde Löwen von unserem Throne ausgehen,
  es soll der Phönix ausgehen, der Bote des Friedens.
Zur Linken soll Neptun das Meer züchtigen, und alles
  Land soll zur Rechten Jupiter selbst zurechtweisen.
Am linken Ohr soll Merkur die Kithara rühren,
  der allessehende Apollo soll am rechten Ohr vortragen.
Mars soll mit dem Schwert vor dem Thron sitzen und die Welt schrecken
  und unter die Herrschaft zwingen die Gestirne, das Schicksal, die Götter.«

Das letzte Bild: Heinrich VI. (*Henricus imperator*), in vollem Herrscherornat auf dem Sitz der Weisheit (*sedes sapie[ntie]*) thronend, die oberhalb als gekrönte Frauengestalt dargestellt ist und als Überlegene die Fortuna (hier ungekrönt!) schmäht (*sapientia convicians fortune*), die deswegen ein ganz verdrießliches Gesicht macht. Ihr Rad hat soeben Tankred (*Tancredus*) überrollt wie früher schon Andronicus (*Andron[icus]*, 1183 Mörder des byzantinischen Kaisers Alexios II. Komnenos und selbst 1185 ermordet) und andere (im Text: Ikarus und die Giganten). Umgeben ist der Kaiser diesmal nicht von den Tugenden (fol. 146), sondern von den Hauptstützen seiner Herrschaft: dem Kanzler Konrad (*Corradus cancellarius*), der ein Buch, wohl das Epos des Petrus von Eboli (fol. 139), und die Weltkarte (fol. 140) in Händen hält und der in deutlicher Analogie zum Kaiser gestaltet ist, dem Seneschall oder Truchseß Markward von Annweiler (*Marchisius senescalcus*), dem Kommandanten der nur angedeuteten Flotte (fol. 131), kenntlich durch seinen Schwanen-Schild, und schließlich dem Marschall und Heerführer Heinrich von Kalden (*Henricus Calandrinus*, von späterer Hand ein zweites Mal übergeschrieben), der bereits früher kurz erwähnt wurde (vv. 1183–1185), hier aber zum einzigen Mal bildlich dargestellt ist, freilich ohne signifikante Merkmale. Ihm verdankte der Kaiser im wesentlichen die Niederschlagung des sizilischen Aufstandes vom Sommer 1197, wofür er dann reich belohnt wurde. – Heinrichs VI. Thron, der Sitz der Weisheit, entspricht dem Throne Salomos, zu dem gleichfalls sechs Stufen hinaufführten, auf denen zu beiden Seiten Löwen standen (1 Könige 10. 18–20; 2 Chronik 9. 17–19), und an einer Stelle wird der Kaiser geradezu als »unser Salomo« bezeichnet (v. 1312). Der Kaiser anstelle jenes alttestamentlichen Königs, der geradezu als Sinnbild für einen weisen und gerechten Herrscher galt, anstelle sogar Christi selbst als der Verkörperung von Gottes Weisheit (1 Korinther 1.24), »in dem alle Schätze der Weisheit und Erkenntnis verborgen sind« (Kolosser 2.3) – der Bilderzyklus endet in einer Apotheose!

147ʳ
Heinrich VI. auf dem Löwenthron mit Kanzler Konrad und seinen Heerführern. Sapientia weist Fortuna zurück, deren Rad Tankred überrollt, wie schon Andronicus, den Mörder des byzantinischen Kaisers Alexios II.

Sapia *Conradus* *Fortuna*

marchisi' Senescalc' *Imperator* *Conrad' Cancell'*

Tancred'

sedes *Andr...*

Henricus calamitosus
henric' calam' div'

Anno quinq; eximus numerantur mille ducentis
Cesar regna capit z sua nupta parit   Anno...

Anno quinq; minus numerantur mille ducentis
Cesar Regia capit z sua nupta parit

Ego magister petrus de ebulo servus imperatoris

Inter eas quas virgines laudauat z fidelis huic libru ad honore Augusti
...primam fere decisse suncepos... fac mecum dne signum...
...ectus ex sua aspa moritur   ut videat me tancridini, z cofundat
...   In aliq beneficio ni pudeat dns me
...   q deus meus, q est z erit benedictus in se
                                 cula. Amen

Ego magister Petrus de Ebulo, servus imperatoris fidelis, hunc librum ad honorem Augusti composui. Fac mecum, domine, signum bonum, ut videant me Tancridini et confundantur. In aliquo beneficio mihi provideat dominus meus et deus meus, qui est et erit benedictus in secula. Amen.	1675 Ich, Magister Petrus von Eboli, der treue Diener des Kaisers, habe dieses Buch zu Ehren des Kaisers verfaßt. Tu an mir, Herr, ein Zeichen, damit die Tancrediner mich sehen und zuschanden werden. Durch eine Wohltat sorge mein Herr für mich und mein Gott, der gepriesen wird und werden wird in Ewigkeit. Amen.

Bl. 94
Spiegel des Vorderdeckels

Bl. 148
Spiegel des Rückdeckels

Petrus de Ebulos »Unvollendete« – Eine Handschrift mit Rätseln

von Marlis Stähli

Ego Magister Petrus de Ebulo hunc librum ad honorem Augusti composui – ich, Meister Petrus de Ebulo, habe dieses Buch zu Ehren der kaiserlichen Majestät verfaßt. Nach intensiver Beschäftigung mit der Handschrift Cod. 120 II der Burgerbibliothek Bern ist man geneigt, das lateinische *composui* wörtlich mit *habe ich zusammengestellt* zu übersetzen. In der Tat haben wir beim Codex des Petrus de Ebulo alles andere als ein Werk aus einem Guß vor uns.

Rund 800 Jahre ist das Buch alt, und so ist es nicht verwunderlich, daß einige Blätter fehlen. Doch liegt es nicht nur am Alter oder an Verlusten, sondern man hat schon früh gesehen, daß sich vom ersten zum letzten Teil der Handschrift große Unterschiede bemerkbar machen. Unter wechselnden Gesichtspunkten wurde auf Differenzen hingewiesen, man stellte verschiedene Schreiber fest, über fehlende Seiten gab es unterschiedliche Angaben.

Daß das Werk keinen Titel hat und man sich wahlweise beholfen hat mit *Liber ad honorem Augusti*, der nur für das dritte Buch gilt, oder mit *De rebus Siculis*, der sich nie so recht durchgesetzt hat, ist symptomatisch und verweist ebenfalls auf den »unvollendeten« Charakter des Werkes.

Im Laufe ihrer Geschichte wurde die Handschrift mehrfach umgebunden. Den Rätseln, die sie aufgibt, versuchte man schon vor langer Zeit beizukommen, indem man die Blätter der letzten Lage in eine Reihenfolge brachte, die sinnvoller zu sein schien.

Der erste, dem in neuerer Zeit Unstimmigkeiten in der Abfolge von Text und Bildern im letzten Teil der Handschrift auffielen, war Ernst Sackur, der sie 1890 untersuchte. Ettore Rota und Gian-Battista Siragusa folgten seiner überzeugenden Argumentation und korrigierten in ihren Editionen die vorgefundene Blattfolge jeder auf seine Art. Rota veröffentlichte die Bildtafeln in der rekonstruierten Reihenfolge, Siragusa dagegen hielt sich an die Bildfolge in der Handschrift, druckte aber den zugehörigen Text ebenfalls in der von Sackur vorgeschlagenen Abfolge.

Da die Handschrift ihres schlechten Zustandes wegen ohnehin auseinandergenommen werden mußte, standen wir nun vor der Entscheidung, ob die Handschrift in geschichtlich überkommener Form oder in der von den neueren Editoren postulierten Reihenfolge wieder eingebunden werden sollte. Eine gründliche kodikologische Untersuchung bot sich also von vornherein an, und im folgenden wird versucht, die umstrittenen Fragen der fehlenden Blätter, ihrer richtigen Reihenfolge und der beteiligten Schreiber so weit als möglich zu klären.

Wie es bei Handschriften dieses Alters häufig der Fall ist, konnten nicht alle Rätsel gelöst werden, und es mußten einige Punkte offengelassen werden. Vielleicht liegt nicht zuletzt darin die große Faszination, die von einem solchen Werk ausgeht. Der Umstand, daß die neuzeitliche Heftung der Handschrift aufgelöst werden mußte, erleichterte die Untersuchungen sehr, indem eine bessere Einsicht in die Lagenzusammensetzung genommen werden konnte, als dies bisher möglich war. Es haben sich daraus neue Erkenntnisse ergeben.

Schon der Berner Kunsthistoriker Otto Homburger wies darauf hin, daß Farbgebung und Darstellungsstil im dritten Buch anders sind als in den beiden ersten Büchern, daß die byzantinischen Einflüsse, welche zunächst sehr ausgeprägt sind, im letzten Teil zurücktreten. Das erste und zweite Buch sind in Erzähl- und Bildstruktur narrativ aufgebaut, während das dritte Buch ganz der Verherrlichung Heinrichs VI. und seines Kanzlers und damit dem repräsentativen Stil verpflichtet ist.

Auffallend ist, daß das Dedikationsbild, welches in einer mittelalterlichen Handschrift üblicherweise am Anfang steht, im Codex des Petrus de Ebulo erst im letzten Teil erscheint. Begründen läßt sich dies mit einer besonderen Betonung des Triumphes, einer Apotheose Kaiser Heinrichs VI. nach seinen siegreichen Sizilienfeldzügen. Schon die erste Bildseite der Handschrift mit ihrer Berufung auf die Autoritäten der Antike, Vergil, Lucan und Ovid, zeigt jedoch, daß für die Handschrift zunächst ein ganz anderes, ein profanes Programm vorgesehen war. Historisch bedeutsame Vorgänge, die sich eben ereignet hatten und die Gegenwart umstürzend prägten, sollten erzählt und durch Bilder unmittelbar veranschaulicht werden.

Das Werk des Petrus de Ebulo ist das früheste Beispiel zeitgenössischer Bildberichterstattung in einer Handschrift, das heute noch erhalten ist. Das neue Vorhaben erforderte eine sorgfältige Planung. Gewählt wurde die Gegenüberstellung von jeweils einer Text- und einer Bildseite, ein Gestaltungsprinzip, welches im Codex des Petrus de Ebulo erstmals konsequent durchgehalten wurde. Die Brüche und Unstimmigkeiten werden deshalb besonders deutlich, wenn man Text und Bilder miteinander vergleicht, wie das schon ein früherer Besitzer der Handschrift im 16. Jahrhundert, Ende des 19. Jahrhunderts Ernst Sackur und seither einige andere taten. Ergänzend können konkrete Beobachtungen an der Handschrift selber helfen, Aufschlüsse über ihre Zusammensetzung zu erhalten.

Der Codex

In allen älteren Katalogen, einschließlich desjenigen von Hermann Hagen von 1875, werden die beiden Handschriften der Burgerbibliothek, *Cod. 120 I* und *Cod. 120 II*, unter einer Signatur, *Cod. 120*, verzeichnet. *Cod. 120 II*, das Werk des Petrus de Ebulo, war also noch Ende des 19. Jahrhunderts zusammengebunden mit *Cod. 120 I*, einer Handschrift aus dem 11. Jahrhundert, die verschiedene historische Texte enthält.

Wann die beiden Handschriften zusammengefügt wurden, ist unklar, schon im handschriftlichen Katalog der Bongars-Sammlung von 1634 erscheinen sie unter einer Signatur. Die durchgehende Foliierung der beiden Bände von Bl. 1–148 aus dem 19. Jahrhundert ist unübersehbar und nicht rückgängig zu machen, da sie in schwarzer Tinte vorgenommen wurde.

Wieder auseinandergenommen wurden die Handschriften, die an sich nichts miteinander zu tun haben, wenn man davon absieht, daß sie beide historische Texte enthalten, erst 1935 durch den Berner Restaurator Johann Lindt.

Die alte Foliierung hat nun zur Folge, daß die erste Bildseite des Codex des Petrus de Ebulo die Blattzahl 95 trägt. Irrtümlich wurde das zu *Cod. 120 II* gehörige erste Blatt 94 bei *Cod. 120 I* belassen, in welchen es als letztes Blatt miteingebunden wurde. Blatt 94 ist leer und zeigt wie das hintere Spiegelblatt des Codex des Petrus de Ebulo, Blatt 148, den Abdruck eines ehemaligen braunen Ledereinbandes, den die Handschrift hatte, bevor sie mit *Cod. 120 I* zusammengebunden wurde. Die Einbandspuren belegen zum einen eindeutig, daß Blatt 94 zum Codex des Petrus de Ebulo gehört, zum andern, daß die Handschrift einmal selbständig eingebunden war und einen eigenen Einband mit braunem Lederbezug besaß.

Gliederung und Aufbau

Mit seinen 53 Bildseiten ist der Codex des Petrus de Ebulo eine reiche Bilderhandschrift. Die Textseiten, deren Inhalt durch die bildlichen Darstellungen der gegenüberliegenden Seiten nicht nur veranschaulicht, sondern oft auch ergänzt wird, sind zunächst mit Überschriften in roter Tinte versehen, welche das Geschehen prägnant zusammenfassen. Bezeichnet sind sie mit einem Begriff aus der Rhetorik, mit *particulae*, Partikel oder Abschnitte, und damit als kleinere Redeteile, als Sinnabschnitte des Werkes charakterisiert (vgl. Becht-Jördens S. 289).

Incipit prima primi regis Sicilie particula – es beginnt der erste Abschnitt über den ersten König Siziliens, heißt es auf Bl. 95^v. Diese roten Überschriften auf den Textseiten sind allem Ansehen nach gleichzeitig mit der ersten Niederschrift vorgenommen worden. Sie stammen nicht von derselben Schreiberhand wie die roten Tituli der Bildseiten, welche erst kurz nach Fertigstellung der Bilder eingetragen wurden, wie sich an verschiedenen Stellen zeigen läßt, an denen die Tituli über die kolorierten Zeichnungen führen. Die Einteilung in *particulae* war also sicher die ursprünglich vorgesehene und sollte das Werk in lockerer Aneinanderreihung gliedern. Sie führt jedoch in römischer Zählung nur von Abschnitt 1–24 auf Bl. 95^v–118^v. Die Abschnittszählungen 25 und 26, welche am oberen Blattrand von 119v und 120v gerade noch zu sehen sind, stammen aus dem 16. Jahrhundert. Die Zählung könnte also nach mehrmaligem Umbinden der Handschrift auch einfach durch wiederholtes Beschneiden der Seiten weggefallen sein, doch werden von dieser Stelle an auch die Überschriften nicht mehr weitergeführt.

Ein Grund hierfür kann darin gesehen werden, daß ein neues Konzept zum Tragen kam, nämlich die Einteilung des Werkes in Bücher, wodurch sich die Abschnittszählung erübrigte. Diese neue Einteilung wurde zu einem Zeitpunkt vorgenommen, als Texte und Bilder der Handschrift schon vorlagen, etwa gleichzeitig mit dem Eintrag der roten Tituli auf den Bildseiten. Die oben zitierte Überschrift zu Beginn des Werkes wurde beibehalten – es gibt also keine Bezeichnung zum Anfang des ersten Buches. Erst auf Bl. 130^v findet sich von einer späteren Hand, wohl derjenigen, die auch die Tituli auf den Bildseiten schrieb, der Eintrag in Rot: *Explicit liber primus. Incipit secundus – es endet das erste Buch. Es beginnt das zweite.* Bl. 139ᵛ trägt den Titel *Incipit liber tertius ad honorem et gloriam magni imperatoris* – es beginnt das dritte Buch zu Ehre und Ruhm des großen Kaisers. Ein Explicit des zweiten Buches, das heißt eine ausdrückliche Bezeichnung des Schlusses des zweiten Buches, findet sich auffallenderweise nicht.

Wir können hier am Textaufbau dieselbe Beobachtung machen, wie sie durch die Untersuchungen von Fuchs/Oltrogge bestätigt wird, daß nämlich ein ursprüngliches Konzept im Laufe der Arbeit am Werk von einem späteren überlagert wird.

Buch 1

Betrachten wir die Handschrift so, wie sie uns heute vorliegt, stellen wir fest, daß das erste Buch das weitaus umfangreichste ist und auf 36 Text- und Bildseiten (Bl. 95–130) die Ereignisse von der Heirat Rogers II. mit Elvira, seiner Krönung zum König von Sizilien, seiner zweimaligen Wiederverheiratung, der Geburt und Hochzeit Konstanzes bis zu den Kämpfen des kaisertreuen Diepold von Schweinspeunt schildert, also die Zeit von ca. 1120 bis 1194. Wichtige Stationen sind die Einsetzung Tankreds als Gegenkönig Konstanzes, die Krönung Heinrichs VI. zum Kaiser in Rom, der erste Sizilienfeldzug Heinrichs, sein Rückzug nach Deutschland, der Aufstand in Salerno gegen Konstanze, ihre Gefangennahme und Freilassung durch Tankred, die Gefangennahme und Freilassung des Richard Löwenherz durch Heinrich VI.

Buch 2

Das zweite Buch enthält dagegen nur acht Text- und Bildseiten (Bl. 131–138). Es setzt ein mit der Aufzählung der Land- und Seetruppen Heinrichs VI. und führt bis in die frühe Kindheit des Sohnes von Konstanze und Heinrich VI., des späteren Kaisers Friedrich II. Beschrieben wird also die Zeit von 1194 bis 1195. Es beinhaltet den zweiten Sizilienfeldzug Heinrichs VI., die Verschwörung der Anhänger Tankreds und deren Aufdeckung, die Geburt des Thronfolgers und die Übergabe des Wickelkindes an die Herzogin von Spoleto durch Konstanze. Der ursprüngliche Schluß des zweiten Buches ist verloren.

Buch 3

Das dritte Buch, dem auch die beiden Überleitungsblätter 144 und 145 zuzurechnen sind, umfaßt neun Text- und Bildseiten (Bl. 139–147). Es ist, wie wir schon gesehen haben, ganz der Verherrlichung Heinrichs VI. und seines Kanzlers Konrad von Querfurt gewidmet. Kaiserin Konstanze dagegen, die in den ersten beiden Büchern eine wichtige Rolle spielt, ist im dritten Buch wie von der Bildfläche verschwunden.

Die Lagen

Der Umstand, daß ein Einteilungsprinzip das andere überlagerte, hat zu einem nicht leicht überschaubaren Aufbau der Handschrift geführt. Es ist immerhin deutlich, daß die beiden ersten Bücher in jeder Beziehung eng zusammengehören und wohl auch erst unterteilt wurden, als das dritte Buch hinzugefügt wurde. Während das erste, umfangreichste Buch nahezu lückenlos überliefert ist, ist das zweite Buch nur noch bruchstückhaft vorhanden.

Eduard Winkelmann vertrat die Meinung, daß neun Blätter des ursprünglichen Umfangs des Werkes fehlen. Jakob Schwalm reduzierte diese Angaben auf lediglich sechs fehlende Blätter im Hauptteil der Handschrift. Ohne nähere Begründung stellte er allerdings zusätzlich drei fehlende Blätter fest, die vor der ersten Lage, also vor Bl. 95 herausgeschnitten seien, was nach der Neubindung durch Johann Lindt heute nicht mehr überprüfbar ist. Gian-Battista Siragusa hielt sich an die neun fehlenden Blätter von Winkelmann, Ettore Rota kam sogar auf elf verlorene Blätter.

Alle Autoren gingen nämlich davon aus, daß der Lagenaufbau mit einem Ternio (Bl. 95–100) beginne und dann im wesentlichen sowohl aus Quinionen als auch aus Quaternionen bestehe, weshalb sie auf die vielen fehlenden Blätter kamen. Eine viel einfachere Lösung für das Problem des Aufbaus fand Johann Lindt, als er die Handschrift 1935 auseinandernahm. Er zog bei der Neubindung das Einzelblatt 101 zur ersten Lage statt zur zweiten und erhielt damit einen ersten, unvollständigen Quaternio. Weiter ergab sich, daß die folgenden Lagen ebenfalls in schöner Regelmäßigkeit Quaternionen bilden oder sich auf Quaternionen zurückführen lassen (vgl. Abb. 1).

Da nun das Grundschema des Lagenaufbaus eindeutig in den Quaternionen gesehen werden kann, muß auch nur noch dort ein Blattverlust vermutet werden, wo Unregelmäßigkeiten im Schema festzustellen sind. Damit reduzieren sich die verlorenen Blätter auf vier, deren Fehlen sich tatsächlich auch unter Berücksichtigung anderer Gesichtspunkte wie Text-Bild-Entsprechung oder Anordnung des Pergaments nach Haar- und Fleischseite in der Lage bestätigen läßt.

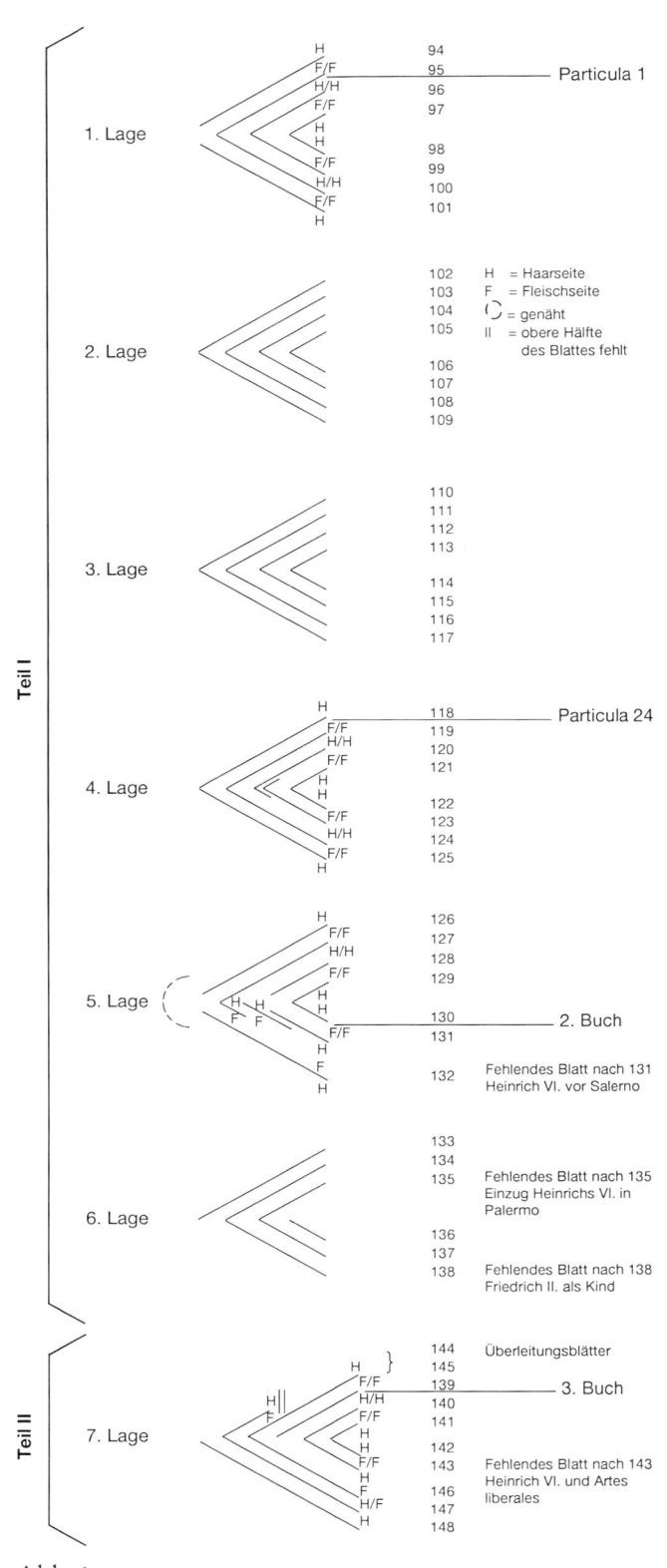

Abb. 1
Lagenschema des Petrus de Ebulo-Codex

H = Haarseite
F = Fleischseite
⌒ = genäht
‖ = obere Hälfte des Blattes fehlt

Teil I:
1. Lage: 94, 95 — Particula 1, 96, 97, 98, 99, 100, 101
2. Lage: 102, 103, 104, 105, 106, 107, 108, 109
3. Lage: 110, 111, 112, 113, 114, 115, 116, 117
4. Lage: 118 — Particula 24, 119, 120, 121, 122, 123, 124, 125
5. Lage: 126, 127, 128, 129, 130 — 2. Buch, 131, 132 — Fehlendes Blatt nach 131 Heinrich VI. vor Salerno
6. Lage: 133, 134, 135 — Fehlendes Blatt nach 135 Einzug Heinrichs VI. in Palermo, 136, 137, 138 — Fehlendes Blatt nach 138 Friedrich II. als Kind

Teil II:
144, 145 — Überleitungsblätter
7. Lage: 139 — 3. Buch, 140, 141, 142, 143 — Fehlendes Blatt nach 143 Heinrich VI. und Artes liberales, 146, 147, 148

Lagen 1–3 (Bl. 94–117)

Das erste Buch besteht zunächst aus einem unvollständigen und zwei vollständigen Quaternionen von Bl. 95–117. Es zeigt damit zu Anfang eine Regelmäßigkeit im Aufbau, die durch die lückenlose Übereinstimmung von Text und Bild in diesem ersten Bereich bestätigt wird. Da nach Auskunft der Restauratorin Ulrike Bürger auszuschließen ist, daß das zum Codex gehörige Bl. 94 beim Zuschnitt des Pergamentes mit Bl. 101 als Doppelblatt aus der Tierhaut herausgeschnitten wurde, muß man davon ausgehen, daß die beiden Blätter ursprünglich ein unechtes Doppelblatt bildeten, indem sie zusammengefügt wurden. Die unten leicht geschwungene Form der beiden Blätter und die Fehlstellen im unteren Falzbereich, die sich gut entsprechen, können das bestätigen (vgl. Abb. 2). Naheliegend ist, daß Bl. 94, wie zu jener Zeit durchaus üblich, dazu vorgesehen war, als leeres Blatt in den Vorderdeckel geklebt zu werden und als Einbandspiegel zu dienen. Daß Bl. 94 die Funktion eines Spiegelblattes auch wirklich einmal hatte, zeigen die oben erwähnten Einschlagabdrücke eines früheren braunen Ledereinbandes.

Lage 4 (Bl. 118–125)

Die vierte Lage läßt ebenfalls das Quaternionen-Schema deutlich erkennen, wobei in dieser Lage wiederum zwei Einzelblätter, Bl. 120 und 123, zu einem Doppelblatt zusammengefügt wurden. Da im Mittelalter oft Pergamentknappheit herrschte, ist das nicht weiter verwunderlich. Solche unechten Doppelblätter wurden häufig zur Lagenbildung verwendet und bedeuten dann keineswegs, daß Blätter fehlen. Im Petrus de Ebulo-Codex sind mehrfach auch Randstücke aus der Tierhaut verwendet worden, die durch ihre kurvig verlaufenden Seitenränder oder besonders dünne oder sehr verhärtete Stellen auffallen (vgl. z. B. Bl. 97 und 98, 134 und 138, 139). Bei Bl. 127 wäre sogar denkbar, daß der stark verhornte rechte Seitenrand die Bildkomposition beeinflußte, welche ganz zum inneren Rand hin versetzt scheint. So ist es sehr naheliegend, daß nicht nur einwandfreie Doppelblätter verwendet, sondern auch Einzelblätter zusammengefügt wurden.

Bl. 120 und 123

Allerdings stoßen wir bei den Blättern 120 und 123 zum erstenmal auf eine Stelle, die große Probleme bereitet. Es ist zugleich die eine der beiden Stellen, die wohl nicht geklärt werden können, die rätselhaft bleiben müssen.

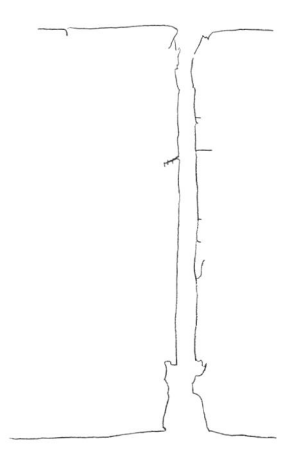

Abb. 2
Konturen der Innenseiten von Bl. 94 und 101

Der Text auf der Rückseite von Bl. 120 wurde kurze Zeit nach der Herstellung der Handschrift vollständig abgeschabt und diese neu beschrieben. Man könnte nun annehmen, daß das zugehörige Gegenblatt entfernt und durch Bl. 123 ersetzt wurde. Bl. 123 weicht jedoch weder auf der Bild- noch auf der Textseite von den übrigen Blättern der Handschrift ab, Text- und Bildabfolge stimmen überein. Da sowohl bei Bl. 120 als auch bei Bl. 123 ein relativ breites Falzstück belassen ist, kann man annehmen, daß die beiden Blätter tatsächlich von Anfang an dafür vorgesehen waren, zum Doppelblatt zusammengefügt zu werden, zumal sie auch in Haar- und Fleischseite übereinstimmen (siehe unten). Auffallend bleibt jedoch, daß kurz vor dieser Stelle auch die Abschnittszählung und die Überschriften aufhören, wie oben gezeigt wurde, was kein Zufall sein dürfte.

Bl. 121

Noch stärker fällt ins Gewicht, daß Bl. 121 von einem Zeichner stammt, der sonst in der Handschrift nicht vorkommt, und daß die Szenen dieser Seite erst nach allen anderen des Codex ausgeführt wurden (vgl. dazu Fuchs/Oltrogge S. 282). Da Bl. 121 mit Bl. 122 in der Lagenmitte ein echtes Doppelblatt bildet, ist auszuschließen, daß es später eingefügt wurde, und doch ist es das einzige, welches aus dem Rahmen fällt, das einzige Blatt, welches offensichtlich zunächst größtenteils leergelassen und erst später gezeichnet und koloriert wurde. Geringe Rasuren zeigen zwar, daß eine erste Zeichnung angelegt war, doch blieb die Seite vorerst fast ganz leer. Keine Bildseite des Codex zeigt ähnlich viel freigelassenen Raum. Aus welchem Grund jedoch diese Seite nicht wie die anderen gestaltet wurde, bleibt unerklärlich. Wollte man sie einem bestimmten Zeichner vorbehalten? War der Inhalt, der 121ʳ zur Darstellung kommen sollte, zunächst unklar? Da der zugehörige ursprüngliche Text auf Bl. 120ᵛ vollständig getilgt wurde und auch durch UV-Licht nicht mehr sichtbar gemacht werden kann, läßt sich leider nicht mehr feststellen, was für ein Bild hier vorgesehen gewesen sein könnte. Auch Abklatsche einer ersten Zeichnung von Bl. 121ʳ zeigen sich auf Bl. 120ᵛ keine, mit Ausnahme vielleicht einer gelblichen Stelle am oberen rechten Rand, welche von einer Darstellung auf Bl. 121ʳ links oberhalb der zeltartigen Umrahmung Tankreds herrühren könnte. Es kann sich dabei aber auch ebensogut um Verfärbungen aus anderer Ursache handeln.

Was das Verhältnis der heute überlieferten Text- zur Bildseite an dieser rätselhaften Stelle betrifft, so stimmen sie trotz der offensichtlich vorgenommenen Änderungen ebenfalls nur zum Teil überein. Der überschriebene Text 120ᵛ schildert uns Tankred, völlig allein um sein Schicksal trauernd und sich eingestehend, daß das Glück ihn verlassen habe und aller Erfolg Diepold von Schweinspeunt zufalle. Bisher wurde angenommen, daß die obere Hälfte der Bildseite 121ʳ wie die anderen Bildseiten bemalt, dann getilgt und eine neue Zeichnung darüber gesetzt worden sei. Durch die Untersuchungen von Fuchs/Oltrogge konnte dies jedoch relativiert und neu akzentuiert werden. Nachdem die Seite einige Zeit zum größten Teil leergelassen war, wurde etwas später die Bildseite als Ganzes angelegt, aufgeteilt in eine obere und eine untere Szene. Die Gruppe der Soldaten neben Tankreds Thron, gleichzeitig mit diesem gezeichnet, wurde erst nachträglich wieder ausgekratzt und ausgewaschen, ein Verfahren, welches sonst bei den Bildseiten nicht vorkommt. Tankred sollte wohl nicht als thronender König, flankiert von Soldaten, sondern in seiner ganzen Verlassenheit dargestellt werden. Irritierend bleibt, daß die untere Szene der Bildseite nicht völlig mit dem auf Rasur neu geschriebenen Text auf Bl. 120ᵛ übereinstimmt. Sie zeigt nicht den erfolgreichen, von Tankred beschworenen Diepold, sondern den Grafen Richard von Acerra, auf den im Text nur kurz hingewiesen wird, ohne daß sein Name genannt wird. Die Verse 763/64 umschreiben ihn als nach dem Bild eines Riesen gestaltet und doch die Waffen zu sehr fürchtend. Erst auf dem folgenden Bl. 121ᵛ erscheint Richard von Acerra als Belagerer von Capua. Allerdings weist er schon auf der Bildseite 121ʳ auf die kommenden Ereignisse hin, mit so eindrucksvoller Gestik, daß ein früherer Besitzer im 16. Jahrhundert auf Bl. 120ᵛ unten zunächst notierte und nachträglich wieder ausstrich: *Semble y ariver quelque chose d'affreu – hier scheint etwas Entsetzliches bevorzustehen.* Tatsächlich handeln die folgenden Seiten von der Belagerung Capuas durch Richard von Acerra, von dessen Niederlage und Tod. Sein Lehen erhielt übrigens der auf Bl. 120ᵛ durch Tankred als Schrecken der Erde bezeichnete Diepold von Schweinspeunt. So gesehen vermag dieses etwas später gestaltete Bild eine Zäsur im Erzählfluß zu bilden und die große Spannung vor den entscheidenden Ereignissen gut zum Ausdruck zu bringen. Beide Figuren, Tankred und Richard, fallen nicht zuletzt auch durch die Größe ihrer Darstellung aus dem Rahmen. Sollte damit eine Überhöhung vor dem Fall gemeint sein, sind doch beide dem sicheren Untergang geweiht?

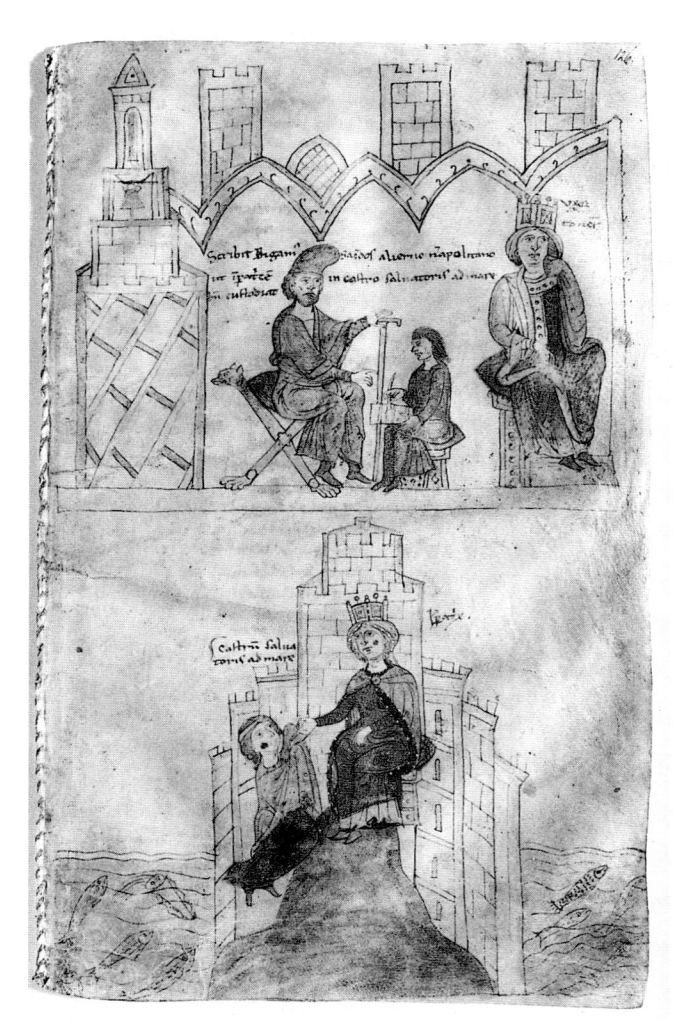

Abb. 3
Überwindungsstiche, mit denen Bl. 126 und 132 zusammengenäht sind

Lage 5 (Bl. 126–132)

In der fünften Lage des ersten Buches bilden Bl. 126 und 132 ebenfalls ein unechtes Doppelblatt. Sie sind nicht wie Bl. 120 und 123 an den Fälzen zusammengeklebt, sondern mit Schnur und Überwindungsstichen zusammengenäht (Abb. 3). Vielleicht war dies im Skriptorium, in dem der Codex des Petrus de Ebulo hergestellt wurde, die übliche Art, zwei Einzelblätter zu einem Doppelblatt zusammenzufügen. Jedenfalls ist die Abfolge von Text und Bild hier in keiner Weise gestört. Bei Bl. 129, das die Gefangennahme des Richard Löwenherz zeigt, ist am oberen Rand rechts ein schmales Stück Pergament herausgeschnitten. Es sollte wohl als Blattweiser dienen und auf die Darstellung des beliebten Helden aufmerksam machen.

Bl. 130–132

Mitten in der fünften Lage, auf Bl. 130ᵛ, setzt das zweite Buch ein, und gleich zu dessen Anfang sind seit langem schon Unstimmigkeiten festgestellt worden, wobei hier wiederum verschiedene Auffassungen vertreten wurden. Die älteren Autoren waren übereinstimmend der Meinung, daß zwischen Bl. 131 und 132 zwei Blätter verlorengegangen seien, ausgehend von der Annahme, die Lage sei aus fünf Doppelblättern aufgebaut. Gian-Battista Siragusa stellte dann in seiner Edition fest, daß nur ein Blatt fehle. Er betonte, daß der damals zwischen Bl. 131 und 132 sichtbare Falz und das darauf geklebte kleine Pergamentstück entgegen der Annahme von Ettore Rota zu ein- und demselben verlorenen Blatt gehören (Abb. 4). Alle wiesen darauf hin, daß der Text auf Bl. 131ᵛ wenig oder gar nicht mit dem gegenüberliegenden Bild übereinstimme, und schon der französische Besitzer des 16. Jahrhunderts hatte 131ᵛ auf den unteren Rand geschrieben: *Il y a du deffault en cest endroit, car la ville de Salerne fut prise – es fehlt etwas an dieser Stelle, nämlich die Eroberung Salernos.* Die Bildseite 132ʳ zeigt jedoch offensichtlich die Truppen Heinrichs VI. bei der Einnahme Salernos.

Als Massimo Miglio die Handschrift für seinen Beitrag in den *Studi su Pietro da Eboli* in Bern neuerdings untersuchte, fand er sie so vor, wie sie nach der Neubindung durch Johann Lindt zusammengesetzt war. Er stellte das Grundschema des Lagenaufbaus in Quaternionen fest, ließ sich aber durch einen Irrtum Lindts zu der Annahme verleiten, es fehle ein Blatt nach Bl. 130 und nicht – wie bisher angenommen – nach Bl. 131. Lindt hatte nämlich die beiden Einzelblätter 127 und 131 zu einem Doppelblatt zusammengefügt, das oben erwähnte kleine Reststück dagegen mit Bl. 128 verklebt und eingebunden, (vgl.

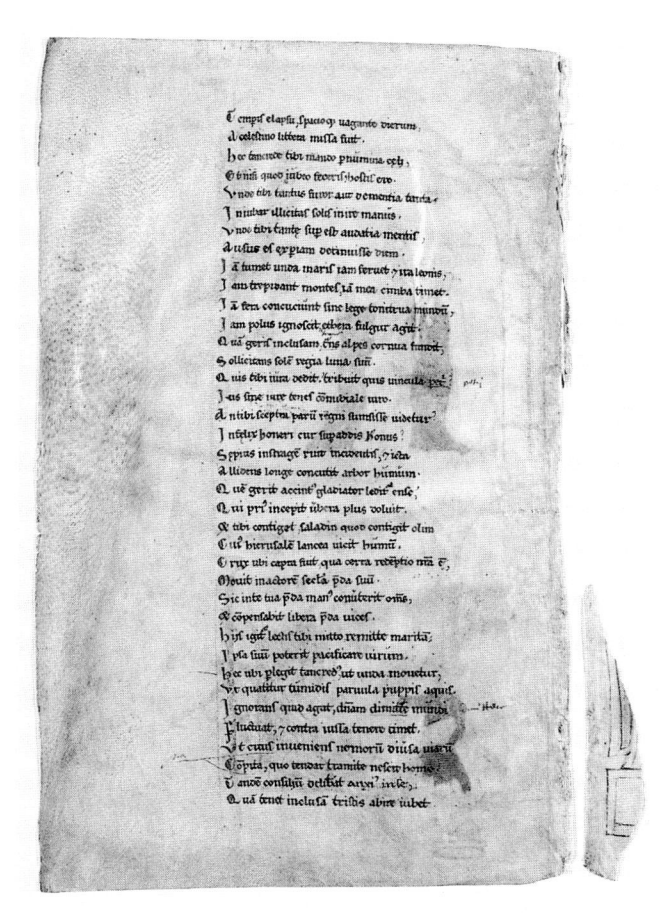

Abb. 4
Bl. 127ᵛ mit dem ursprünglich dazugehörigen Pergamentstück Bl. 131a

Abb. 4). Dadurch kam das kleine Pergamentstück, das Ansätze einer Federzeichnung in brauner Tinte zeigt und sich damit eindeutig als Rest einer ehemaligen Bildseite des Codex ausweist, vor Bl. 131 zu liegen, und es wurde tatsächlich der Eindruck erweckt, zwischen Bl. 130 und 131 müsse ein Blatt herausgerissen worden sein. Vom Text her gibt es allerdings keinen Grund hierzu, denn 130ᵛ bringt den Anfang des zweiten Buches mit der Aufzählung der Truppen Heinrichs VI. zu Land und Meer, der Böhmen, Bayern und vieler anderer, genau so, wie es auf der gegenüberliegenden Seite bildlich dargestellt ist.

Haar- und Fleischseiten der Pergamentblätter

Hier ist es nun nötig, den Aspekt der Anordnung der Pergamentblätter innerhalb der Lagen miteinzubeziehen, um weiterzukommen. Pergament hat eine dunklere Haarseite und eine hellere Fleischseite, die je nach Art und Bearbeitung mehr oder weniger gut zu unterscheiden sind. Im Codex des Petrus de Ebulo wurde sehr sorgfältig darauf geachtet, daß von Anfang an regelmäßig Haar- zu Haarseiten und Fleisch- zu Fleischseiten geordnet sind (vgl. Abb. 1, H bzw. F). Dies war eine im Mittelalter gerne angewandte Methode, um bei aufgeschlagenem Buch jeweils einen einheitlichen dunkleren oder helleren Eindruck der beiden einander gegenüberliegenden Seiten zu erreichen. Es ist als ein Hinweis darauf zu werten, daß unsere Handschrift in einem gut organisierten Skriptorium hergestellt wurde und ihrer Herstellung sorgfältige Überlegungen vorausgingen.

Was das Problem der fehlenden Seiten betrifft, kann diese bewußt konzipierte Einrichtung helfen, Verluste festzustellen, die sich in aller Regel dort finden, wo die regelmäßige Abfolge der Haar- und Fleischseiten unterbrochen ist. Während der erste Teil der fünften Lage sich völlig regelmäßig zeigt, beginnen die Unstimmigkeiten in der zweiten Lagenhälfte. Sie sind in Abb. 5 alle besonders gekennzeichnet.

Die zweite Lagenhälfte besteht aus nur drei Blättern, was bei dem sonst durchgehend festgestellten Aufbau in Quaternionen nahelegt, daß ein Blatt fehlt. Um festzustellen, wo ein Blatt verlorenging, wurde bislang immer der Text mit dem gegenüberliegenden Bild verglichen. Es wurde übereinstimmend festgestellt, daß der Text 131ᵛ erzähle, wie der Archidiakon die Bevölkerung von Salerno zur Aufgabe zu überreden versucht, während es eine entsprechende Darstellung auf dem Bild 132ʳ nicht gebe. Dagegen stellte Massimo Miglio nun fest, daß sich die Szene sehr wohl findet, und zwar oben links, wo tatsächlich ein Mann mit erhobenem Arm zu sehen ist. Bei genauem Hinsehen ist auch die Bezeichnung des Mannes mit *Archid[iaconus]* zu erkennen, praktisch im Falz verborgen, auf welche schon Miglio hinwies, der damit meinte nachweisen zu können, daß entgegen allen früheren Aussagen zwischen Bl. 131 und 132 kein Blatt fehle.

Die gestörte Abfolge der Haar- und Fleischseiten zeigt jedoch, daß die durch Lindt zusammengeklebten Blätter 127 und 131 nicht übereinstimmen. Die beiden Blätter können kein passendes Doppelblatt bilden. Alle Probleme an dieser Stelle lösen sich dagegen ganz leicht, wenn man Bl. 131 mit Bl. 128 verbindet, wie es in der neuen Lagenformel zu sehen ist (Abb. 6). Das kleine Pergamentreststück ist dann folgerichtig mit Bl. 127 zusammenzufügen. Die Ansätze einer Federzeichnung auf seiner Haarseite zeigen, daß es richtig liegt: es ist das Reststück eines hier – zwischen Bl. 131 und 132 – fehlenden Blattes. Die Zuordnung der Haar- und Fleischseiten zeigt sich nun auch in

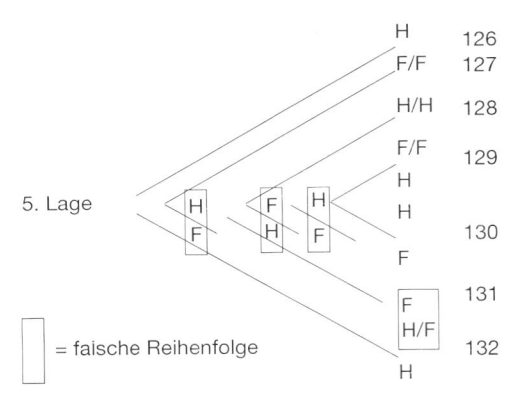

Abb. 5
Frühere, falsche Lagenformel nach Lindt/Miglio

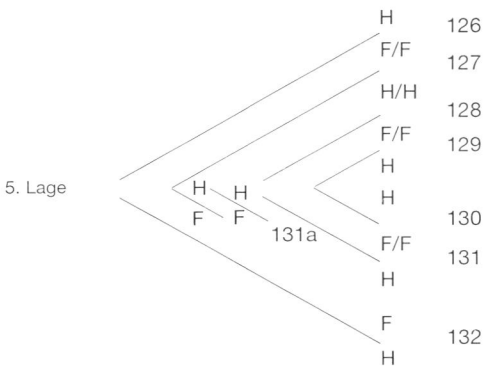

Abb. 6
Neue Lagenformel mit Reststück (131a) vom heute fehlenden Blatt zwischen Bl. 131 und 132

der zweiten Lagenhälfte in schönster Regelmäßigkeit. Das fehlende Blatt mag das sich Salerno nahende Heer Heinrichs VI. gezeigt haben, wie es in den Versen 1163/64 geschildert wird. Daß der Archidiakon von Salerno erst auf dem folgenden Bl. 132 erscheint, ist kein Argument dagegen, denn es kann sich um eine Wiederaufnahme dieser Szene handeln, eine Technik, die auch in den andern Bildseiten häufiger zur Anwendung kommt. Die Rückseite des fehlenden Blattes wird entsprechend zur Bildseite 132^r von der Erstürmung Salernos berichtet haben und von den Versuchen seiner Bevölkerung, zu retten, was noch zu retten ist.

Abklatsche an verschiedenen Stellen auf der Textseite 131^v, die eindeutig weder von der rückwärtigen noch von der gegenüberliegenden Seite stammen, bestätigen ganz deutlich, daß es hier einmal eine Bildseite gab: rot etwas oberhalb der Mitte (Abdruck eines Bildtitulus), grün im unteren Bereich und braun in der rechten oberen Ecke (Abklatsch eines Turmvorsprungs, vgl. dazu Fuchs/Oltrogge S. 282 f.).

Das kleine Pergamentreststück, welches nun mit der Blattzahl 131a versehen wurde, zeigt die Ansätze einer Zeichnung von Mauerwerk oder Treppenstrukturen, wie sie auf den Bildseiten häufiger vorkommen, sehr ähnlich zum Beispiel auf Bl. 125. Die Zeichnung ist hellbraun laviert, ganz in der Art, wie sie auch sonst in der Handschrift vielfach belegt ist.

Lage 6 (Bl. 133–138)

Das Grundschema der Quaternionen zeigt, daß in dieser Lage zwei Blätter fehlen müssen, nämlich die Gegenstücke zu Bl. 133 und 136. Dieser Befund vom Lagenschema her wird für beide Blätter wiederum bestätigt durch Abklatsche, die weder auf durchgeschlagene Farbe der rückwärtigen Bildseite zurückgehen noch von der heute gegenüberliegenden Seite stammen können, wie dies auch bei Bl. 131^v festgestellt wurde. 135^v sind Abklatsche von zwei roten Tituli im oberen Drittel, 138^v von grüner Farbe am linken Rand, etwa auf mittlerer Höhe, und Spuren von braunem Ocker oben links zu sehen. 138^v findet sich unten rechts im Falz ein kleines Zeichen in brauner Tinte, welches als *iij* gelesen und damit als Hinweis für den Buchbinder gedeutet werden könnte, daß hier das dritte Buch folgt. Dem Ansehen nach dürfte dieses Zeichen noch aus dem Mittelalter stammen.

Das verlorene Blatt nach Bl. 135 muß analog zum Text den triumphalen Einzug Heinrichs VI. in Palermo gezeigt haben und vielleicht auch die Schätze, die ihm überbracht wurden. Dasjenige nach Bl. 138 wird wie der zugehörige Text das Lob Friedrichs II. zum Thema gehabt haben. Vermutlich wird diese Bildseite auch die im Text erzählte Geschichte zur Darstellung gebracht haben, wie Friedrich, der einen Fisch geschenkt bekam, für sich die beiden äußeren Teile behielt und seinem Vater das mittlere Drittel zuteilte, als Voraussage auf die große Zukunft des Kindes, auf seinen Anteil am Abend- und Morgenland.

Mit diesem letzten Blatt der Lage fehlt auch der Schluß des zweiten Buches. Wäre die Bildseite mit der Verherrlichung der Zukunft des Kindes nicht verloren, würde man wohl deutlich erkennen, daß das erste und das zweite Buch als ein in sich geschlossenes Werk zu sehen sind, das im wesentlichen die Geschichte des normannischen Königshauses zum Thema hatte, von König Roger II. und

Konstanze, die das ihr zustehende Erbe verteidigte, bis zum Höhepunkt der Geburt des legitimen Thronfolgers Friedrich Roger, des späteren Kaisers Friedrich II.

Lage 7 (Bl. 139–147)

An dieses Werk wurde ein drittes Buch angefügt, und es ist deshalb nicht weiter verwunderlich, daß nicht immer Einigkeit darüber bestand, wo das zweite Buch aufhört und das dritte beginnt. Von Einrichtung und Ausstattung her weichen die Blätter 139–147 auffallend von den ersten beiden Büchern ab. Sie gehören eindeutig zusammen und bilden einen Quinio.

Das Dedikationsbild, Bl. 139

Irgendwann einmal im Laufe der Geschichte der Handschrift störte sich ein Besitzer an der ungewöhnlichen Tatsache, daß mitten in der Lage ein Dedikationsbild auftauchte, welches doch eigentlich an den Anfang eines Codex gehört. Daß der Text 139ᵛ mit *Incipit liber tercius ad honorem et gloriam magni imperatoris* beginnt, mag ihn restlos überzeugt haben, daß hier ein Fehler vorliege, und er nahm die letzte Lage auseinander. Die Blätter 139–143 wurden an den Anfang des dritten Buches gesetzt. Sie bildeten nun einen Ternio mit dem fehlenden Gegenblatt zu Bl. 139. Der Binio mit den Blättern 144–147 kam dagegen an den Schluß des Buches zu stehen. In dieser Reihenfolge gebunden fand schon der erste Herausgeber Samuel Engel die Handschrift vor, und er übernahm sie in seiner Edition von 1746. Die Umbindung muß also zu einem früheren Zeitpunkt vorgenommen worden sein, vielleicht durch den französischen Besitzer des 16. Jahrhunderts, der die bereits mehrfach zitierten Anmerkungen zu den fehlenden Blättern in die Handschrift eingetragen hat, die zeigen, daß er sich sehr eingehend mit der Handschrift beschäftigt hat.

Ernst Sackur stellte als erster fest, daß aufgrund des Verhältnisses von Text und Bild die Reihenfolge so nicht stimmen konnte, und vertrat mit überzeugenden Argumenten die Auffassung, daß die Blätter 144 und 145 vor das Widmungsblatt 139 gehören.

Bl. 144–145

Da jedoch Blatt 139ᵛ die Überschrift zum Beginn des dritten Buches trägt, wurden in der Folge die Blätter 144 und 145 oft noch zum zweiten Buch gezählt, und entsprechend wurde der Schluß des zweiten Buches mit Bl. 145ᵛ angegeben. Als Lobeshymne auf Heinrich VI., der als *Sol Augustorum* bezeichnet wird, gehört der Text auf Bl. 145ᵛ eindeutig zum Dedikationsbild 139ʳ, enthält er doch auch den Vers *Suscipe, queso, meum, lux indefecta, libellum* – nimm bitte mein Buch, unauslöschliches Licht (v. 1461). Rekonstruiert man die Reihenfolge der Blätter im Schlußteil nach den Vorschlägen Ernst Sackurs, bleibt irritierend, daß das dritte Buch ausdrücklich erst auf dem dritten Blatt der letzten Lage (139ᵛ) beginnt.

Die Schwierigkeiten lassen sich wohl am besten wiederum darauf zurückführen, daß für die Herstellung des Buches eine neue Form gewählt wurde, die auch ein neues Konzept erforderte. In manchen Aspekten scheint ein deutlicher Aufbau nicht ganz gelungen, sei es, daß sich verschiedene Gliederungsprinzipien überlagerten oder Darstellungsabsichten von außen an die Handschrift herangetragen wurden, die sich nicht so leicht integrieren ließen und ihre innere Struktur störten.

Auch die Abfolge der Haar- und Fleischseiten führt hier nicht weiter, da sie zu Beginn der letzten Lage unregelmäßig ist (vgl. Abb. 1). Das Doppelblatt 144/147 wurde sozusagen verkehrt herum beschrieben und bemalt, so daß die aufgeschlagenen Doppelseiten 144ᵛ/145ʳ und 146ᵛ/147ʳ nicht die in der Handschrift sonst übliche schöne Übereinstimmung im helleren oder dunkleren Farbton des Pergaments aufweisen. Bild und Text passen an beiden Stellen jedoch zueinander, weshalb ein Fehlen von Blättern ausgeschlossen werden kann. Die einzige Erklärung kann vielleicht darin gesehen werden, daß auch diese letzte Lage, wie alle anderen, mit einer Haarseite beginnen und enden und in der Lagenmitte ebenfalls Haarseiten zeigen sollte.

Kanzler Konrad als Auftraggeber

Bl. 145 zeigt thronend und in voller Größe den Kanzler Konrad von Querfurt bei seinen Amtsgeschäften. Von Bl. 144 ist leider nur noch die untere Hälfte erhalten, doch ist mit ziemlicher Sicherheit anzunehmen, daß auf der oberen Bildhälfte Kaiser Heinrich VI., vielleicht mit seinem neugeborenen Sohn und Thronfolger, dargestellt war und zu seiner Rechten der Kanzler Konrad, ebenfalls auf einem Thronsessel, der etwas tiefer gestellt ist als derjenige des Kaisers. Soviel auf dem Bildfragment zu sehen ist, stimmen Kleidung und Sessel des Kanzlers mit den anderen Darstellungen im Codex überein. Während der Kaiser in der Regel mit roten Strümpfen ausgestattet ist, trägt der Kanzler meist ein grünes Kleid und braune Strümpfe. 142ʳ ist er mit blauem Überwurf dargestellt, und 144ʳ ist ebenfalls der Zipfel eines blauen Mantels zu sehen.

Damit wäre auf beiden Blättern Kanzler Konrad dargestellt, der sicher als Auftraggeber wenn nicht der ganzen Handschrift, so doch dieses letzten Teils anzusehen ist.

Selten hat sich der Auftraggeber einer Handschrift in dieser Bedeutung und Größe und in solcher Häufigkeit zur Darstellung gebracht wie Kanzler Konrad im Codex des Petrus de Ebulo. Seine Stellung in diesem letzten Teil der Handschrift ist äußerst auffallend, während er in den ersten beiden Büchern nicht vorkommt. 1195 zum Kanzler ernannt, mag er die beiden ersten Bücher des Petrus de Ebulo, die schon öfter als eigenes, in sich geschlossenes Werk aufgefaßt wurden, gesehen haben. Vielleicht hat Petrus de Ebulo sie ihm vorgelegt (vgl. dazu Kölzer S. 13). Man kann sich weiter denken, daß die Handschrift dem Kanzler sehr gut gefiel und er nun dem Poeten den Vorschlag machte, ein drittes Buch zur Verherrlichung Heinrichs VI. und seines Kanzlers anzufügen, um das Werk dem Kaiser als Geschenk zu überreichen, wie es auf dem Dedikationsbild auch tatsächlich dargestellt ist. Daß der in der Mythologie und klassischen Literatur bewanderte Kanzler Konrad an der Kunst Italiens und Siziliens sehr interessiert war, zeigt sein oft zitierter Brief an seinen Lehrer Hartbert von Dalem, Leiter der Domschule Hildesheim, in welchem er sich begeistert über die vorgefundenen Sehenswürdigkeiten äußert. Der Brief kann als literarischer Kunstführer zu den Stätten der Mythologie bezeichnet werden. Der Kanzler zitiert darin nicht nur die von Petrus de Ebulo angerufenen Autoritäten Lucan, Ovid und Vergil, sondern erzählt auch ausführlich von der *fons Arethusa*, die im dritten Buch des Petrus de Ebulo-Codex auf Bl. 142, welches Kanzler Konrad bei der Entgegennahme von Tributzahlungen zeigt, an zentraler Stelle steht.

Dies sind Hypothesen, doch scheinen sie überzeugend. Sie können den problematischen Aufbau der Handschrift erklären helfen. Die Bl. 144 und 145 sind vor diesem Hintergrund als Überleitungsblätter zwischen dem ersten, chronikalischen Teil der Handschrift und ihrem zweiten, repräsentativen Teil zu sehen. Sie führen den Auftraggeber der Handschrift, Kanzler Konrad, ein, der das Werk wohl als persönliches Geschenk seinem Kaiser zudachte. Der Kanzler bleibt im ganzen Schlußteil des Werkes präsent. Auf der letzten Bildseite mit Heinrich VI. auf dem salomonischen Löwenthron hält er ein Buch, wohl den Codex des Petrus de Ebulo, in der angewinkelten Rechten und in der Linken die *Mappa mundi*, die Weltkarte, in deutlich parallleler Gestaltung zum Kaiser, der das Szepter und die goldene Weltkugel in den Händen hält.

Ob die Kaiserin Konstanze als Mäzenin des ersten und zweiten Buches fungiert haben könnte, ist eine interessante Überlegung (vgl. Fuchs/Oltrogge S. 283). Solch' ein abrupter Wechsel von Konstanze als Auftraggeberin zu Kanzler Konrad wäre jedoch nahezu ungeheuerlich. Schließlich wurde die Kaiserin 1195 am Hoftag von Bari zur Regentin des Königreichs Sizilien ernannt. Offensichtlich ist allerdings, daß Petrus de Ebulo die beiden ersten Bücher in engem Bezug zur normannischen Königstochter – sozusagen im Blick auf sie – verfaßte. Text und Bilder rücken Konstanze immer wieder ins Zentrum. Es ist in erster Linie ihre Geschichte, die erzählt wird, und erst in zweiter Linie diejenige ihres Gemahls, Heinrichs VI., der ihre Ansprüche in Sizilien durchsetzte. Im dritten repräsentativen Buch dagegen kommt die Kaiserin nicht mehr vor. Sie, die im ersten und zweiten Buch eine bedeutende Rolle spielt, auf vielen Seiten immer wieder dargestellt ist, imponierend, prächtig und majestätisch als »domina mundi« gestaltet, ist gleichsam von der Bildfläche verschwunden, die Erbin des Königreichs Sizilien hat mit der Geburt und Übergabe des Thronfolgers ihre Aufgabe erfüllt und ist im wahrsten Sinne des Wortes überflüssig geworden.

Probleme im Aufbau

Der Aufbau der Handschrift ist tatsächlich derart schwer durchschaubar, daß schon Ernst Sackur seine Untersuchung des Codex mit dem Satz enden ließ:

»Wohl aber können wir begreifen, wie jemand darauf kommen konnte, die letzte Lage auseinanderzunehmen. Vielleicht der Dichter selbst, vielleicht ein anderer mochte es nun unpassend finden, daß die Zueignungsverse sich nicht am Schluß des ganzen Werkes, sondern am Ende des 2. Buches vorfanden. Und wenn dann wieder jemand bemerkte, daß die vor der Dedication stehenden Stücke nicht in den Rahmen paßten, warum sollte er nicht, an dem Wirrwarr verzweifelnd, seine Zuflucht zu einem radikalen Mittel genommen und ärgerlich, was ihn befremdete, zerrissen haben?«

Es ist allerdings kaum anzunehmen, daß jemand tatsächlich aus lauter Verzweiflung über den nicht leicht zu entwirrenden Aufbau der Handschrift Blatt 144 zerrissen hat. Wenn man davon ausgeht, daß die leider verlorene obere Hälfte der Bildseite Heinrich VI. auf dem Thron darstellte und vielleicht auch seinen Sohn, so gab es sicher Gründe, sich in den Besitz dieses Bildes zu bringen oder es aus der Handschrift zu entfernen. Daß irgendwann einmal der Versuch gemacht wurde, das Bild wieder festzunähen, zeigen Nadelstichspuren längs des Risses.

Was das Dedikationsbild (Bl. 139) betrifft, so läßt sich die spätere Umbindung wiederum am besten damit erklären, daß man der Meinung war, ein Widmungsbild müsse wenn nicht am Anfang einer Handschrift, so doch wenigstens zu Beginn des Schlußteiles stehen.

Die Probleme im Aufbau, die sich als Schwierigkeiten mit der neuen Form herausstellten, lassen sich auch vor einem anderen Hintergrund weiter verdeutlichen. In Süditalien waren die sogenannten Exultet-Rollen, benannt nach dem ersten Wort in der Osterliturgie, weit verbreitet. Es handelt sich dabei um Rollen, die in der Ostermesse vom Diakon während Lesung und Gesang vor den Gläubigen aufgerollt wurden, um ihnen das liturgische Geschehen mit anschaulichen Bildern zu verdeutlichen. Diese Rollen wurden von oben nach unten abgerollt, wobei sich Texte mit musikalischer Notation und Bilder abwechselten. Es ist schon wiederholt auf Parallelen bildlicher Darstellungen im Codex des Petrus de Ebulo und in Exultet-Rollen hingewiesen worden. Daß bei der Übernahme der Gestaltungsweise vom Medium der Rolle in jene des Buches Probleme auftraten, die sich nicht auf Anhieb lösen ließen, ist naheliegend. Bei einer kontinuierlichen Abfolge von Texten und Bildern, wie sie sich beim Aufrollen von oben nach unten ergibt, kann auf Buchschlüsse und -anfänge verzichtet werden. Bei der Transposition einer solchen Abfolge in das Medium Buch, bei dem geblättert werden muß und jeweils nur zwei Seiten aufgeschlagen werden können, zwingt sich eine deutlichere Gliederung auf. Hier ergaben sich bei der Herstellung des Petrus de Ebulo-Codex offensichtlich vorerst nicht lösbare Schwierigkeiten.

Die richtige Blattfolge: Bl. 144–145, 139–143, 146–147

Während Bl. 138ᵛ Farbabdrücke eines verlorenen Blattes zeigt, sind auch bei genauer Betrachtung keine Abklatsche der erst später hierher versetzten Dedikationsseite 139r zu entdecken. Bl. 145ᵛ dagegen zeigt einen deutlichen Abdruck des Kreuzes über dem Giebel der Architektur von Bl. 139ʳ, aus der Zeit, als das Widmungsblatt noch hier, an seiner ursprünglichen Stelle, eingebunden war.

Eine weitere interessante Beobachtung, die eindeutig bestätigt, daß die rekonstruierte Reihenfolge tatsächlich die richtige ist, konnte bei der jüngsten Untersuchung der Handschrift gemacht werden.

Abb. 7
Bl. 134 mit dem durch Nadelstiche umpunkteten Motiv des königlichen Reiters

Bl. 134 zeigt im untersten Bildstreifen den Einzug Heinrichs VI. in Palermo. Bei genauem Hinschauen entdeckt man, daß die Darstellung des reitenden Kaisers mit feinen Nadelstichen konturiert ist (Abb. 7). Ross und Reiter sind so als Muster abgenommen. Bl. 135 unten sind dieselben Nadelstiche noch sehr deutlich zu erkennen, um dann auf den Blättern 136–138 immer schwächer zu werden. Immerhin sind sie auf den Blättern 144 und 145 wenigstens zum Teil noch zu erkennen (Abb. 8a, 8b), und wenn man die durchgepausten Linien mit dem Muster von Bl. 134 zur Deckung bringt, so sieht man, daß sie eindeutig von denselben Nadelstichen herrühren (Abb. 9). Dies beweist, daß die Blätter 144 und 145 zum Zeitpunkt, als die Nadelstiche vorgenommen wurden, direkt auf Bl. 138 folgten, und zwar in der Zeit vor der Edition der Handschrift durch

Abb. 8a
Nadelstiche des gepunkteten Reiters auf Bl. 144
Abb. 8b
Nadelstiche des gepunkteten Reiters auf Bl. 145

Abb. 9
Der gepunktete Reiter mit den Nadelstichen von Bl. 144 (= blau) und Bl. 145 (= rot)

Samuel Engel 1746. Die Blätter 139 und 140 lassen dann nur noch vereinzelt Abdrücke der Nadelstiche erkennen, und ab Bl. 141 hören sie ganz auf. Die ursprüngliche Reihenfolge der Blätter, so wie sie erstmals durch Ernst Sackur aufgrund seines Vergleichs von Text- und Bildseiten rekonstruiert wurde, kann damit durch einen weiteren Befund an der Handschrift selbst bestätigt werden.

Wozu die Nadelstiche vorgenommen wurden, kann man nur vermuten. Die Figur des Kaisers zu Pferd läßt sich gut in einen Kreis einfügen und zum Beispiel als Muster für ein Reitersiegel verwenden. Aus Süditalien sind prächtige Stoffe erhalten, und das Motiv wäre auch als Stoffmustervorlage denkbar. Zum Vergleich sei hier der berühmte Reitermantel aus dem Bamberger Dom abgebildet (Abb. 10), dessen Herkunft mit ziemlicher Sicherheit als süditalienisch-sizilisch angegeben wird. Ins 12. Jahrhundert datiert, soll er aus dem Besitz des Staufers Philipp von Schwaben stammen, des Bruders Heinrichs VI. Bleibt man im engeren Bereich der Handschrift, so wäre schließlich auch die Verwendung des Motivs als Einbandverzierung denkbar, sei es in kostbarem Stoff, als Lederstempel oder als Metallbeschlag.

Was das fehlende Blatt zwischen Bl. 143 und 146 betrifft, so besteht seit langem Einigkeit darüber, daß hier eine Bildseite Heinrich VI. mit den Artes liberales zeigte, den sieben freien Künsten: Grammatik, Dialektik, Rhetorik, Astronomie, Arithmetik, Musik und Geometrie. Auf diese Bildseite folgt die erhaltene Darstellung Heinrichs VI. mit den Tugenden. So ist das Programm des repräsentativen Teils des Codex klar:

In zwei Überleitungsblättern wird die Geburt des Thronfolgers als Garantie für den Regierungsanspruch der Staufer öffentlich verkündet und Kanzler Konrad bei seinen Regierungsgeschäften eingeführt (Bl. 144, 145). Auf dem Dedikationsbild übergibt der Dichter sein Werk dem Kaiser, die Geste des Überreichens wird durch den neben Heinrich VI. thronenden Kanzler wiederholt, der damit als Auftraggeber, Vermittler und Schenker gleichzeitig in Erscheinung tritt (Bl. 139). Es folgt das Bild der Berufung auf die Weisheit (Bl. 140), der Dichter verweist auf die Sapientia, die alles in sich umschließt. Unter ihrer Herrschaft gelingt auch die Verwirklichung der Pax Romana, eines Zeitalters des Friedens, in welchem es möglich wird, daß wilde und zahme Tiere aus derselben Quelle trinken (Bl. 141). Es folgt die Darstellung des Palastes, in welchem Kanzler Konrad die Tribute entgegennimmt (Bl. 142). Im nächsten Bild wird die staufische Herrschaft biblisch überhöht, ihr Regierungsanspruch auf Noah, Abraham, Moses und David zurückgeführt und gleichzeitig als Eintritt in das sechste Weltalter legitimiert (Bl. 143). Massimo Miglio argumentiert sehr überzeugend, daß sich spätestens mit der Komposition dieser Bildseite, die im mittleren Bildstreifen Friedrich Barbarossa mit seinen beiden Söhnen Heinrich und Philipp zeigt, die Übermalung des mittleren Bildstreifens von Bl. 107 im ersten Buch aufdrängte. Die Szene mit dem Untergang Barbarossas, die sich überdies ikonographisch eng an den Untergang Pharaos im Roten Meer anschließt, war nun nicht mehr tragbar, das Motiv war aus entsprechenden Darstellungen in Exultet-Rollen sehr wohl bekannt. Es schließen sich die beiden Darstellungen Heinrichs VI. mit den sieben freien Künsten und den Tugenden an, von denen das erstere leider verloren ist. Die Bildseite der sechs Tugenden führt gleichzeitig Fortuna mit dem Glücksrad ein, die in das Herrschaftssystem einbezogen werden möchte (Bl. 146). Auf dem letzten Bild, das Heinrich VI. auf dem salomonischen Löwenthron zeigt, umgeben von seinen Heerführern und dem Kanzler Konrad, wird Fortuna jedoch von Sapientia, die alles überragt, mit Entschiedenheit abgewiesen (Bl. 147). Daß Fortuna zurückverweist auf das erste Buch der Handschrift, zeigte Chiara Frugoni in ihrem Beitrag in den *Studi su Pietro da Eboli* sehr deutlich. Auch wenn hier die Unterschiede immer wieder betont werden, so ist doch klar zu sehen, daß das dritte, im Auftrag Kanzler Konrads angefügte Buch nicht ohne engen Bezug zu den ersten beiden Büchern gestaltet wurde.

Die fehlenden Blätter

Der besseren Übersicht halber sollen diejenigen Blätter, die sich bei der neuesten kodikologischen Untersuchung als tatsächlich fehlend herausgestellt haben, hier noch einmal zusammengestellt und die Themen benannt werden, denen sie aller Wahrscheinlichkeit nach gewidmet waren. In der fünften Lage ist zwischen Bl. 131 und 132 eine Bildseite mit der Darstellung des sich Salerno nahenden Heeres Heinrichs VI. verloren, in der sechsten Lage fehlt zwischen Bl. 135 und 136 der triumphale Einzug Heinrichs VI. in Palermo und nach Bl. 138 eine Darstellung des Thronfolgers Friedrich als Kind. In der letzten Lage ist nach Bl. 143 die Bildseite mit den Artes liberales verlorengegangen und außerdem die obere Hälfte von Bl. 144, welche wohl den thronenden Kaiser Heinrich VI. zeigte, zu seiner Rechten mit großer Wahrscheinlichkeit den Kanzler Konrad.

Auffallend ist, daß in der Handschrift der Tod Tankreds († 20. 2. 1994) nicht vorkommt. Verschiedentlich wurde

Abb. 10
Motiv des königlichen Reiters in Medaillon auf dem Bamberger Reitermantel, 12. Jh., Süditalien/Sizilien zugewiesen, Diözesanmuseum Bamberg

vermutet, daß er auf dem verlorenen Blatt zwischen Bl. 131 und 132 dargestellt war, doch wird er im Text 131^v nicht erwähnt, und auch der Textabschnitt auf der Rückseite des verlorenen Blattes scheint nicht von ihm gehandelt zu haben, da er auf der Bildseite 132^r wiederum nicht erscheint. Zeitlich liegt der Tod Tankreds ohnehin vor dem auf den Blättern 131 und 132 thematisierten Vormarsch der Truppen Heinrichs VI., der im Mai 1194 in den Süden aufbrach. Zu den voraufgegangenen Ereignissen in Unteritalien, die Petrus de Ebulo nicht schildert, gibt die historische Einleitung dieses Bandes Auskunft (Kölzer S. 23 ff).

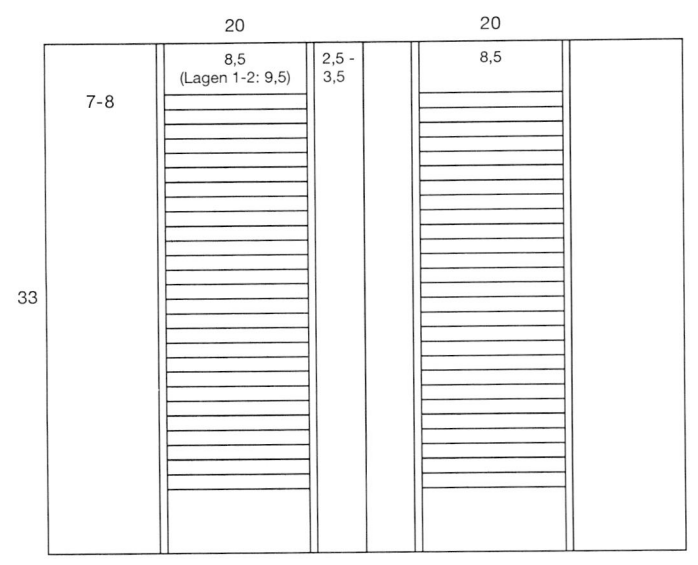

Abb. 11
Liniierungsschema im ersten und zweiten Buch (Bl. 95–138)

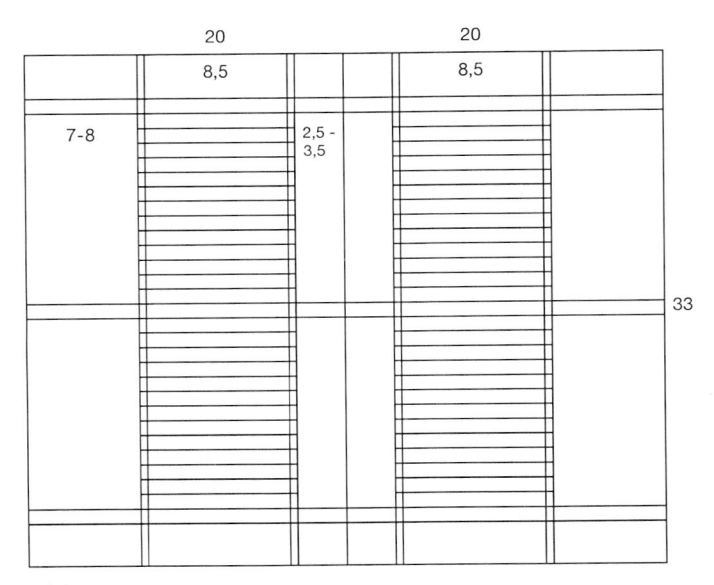

Abb. 12
Liniierungsschema im dritten Buch und auf den beiden Überleitungsblättern (Bl. 144–145, 139–143, 146–147)

Seiteneinrichtung und Liniierung

Einrichtung und Liniierung bestätigen ganz deutlich die bisher dargestellte Zusammensetzung der Handschrift.

In der ganzen Handschrift wurde die Seiteneinteilung durch Blindlinien vorgenommen, wie das im 12. Jahrhundert noch durchaus üblich war, bevor die Blei- und Tintenliniierung eingeführt wurden. Beim ersten und zweiten Buch ist die Liniierung kaum zu sehen. Es muß bewußt ein Verfahren angewandt worden sein, bei welchem die Liniierung mit einem Stift unter Einsatz von wenig Druck vorgenommen wurde. Die Linien, die ja nur für den Text gebraucht wurden, bildeten so auf den Bildseiten kaum noch Abdrücke und beeinträchtigen in keiner Weise den ästhetischen Eindruck der Darstellungen. Es ist dies ein auffallendes Verfahren, das im Mittelalter recht ungewöhnlich dasteht, da die Rillen der Blindlinien ein wichtiges Element der Buchgestaltung darstellten und offensichtlich nicht als störend empfunden wurden.

Der Schriftraum ist links und rechts durch zwei Doppellinien begrenzt, die Linien für die Schriftzeilen sind jeweils nur bis an die inneren Begrenzungslinien herangeführt, welche vertikal vom oberen bis zum unteren Seitenrand verlaufen (Abb. 11). Die Zeilenzahl variiert in der ganzen Handschrift nach der Länge der einzelnen Textabschnitte.

Das dritte Buch hat ein ganz anderes Liniierungsschema. Hier wird der Schriftraum durch horizontale Doppellinien, die jeweils über eine Doppelseite durchgezogen sind, oben und unten begrenzt und in der Mitte unterteilt. Die Zeilenlinien sind jeweils nicht nur bis an die inneren, sondern darüber hinaus bis an die äußeren Begrenzungslinien geführt (Abb. 12). Dieses Schema gilt auch für die Blätter 144 und 145 und zeigt klar, daß sie nicht zum zweiten Buch gezählt werden können. Die Linien sind in diesem letzten Teil der Handschrift mit derart starkem Druck gezogen, daß sie auf den Bildseiten sehr deutlich zu sehen sind und den einheitlichen Eindruck eher stören, ganz abgesehen davon, daß häufig längs der Linienkanten die Farbe abgeblättert ist.

Man kann also mit großer Sicherheit davon ausgehen, daß das dritte Buch nicht in derselben Schreibwerkstatt hergestellt wurde wie die ersten beiden. Es ist kaum denkbar, daß die Schreiber und Maler des letzten Teils der Handschrift nicht von den Vorüberlegungen zur sorgfältigen und sicher bewußt gewählten Art der Liniierung in den ersten beiden Büchern profitiert hätten.

Auch wenn das dritte Buch farbenprächtiger und von Anfang an mit Gold ausgestattet wurde, so steht es doch in diesem Aspekt den ersten beiden Büchern nach.

Die Punktierung

Die Punktierung bestätigt diesen Befund, denn sie wurde mit unterschiedlichen Werkzeugen durchgeführt. In den ersten beiden Büchern ist sie eher rund, im dritten Buch leicht geschlitzt. Nach Auskunft der Restauratorin Ulrike Bürger ist unter dem Mikroskop zu sehen, daß sie im ersten Teil mit einem vorne dreieckigen, im zweiten Teil mit einem länglich-rechteckigen Gerät vorgenommen wurde. Der durch die Lochung vorgegebene Schriftraum ist in den ersten beiden Lagen relativ breit, 9,2 bis 9,6 cm, in den weiteren Lagen etwas schmaler, 8,3 bis 8,5 cm, in der vierten Lage 8,5 bis 8,6 cm. Die zweite und dritte Lage, die Bl. 103–109 – jedoch nur diese –, sind auch auf dem inneren Rand punktiert, und als einziges Blatt zeigt Bl. 107 hier eine doppelt geführte Punktierungslinie. Eine weitere Besonderheit zeigt die dritte Lage, indem die Begrenzungspunkte der inneren Doppellinien – abweichend von allen übrigen Lagen – einen dritten Punkt aufweisen, der etwas höher angesetzt ist. Seine Funktion für die Seiteneinteilung bleibt unklar. Ebensowenig eindeutig ist der einzelne Punkt, der im ersten und zweiten Buch am oberen Seitenrand etwa in der Mitte vorkommt, allerdings auch häufig beschnitten ist. Die Mitte des Blattes oder des Schriftraumes hatte er wohl nicht zu bezeichnen, da keine Regelmäßigkeit in den Abmessungen festzustellen ist. Sollte er als Orientierungspunkt bei der Komposition der Bildseiten dienen?

Die Punktierung an den äußeren Seitenrändern zur Bezeichnung der horizontalen Schriftlinien weist in der ersten Lage 37 Einstiche auf (auch Bl. 101!), in der dritten und sechsten Lage 36, in der vierten, fünften und siebenten Lage 35. Dies zeigt, daß sie mit ziemlicher Sicherheit lagenweise vorgenommen wurde. Die Breite des Schriftraums dagegen variiert innerhalb der einzelnen Lagen jeweils um mehrere Millimeter, was nahelegt, daß die vertikalen Begrenzungslinien in den ersten zwei Büchern Seite für Seite punktiert wurden, im dritten Buch, in welchem die horizontale Liniierung quer über den Mittelfalz der Blätter durchgezogen ist, jeweils Doppelblatt für Doppelblatt.

Die Seitenränder sind beim Text relativ breit belassen, am äußeren Rand 7 bis 8 cm, im Blattinneren, zum Falz hin, etwa 2,5 bis 3,5 cm.

Das Hochformat

Bei den verschiedenen Umbindungen wurden alle Seiten mehrmals beschnitten, weshalb sich die ursprüngliche Höhe und Breite der Blätter nicht genau feststellen läßt. Die Zeichner und Maler nutzten bei vielen Blättern die gesamte Bildfläche aus und führten die Darstellungen bis an alle Ränder, manchmal sogar darüber hinaus, vor allem auch zum Falz hin, so daß viele Bilder Gefahr laufen, darin zu verschwinden. Mit den durchschnittlichen Maßen 33 × 20 cm übersteigt die Handschrift das Verhältnis 3 : 2 in der Höhe etwas und weist damit ein für ihre Zeit auffallendes Hochformat auf, ein Eindruck, der durch den Text in schmalen Verszeilen noch verstärkt wird. Vielleicht ist auch dieses Hochformat in Beziehung zu der Form der Exultet-Rollen zu sehen. Jedenfalls ist es wie die Schrift typisch für die Zeit der beginnenden Gotik.

Die Schrift

Im Katalog zur Ausstellung *Die Zeit der Staufer* wurde darauf hingewiesen, daß das Werk in einer gotischen Minuskel geschrieben ist, nicht in der in Süditalien heimischen Beneventana. Das bedeutet jedoch nicht zwingend, daß die Handschrift im engsten Umkreis des Hofes geschrieben worden sein muß. Die vorgotische Minuskel kann sich auch von mittelitalienischem Einfluß herleiten lassen. Schließlich gibt es auch Exultet-Rollen, die nicht in Beneventana, sondern in gotischer Schrift geschrieben sind. Alessandro Pratesi beschreibt das Vordringen der neuen Schrift neben der Beneventana in Süditalien seit dem ausgehenden 12. Jahrhundert, vor allem im Einflußbereich der Normannen, weshalb er sie auch normannische Minuskel nennt. Großen Einfluß auf diese Entwicklung hatten sicher das Kanzleiwesen und die Urkundenschriften.

Schon häufiger wurde festgestellt, daß ein Schreiber die ersten zwei Bücher schrieb, ein zweiter das dritte Buch. Die beiden Schriften lassen sich klar auseinanderhalten. Es waren demnach nicht mehrere Schreiber von unterschiedlichem Können am Werk beteiligt, sondern gemäß der nun schon wiederholt festgestellten Aufteilung war die Aufgabe jeweils einem geübten Schreiber übertragen.

Beide Schriften zeigen eine gehobene, regelmäßige Buchqualität, diejenige des Schlußteils ist vielleicht noch eine Spur eleganter als die erste. Die Schriftqualität fällt besonders dann auf, wenn man mit diesen professionellen Schriften die Ergänzungen und Nachträge auf Rasuren vergleicht, die bisher allgemein dem Autor Petrus de Ebulo selbst zugewiesen wurden.

Die Behauptung Massimo Miglios, daß die Schrift des dritten Buches identisch sei mit dem Eintrag des Petrus de Ebulo auf Bl. 147^v und also auch mit den Nachträgen und

Ergänzungen, läßt sich bei genauerer Betrachtung nicht halten. Die Schrift des Eintrags 147ᵛ ist mit Sicherheit eine andere als diejenige des dritten Buches, auch wenn sie nicht ganz deutlich zu sehen ist, weil sie von einer späteren Hand des 16. Jahrhunderts überschrieben wurde. Letztere hat übrigens in nahezu der ganzen Handschrift – bei den beiden Haupthänden und bei der Nachtragshand – die Buchstaben »t« nachgezogen und dabei die ursprünglichen Buchstaben, die noch in der Form des griechischen τ geschrieben waren, mit gotischen Oberlängen versehen und die Buchstaben »e« mit kleinen, runden Häkchen ergänzt, um sie zu den für die Zeit des ausgehenden 12. Jahrhunderts bereits untypisch gewordenen ę caudatae zu machen (Abb. 13).

Der Eintrag 147ᵛ ist nicht nur stark nachgezogen und stellenweise sogar überschrieben, sondern im selben Zug wurde auch das Bibelzitat *Fac mecum, domine, signum bonum, ut videant [qui oderunt me] et confundantur* [Ps. 85,17] – vom Autor geschickt auf seine eigene Situation angewandt mit *ut videant me Tancridini et confundantur* und mit der Bitte um eine Belohnung verbunden – aus unerfindlichen Gründen korrigiert in *signum novum*, was keinen besseren Sinn ergibt (Abb. 13.4).

Ob nun der Eintrag 147ᵛ tatsächlich von Petrus de Ebulo stammt, läßt sich nicht beweisen, da es keine anderen Schriftstücke von ihm gibt. Theoretisch kann er den Eintrag auch diktiert haben.

Genausowenig läßt sich mit völliger Sicherheit sagen, der Autor selbst habe die ausradierten Seiten 120ᵛ und 145ᵛ neu beschrieben. Auch Seite 144ᵛ ist von derselben Nachtragshand – jedoch nicht auf Rasur, sondern auf die zunächst leere Seite geschrieben. Da ein großer Teil der Seite fehlt, wissen wir nicht, ob die obere Hälfte auch einen ausradierten früheren Text aufwies und nur die letzten sechzehn Zeilen neu ergänzt wurden.

Im Codex finden sich mehrere Nachträge desselben dritten Schreibers: 115ᵛ zwölf Zeilen, 128ᵛ zehn Zeilen und außerdem verstreut kürzere Nachträge und Korrekturen, zum Beispiel 100ᵛ, 103ᵛ, 112ᵛ, 114ᵛ, 124ᵛ, 126ᵛ, 132ᵛ. Die acht Zeilen 135ᵛ könnten von einem vierten Schreiber stammen. Der dritte Schreiber wurde kurz nach den beiden ersten, gut geschulten Schreibern aktiv, und die Annahme, es handle sich bei den Nachträgen um Autorenkorrekturen, ist natürlich sehr naheliegend. Während jedoch die Schriftzüge des Eintrages 147ᵛ recht flüssig und angenehm erscheinen, sind diejenigen der Nachtragshand eher eckig und stammen mit Sicherheit nicht von einem geübten Buchschreiber. Sie fallen stark gegenüber denen der beiden ersten Schreiber ab, und es müßte verwundern, wenn der Autor sein eigenes Buch durch die ungelenken Nachträge in seiner ästhetischen Qualität derart beeinträchtigt hätte. Und das tun die Ergänzungen tatsächlich so sehr, daß man sich fragen kann, ob man hier ein

Abb. 13
Schriftbeispiele aus dem Codex des Petrus de Ebulo
1) Der Schreiber von Buch 1–2 (97ᵛ)
2) Der Schreiber von Buch 3 (139ᵛ)
3) Nachtragshand (115ᵛ)
4) Eintrag des Petrus de Ebulo (147ᵛ)

Entwurfs- oder Arbeitsexemplar vor sich hat. Dem stehen aber sowohl die durchdachte Komposition der Bildseiten als auch die künstlerische Ausdruckskraft der Zeichnungen entgegen, die nichts Skizzenhaftes an sich haben. Es wird dies wohl ebenso rätselhaft bleiben wie mancher der bisher angesprochenen Punkte auch. Die ungeübte Schrift der Nachträge läßt sich nur so erklären, daß zu der Zeit, als sie vorgenommen wurden – nicht lange nach der Zusammenfügung der drei Bücher – weder die beiden Hauptschreiber noch andere geschulte Schreiber zur Verfügung standen (vgl. dazu auch Fuchs/Oltrogge S. 282).

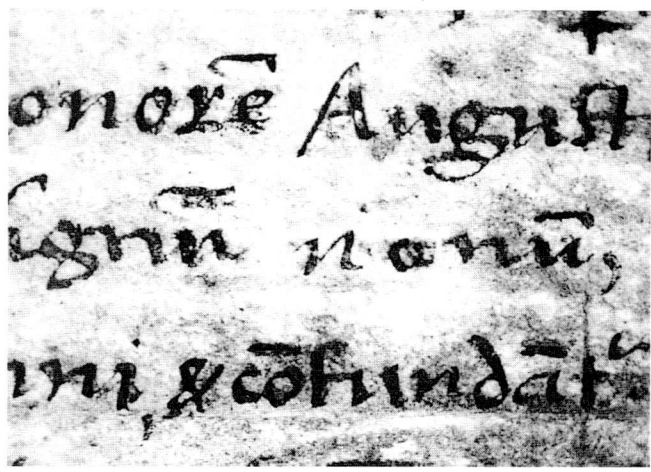

Abb. 13a
Vergrößerung aus dem Eintrag des Petrus de Ebulo (147ᵛ), der die ursprüngliche Schrift und die nachgezogenen Stellen zeigt (zur Verfügung gestellt durch das Team Fuchs/Oltrogge/Mrusek)

Tituli und Überschriften

Näher als die Nachträge stehen die Tituli, die Bildbeischriften, dem Eintrag 147ᵛ. Sie könnten von der Hand des Petrus de Ebulo stammen, wenn er den Eintrag 147ᵛ tatsächlich eigenhändig vorgenommen hat. Die Tituli sind in Rot auf den Bildseiten eingetragen.

Die Überschriften zu den *particulae* auf den Textseiten im ersten Teil der Handschrift sind weder im selben Rot noch von derselben Hand wie die Tituli der Bildseiten ausgeführt worden.

Nachgetragen von der Hand des Schreibers der Bildtituli sind dagegen die beiden unteren Textüberschriften 107ᵛ, diejenigen auf 123ᵛ, 124ᵛ, 125ᵛ sowie das Explicit und die Incipits zum zweiten und dritten Buch 130ᵛ und 139ᵛ.

Die größere Überschrift auf der abgeschabten und neubeschriebenen Seite 145ᵛ *Sol Augustorum* zeigt große Ähnlichkeit mit dem fast nicht mehr leserlichen Vers, der 147ᵛ in Rot über dem Vermerk des Petrus de Ebulo eingetragen ist und das Jahr 1195 umschreibt: *Annis quinque minus numeratis mille ducentis, Cesar regna capit et sua nupta parit*. Er wurde in späterer Zeit darunter noch zweimal abgeschrieben.

Gelegentlich finden sich fein verzierte, meist rote Paragraphenzeichen zur Kennzeichnung von Absätzen im Text.

Die Anfangsbuchstaben des ersten Verses auf den ersten beiden Blättern sind nachgetragen, 95ᵛ noch im Mittelalter, 96ᵛ wohl im 16. Jahrhundert. Das bedeutet, daß der für Initialen bestimmte Raum zunächst leer blieb. Ab 98ᵛ sind die Initialen von der Schreiberhand eingetragen, auf den folgenden Seiten aber meist noch nicht mit einem kleinen roten Strich verziert wie die Anfangsbuchstaben der übrigen Verse. Erst von der zweiten Lage an sind sie dann alle in der gleichen Art rubriziert. Dies ist wohl so zu erklären, daß zuerst größere farbige Zierinitialen vorgesehen waren, dann vielleicht Anfangsbuchstaben mit einer reicheren, roten Ausschmückung, bis man schließlich dazu überging, alle Anfangsbuchstaben in derselben Art, gleichzeitig mit der Niederschrift einzutragen und mit einfacher Strichelung zu rubrizieren.

Auch im paläographischen Bereich kann demnach eine allmähliche Änderung in der Verfahrensweise beobachtet werden wie schon auf kodikologischem Gebiet bei der Aufgabe der *particulae* zugunsten der Einteilung in Bücher.

Beobachtungen zur Herstellung

Was den Herstellungsprozeß der Handschrift betrifft, so führt eine Zeichnung am oberen linken Rand von Bl. 97 über den Falz hinaus auf die gegenüberliegende Rückseite von Bl. 96 (vgl. Abb. 14). Da es sich nicht um ein Doppelblatt in der Lagenmitte handelt, muß die Zeichnung ausgeführt worden sein, als die Blätter gefaltet und bereits ineinandergefügt waren.

Nicht weiter verwunderlich ist, daß sich dieselbe Beobachtung bei der blauen Übermalung von Bl. 107 machen läßt, die ja einige Zeit nach der Herstellung der Handschrift vorgenommen wurde. Auf dem inneren Falz von Bl. 106ᵛ sind blaue Pinselstriche zu sehen, nicht aber auf der Rückseite des zu Bl. 107 gehörigen Ergänzungsblattes 104. Das Doppelblatt 104/107 war also schon um das innerste Doppelblatt 105/106 gefaltet, als die Übermalung vorgenommen wurde.

Abb. 14a
Bl. 96ᵛ und 97ʳ mit der oben über den Falz hinausgeführten Zeichnung (Türme mit Wurfmaschinen)

Abb. 14b
Doppelblatt 96ᵛ/99ʳ mit der weitergeführten Zeichnung von 97ʳ, im Falz links oben auf Bl. 96ᵛ, und der Darstellung auf Bl. 99ʳ, die damit nichts zu tun hat

Ihor Ševčenko rückte durch eine frühere Datierung der Madrider Skylitzes-Handschrift deren Miniaturen nicht nur in stilistische, sondern auch in enge zeitliche und lokale Nähe zum Petrus de Ebulo-Codex, so daß die Vermutung naheliegt, die beiden Handschriften könnten im selben Skriptorium – vielleicht in Palermo – entstanden sein. Ševčenko stellte fest, daß die einzelnen Maler in der Skylitzes-Handschrift lagenweise arbeiteten. In dieselbe Richtung weisen auch die Beobachtungen zu Punktierung und Liniierung im Codex des Petrus de Ebulo, welche durch die Verwendung der Farben bestätigt werden. So dominiert etwa Dunkelrot in der dritten und vierten Lage, für die ein zweiter Kolorist nachweisbar ist, der nur in diesen Lagen arbeitete (vgl. Fuchs/Oltrogge S. 276).

Einige Darstellungen scheinen nicht völlig ausgeführt, so die untergehende Sonne Bl. 100ʳ oder die Palmen 138ʳ, beide im oberen Bildstreifen. Die Palmen sollten vielleicht gar den Hintergrund einer Darstellung der Geburt Friedrichs II. bilden, welche in der Handschrift nicht vorkommt, obwohl die Geburt des Thronfolgers und Hoffnungsträgers im Text überschwenglich gefeiert wird.

Auf mehreren Seiten sind mehr oder weniger deutliche Spuren nicht sehr großer roter Kreise zu sehen, deren Bedeutung unklar ist: 95ʳ oben links und etwas unterhalb des Eintrags *Lucanus*, 135ʳ zweimal am oberen Rand, 139ʳ oben links und rechts, stark ausgekratzt. Vermutlich handelt es sich um Siegelabdrucke.

Nachträge und Kritzeleien

In die Schriftrollen der drei antiken Dichter Vergil, Lucan und Ovid auf Bl. 95 sind von zeitgenössischer Hand jeweils die ersten Verse ihrer Hauptwerke geschrieben. Die daruntergesetzten Einträge – weitere sprechende Zitate aus berühmten Werken der Dichter – stammen bei Vergil und Ovid von einer Hand des 13./14. Jahrhunderts. Bei Lucan ist der betreffende Eintrag von einer späteren Hand des 14./15. Jahrhunderts vorgenommen, vielleicht aber auch nur nachgezogen worden. Von einem dieser späteren Schreiber dürften auch die flüchtig hingeworfenen Kritzel ungefähr in der Mitte der Seite stammen, welche sich als untereinander geschriebenes Monogramm PE lesen und als Petrus de Ebulo deuten lassen.

Auf vielen Seiten finden sich etwas spätere, flüchtige Federzeichnungen, Nachahmungen oder zeichnerische Übungen: 115ʳ, 129ʳ, 130ʳ, 134ʳ. 105ʳ ist ein Turm dilettantisch und grob – wohl noch im Mittelalter – über die ursprüngliche Zeichnung Roms gesetzt worden. Auch vor Kritzeleien scheute man nicht zurück, wie zum Beispiel 118ᵛ, wo ein Pferd in einer hellbraunen Tinte flüchtig und auf dem Kopf stehend hingeworfen ist von einer ungeübten, zeitlich nur schwer zuzuordnenden Hand. Neben dem Pferd finden sich kleine durch Striche verbundene Kugeln, die sich vielleicht als Spielsteine deuten lassen. 121r ist undeutlich die Stiftzeichnung eines männlichen Gesichtes mit Kopfbedeckung neben der Figur des Richard von Acerra zu erkennen, die wohl erst aus späterer Zeit stammt.

108ᵛ ist auf dem unteren Rand *Henricus dei gratia Romanorum imperator victor ac triumphator semper Augustus* in einer schönen Kanzleischrift des 12./13. Jahrhunderts eingetragen. Einträge wie *iulius ... i*, 136ᵛ auf dem linken Rand, sind wohl als Federproben aufzufassen, welche sich auch an anderen Stellen vereinzelt finden. Die roten Tituli der Bildseiten wurden bisweilen in brauner Tinte wiederholt oder ergänzt, die meisten im 14. Jahrhundert (vgl. dazu die Bildbeschreibungen).

Die Geschichte des Codex

Mit allen seinen Brüchen, Rätseln und Unstimmigkeiten ist der Codex des Petrus de Ebulo kein harmonisches Werk aus einem Guß. Er ist eine äußerst interessante Handschrift, in der neue Konzepte zum Tragen kamen. Mit Recht konnte sie einem Herrscher auf dem Höhepunkt seiner Macht als Geschenk zugedacht werden. Zugleich handelt es sich um eine Handschrift aus einer Epoche voller Spannungen, künstlerischer Ausdruck von Hoffnungen und der Projektion eines friedlichen Zeitalters in eine von Umbruch und Gewalt geprägte Zeit, Zeugnis wohlvermerkt eines sehr parteiischen und streitbaren Zeitgenossen, dieses Petrus de Ebulo, der die schlimmsten Verunglimpfungen seiner Gegner ganz und gar nicht scheute.

Betrachtet man den Aufbau des Werkes, wie es uns in der Berner Handschrift überliefert ist, stellt man fest, daß es in seiner Brüchigkeit – etliche Blätter sind verloren, manche Fragen können nicht geklärt werden und müssen offenbleiben – die historische Situation zur Zeit seiner Entstehung genau widerspiegelt. Der Übergang der Macht über das Königreich Sizilien von den Normannenkönigen an die deutschen Kaiser der Hohenstaufen wird eindringlich sichtbar, nicht nur in den Schilderungen, sondern auch in Zusammensetzung, Aufbau und Gestaltung der Handschrift, deren wohl nie lösbare Rätsel Ausdruck der spannungsgeladenen Zeit sind, in der sie entstanden ist. Was mit der Handschrift dann geschah, auf welchen Wegen sie noch im Mittelalter nach Frankreich und später in die Berner Bibliothek kam, ist unklar. Kriegswirren und Umbrüche haben ihre heutige Gestalt wesentlich geprägt, doch ist sie uns gerade so ein einzigartiges Dokument ihrer Zeit.

Im Codex des Petrus de Ebulo ist Heinrich VI. auf dem Höhepunkt seiner Macht dargestellt. Er starb 1197 an Malaria in Messina, mitten in den Vorbereitungen zum vierten Kreuzzug. Wo die Handschrift nach seinem unerwarteten Tod verblieben ist, bleibt so rätselhaft wie manche Aspekte ihrer Entstehungsgeschichte. Das Buch war ein Vermächtnis des staufischen Machtanspruchs, es mag in der Bibliothek des zukünftigen Kaisers Friedrich II. geblieben sein. Florentine Mütherich zieht diese Möglichkeit in Betracht, betont aber gleichzeitig zu Recht, daß man nicht wissen kann, was für ein Exemplar des Werkes – vorausgesetzt, es gab mehrere – in der kaiserlichen Bibliothek vorhanden war. Petrus de Ebulo schließt sein Werk über die Taten Heinrichs VI. in die Widmung seines Gedichtes über die Bäder von Pozzuoli an Friedrich II. ein und setzt damit voraus, daß es Friedrich bekannt ist. Für ein längeres Verbleiben in der Hofbibliothek können auch die Parallelen in der Gestaltung der Widmungsbilder sprechen, die der Codex des Petrus de Ebulo, sein Friedrich II. gewidmetes Werk *De balneis* (Biblioteca Vaticana Rossiano 379) und die Bibel von Friedrichs Sohn Manfred (Vat. Lat. 36) aufweisen. In allen drei Handschriften spielt der Auftraggeber oder Vermittler eine auffallend wichtige Rolle, wobei es entgegen den bisherigen Angaben nur im Falle des Petrus de Ebulo-Codex dem Poeten vergönnt ist, sein Werk dem Kaiser selbst zu überreichen (vgl. Abb. 15).

Unsere Handschrift kann aber auch in den allgemeinen Wirren durch die verschiedensten Hände gegangen sein. Wiederholt wurde darauf hingewiesen, daß die Handschrift schon sehr früh in Frankreich gewesen sein müsse, da sie als Vorbild für die um 1220 durch den Hofkaplan Guilelmus Brito verfaßte *Philippis* gedient habe, ein Epos zu Ehren König Philipp Augusts von Frankreich. Doch könnte schließlich auch eine heute verlorene Abschrift des Werkes als Vorlage benutzt worden sein.

Die Handschrift war jedenfalls im späteren Mittelalter in Frankreich. 140r findet sich zweimal eingetragen ein französischer Spruch: *Rar si ge puse / Rar si gi puse achaper*, der Schrift nach aus dem 13. Jahrhundert, der sich wohl am besten mit *selten, wenn ich entwischen kann* übersetzen läßt. 147v stehen neben zahlreichen Zitaten nach Horaz, Ovid, Tullius Cicero, Julius Celsus und Isidor sowie Bemerkungen über Kräuter auch verschiedene Einträge über die Gallier.

Im späteren 14. Jahrhundert wurden 95r und 146v zwei heute nicht mehr gut leserliche Besitzervermerke des 1366 gegründeten Coelestinerklosters Sens (Burgund) eingetragen. Wann der Codex des Petrus de Ebulo mit *Codex 120 I*, der aus der Abtei Micy (St-Mesmin-sur-Loire) bei Orléans stammt, zusammengebunden wurde, ist nicht mehr festzustellen. Ebensowenig, ob beide Bücher oder nur unsere Handschrift im 15. Jahrhundert im Besitz des Gabriel Nicolai waren, der 148r vermerkte: *Iste liber est mihi Gabrieli Nicolay*. Darunter ist ein längerer getilgter Eintrag zu erkennen, der leider auch mit UV-Lampe nicht mehr zu entziffern ist.

In der Fragmentensammlung der *Bibliotheca Bongarsiana* werden unter der Signatur *756/66a–c* drei Teile von Pergamenturkunden aufbewahrt, die der Buchbinder Johann Lindt 1935 von *Cod. 120* ablöste (vgl. unten S. 268f.). Bei einem der drei Fragmente handelt es sich um die Kaufurkunde einer namentlich nicht genannten Käuferin und ihrer Erben, ausgestellt in Straßburg 1538. Die beiden weiteren Stücke sind Fragmente deutscher Urkunden des Hofgerichtes Rottweil, datiert 1565 und 1569. Alle drei Urkundenfragmente können aufgrund ihrer lokalen und zeitlichen Bestimmung auf Jacques Bongars verweisen, der lange Zeit in Straßburg residierte. Da sich jedoch nicht mehr klären läßt, ob sie nur zu *Cod. 120 I* oder zu beiden früher unter der Signatur *Cod. 120* zusammengebundenen Handschriften, also auch zum Codex des Petrus de Ebulo gehören, ist ihr Aussagewert, was die Geschichte des letzteren betrifft, eher gering.

Besitzeinträge Jacques Bongars' finden sich in *Cod. 120 I* (1r, 69r, 93r), in *Cod. 120 II* dagegen findet sich weder ein Besitzeintrag, noch gibt es Notizen von seiner Hand, obwohl dies immer wieder behauptet wurde.

Die Handschrift weist Anmerkungen und Notizen von zwei Vorbesitzern des 16. Jahrhunderts auf. Der eine trug gelegentlich Inhaltsangaben in szenische Bilderrahmen ein, der andere gab vor allem Auflösungen von lateinischen Kürzeln und andere Lesehilfen. Von ihm stammen wohl auch die zitierten französischen Hinweise auf fehlende Blätter, von denen zwei schon angeführt wurden (siehe oben zu Bl. 121 und zu Bl. 130–132, S. 252). 135v steht der zum Teil unleserliche Vermerk *En cest endroit y a quelque chose obmise, car les ... – an dieser Stelle fehlt etwas, da die ...*; 138v findet sich der Eintrag *Il semble y avoir quelque deffault – hier scheint ein Verlust vorzuliegen*.

Dieser Besitzer des frühen 16. Jahrhunderts, der sich offensichtlich intensiv mit der Zusammensetzung der Handschrift beschäftigte, erkannte bereits die problematischen Stellen und verwies auf dieselben fehlenden Blätter, die sich auch nach genauer kodikologischer Untersuchung tatsächlich als verloren erwiesen haben. Auffallend ist, daß er das fehlende Blatt nach Bl. 143 nicht erwähnt und auch keine Bemerkung zu der verlorenen oberen Hälfte von Bl. 144 macht. Während die oben erwähnten drei Blätter offenbar schon im ausgehenden Mittelalter fehlten, wäre es demnach möglich, daß die Artes-liberales-Darstellung und die offizielle Bekanntgabe der Geburt des Thronfolgers im frühen 16. Jahrhundert noch vorhanden waren.

Die Schrift beider Einträger des 16. Jahrhunderts zeigt keine Ähnlichkeit mit derjenigen Jacques Bongars'. Da das Versepos des Petrus de Ebulo 1634 im *Clavis Bibliothecae Bongarsianae*, dem ersten handschriftlichen Katalog der

Abb. 15
Die drei Dedikationsbilder, in denen der Dichter sein Werk jeweils durch Vermittlung einer höhergestellten Persönlichkeit überreicht
1) Petrus de Ebulo-Codex, Bl. 139
2) Biblioteca Vaticana, Rossiano 379
3) Biblioteca Vaticana, Vat. Lat. 36

Sammlung Bongarsiana, auf Seite 49 zusammen mit den im heutigen *Cod. 120 I* enthaltenen Werken unter derselben Signatur *V. 6* verzeichnet wurde (Abb. 16), ist aber doch davon auszugehen, daß die Handschrift über Jacques Bongars in die Burgerbibliothek kam. Vielleicht war er es, der die beiden Codices mit historischem Inhalt erstmals zusammengebunden hat. Überdies stammen auch andere Handschriften der Bongarsiana aus den Klöstern Sens und Micy.

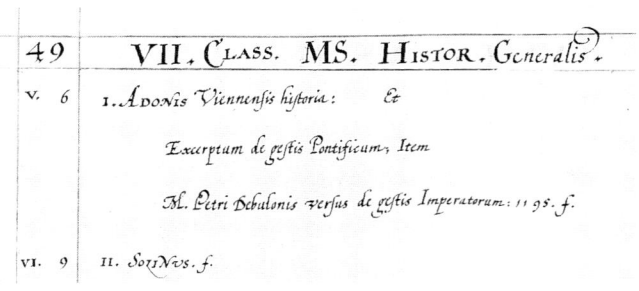

Abb. 16
Eintrag im handschriftlichen Katalog der *Biblioteca Bongarsiana* von 1634. Die *Historia Adonis, Excerptum de gestis Pontificum* (heute Cod. 120 I) und *Petri Debulonis versus de gestis Imperatorum* (heute Cod. 120 II) als Texte in einem Band unter der Signatur *V. 6* verzeichnet

Jacques Bongars, französischer Humanist, Gelehrter und Diplomat, lebte von 1554 bis 1612. Wie Sir Thomas Bodley (1545–1613), der ungefähr zur selben Zeit in England mit etwa 300 Handschriften und 1700 gedruckten Büchern den Grundstein zur *Bodleian Library* in Oxford legte, trug Jacques Bongars eine bedeutende Büchersammlung zusammen, rund 500 Manuskripte und 3000 Frühdrucke. Der größte Teil stammt aus Kloster- und Kirchenbibliotheken Frankreichs, die in den Hugenottenkriegen geplündert und enteignet wurden. Da Bongars keine Nachkommen hatte, vermachte er seine Bibliothek dem Sohn seines Freundes, dem damals erst 14 Jahre alten Jakob Graviseth, der 1624 die Berner Schultheißentochter Salome von Erlach heiratete, Berner Burger und Mitglied des Berner Rates der 200 wurde. 1632 schenkte er die berühmte *Bibliotheca Bongarsiana* der Berner Bibliothek. Vertreten sind in der Sammlung alle Fachgebiete des lateinischen Schrifttums des Mittelalters. Die altfranzösische Literatur stellt zahlenmäßig einen beachtlich hohen Anteil volkssprachlicher Literatur innerhalb des Bestandes dar. Den eigentlichen Schwerpunkt bilden gemäß den humanistischen Vorlieben Jacques Bongars' jedoch die lateinischen Klassiker: Vergil, Ovid, Horaz, um nur einige zu nennen. Ein ganz persönliches Interesse hegte Bongars für die Chronistik, hatte er doch 1581 eine Edition der *Epitoma Pompeii Trogii* des römischen Historikers Justinus, 1600 eine Quellensammlung zur ungarischen Geschichte und nach dem Rückzug aus dem diplomatischen Dienst 1611 eine zweibändige Ausgabe verschiedener Autoren aus dem Bereich der Kreuzzugsliteratur publiziert, und zwar nach Handschriften und Drucken aus seinem eigenen Besitz. In dieses Gebiet paßt nun auch die Bilderchronik des Petrus de Ebulo sehr gut, was die Annahme, die Handschrift sei mit der Sammlung des Jacques Bongars in die Berner Bibliothek gelangt, bekräftigen kann.

Einbände und Fragmente

Wie schon erwähnt, wurde die Handschrift mit Sicherheit mehrmals umgebunden. Als erster Einband war wohl ein Prachtband vorgesehen, ist doch der Codex auf dem Dedikationsbild mit einem goldenen Einband, angedeuteten Schmucksteinen und Verzierungen dargestellt (Bl. 139).

Die beiden ehemaligen Spiegelblätter, Bl. 94 und 148, weisen Abdrücke von Bünden auf, die ihrer Form und Lage nach ursprünglich in einem Holzdeckel verpflockt gewesen sein müssen. Daß der Codex einmal einen braunen Ledereinband hatte, zeigen die Abklatsche der Einschläge auf Bl. 94 und 148.

1770 notiert Johann Rudolf Sinner in seinem gedruckten Katalog der Handschriften der Bongarsiana, daß Codex 120 einen Pergamenteinband trage. Jacques Bongars ließ viele seiner Sammelbände in Pergament einbinden. Es wäre aber auch denkbar, daß die Handschrift erst Ende des 17. Jahrhunderts einen der typischen Pergamenteinbände erhielt, als im Zuge einer umfassenden Reorganisation die Berner Bibliotheksbestände zusammengefaßt und nach der Mode der Zeit einheitlich in helles Pergament eingebunden wurden, um sich dem geschlossenen Bild einer musealen Barockbibliothek unterzuordnen (Abb. 17).

Die in der Fragmentensammlung unter der Signatur *756/66a–c* aufbewahrten drei Teile von Pergamenturkunden, die nach einer Notiz von Johann Lindt 1935 von *Cod. 120* abgelöst wurden, erweisen sich – zusammengesetzt durch die Restauratorin Ulrike Bürger – als Vorder- und Rückdeckelbezug eines ehemaligen Pergamentbandes, dessen Rücken aufgrund von Abklatschspuren mit dunkelbraunem Leder bezogen gewesen sein muß. Die beschriftete Seite der Fragmente lag dabei ursprünglich

Abb. 17
Johannes Dünz (1645–1736), Die Berner Bibliothekskommission 1696. Blick in den Bibliothekssaal im Westflügel des umgebauten Barfüßerklosters

nach innen. Leider läßt sich heute nicht mehr feststellen, ob dieser Einband beide Codices oder nur *Cod. 120 I* umfaßte. Es besteht immerhin die Möglichkeit, daß wir hier den Einband vor uns haben, den Bongars herstellen ließ, um die beiden Codices *120 I und II* zusammenzufassen (Abb. 18, vgl. auch oben S. 266).

Die Restaurierung

Der 1935 hergestellte Pergamenteinband mußte wegen großer Spannungen im Falzbereich, die zu starker Wellenbildung in den Blättern führten, entfernt werden. Nach abgeschlossener Restaurierung wird die Handschrift einen Holzdeckeleinband in karolingischer Bindetechnik erhalten, wie er durch den Einbandforscher Jan Alexander Szirmai für Pergamenthandschriften als konservatorischer Einband empfohlen wird. Diese Einbandtechnik erlaubt ein flaches Offenliegen der Blätter und ermöglicht es damit, die Bildseiten, die oft bis tief in den Falz gezeichnet und gemalt sind, ganz zu sehen.

Für die Restaurierung wurde ein Konzept erarbeitet, das von größtmöglicher Schonung der Handschrift ausgeht. Um die Originalsubstanz so zu erhalten, wie sie uns heute überliefert ist, mußten alle unnötigen Eingriffe unterbleiben. Alle neuzeitlichen Flicken und Überklebungen wurden sorgfältig abgelöst. Sie erwiesen sich zum größten Teil als überflüssig, führten zu Spannungen und beeinträchtigten den ästhetischen Eindruck vieler Bildseiten. Auf ein durchgängiges Glätten der Blätter wurde verzichtet. Lokal wurden einzelne Stellen gefestigt.

Die vierte Lage und der Schlußteil der Handschrift werden in der rekonstruierten ursprünglichen Reihenfolge der Blätter geheftet, die sich als richtig erwiesen hat. Die Blattzählung des 19. Jahrhunderts allerdings bleibt bestehen, da sie in schwarzer Tinte vorgenommen wurde und nicht mehr rückgängig zu machen ist. Auch wurden die Bildseiten schon häufig nach der falschen Blattzählung in der Literatur zitiert, und es ist deshalb sicher nicht ratsam, sie zu ändern.

Die Erstausgabe Samuel Engels

Die erste Edition des Codex des Petrus de Ebulo, die 1746 erschien, besorgte Samuel Engel (1702–1784), Geograph, Ökonom, Landwirt und Staatsmann. Bevor er als Landvogt und Gutsherr den Kartoffelanbau einführte, sich als Mitbegründer des Systems der Kornhäuser zur Verhütung von Teuerungen und als Mitstifter des Bernischen Waisenhauses betätigte, leitete er von 1736 bis 1748 die Berner Bibliothek als Nachfolger seines Vetters Albrecht von Haller, der an die Universität Göttingen berufen worden war. Er war ein leidenschaftlicher Bücherliebhaber und Sammler, wie ihn Hans Bloesch in seinem Büchlein *Samuel Engel, ein Berner Bibliophile des 18. Jahrhunderts* schildert. In der lateinisch geschriebenen Einleitung zu seiner Edition berichtet der Bibliothekar, wie er beim Durchblättern der Drucke und Manuskripte der Sammlung auf den Codex des Petrus de Ebulo stieß und gleich den Gedanken faßte, ihn aus seiner dunklen Kerkerhaft zu befreien und ans Licht des Tages zu bringen – *libros cum typis expressos, tum manu conscriptos saepe pervolutaveram, atque inter alios in hunc nostrum Petrum incidi, de quo ex longo quasi carcere liberando, atque in dias luminis auras emittendo statim cogitavi.*

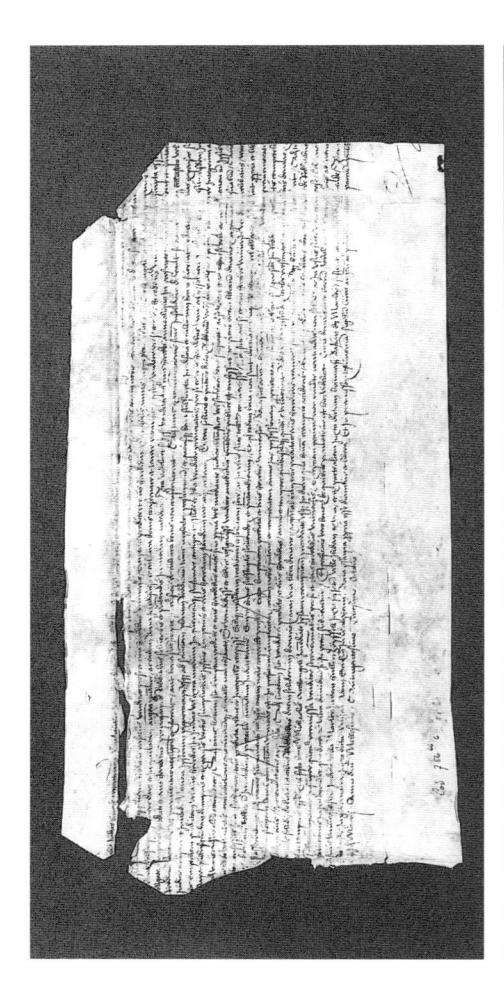

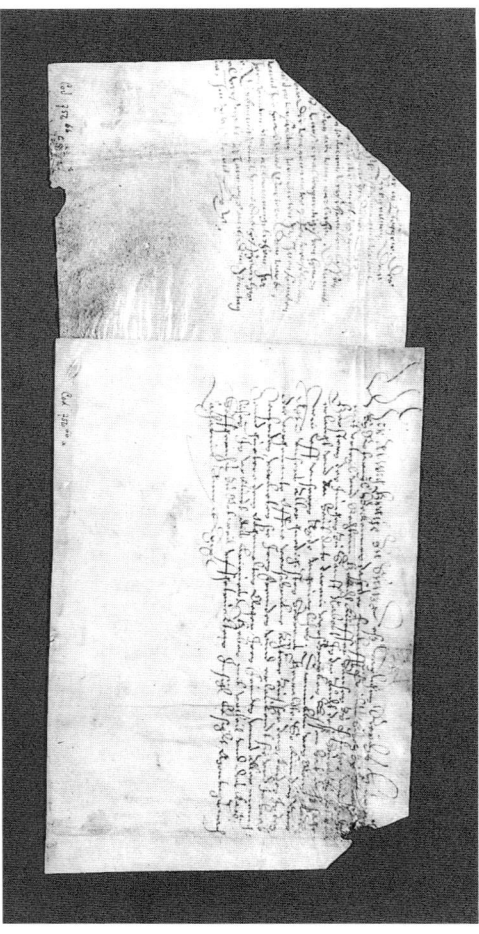

Abb. 18
Fragmente eines älteren Einbandes (16./17. Jh.) von Cod. 120

Der Edition gingen jedoch eingehende Gespräche voraus. Engel nennt namentlich den Straßburger Historiographen Schoepflin und den kursächsischen Kanzler Heinrich Graf Bünau, der eine der größten privaten Büchersammlungen seiner Zeit zusammentrug. 1744 erwarb er auch Samuel Engels Bücher, die dieser finanziell nicht mehr halten konnte, und verleibte sie seiner Sammlung ein. Mit dieser Gelehrtenbibliothek gelangten Engels bibliophile Raritäten nach Bünaus Tod in die Dresdner Bibliothek, deren Schicksal sie 1945 teilten.

In der Vorrede seiner Edition betont Samuel Engel, daß ihn zahlreiche Autoritäten immer und immer wieder gebeten hätten, die Handschrift des Petrus de Ebulo der Gelehrtenrepublik nicht vorzuenthalten, da sie von ungewöhnlichem Interesse sei. Doch nicht nur die Frage, ob das Werk publiziert werden solle, sondern auch die Art, wie das zu geschehen habe, erforderte viele Diskussionen unter Gelehrten. Die einen waren offenbar schon damals der Meinung, der Band solle vollständig veröffentlicht werden, *cum in versibus tum in figuris*, mit Text und Bildern. Andere wünschten nur den Text ohne Kommentare und im Oktavformat. *Sed ab hac sententia ideo statim abhorrui* – diese Vorstellung konnte den Bibliophilen tatsächlich nur abschrecken! Die beste Lösung fand dann Samuel Engels Freund Hieronymus Stettler, Verfasser verschiedener historischer Schriften und Mitglied einer Berner Patrizierfamilie, die bedeutende Chronisten, Schriftsteller und Maler hervorbrachte. Er schlug vor, das größere Quartformat zu wählen, dem Text ausgewählte Tafeln der Bildseiten beizugeben und auf kritische und historische Anmerkungen nicht zu verzichten.

Diesen Rat befolgte Samuel Engel, und das ganz Besondere an seiner bibliophilen Edition sind nun tatsächlich die Kupfertafeln, die er nach acht Bildseiten des Codex stechen ließ. Sie gehören in die frühe Geschichte der Faksimile-Reproduktion aus Handschriften. Nur wenige Jahre zuvor, 1741, waren zwei aufsehenerregende Vergil-Editionen erschienen: in Rom die dritte Ausgabe des Vergil mit den Kupfertafeln des Pietro Santi Bartoli nach den berühmten Vergil-Handschriften der Bibliotheca Vaticana und in Florenz eine Faksimile-Ausgabe mit speziell nach der Handschrift der Bibliotheca Medicea-Laurenziana angefertigten Lettern in Capitalis Rustica. Es war das Jahrhundert der großen Paläographen Jean Mabillon († 1707) und Bernard de Montfaucon († 1741) und ihrer Nachfolger. Das Aufsehen, das die beiden Vergil-Ausgaben in der gelehrten Welt hervorriefen, ist sicher an Samuel Engel nicht ohne Echo vorbeigegangen, finden sich doch im gedruckten Katalog seiner eigenen Sammlung, den er 1743 publizierte, eine Inkunabel und sechs Vergil-Drucke der ersten Hälfte des 16. Jahrhunderts.

Engel war nicht nur bibliophiler Sammler, sondern überhaupt an allen Fragen des Buchwesens äußerst interessiert. Im September 1741 publizierte er im *Journal Helvétique* in Neuenburg einen Aufsatz zur Erfindung des Buchdrucks, der eine ausgedehnte Korrespondenz in der interessierten Gelehrtenwelt auslöste. Bereits am 18. desselben Monats erschien in den *Göttingischen Zeitungen von Gelehrten Sachen* die Anzeige eines Vorhabens, das Samuel Engel seinem Vetter Albrecht von Haller in einem längeren Brief vom 2. September ausführlich dargelegt hatte. Engel plante nicht nur, einen Katalog der Drucke des 15. Jahrhunderts im Besitz der Berner Bibliothek zu erarbeiten – ein Inkunabelverzeichnis also –, sondern er hatte auch vor, ein Werk mit Abbildungen der Wasserzeichen aus den alten Drucken herauszugeben. Der Brief erläutert Engels Entdeckung der Bedeutung von Wasserzeichen im Papier für die Lokalisierung und Datierung von Frühdrucken. In den *Göttingischen Zeitungen* wurde das Vorhaben mit Interesse und einiger Skepsis zur Kenntnis genommen und darauf hingewiesen, daß das neue Verfahren auch bei Papierhandschriften angewendet werden könnte. Noch im Laufe des 18. Jahrhunderts wurden die ersten Werke mit Abbildungen von Wasserzeichen veröffentlicht, systematisch weiterverfolgt wurde die Wasserzeichenforschung jedoch erst in unserem Jahrhundert durch Charles-Moïse Briquet und Gerhard Piccard.

Da Samuel Engel seine wegweisenden Ideen lediglich in Briefen und Aufsätzen äußerte und leider nicht dazu kam, seine Pläne zu verwirklichen, ist seine Pionierleistung auf allen diesen Gebieten heute weitgehend unbekannt – von seinen Theorien zur Erfindung des Buchdrucks bis zu den Beiträgen zur Geschichte der ersten Frühdrucke in der Schweiz und von seinen Hinweisen auf die Bedeutung der Wasserzeichen als Hilfsmittel der historischen Buchforschung bis zur Betonung der Notwendigkeit von Faksimile-Reproduktionen nach den Originalen. Daß er in seiner Zeit als Bibliothekar die Bedeutung des Petrus de Ebulo-Codex sogleich erkannte – das ganz besondere Text-Bild-Verhältnis dieser Handschrift und ihren Wert als historische Quelle, ist nur folgerichtig. In seiner Einleitung weist er darauf hin, daß sowohl der Autor Petrus de Ebulo, als auch sein Werk bisher völlig unbekannt seien, und in seiner Korrespondenz betont er wiederholt, daß das Interesse am Mittelalter allgemein sehr groß sei.

Die Vorgeschichte der ersten Ausgabe der Handschrift des Petrus de Ebulo, wie sie Hans Bloesch rekonstruiert hat, ist denn auch sehr aufschlußreich. Schon 1744 korrespondierte Engel mit Albrecht von Haller über seinen Wunsch, den Petrus de Ebulo-Codex mit Kupfern herauszugeben. Seine in der Burgerbibliothek Bern im Nachlaß Hallers erhaltenen Briefe zeigen, daß es ihm tatsächlich darum ging, die Handschrift originalgetreu zu publizieren. Am 23. Oktober schreibt er: *On me conseille de ne faire imprimer qu'une page de texte et figure sur chaque feuille, et le graveur de Francfort m'a demandé 10 Rth. pour chaque planche ... Cependant il est sur, que les figures donneroient un grand relief, en les gravant d'après les Originaux* – Man rät mir jeweils nur eine Seite Text und eine Seite Bild auf jeden Bogen drucken zu lassen und der Kupferstecher aus Frankfurt hat mir 10 Reichstaler für jedes Blatt verlangt ... sicher ist jedenfalls, daß die Bilder einen großen Eindruck machen würden, wenn man sie nach den Originalen sticht. Das Ganze war offenbar ein großes finanzielles Problem, denn Engel unterrichtete Haller vom Vorschlag des Grafen Bünau, Freunde und Gönner zu suchen, von denen jeder die Kosten für eine oder mehrere Kupfertafeln übernehmen sollte. Bünau selber hatte sich bereit erklärt, für die Finanzierung von vier bis fünf Tafeln aufzukommen. Weder über Hallers Antwort auf den Brief noch über das Ergebnis der Subskriptions-Bemühungen ist etwas bekannt. Immer wieder betonte Engel die große Nähe zum Original. Am 21. Mai 1746 schreibt er an Haller: *Je vous diray au reste que 5 des figures sont actuellement gravées, et bien executées, il est vray que ce ne sont que des Esquisses, qui imitent parfaitement celles de l'Original* – Ich kann Ihnen übrigens mitteilen, daß bereits 5 der Bilder gestochen sind, und sie sind gut ausgeführt, ehrlich gesagt sind es nur Umrißzeichnungen, die jedoch das Original perfekt nachahmen.

Immerhin gelang es Samuel Engel nach Überwindung mancher Schwierigkeiten, das Werk mit acht schönen Kupfertafeln, die durch den Kunstmaler und Kupferstecher Johann Felix Corrodi in Zürich ausgeführt wurden, herauszubringen. Sozusagen in letzter Minute versuchte sein Verleger Thurneisen in Basel, eine große Zahl Exemplare ohne die Kupfer zu billigerem Preis auf den Markt zu bringen. Auf Engels Hilferuf an Haller wurde in den *Göttingischen Zeitungen* vom 8. August 1746 das Buch öffentlich angekündigt, mit genauer Angabe aller Kupfer, um es dem Verleger unmöglich zu machen, seine Kunden hinters Licht zu führen und die billigeren Exemplare bevorzugt zu verkaufen. Auch in dieser Ankündigung wird betont, daß die Kupfer nach den Originalen ausgeführt worden seien: *Bei diesem Wercke werden acht sehr saubere Kupferplatten sich befinden, die nach den Originalen im zwölften Jahrhundert gemachten Zeichnungen ausgedruckt sind*, in umständlicher Umschreibung von Engels knapper Angabe in Latein in seinem Brief an Haller vom 16. Juli 1746: *Nota bene, cuncte he figure ex Originalj manuscripto delineati sunt* – Merke gut, alle diese Bilder sind nach der Originalhandschrift gezeichnet. Aus der Korrespondenz Engels mit Haller erfahren wir nebenbei manches über die Zeit, die der Druck in Anspruch nahm – für 24 Bogen mußten zwei Monate gerechnet werden –, über Herstellungskosten und vorgesehene Verkaufspreise und daß eine Auflagenhöhe von immerhin 1000 Exemplaren geplant war. Auch werden wir darüber orientiert, daß der Verleger Thurneisen schlechteres Papier als abgemacht und nicht die gewünschten Vignetten verwendete.

Die Erstausgabe des Petrus de Ebulo-Codex erschien jedenfalls rechtzeitig zur Frankfurter Messe. Seinen Brief vom 17. Dezember 1746 an Albrecht von Haller, in dem er um Rezensionen in den *Göttingischen Zeitungen* und in der in Amsterdam erscheinenden *Bibliothèque raisonnée des ouvrages des savans de l'Europe* bittet, schließt Samuel Engel mit: *Mon d'Ebulo, qui a été fort bien reçu par tous les savants chacun m'en fait espérer un bon débit avec beaucoup de gloire, dont je dois me repaitre, ce n'est pourtant pas un mets pour moi, d'autant moins que je ne suis pas à même, ni par mon savoir ni par mon loisir, de paroitre souvent sur un Théâtre* – mein Ebulo wurde von allen Gelehrten sehr gut aufgenommen, die mir einen guten Absatz mit viel Ehre in Aussicht stellten, woran ich mich weidlich laben soll, doch ist es für mich kein Schleck, umso weniger, als es weder meine Kenntnisse noch meine Mußestunden zulassen, häufiger auf einer Bühne zu erscheinen. Das Werk wurde in sehr anerkennender Weise in den *Göttingischen Zeitungen* vom 26. Dezember 1746 angezeigt, und eine ausführliche Besprechung, die sich stark auf die Einleitung Engels zu seiner Edition stützt, erschien in der Ausgabe April/Mai/Juni 1747 der *Bibliothèque raisonnée*. Beide Rezensionen dürften von Albrecht von Haller selbst verfaßt sein. Darüber, daß die Widmung, die Samuel Engel als Editor unter seinem eigenen Namen abdrucken ließ, aus der Feder Albrechts von Haller stammt, gibt es keinen Zweifel, obwohl sein Name im Druck nicht erscheint. Bereits in seinem Brief vom 14. August 1745 rätselt Engel, ob und wem er wohl das Werk widmen solle und bittet seinen Vetter um die Gefälligkeit, eine geziemende Widmung für ihn zu verfassen: *Et en cas que vous croyez que je doive le dedier à quelqu'un voudriez vous vous charger de composer l'Epitre? car je la voudrois brieve et delicate, en un mot de votre façon ordinaire* – Und falls Sie der Meinung sind, daß eine Widmung an wen auch immer nötig sei, wären Sie bereit, die Abfassung des Widmungsbriefs zu übernehmen? Ich möchte die Widmung nämlich kurz und delikat, mit einem Wort, in der Ihnen gemäßen Art. Am 25. Dezember bezieht er sich auf Hallers Angebot, die Widmung zu schreiben, das er offenbar in der Zwischenzeit erhalten hat: *Vous vous souviendrez, que vous m'avez offert l'Epitre Dedicatoire pour mon P. d'Ebulo; mais je ne suis pas encore decidé, à qui je le dedieray; Je ne voudrois pas faire quelque chose, qui put me nuire dans l'Esprit des Gens* – Sie werden sich erinnern, daß Sie mir den Widmungsbrief für meinen Petrus de Ebulo versprochen haben; ich weiß allerdings immer noch nicht, wem ich ihn widmen soll, ich möche nichts unternehmen, was mir bei den Leuten schaden könnte – offensichtlich handelte es sich um eine heikle Angelegenheit in der Berner Gesell-

Abb. 19
Erstausgabe Samuel Engels, Basel: Thurneisen 1746. Als Frontispiz das in Kupfer gestochene Widmungsbild, Bl. 139

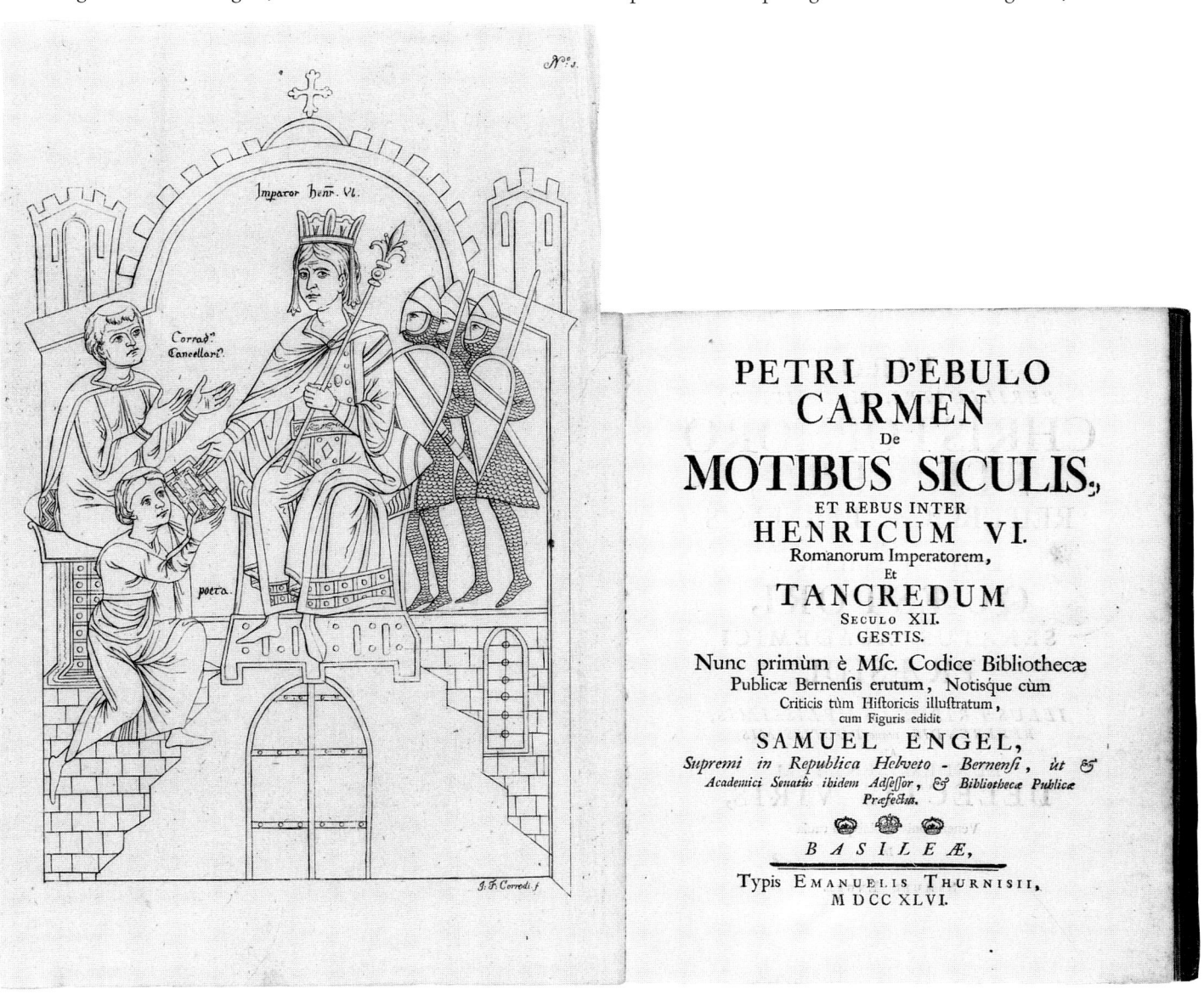

schaft. Am 21. Mai 1746 schließlich bestätigt Samuel Engel Haller den Empfang des Textes für die *Epistola dedicatoria*, den er als ganz seinen Vorstellungen entsprechend rühmt. Aus den Details und Fragen, die er im selben Brief Haller gegenüber äußert, geht eindeutig hervor, daß die Widmung, so wie sie in Engels Erstausgabe abgedruckt ist, Wort für Wort von Albrecht von Haller stammt.

Nicht uninteressant ist in unserem Zusammenhang, daß auch Samuel Engel – wie vielen nach ihm – das Dedikationsbild am Ende des Codex besonders auffiel: er setzte es ganz an den Anfang seiner Edition, vor das schöne Titelblatt (Abb. 19).

Nachdem die beiden Editionen von Ettore Rota und Gian-Battista Siragusa vom Anfang unseres Jahrhunderts vergriffen sind, soll nun wieder eine Ausgabe den Codex das Tageslicht erblicken lassen, wie Samuel Engel in der Einleitung zu seiner Edition so anschaulich formulierte. Die Handschrift muß mittlerweile tatsächlich im Tresorraum der Burgerbibliothek sozusagen in »Kerkerhaft« gehalten werden, da sie relativ stark beeinträchtigt ist und der Benutzung nur noch selten zur Verfügung gestellt werden kann, wenn weiterer Schaden vermieden werden soll und sie den kommenden Generationen erhalten bleiben soll. Aus diesem Grund ist auch alles daran gesetzt worden, nicht nur die Bildseiten, sondern auch den Text vollständig abzubilden, denn nur so kann aus konservatorischer Sicht ein guter Ersatz für das Original angeboten werden. Es bleibt zu wünschen, daß die neue Edition bei den Interessierten Gefallen findet und dem Codex zum verdienten Schonraum verhilft.

Die Entstehung der Handschrift
Materialien und Maltechnik

von Robert Fuchs, Ralf Mrusek und Doris Oltrogge

Die Illustrierung eines politischen Gedichtes ist im späten 12. Jahrhundert keine Selbstverständlichkeit. Bildprogramm, Ikonographie und auch Illustrationssystem mußten daher eigens entwickelt werden. Die Ausstattung des Codex weist einige Brüche auf, die deutlich machen, daß die Handschrift nicht aus einem Guß entstanden ist. Vielmehr lassen sich mehrfach Zufügungen und Umarbeitungen feststellen. Daraus ergibt sich die Frage nach den Intentionen solcher Veränderungen, aber auch nach der Funktion des Codex. War er als Präsentationsexemplar gedacht oder handelt es sich um ein »Autorenexemplar«? Um dieses Problem besser erörtern zu können, soll hier versucht werden, die einzelnen Schritte bei der Herstellung der Handschrift aufzuzeigen. Die zahlreichen späteren Notizen, Korrekturen und Kritzeleien, die von dem intensiven Gebrauch des Manuskriptes zeugen, sollen dagegen hier nicht besprochen werden.

Materialien

Zunächst sollen kurz die Materialien vorgestellt werden. Die Handschrift besteht weitgehend aus relativ schlechtem Schafspergament. Im Unterschied zu den Häuten von Kalb und Ziege ist bei Schafshäuten zwischen Reticular- und Papillarschicht Fett eingelagert. Daher neigen Schafspergamente dazu, in Schichten abzuschuppen. Dieser Vorgang kann durch eine zu lange Lagerung in der Äsche gefördert werden. Vermutlich ist daher das Pergament des Petrus de Ebulo-Codex oft sehr faserig und bildet vor allem auf der Fleischseite eine unregelmäßige, rauhe Oberfläche.

Der Text ist mit brauner Eisengallustinte geschrieben, die Überschriften sind mit Zinnober ausgeführt. Die ganzseitigen Bilder sind ebenfalls mit brauner Eisengallustinte gezeichnet und dann mit verschiedenen Farben koloriert worden. Es wurden folgende Farbmittel verwendet:

Gelb:
 – gelber Ocker
 – Auripigment

Grün:
 – Kupfergrünpigment

Blau:
 – Indigo
 – Lapislazuli
 – Mischung aus Indigo und Lapislazuli

Purpur/Mauve:
 – opake pigmentierte Purpurmischung (organischer purpurfarbener Farbstoff, vermutlich Alkanna oder Folium, der auf ein Weißpigment aufgezogen ist)
 – lasierende, nicht pigmentierte lilafarbene Variante des Purpurfarbstoffes (vermutlich Alkanna oder Folium)
 – grau-violette Mischung aus Purpurfarbstoff (vermutlich Alkanna oder Folium) und Indigo

Rot:
 – Mennige
 – Zinnober
 – Mischung aus Zinnober und sehr wenig Mennige
 – roter Ocker

Braun:
 – brauner Ocker
 – Mischung aus braunem Ocker und sehr wenig Zinnober
 – braune Eisengallustinte

Schwarz:
 – Rußtusche
 – schwärzliche Eisengallustinte

Weiß:
 – Bleiweiß

Metalle:
 – Blattgold

Die Phasen der Herstellung

Diese Materialien sind allerdings nicht gleichmäßig in der Handschrift verwendet worden, vielmehr gibt es Unterschiede im Kolorit und in der Kolorierungstechnik zwischen einzelnen Miniaturen. Zudem sind einige Materialien nur bei nachträglichen Veränderungen zu finden. Um diese aufzuspüren, muß zunächst der Arbeitsvorgang als solcher vorgestellt werden. Es wird sich im folgenden zeigen, daß vielfach charakteristische Unterschiede zwischen fol. 95–138 einerseits und fol. 139–147 andererseits festzustellen sind, die es erlauben, beide als *Teil I* (fol. 95–138) resp. *Teil II* (fol. 139–147) des Codex zu bezeichnen. Das Verhältnis zwischen beiden Teilen der Handschrift wird abschließend erörtert.

Arbeitsablauf

Die Pergamentblätter wurden zunächst liniiert, wobei, wie aus dem Beitrag von M. Stähli hervorgeht, signifikante Unterschiede zwischen *Teil I* und *Teil II* bestehen. Dann wurde der Text auf den Versoseiten mit brauner Eisengallustinte geschrieben. Abschließend wurden die Überschriften mit Zinnober eingefügt. Schließlich wurden die ganzseitigen Zeichnungen auf den Rectoseiten ausgeführt. Anweisungen für die Themenwahl oder die Ikonographie sind nicht nachweisbar. Möglich wäre, daß sie auf dem weitgehend sehr stark beschnittenen Seitenrand standen. Es erscheint allerdings plausibler anzunehmen, daß die Angaben für die Themenwahl mündlich erfolgten, da Petrus de Ebulo sicher das Bildprogramm entworfen hat und, wie einige Umarbeitungen zeigen, die Entstehung der Illustrationen kritisch begleitet hat.

Auf Vorzeichnungen wurde verzichtet; nur vereinzelt sind Hilfslinien feststellbar. So ist der Kreis auf fol. 100 mit einem Zirkel vorbereitet. Auf fol. 143 sind die Arkaden zunächst mit einem kaum sichtbaren Stift skizziert, um eine gleichmäßige Verteilung zu erreichen; die erste Arkade geriet zunächst zu groß und wurde entsprechend in der Ausführung korrigiert. Alle Zeichnungen wurden mit brauner Eisengallustinte ausgeführt und dann koloriert, wobei die darunterliegende Zeichnung mehr oder minder deutlich sichtbar blieb. Abschließend wurden mit Zinnober die Tituli geschrieben.

Die Schreiber

Wie Stähli gezeigt hat, wurde der Text weitgehend von zwei Schreibern kopiert. Wichtig in unserem Zusammenhang ist, daß der erste Schreiber für *Teil I*, der zweite für *Teil II* der Handschrift verantwortlich war.

Die Illustratoren

Die Bilder wurden von drei Zeichnern ausgeführt, von denen die ersten beiden (A und B) in *Teil I* (fol. 95–138) tätig waren, während der dritte Zeichner (C) *Teil II* (fol. 139–147) illustrierte. A führte nur vier Bilder der Handschrift aus, fol. 95, 97, 99 und 107, vielleicht zudem fol. 101. Er ist deutlich von byzantinischer Malerei beeinflußt; seine überaus lebendigen Zeichnungen verraten Sinn für Volumen und Räumlichkeit. Sein Kolorit ist weitgehend zartfarbig, neben wenigen kräftig grünen und mennigeroten Akzenten dominieren lasierend vermalte gelbe, braune und rotbraune Varianten des Ocker. Die Farben sind flächig aufgetragen, vereinzelt sind auch Schatten angegeben. Die Inkarnate sind in bräunlichgelbem Ocker angelegt und mit Mennige, Ocker und wenig Bleiweiß modelliert.

Die übrigen Bilder von *Teil I* wirken zwar auf den ersten Blick recht heterogen, doch ist dies vor allem auf die Farbigkeit zurückzuführen. Die großen Übereinstimmungen in den Zeichnungen lassen vermuten, daß diese von einem Illustrator ausgeführt wurden (B), während die Kolorierung verschiedenen Mitarbeitern übertragen wurde. Auch B zeigt deutliche byzantinische Einflüsse; er scheint weitgehend von A abhängig zu sein. Seine Darstellungen wirken jedoch oft etwas steifer, manchmal auch flüchtiger. In der Kolorierung lassen sich zwei Gruppen unterscheiden, wobei nicht zu klären ist, ob und welche Form der Kolorierung B selbst ausgeführt hat. Die meisten Zeichnungen von B sind der ersten Gruppe zuzuordnen (fol. 96, 98, 100, 102–106, 108, 109, 114, 117, 126–138), die übrigen (fol. 110–113, 115–116 und 118–125) gehören der zweiten Gruppe an.

Das Kolorit der ersten Gruppe ist ähnlich wie das von Zeichner A relativ zartfarbig und blaß, ein Eindruck, der durch den schlechten Erhaltungszustand vieler Seiten noch verstärkt wird. Es dominieren lasierend aufgetragener gelbbrauner und rotbrauner Ocker sowie transparent vermalter Indigo. Den einzigen kräftigen Akzent bilden deckend vermaltes Kupfergrünpigment und, in vielen Bildern nur sparsam verwendet, Mennige. Kupfergrün und Mennige sind aber auch häufig in viel Bindemittel dünn und wenig deckend aufgetragen; so sind Landschaftselemente mit olivgrünem Kupfergrün laviert.

Dagegen spielen in der zweiten Gruppe blasse, lasierend aufgetragene Ocker oder Blaufarbmittel nur eine untergeordnete Rolle. Das Kolorit dieser Bildseiten wird bestimmt von kräftigen deckend vermalten Farbmitteln: Kupfergrünpigment, dunkler Purpur sowie Mennige.

In beiden Gruppen sind Gewänder und Gegenstände zumeist flächig ausgefüllt, wobei die darunterliegende Zeichnung mehr oder minder deutlich durchschimmert. Nur ausnahmsweise sind in der ersten Gruppe auch Schatten angegeben. Architekturen und Landschaft sind üblicherweise nur partiell koloriert, Architekturen zumeist mit lasierend aufgetragenem hellen gelben Ocker, Landschaftselemente mit transparent vermaltem Kupfergrünpigment oder Indigo. Auch Rüstungen sind bisweilen unter Beibehaltung des Pergamentgrundes »modellierend« mit Blau, Pferde mit Blau oder lasierend vermaltem Mennige koloriert. Eine Modellierung mit verschiedenen Farbmitteln findet sich dagegen selten, z. B. in den Maultieren auf fol. 100, deren Musterung zunächst in Weiß aufgetragen wurde, und die dann mit Indigo ganzflächig lasierend überfangen wurden. Die Inkarnate sind grundsätzlich aus dem Pergamentgrund modelliert. Auf den meisten Seiten sind die Gesichter nur mit einer Tintenlavierung und einigen Akzenten in Mennige modelliert. Auf fol. 135, 136 und 137 sind zudem Schatten mit Kupfergrünpigment aufgetragen worden. Die Haare bestehen häufig aus einer flächig aufgetragenen grünen Grundschicht, die fast vollständig mit der Purpurmischung, rotbraunem Ocker oder mit Rußtusche übermalt ist. Auf vielen Seiten fehlt jedoch eine grüne Grundierung der Haare; Rußtusche, Indigo, gelber Ocker oder die Purpurmischung sind hier direkt auf das Pergament gemalt. Vielfach sind die Darstellungen nicht vollständig koloriert; zum Teil war dies wohl Absicht; bisweilen, z. B. auf fol. 122 scheint die Kolorierung unfertig geblieben zu sein. Auf fol. 123 und 125 sind die ursprünglich grün kolorierten Gewänder der Frau Tankreds mit der opaken Purpurmischung vollständig übermalt worden. Da dieses Material in der ursprünglichen Kolorierung von *Teil I* häufig verwendet wird, handelt es sich bei den Übermalungen vermutlich um eine Korrektur des Koloristen.

Dagegen gehören Zinnober, Gold und Rußtusche, die auf vielen Seiten von *Teil I* zu finden sind, ausnahmslos nicht zur ursprünglichen Kolorierung. Vielmehr handelt sich hier um nachträgliche Zufügungen, ein Phänomen, das unten besprochen wird.

Der Illustrator von *Teil II*, C, zeigt nur vereinzelt byzantinische Einflüsse. Auch seine Kolorierung unterscheidet sich deutlich vom ersten Teil. Er verwendet den Pergamentgrund fast nur für die Hintergrundsgestaltung; die Darstellung ist zumeist mit deckenden, kräftigen Farben koloriert, die allerdings dünn genug aufgetragen sind, um die als Binnenzeichnung gedachte Vorzeichnung durchschimmern zu lassen. Nur auf dem sehr opaken Grün ist die Zeichnung teilweise mit Eisengallustinte nachgezogen worden. Das Kolorit wird bestimmt durch kräftiges Grün, dunkles Rot, dunkle Purpurmischung, dunkelgelben Ocker, Mattblau sowie braunen Ocker. Dazu kommt Blattgold, das in *Teil II* zum ursprünglichen Bestand der Kolorierung gehört. Die Inkarnate sind mit braunem Ocker, Zinnober und Kupfergrünpigment aus dem Pergamentgrund modelliert. Wie häufig in *Teil I* haben die Haare eine grüne Grundschicht, die in *Teil II* vollständig mit dunklem Braun übermalt ist; zumeist handelt es sich um braunen Ocker, bisweilen auch um eine Mischung aus braunem Ocker und sehr wenig Zinnober.

Die Farbmaterialien in *Teil I* und *II* sind weitgehend identisch. Allerdings ist das Rotfarbmittel in *Teil II* immer eine Mischung aus Zinnober und wenig Mennige, in *Teil I* wird dagegen ausschließlich Mennige verwendet. Als nachträgliche Zufügung kommt in *Teil I* immer unvermischter Zinnober vor. Als Blaufarbmittel wird in *Teil I* nur Indigo oder eine Mischung aus wenig Lapislazuli und Indigo benutzt; reiner Indigo findet sich in *Teil II* dagegen nicht, hier wird meistens mit unvermischtem Lapislazuli koloriert, bisweilen auch mit der Mischung aus Indigo und Lapislazuli. Wie bereits erwähnt, ist Blattgold in *Teil I* immer eine nachträgliche Zufügung, während es in *Teil II* zur ursprünglichen Kolorierung gehört. Nur in *Teil I* ist vereinzelt ein lasierend vermalter violetter Purpurfarbstoff zu finden. Sehr selten sind auch Auripigment und die grau-violette Mischung aus Indigo und Purpurfarbstoff verwendet worden; beide Farbmittel sind in beiden Teilen der Handschrift anzutreffen. Selbst bei Nutzung der gleichen Farbmittel ist die Art der Verwendung in *Teil I* und *II* nicht unbedingt identisch. Vor allem die braunen, gelben und roten Varianten des Ockers werden sehr unterschiedlich eingesetzt. In *Teil I* sind sie immer äußerst fein verrieben und mit sehr viel Bindemittel vermalt, so daß sie fast den Eindruck von organischen Farbstoffen erwecken. Dagegen sind die Ockerpigmente in *Teil II* nicht so fein verrieben, vor allem aber in viel weniger Bindemittel deckend vermalt worden.

Schließlich ist eine Miniatur (fol. 121) von einem vierten, sonst nicht in der Handschrift tätigen Zeichner ausgeführt worden. Das Bild gehört allerdings bereits zu den Veränderungen des Codex und wird entsprechend bei den Umarbeitungen besprochen.

Veränderungen / Überarbeitungen

Veränderungen und Überarbeitungen der Bilder sind fast ausschließlich in *Teil I* zu beobachten; in *Teil II*, dessen ursprünglicher Text zumindest auf fol. 145 ausradiert und neu geschrieben wurde, sind in den Bildern keine bedeutenden Korrekturen vorgenommen worden.

Die Tituli

Die Tituli auf der ersten Seite, fol. 95 sowie der erste Titulus auf fol. 96 (*dux Rogerius*, oben links) sind zunächst mit brauner Eisengallustinte geschrieben worden, sie wurden dann mit Zinnober sorgfältig überschrieben. Dagegen sind die übrigen Tituli, auch auf fol. 96 von vornherein mit Zinnober geschrieben worden. Dies spricht für einen Planwechsel: vermutlich merkte man beim Schreiben, daß sich braune Tituli nur wenig von der Malerei absetzen würden und entschloß sich daher, ein kräftigeres Material zu verwenden (Abb. 1).

Abb. 1
fol. 95: Die zunächst mit Tinte ausgeführte Beschriftung wurde nachträglich mit Zinnober überschrieben.

Die Veränderungen Tankreds

Auf fol. 99, 101 und 102 ist der Kopf Tankreds nachträglich verändert worden. Das Gesicht Tankreds war in den drei Bildern zunächst in Dreiviertelansicht angelegt worden. Besonders deutlich ist dies noch auf fol. 101 sichtbar, wo der Hut Tankreds nicht dem veränderten Gesichtsformat angepaßt wurde und daher überdimensioniert in der Luft hängt (Abb. 2). Die Veränderung erfolgte erst nach Fertigstellung der Kolorierung, wie Spuren an den radierten Stellen belegen. Erst nachträglich wurde jeweils fast die Hälfte des Gesichtes ausradiert und der entstandene unsaubere Kontur zu einem Profil ergänzt. Auf fol. 99 wurde der Kopf Tankreds zusätzlich mit Rußtusche »verdüstert«, offenkundig in Anlehnung an dunkelhäutige Teufels- und Dämonendarstellungen des Mittelalters (Abb. 3).
Auf fol. 103 ist Tankred nicht nachträglich verändert worden, hier ist er allerdings zumindest in der rechten Darstellung durch einen doppelgesichtigen Kopf verunstaltet. Auf den folgenden Seiten (fol. 104, 120, 124, 125 und 128) ist Tankred von vornherein mit verzerrten Gesichtszügen bzw. im Profil dargestellt worden. Profilansichten haben im Petrus de Ebulo-Codex zwei Bedeutungen: das »narrative« Profil bei Nebenfiguren (Soldaten, Seeleute) soll den Eindruck von Bewegung und Aktion erwecken, das »negative« Profil soll karikaturhaft den verwerflichen Charakter der Feinde unterstreichen. Wichtige Personen, vor allem aber die positiven Helden werden dagegen ausschließlich in Dreiviertel- oder, seltener, in Frontalansicht wiedergegeben. Die genannten Dar-

Abb. 2
fol. 101: Der zunächst in Dreiviertelansicht dargestellte Kopf Tankreds wurde ausradiert und zu einem Profilkopf ergänzt. Hut und Pendilien gehören zur ersten Bildfassung.

Abb. 3
fol. 99: Das nachträglich zu einer Profildarstellung veränderte Gesicht Tankreds ist durch eine schwarze Überzeichnung zusätzlich dämonisiert worden.

stellungsformeln sind im Hochmittelalter weit verbreitet; die Zeichner des Petrus de Ebulo-Codex konnten also auf bekannte Traditionen zurückgreifen. Dennoch war in den ersten drei Darstellungen Tankred zunächst noch wie alle wichtigen Personen behandelt und in Dreiviertelansicht abgebildet worden. Einzig durch seine zwergenhafte Gestalt wird er bereits auf fol. 99 bildnerisch diffamiert. Das genügte aber offenbar dem Auftraggeber, in dem wir Petrus de Ebulo selbst vermuten dürfen, nicht, denn ab fol. 104 wurde Tankred zusätzlich durch ein affenartiges, fratzenhaftes Profil verunglimpft. Es ist daher sehr wahrscheinlich, daß die Rasuren auf den vorhergehenden Bildern gleichzeitig mit dieser veränderten Konzeption ausgeführt wurden, um entsprechend den politischen Intentionen des Dichters Tankred in jeder Hinsicht unmenschlich und affenartig darzustellen. Auffällig ist, daß auf fol. 129 auch ein anderer Gegner Heinrichs, Richard Löwenherz, durch die Profilansicht dem Kaiser untergeordnet wird.

Die Verwendung von Gold und Zinnober in Teil I der Handschrift

Die Mitglieder des staufischen Herrscherhauses und der Familie Konstanzes sind im Petrus de Ebulo-Codex vielfach dadurch ausgezeichnet, daß Kronen, Insignien oder Schmuck in Blattgold ausgeführt sind; bei anderen Personen findet sich grundsätzlich kein Gold. In der Anlage des Goldes zeigen sich allerdings deutliche Unterschiede zwischen *Teil I* und *Teil II*. In den letzten Bildern ist Blattgold auf einen dicken, bräunlich gefärbten Leimgrund angeschossen und schwach poliert worden; abschließend wurde eine schwarze Zeichnung mit Rußtusche ausgeführt (Abb. 4). Diese Vergoldung gehört zum ursprünglichen Bestand der Illustrationen. Ganz anders dagegen der Befund im ersten Teil der Handschrift. Hier war ursprünglich keine Vergoldung vorgesehen; vielmehr wurden auch die heute goldenen Kronen, Insignien und Schmuckstücke zunächst mit gelbem Ocker, Auripigment oder Tinte koloriert. Erst nachträglich wurde auf einem dünnen gelblichen Leimgrund Blattgold aufgelegt, wobei bisweilen auch die Form der Kronen verändert wurde.

Abb. 4
fol. 139: In *Teil II* ist Blattgold auf einen dicken bräunlichen Leimgrund aufgelegt und mit Rußtusche konturiert worden.

Dies wird besonders deutlich bei der merkwürdig kerzenförmigen Krone auf fol. 108, unter der noch die mit gelbem Ocker kolorierte realistischere Krone erkennbar ist (Abb. 5). Die Zeichnung und Konturierung des Blattgoldes wurde mit einer schwärzlichen Eisengallustinte ausgeführt; zudem findet sich auf Gold oft eine Zeichnung in Zinnober und Bleiweiß.

Mit Zinnober wurden in *Teil I* noch weitere Veränderungen vorgenommen: vereinzelt wurde das mit Mennige modellierte Inkarnat nochmals mit Zinnober übergangen, z. B. auf fol. 125 und 126 (Abb. 6). Ebenso wurden in Mennige ausgeführte Teile der Kleidung bisweilen mit Zinnober überarbeitet, so im unteren Register von fol. 105 Gürtel und Ärmel Heinrichs sowie die Borte des Palliums. Auch ursprünglich unkolorierte Gewandborten und das Zaumzeug der Pferde wurden häufig mit Zinnober nachgezeichnet. Schließlich sind auf einigen Seiten grüne oder gelbbraune Gewänder fast ganzflächig mit Zinnober übermalt worden (z. B. auf fol. 114, 116, 120, 125, 129). Der Farbauftrag ist zumeist relativ schmierig und spart die darunterliegende ursprüngliche Kolorierung als Binnenzeichnung aus.

Es wurde bereits mehrfach vermutet, daß der Schreiber der Bildtituli einzelne Linien mit Zinnober nachgezeichnet habe, um schwache Konturen zu verdeutlichen. Entgegen der bisherigen Annahme sind jedoch nicht nur einige Konturen mit Zinnober nachgezogen, sondern auch ganzflächige Übermalungen vorgenommen worden. Zudem steht die Ergänzung mit Zinnober in engstem Zusammenhang mit der ebenfalls nachträglichen Zufügung des Goldes in *Teil I*. Dies wird besonders deutlich auf fol. 108. Hier ist im oberen Register zunächst die Krone mit Zinnober nachgezeichnet worden, danach wurde Blattgold aufgelegt, welches teilweise die Zinnoberkonturierung überlappt. Im mittleren und im unteren Register ist dagegen das Gold direkt auf die ursprüngliche Zeichnung aufgetragen worden, darüber findet sich eine Zeichnung mit Zinnober, Eisengallustinte und Weiß. Auch auf anderen Seiten ist Zinnober sowohl unter als auch über dem Gold zu finden, so daß anzunehmen ist, daß die Zufügung beider Materialien einer Arbeitsphase angehört (Abb. 7).

Wie in den Tituli handelt es sich immer um reinen Zinnober, doch ist offensichtlich ein anderes Bindemittel verwendet worden, so daß der Auftrag in den Überschriften körniger ist, in den malerischen Ergänzungen dagegen pastiger und schmieriger. Zudem sind die Tituli mit der Feder geschrieben, während die Ergänzungen in der Darstellung mit dem Pinsel ausgeführt sind. Es ist demnach kaum wahrscheinlich, daß diese Veränderungen vom

Abb. 5
fol. 108: Die Krone Heinrichs war zunächst mit gelbem Ocker koloriert; erst nachträglich wurde Blattgold aufgetragen, wobei die Kronenform verändert wurde.

Schreiber der Tituli vorgenommen wurden. Auch dem Maler von *Teil II*, C, sind sie kaum zuzuschreiben; dieser verwendet, wie erwähnt, eine andere Technik der Goldauflage und in der Konturierung und Zeichnung statt Eisengallustinte Rußtusche. Zudem ist in seinen Miniaturen nie reiner Zinnober zu finden, sondern nur eine Mischung aus Zinnober und Mennige.

Welchen Anlaß hatten solche Veränderungen? Die Zufügungen in Gold dienen ausschließlich der Hervorhebung der Mitglieder der Stauferfamilie; Gold ist dem Kaiserpaar, seinem Sohn und den Insignien vorbehalten. Nicht ganz so eingegrenzt ist die Verwendung des Zinnobers. Mit Zinnober sind beispielsweise auf fol. 130 Blutspritzer zugefügt worden, auf fol. 122 ist der Helm Konrads mit Zinnober getüpfelt worden. Auf fol. 96 ist die Mitra des Bischofs im oberen Register mit Zinnober zur jüngeren Trageform verändert worden. In wenigen Fällen sind auch Konturen mit Zinnober nachgezogen worden, so in einem Kapitell auf fol. 101. Solche Zeichnungen haben ihre Parallelen in den eher »spielerischen« Ergänzungen und Kritzeleien, wie sie auch in späterer Zeit mehrfach in die Handschrift eingefügt worden sind (z.B. die geballten Fäuste auf fol. 115).

Zumeist treten jedoch auch die Ergänzungen mit Zinnober bei den Staufern oder den Verwandten Konstanzes auf; die ganzflächigen Übermalungen der Gewänder sind mit Ausnahme von fol. 125 nur bei Heinrich und Kon-

Abb. 7
fol. 108: Im oberen Register ist zunächst mit Zinnober gezeichnet worden, danach wurde Blattgold aufgelegt, und abschließend wurde eine Zeichnung mit Eisengallustinte, Weiß und Zinnober ausgeführt.

stanze zu finden. Bei den Eltern der Kaiserin und beim Kaiserpaar sind fast immer zusätzliche Farbakzente in Zinnober eingesetzt worden: in der roten Zeichnung des Zaumzeuges, in Gewandborten, in Insignien. Hier kann sicher vermutet werden, daß der sehr kräftig rote Zinnober ebenso wie das Gold vor allem die Funktion hatte, den Blick des Betrachters auf die Mitglieder der kaiserlichen Familie zu lenken und diese damit als Hauptpersonen herauszustellen.

Nachkonturierung

Dagegen ist bei den vielfach zu beobachtenden Nachzeichnungen von Konturen oder Binnenzeichnung mit Rußtusche oder schwarzer Eisengallustinte keine inhaltliche Gewichtung festzustellen. Hier handelt es sich wohl nur um eine Verstärkung verblaßter oder durch die opake Kolorierung undeutlicher Linien. Die Nachzeichnungen mit schwärzlicher Eisengallustinte könnten gleichzeitig mit der Vergoldung ausgeführt sein, da die gleiche Tinte auch für die Konturierung des Goldes verwendet wird. Wann die Nachzeichnungen in Rußtusche ausgeführt wurden, läßt sich nicht klären.

Die Übermalung von Barbarossas Tod (fol. 107)

Ein inhaltlich motivierter Eingriff ist dagegen wieder auf fol. 107 zu beobachten. Hier wurde das mittlere Register, das den Tod Friedrich Barbarossas im Salef darstellt, vollständig mit einem blaugrundigen Ornamentstreifen

Abb. 6
fol. 126: Das Inkarnat ist zunächst mit Mennige modelliert worden; die Wangen wurden nachträglich mit Zinnober übermalt.

abgedeckt. Im Laufe des 20. Jahrhunderts wurde das Bild weitgehend wieder freigelegt. Dabei ging allerdings auch die Kolorierung fast vollständig verloren. Spuren dieser Kolorierung belegen, daß das Bild zum Zeitpunkt der Übermalung vollendet war; auch die Tituli waren bereits geschrieben. Auf dem Ärmel Gottes findet sich eine in Zinnober ausgeführte Linie, die zu den oben besprochenen Veränderungen der Illustration von *Teil I* gehören (Abb. 8). Die Übermalung erfolgte allerdings vermutlich bereits relativ früh nach Vollendung des Codex gegen Ende des 12. oder Anfang des 13. Jahrhunderts, wie bereits Angela Daneu Lattanzi durch den Vergleich der Ornamentik mit dem Codex 52 der Biblioteca Nacional in Madrid gezeigt hat. Der Grund für die Verdeckung der Darstellung dürfte sehr wahrscheinlich, wie bereits Homburger vermutet hat, die Befürchtung gewesen sein, in diesem Zusammenhang könnte der Verweis auf den Tod Barbarossas als böses Omen für seinen Sohn, Heinrich VI., aufgefaßt werden. Nicht auszuschließen ist ein Zusammenhang mit dem von Heinrich seit 1195 geplanten Kreuzzug, dem sicher ein glücklicherer Ausgang gewünscht wurde als der Unternehmung seines Vaters.

Die Umarbeitung von fol. 121

Mehrfach umgearbeitet wurde die Illustration auf fol. 121. Eine erste Darstellung im oberen Teil des Blattes ist nur noch anhand von Radierspuren zu erschließen, die von der zweiten Bildfassung abgedeckt wurden. Reste der Darstellung sind nicht zu erkennen; vermutlich bezog sie sich auf die ursprüngliche Textfassung von fol. 120^v, die ebenfalls vollständig ausradiert und neu geschrieben wurde. Die untere Bildhälfte war offenbar zunächst leer geblieben, hier sind keinerlei Radierspuren erkennbar. Eine solche nur partielle Nutzung der Seite für die Darstellung ist in der Handschrift nicht singulär, auch auf fol. 135 ist das obere Drittel der Seite leer geblieben. Überhaupt sind die Bildformate äußerst heterogen: je nach Themenstellung und -anzahl, und wohl auch abhängig von verfügbaren Vorlagen wechseln mehrregistrige mit einszenigen Bildern oder Simultandarstellungen. Auch die Ausfüllung des Blattraumes ist sehr uneinheitlich, wenn auch nie so viel Platz bleibt wie in der ursprünglichen Fassung von fol. 121.

Die zweite Bildfassung von fol. 121 nimmt Bezug auf die endgültige Textfassung von fol. 120^v. Jetzt wurde die gesamte Seite mit einer zweiregistrigen Illustration ausgefüllt. Im unteren Bildfeld ist Richard zu Pferde dargestellt, begleitet von mehreren Rittern. Die obere, später noch-

Abb. 8
fol. 107: Auf dem Ärmel Gottes war eine Linie in Zinnober nachgetragen.

mals veränderte Darstellung zeigte zunächst in einem Zelt den von seinen Soldaten umgebenen, thronenden Tankred. Die Soldaten wurden jedoch wieder abgeschabt, Tankred wurde zumindest teilweise ausradiert und verändert neu ausgeführt. Dadurch ist die Zeichnung nur bedingt mit dem unteren Register vergleichbar; doch die große Übereinstimmung der erkennbaren Spuren der ausradierten Soldaten mit den Rittern des unteren Registers belegen, daß beide Darstellungen gleichzeitig ausgeführt wurden. Der Zeichner dieser zweiten Bildfassung hat ansonsten nicht in der Handschrift gearbeitet. Zudem ist auch das Material der Beschriftung ausnahmsweise kein reiner Zinnober, sondern eine sonst nur in der Kolorierung von *Teil II* vorkommende Mischung aus Zinnober und Mennige. Eventuell ist daher die Darstellung (und vielleicht auch der veränderte Text) erst nach Fertigstellung des Codex eingefügt worden.

Die Spuren fehlender Seiten

Aufgrund von Abklatschen sind einige wenige Erkenntnisse über zwei von vier verlorenen Blätter zu gewinnen. Auf fol. 135^v ist der Abdruck eines dunkelbraun kolorierten Turmes zu erkennen, der nicht der Darstellung auf dem heutigen fol. 136 zuzuordnen ist.

Wichtiger ist der Abklatsch auf fol. 131^v, da hier das Fehlen eines Blattes von Miglio bezweifelt wurde. Es sind jedoch deutlich zwei Abklatsche zu erkennen, ein Titulus in der Mitte der Seite, der aufgrund seines Umfangs sicher nicht mit einem der Tituli auf fol. 132 übereinstimmt, sowie der Abdruck einer mit bräunlich-schwarzer Tinte kolorierten Darstellung. Es handelt sich um ein unregelmäßig spitzes Dreieck, das von breiten braunen Leisten gebildet wird (Abb. 9). Die gleiche Form kehrt in anderen Illustrationen mehrfach als »perspektivisch« gesehener Turmvorsprung von Befestigungsanlagen wieder (z. B. fol. 122). Eine entsprechende Darstellung gibt es auf fol. 132 nicht. Demnach ist also tatsächlich eine Seite zu rekonstruieren, die die im Text von fol. 131ᵛ geschilderte Belagerung von Salerno illustrierte. Dazu würde der im Abklatsch erkennbare Befestigungsturm gut passen. Der Text auf dem Verso der verlorenen Seite hätte dann vermutlich eine Fortsetzung der militärischen Auseinandersetzung zum Thema gehabt, wie sie auf fol. 132 dargestellt ist.

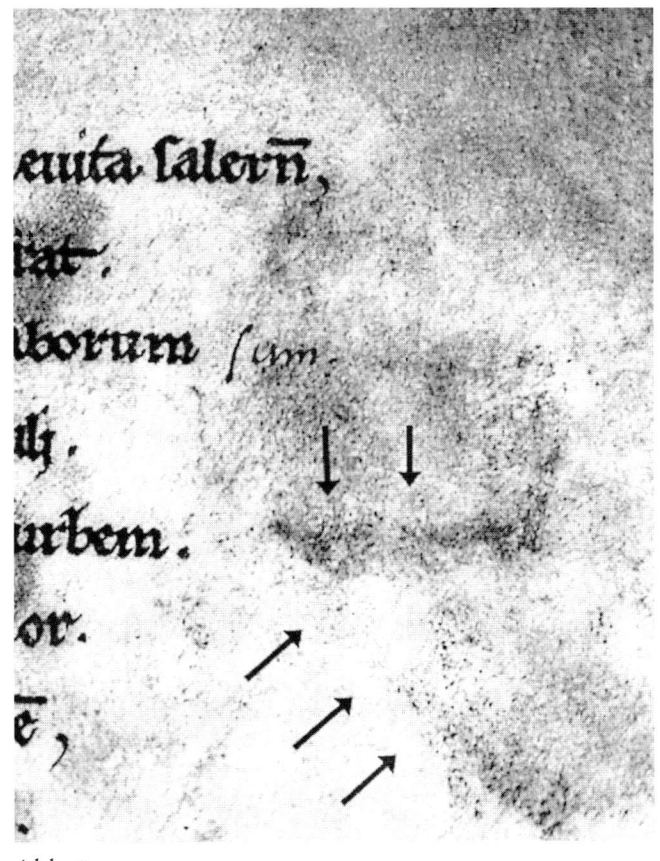

Abb. 9
fol. 131ᵛ: Die Infrarotreflektographie zeigt auf fol. 131ᵛ den Abklatsch eines Turmvorsprunges, der zu der Darstellung des verlorenen Blattes fol. 131a gehört.

Schlußfolgerungen
Widmungsexemplar – Autorenexemplar?

Aus dem technischen Befund und den verschiedenen Phasen der Ausstattung ergeben sich einige Schlußfolgerungen zur Geschichte der Handschrift. Die letzte Lage des Manuskriptes (fol. 139–147) unterscheidet sich in technischer Hinsicht (Liniierung, Schreiber, Zeichner, Koloristen, Farbmaterial, Goldverwendung) deutlich von den vorhergehenden Blättern. Die ursprünglich an den Beginn dieser letzten Lage gehörenden Seiten fol. 144 und 145 (vgl. Stähli) sind technisch diesem zweiten Teil der Handschrift zuzuordnen. Inhaltlich ist die Trennung auf den ersten Blick nicht so eindeutig, da *Teil I* die Bücher 1 und den Beginn von Buch 2 enthält, *Teil II* den Schluß von Buch 2 sowie Buch 3. Erklärbar werden die technischen Diskrepanzen, wenn man annimmt, daß der Text zunächst nur zwei Bücher umfaßte, die in *Teil I* mit Ausnahme des ursprünglichen Schlusses für Buch 2 erhalten sind. Vermutlich nur sehr kurze Zeit nach Fertigstellung von *Teil I* wurde *Teil II* mit einem (veränderten) Schluß für Buch 2 und einem dritten Buch zugefügt.

Vergleicht man Inhalt und Bildzyklus von *Teil I* und *Teil II*, so zeigen sich einige grundsätzliche Unterschiede. In *Teil I* wird der sizilianische Erbfolgekrieg zwischen Tankred und Konstanze bzw. Heinrich behandelt. Die Erzählung ist zwar nicht streng chronologisch aufgebaut, auch werden die »Fakten« häufig durch panegyrische bzw. diffamierende Passagen unterbrochen, doch in Text und Bild stehen die historischen Ereignisse im Vordergrund. Auffällig ist zudem die dominierende Rolle der Konstanze. Der Schwerpunkt von *Teil II* liegt dagegen auf einer allgemeinen Apotheose Heinrichs; die Darstellungen sind weitgehend repräsentative Herrscherbilder. Konstanze fehlt hier vollständig, statt dessen tritt Konrad von Querfurt auf, der sich auf fol. 139 zudem zusammen mit dem Autor als Dedikator des Werkes präsentiert. Konrad ist demnach vermutlich Mäzen des Petrus bzw. Auftraggeber von *Teil II*. An der Entstehung von *Teil I* hatte er allerdings vermutlich keinen Anteil. Die Betonung Konstanzes in den ersten beiden Büchern läßt vielmehr vermuten, daß Petrus *Teil I* im Auftrag der Kaiserin verfaßte oder daß er sich mit diesem Werk um ihre Gunst bemühte. Ein solcher »Mäzenatenwechsel« würde die unterschiedliche Gewichtung beider Teile des Gedichtes erklären und zudem auch den, wenn auch vermutlich nur geringen, zeitlichen Abstand bei der Herstellung der beiden Teile des Berner Codex.

Dann aber ist anzunehmen, daß in dem Berner Codex auch die Urfassung des Gedichtes erhalten ist, vielleicht sogar das einzige Exemplar, das überhaupt je hergestellt wurde. Die Frage, ob, wie bereits Winkelmann vermutete, der Berner Codex das »Originalwerk des Autors« sei, wurde in der Literatur mehrfach diskutiert. Zunächst mag der sehr aufwendige Charakter einer illustrierten Handschrift gegen die Vermutung sprechen, es habe sich um ein »Autorenexemplar« gehandelt. Doch ist zu bedenken, daß Petrus von Eboli offenbar einen, zumindest nach heutigem Kenntnisstand, völlig neuartigen Typ von Panegyrikus plante, in dem der Text durch Bilder ergänzt und erweitert wird. Entsprechend mußte er auch den Bildzyklus inhaltlich konzipieren. Die Zeichner hatten keinerlei spezifische Vorlagen, sie konnten höchstens Vorbilder aus anderen ikonographischen Zusammenhängen adaptieren und dem Thema entsprechend modifizieren. So konnten sie durch heraldische Zeichen toposhafte Schlachtdarstellungen zu konkreten Ereignissen umgestalten. Anregungen für die Darstellung der zeitgenössischen Ereignisse lieferten auch biblische Illustrationen, so konnte z. B. der Tod Barbarossas und seiner Soldaten im Salef in Anlehnung an Bilder vom Untergang Pharaos im Roten Meer gestaltet werden. Die Auswahl der Bildthemen mußte allerdings vom Autor getroffen werden, der offensichtlich auch Vorgaben zur Darstellungsform machte, wie bei den Umarbeitungen Tankreds auf fol. 99, 101 und 102 deutlich wird. Ganz unabhängig davon, ob Petrus überhaupt jemals eine repräsentative Luxuskopie geplant hat, mußte er also bereits in der Urfassung seines Werkes größten Wert darauf legen, daß seine Botschaft, die zur Hälfte eine visuelle war, deutlich wurde. Entsprechend ist die künstlerische Qualität der Zeichnungen und auch die Sorgfalt der Ausführung des Berner Codex kein Argument dagegen, daß es sich hier um diese Urfassung handelt.

Für die Vermutung, daß die Berner Handschrift ein »Autorenexemplar« ist, sprechen aber auch die zahlreichen Überarbeitungen besonders des ersten Teiles. Einige, die Ausführung der Bildtituli in Zinnober statt in Tinte und die entstellenden Rasuren bei Tankred, sind vermutlich bereits während der Arbeit an *Teil I* ausgeführt worden. Andere Veränderungen dagegen sind erst nach Fertigstellung der Erstfassung vorgenommen worden. Hier ist vor allem die Zufügung von Blattgold und Zinnober zu nennen, durch die die Staufer und die Mitglieder der Familie Konstanzes hervorgehoben werden sollten. Diese Veränderung unterstrich entsprechend der Intention des Dichters die Verherrlichung des Kaiserhauses, die Verwendung von Gold ließ die Handschrift aber auch

prächtiger erscheinen. In *Teil II* war dieser »kostbare« Charakter der Illustration von Anfang an vorgesehen. Es ist daher sehr wahrscheinlich, daß die Zufügung von Gold in *Teil I* diesen an das andersartige Ausstattungskonzept von *Teil II* anpassen sollten. Die Überarbeitung von *Teil I* ist also vermutlich gleichzeitig mit der Anfügung des wahrscheinlich von Konrad von Querfurt in Auftrag gegebenen dritten Buches oder unmittelbar im Anschluß daran erfolgt, allerdings nicht durch den Maler von *Teil II*. Denkbar wäre, daß Konrad die repräsentativere Ausstattung veranlaßte, da er aus Zeitmangel oder aus Kostengründen keine einheitlich gestaltete Abschrift erstellen lassen konnte und daher das »Autorenexemplar« dem Kaiser überreichen wollte.

Ob auch die Übermalung der Darstellung von Friedrich Barbarossas Tod gleichzeitig erfolgte, um Heinrich VI. nicht an die Gefahren seiner eigenen Kreuzzugsprojekte zu erinnern, läßt sich nicht mit Sicherheit sagen. Dagegen wurde die zweite Bildfassung auf fol. 121 sehr wahrscheinlich nicht gleichzeitig mit der Umarbeitung von *Teil I* und der Anfügung von *Teil II* ausgeführt, da der Zeichner in keinem der beiden Teile der Handschrift tätig war. Vielmehr gehören die Illustration, und auch der Text, zu einer dritten Ausstattungsphase des Manuskriptes. Diese wäre sowohl vor als auch nach der Anfügung von *Teil II* denkbar, allerdings standen dem Autor zur Zeit der Neufassung von Text und Bild von fol. 120ᵛ/121 die Maler von Buch 1 und 2 offenbar nicht mehr zur Verfügung.

Erhaltungszustand

Die Handschrift weist deutliche Abnutzungsspuren durch intensiven Gebrauch auf. Die Kolorierung ist auf vielen Seiten stark beschädigt, vielfach auch verloren. Vor allem Mennige ist häufig abgepulvert, da es oft in dünner Malschicht mit nur wenig Bindemittel aufgetragen worden ist. Die verkratzte Oberfläche der Mennigekolorierung auf fol. 118 ist dagegen durch einen Benutzer verursacht, der die Darstellung abgepaust hat. Relativ schlecht haftet auch die rote Schrift der Überschriften und Tituli, da der mit Feder verschriebene Zinnober ebenfalls oft mit sehr wenig Bindemittel vermischt wurde. Besonders starke Schäden sind ferner bei dem Kupfergrünpigment zu beobachten. Dieses ist häufig auf die Rückseite des Pergamentes durchgeschlagen. Zudem sind die opaken grünen Farbschichten zumeist stark kraqueliert und oft auch bereits abgeplatzt, so daß nur mehr die grüne Anfärbung des Pergamentes Rückschlüsse auf die ursprüngliche Kolorierung zuläßt.

Abb. 10
95: Das faserige Pergament ist von der grünen Malschicht zusätzlich angegriffen; beim Abplatzen des Kupfergrünpigments ist auch die obere Pergamentschicht abgeschuppt.

Das Abplatzen opaker Malschichten wird durch die sehr faserige und verknitterte Pergamentoberfläche begünstigt. Das Pergament weist eine starke Tendenz zum Abschuppen auf. Aus diesem Grund sind bei Rasuren zumeist keinerlei Spuren von ursprünglicher Schrift oder Zeichnung erkennbar, da die Rasur nicht nur die Tinte oder Farbe entfernt hat, sondern auch die obere Schicht des Pergamentes.

Die an manchen Stellen zu beobachtenden starken Schäden der grünen Kolorierung sind darauf zurückzuführen, daß die wandernden Kupferionen das schlechte Pergament zusätzlich zersetzen und noch stärker ausfasern lassen. Dadurch werden die Malschichten gebrochen und platzen bei der Benutzung ab (Abb. 10). Daher sind vielfach nur noch Spuren der ursprünglichen Kolorierung zu erkennen, die eine umfassende Beurteilung des Farbmaterials und des Kolorits bisher erschweren.

Der Dichter und sein Text

von Gereon Becht-Jördens

Petrus de Ebulo als Dichter

Der *Liber ad honorem Augusti* des Petrus de Ebulo steht in einer langen, bis in die Antike zurückreichenden Gattungstradition, einer Tradition von weit über einem Jahrtausend lateinischer Epik, die ihrerseits wieder an die griechische Tradition und deren Ausgangspunkt, die homerischen Epen, anknüpft. Seit ihren ersten Anfängen im 3. vorchristlichen Jahrhundert umfaßte die Gattung neben geschichtsmythologischen Werken wie denen des Livius Andronicus, des Ennius und des Vergil rein historische und zeithistorische Werke, etwa die des Naevius, später Ciceros oder Lucans, aber auch mythologisch-kosmologische Dichtung wie Ovids Metamorphosen, in der Spätantike dann neben mythologischen Kurzepen zeitgeschichtlich-panegyrische Werke wie die des Claudian oder des Corippus sowie die christliche Bibelepik, die mit Juvencus im 4. Jahrhundert einsetzt und mit Sedulius, Alcimus Avitus und Arator weitere bedeutende Vertreter aufweist, schließlich, seit der *Vita Martini* des Paulinus von Périgueux (Mitte des 5. Jhdt.) das metrische Heiligenleben, das in der Folgezeit der fruchtbarste Typus innerhalb der Gattung werden sollte. Trotz dieser erstaunlichen thematischen Heterogenität hatten sich eine Reihe von Gattungskonventionen sowie eine vergleichsweise standardisierte Sprache herausgebildet, die die formale Einheitlichkeit der Gattung sicherstellten.

Petrus kennt diese Gattungstradition in wesentlichen Vertretern bis hinauf zu Vergil. Schon mit dem Titelblatt, das die drei klassischen Autoritäten Vergil, Lucan und den für das 12. Jahrhundert besonders wichtigen Ovid jeweils mit dem Incipit ihres Epos – der *Aeneis,* den *Pharsalia,* einem Epos über die Bürgerkriege Caesars, und den Metamorphosen – zeigt (die anderen Anführungen sind von späterer Hand eingetragen), macht er seinen Leser auf sie aufmerksam und fordert ihn dazu auf, sein eigenes Werk an ihr zu messen.

Das 12. Jahrhundert hatte eine bedeutende Steigerung der Schriftlichkeit überhaupt und der Dichtung in lateinischer Sprache im besonderen gebracht. Bildung war nicht mehr ausschließliches Privileg der Geistlichkeit, auch Laien nahmen in zunehmendem Maße daran Anteil. Die Klöster hatten das Schulmonopol, das sie im Frühmittelalter innegehabt hatten, eingebüßt. Im 12. Jahrhundert waren sie längst von den Kathedralschulen der großen Bistümer überflügelt worden. Zum Curriculum der Bildung, die an diesen Schulen vermittelt wurde, gehörte wie selbstverständlich nicht nur die Befähigung zur Lektüre lateinischer Prosa und Poesie sowie deren Auslegung, sondern auch die Beherrschung der rhetorischen und poetischen Technik als Voraussetzung zu eigener schriftlicher Äußerung. Dichtung wurde dabei als lehr- und erlernbare Ausdrucksform betrachtet, die, strengeren Regeln unterworfen als die Prosa, die anspruchsvolle Alternative zu dieser darstellte.

Die besondere Schwierigkeit bestand seit der Spätantike darin, daß infolge des Vordringens des exspiratorischen Akzents das lebendige Gefühl für die Silbenlängen, auf deren geregelter Abfolge die antike Dichtung beruhte, verlorengegangen war. Die Kenntnis der Silbenquantitäten war damit zu einem mühsam zu erlernenden Spezialwissen der gebildeten Schichten geworden. Trotz oder vielmehr gerade wegen dieser Schwierigkeiten hatte man auch nach dem Aufkommen der neuen akzentrhythmischen Dichtungsweise an der Praxis quantitierenden Dichtens festgehalten. Nicht zuletzt dieser Umstand verlieh aller quantitierenden Dichtung ihren rückwärtsgewandten, klassizistischen Charakter. Ohne das Studium der klassischen Modelle war quantitierendes Dichten ein Ding der Unmöglichkeit.

Im 12. Jahrhundert standen beide Zweige lateinischer Dichtung, die quantitierende und die akzentrhythmische, in hoher Blüte und wurden oftmals von denselben Dichtern praktiziert, ohne daß es zu einer Vermischung der Technik oder der Formen gekommen wäre. So scharf wurde der Unterschied zwischen beiden Dichtungsweisen empfunden, daß die akzentrhythmische Dichtung wegen des Fehlens des Metrums als Prosa bezeichnet wurde und in den Dichtungslehren zumeist gar nicht oder nur ganz am Rande erwähnt wurde, obwohl gerade sie die genuin mittelalterliche Art des Dichtens darstellte und, eben wegen der formalen Unabhängigkeit von klassischen Vorbildern, gerade hier die revolutionären Entwicklungen der mittelalterlichen Dichtung vonstatten gingen. Der Vorrang der quantitierenden Dichtung vor der akzentrhythmischen blieb unbestritten.

Vor allem in Frankreich, dem auf literarischem Gebiet im Europa des 12. Jahrhunderts führenden Land, hatten Autoren wie Marbod von Rennes, Matthäus von Vendôme und, zeitgleich mit Petrus de Ebulo, Galfred von Vinsauf, der zur Umgebung des Richard Löwenherz gehörte und seine *Poetria nova* Heinrich VI. mit der Bitte um dessen Freilassung gewidmet hatte, Lehrwerke zu den verschiedensten Gebieten der Dichtkunst geschaffen, angefangen von dem so schwierigen Problem der klassischen Prosodie (Lehre von der Silbenlänge), auf der alle Dichtung in der antiken Tradition aufbaute, über die Metrik bis zur poetischen Rhetorik und ihren zahllosen Einzelfragen. Neu an dieser Situation war, daß Dichtung nun erstmals unter dem Einfluß einer theoretischen und didaktischen Literatur entstand, die sich mehr und mehr aus der unmittelbaren Abhängigkeit von den einschlägigen antiken Werken zu lösen und neue Wege zu beschreiten begonnen hatte. Unter diesen Umständen war ein gleichsam naives, der Reflektion weitgehend entzogenes dichterisches Gestalten in lateinischer Sprache jedenfalls unmöglich. Zwischen den Dichter und seinen Gegenstand schoben sich unweigerlich Dichtungstheorie und Gattungstradition mit ihren normativen Ansprüchen. Entsprechend hoch sind die formalen und ästhetischen, insbesondere auch die rhetorischen Standards, denen sich die Autoren zu stellen hatten.

In dieser Situation war für einen Autor, der am Ende des 12. Jahrhunderts an die Abfassung eines Epos in lateinischer Sprache heranging, die Position, die er gegenüber der antiken Tradition einzunehmen hatte, alles andere als unproblematisch. Er hatte zu entscheiden, welchen Standort er innerhalb der divergierenden Tendenzen der Dichtung und Dichtungstheorie seiner Zeit beziehen sollte. Die Spannweite reichte dabei von einem strengen Klassizismus auf der einen Seite bis hin zu einer weitgehenden Entbindung von den durch die Klassiker gesetzen Standards auf der anderen, unter Umständen gepaart mit der Unterwerfung unter neue, zum Teil strengere Normierungen. Im letzten Fall konnte es zu einem ausgesprochenen Überlegenheitsgefühl über die Dichter der Antike kommen, die sich größere formale Freiheiten erlaubt hatten, als sie für die eigene Produktion zugestanden wurden.

Die Position des Petrus innerhalb dieses Spektrums ist nicht auf den ersten Blick zu erkennen. Ein Klassizist wie etwa Walther von Châtillon, der seine dichterischen Freiräume auf dem Gebiet der rhythmischen Dichtung suchte, im Bereich der metrischen Dichtung jedoch die Klassiker als absolute Norm und unerreichbares Vorbild betrachtete, ist er, entgegen dem Eindruck, den das Titelblatt erwecken könnte, durchaus nicht. Schon sein Thema, die unmittelbar zurückliegende Zeitgeschichte, mußte dem Werk einen vergleichsweise unklassischen Charakter verleihen, wenn Menschen mit so barbarischen Namen wie Diepold, Markward, Konrad oder Rombald auftreten sollten, Völkerschaften wie die Böhmen, Holsteiner oder Elsässer oder Ortsnamen wie Caltabelotta erwähnt und wilde Invektiven gegen die Widersacher des Kaisers untergebracht werden sollten.

Zwar war seit dem 11. Jahrhundert, als vornehmste Form der aufblühenden Geschichtsschreibung in Prosa, eine reiche zeitgeschichtlich-panegyrische Epik entstanden, an der auch Italien einen bedeutenden Anteil hatte. Normannengeschichte, Geschichte des salischen bzw. staufischen Kaiserhauses, Kreuzzugsgeschichte, aber auch schon die Aktivitäten oberitalienischer Städte bildeten hier die bevorzugten Themen. Genannt seien etwa das Gedicht über die Eroberung Englands durch den Normannenherzog Wilhelm I. *De Hastingae proelio* aus der Feder Widos von Amiens, die Normannengeschichte *Draco Normannicus* Stephans von Rouen, für Deutschland das *Carmen de bello Saxonico* eines Unbekannten über die Feldzüge Heinrichs IV., die ebenfalls anonym überlieferten Epen über den ersten Kreuzzug bzw. die Feldzüge Friedrichs I. in Oberitalien *Solimarius* und *Ligurinus*, für Italien Donizos Dichtung über Mathilde von Tuszien, die große Stütze Papst Gregors VII. in seinem Kampf gegen Heinrich IV., der *Liber de bello Maioricano* Heinrichs von Pisa über den Krieg der Pisaner gegen die Araber auf Mallorca, die *Gesta Roberti Wiscardi* Wilhelms von Apulien, die *Gesta Friderici (I.)* eines Anonymus aus Bergamo sowie das gleichnamige Werk Gottfrieds von Viterbo. Petrus betrat hiermit also keinesfalls Neuland, aber trotz dieser Tradition zeitgeschichtlicher Epik ist sein Werk auch vor dem Hintergrund der klassizistischen Alternative, also eines Epos mit antiker Thematik, zu sehen. In diesem Zusammenhang fällt auf, daß Petrus in formaler Hinsicht strengen Normsetzungen folgt, die deutlich die Zielsetzung verraten, die klassischen Vorbilder zu überbieten.

Auffälligstes Anzeichen für diese Intention ist die Wahl des Versmaßes. Das klassische epische Versmaß war seit

Ennius der Hexameter, den die von Petrus angeführten Autoritäten in ihren Epen ausschließlich gebraucht hatten. Petrus aber bedient sich des elegischen Distichons, das sich aufgrund des überragenden Einflusses Ovids, der es in seinen übrigen Werken ausnahmslos einsetzt, und propagiert von Theoretikern wie Matthäus von Vendôme im 12. Jahrhundert außerordentlicher Beliebtheit erfreute und gerade in dieser Zeit als das technisch schwieriger zu handhabende, andererseits leichter zu rezipierende Versmaß auch in das Epos Eingang fand.

Auch in einem weiteren sofort ins Auge springenden Punkt weicht Petrus von den Vorgaben seiner klassischen Gewährsleute ab. Während die klassische epische Großdichtung als einziges äußeres Gliederungsprinzip die Einteilung in Bücher kennt, teilte Petrus sein Werk in ursprünglich sechsundfünfzig jeweils auf einer Verso-Seite stehende *particulae* und führte die Einteilung in drei Bücher offenbar erst nachträglich durch. Das entspricht einer Praxis, die sich in der Spätantike ausgebildet hatte. Das anspruchsvolle Werk zeichnete sich nach diesem Ideal durch eine komplexe äußere Form aus, zu der eine Art *porticus*, bestehend aus Kapitelverzeichnis, einem oder mehreren meist in abweichendem Versmaß gehaltenen Widmungsbriefen sowie Proömien, gehörte. Innerhalb des Werkes konnten Prosastücke sowie Gedichte in abweichenden Versmaßen für Abwechslung sorgen. Eventuell schloß das Werk mit einem Epilog. Auch die Zufügung eines Bildzyklus läßt sich in ein solches ästhetischen Konzept der Ausschöpfung aller nur denkbaren Darstellungsmittel einordnen.

Diese Tradition eines reichen Stils, die sich bewußt dem klassischen Ideal der formalen Einheitlichkeit verschloß, hat auch Petrus aufgegriffen. Von den verschiedenen Möglichkeiten realisierte er die Einteilung in Kapitel sowie die Einlage eines Gedichts in abweichendem Versmaß, nämlich eines hexametrischen Akrostichons mit Intext auf Heinrich VI. nebst Prosakommentar. Der unvollendete Charakter des Werks läßt es nicht zu, die endgültige Konzeption zu bestimmen. So wäre denkbar, daß Petrus dem Gesamtwerk noch ein Kapitelverzeichnis und ein Proömium vorausgestellt hätte. Andererseits scheint die Einteilung in *particulae* – die recht ungewöhnliche Bezeichnung für die Kapitelüberschriften findet sich auch im *Pantheon* Gottfrieds von Viterbo – nicht bis zum Ende durchgeführt worden zu sein. Warum sie von Petrus aufgegeben wurde, wissen wir nicht, aber denkbar wäre es, daß er durch den Verzicht auf die kleinteilige Gliederung den Anspruch seines Werks als epische Großdichtung unterstreichen wollte.

Auch die Verstechnik zeigt vergleichbare Tendenzen. Es ist deutlich, daß Petrus sich metrischen Lizenzen gegenüber ablehnend verhält, und zwar unabhängig davon, ob sie von der antiken oder von der mittelalterlichen Theorie und Praxis gedeckt sind. Im Zweifelsfall entscheidet er sich für die strengere Norm. Er meidet daher die von den Klassikern in begrenztem Umfang zugelassenen Lizenzen wie die Synalöphe (Verschmelzung vokalisch aufeinandertreffender Silben), die Productio ob caesuram (Behandlung einer kurzen Silbe als Länge vor der Zäsur), die Kürzung von auslautendem *o* ebenso wie die in der mittelalterlichen Tradition teilweise zugelassenen Monosyllaba und Polysyllaba als Versschluß, den Hiat (Aufeinandertreffen vokalischer Silben ohne Verschmelzung) oder die Posthephthemimeres (Zäsur im fünften Versfuß). Einzige Ausnahme von dieser Regel ist der Reim. Auf dieses ganz unantike, im 12. Jahrhundert von vielen Autoren auch in der quantitierenden Dichtung fast bis zum Exzeß und in immer kunstvolleren Schemata eingesetzte Schmuckmittel verzichtet er mit Ausnahme des Akrostichons offenbar ganz bewußt. Vergilisch ist dagegen die häufige Verwendung von unvollständigen Versen zur Gliederung und Hervorhebung. Zusammenfassend könnte man also Petrus de Ebulo als einen Hyperklassizisten charakterisieren, der angetreten war, die Klassiker mit ihren eigenen Waffen zu schlagen, ohne sich doch bei der Themenwahl einengen zu lassen.

Auch die Sprache weist in dieselbe Richtung. Der Wortschatz bewegt sich durchaus im Rahmen der epischen Tradition. Petrus ist weder Manierist noch Avantgardist. Am ehesten fallen die zahlreichen Verba denominativa auf, darunter auch rare Bildungen, wie *diescere* (686), *noctescere* (204), *spumescere* und *nubescere* (352), *fumascere* (oder *fumescere* 825), *cinescere* (81), *olivescere* (1519) in Analogie zu dem verbreiteteren *ignescere* (1020), *aurorare* (705), *licentiare* (1359), *securare* (857), *siccitare* (1490), *materiare* (227), *uxorare* (1659), *ancillare* (579) und *ensare* (904), als etymologisches Wortspiel auch *gualterizari* (102) und *caelestiare*, nach dem Muster von *galeare* (904). Zahlreichen Romanismen, insbesondere Ausfall des anlautenden *h* etwa bei *ospes* (582 und öfter), *umanus* (1170), *experia* (statt Hesperia, 1016; 1120), *asta* (1223), *exaurire* (1283), Ausfall des Nasals, so bei *yeps* (117), *arudo* (173), *exaguis* (469), *sopnus* (470) und sogar bei Partizipien wie *geretem* (645), *malignates* (630), Assimilationen wie *oscurus* (47; 249), *ammovere* (statt *admovere* 418), *assissis* (statt *abscissis* 885), Verwechslung von *quo* und *ubi* (263; 339; 1602) stehen auf der anderen Seite Hyperurbanismen gegenüber wie *honus* (statt *onus* 850 und öfter), *inhermis* (1125), *herrans* (74), *stegma* (statt *stemma* 220), *texta* (statt *testa* 968), in einem Wort sogar bei *experia* (mit vulgärem Ausfall des *h* und hyperurbanem *x* statt *s*).

Ansonsten weist das Wortmaterial wenig Auffälliges auf, einige medizinische und naturwissenschaftliche Fachtermini wie *embrio* (208), *sinthoma* (164), *athome* (210), *eclipsis* (1389 und öfter) und *intoxicare* (258), *ypocraticus* (allerding als poetische Umschreibung von *medicina* 482), *melechinus* (1568), schon seit der spätantiken Bibelepik im Epos heimisch gewordene theologische Graeca wie *paracletus*, *arra* oder *abyssus* aber auch seltenere wie *cataclismus* (1577) sowie einige Graeca aus der byzantinischen Hofsprache wie *parabsis* (883), *apodixa* (1322), *protorex* (875), *archoticon* (396).

Der Satzbau ist, wie schon durch das gewählte Metrum nahegelegt, vergleichsweise einfach. Über zwei Verse hinausreichende Perioden entstehen meist durch relativen Anschluß oder Partizipialkonstruktionen und haben dementsprechend paratakischen Charakter. Zuweilen setzt Petrus auch das Enjambement (Satzsinn und Konstruktion über das Versende hinaus) ein, meist zum Zweck der Betonung.

Daß der Stil des Petrus de Ebulo in hohem Maße durch den Einsatz rhetorischer Techniken bestimmt ist, darf angesichts der Entstehungzeit und der oben beschriebenen Produktionsbedingungen nicht überraschen. Das zeitgenössische Publikum, das durch dieselbe Schule gegangen war wie der Autor, schätzte und erwartete das, während die moderne Kritik, bis heute geprägt vom Dichtungsbegriff der Romantik, meist nicht gut darauf zu sprechen war und ist. Sie nahm Anstoß an dem schulmäßig stereotypen Einsatz rhetorischer Technik, die den Blick auf den Gegenstand in seiner Einmaligkeit verstelle und damit auch die Autorpersönlichkeit hinter einer hohlen Fassade verschwinden lasse. Der Sprachstil eines Epikers des 12. Jahrhunderts ist aber zweifellos an anderen Maßstäben zu messen. Er ist, verkürzt gesagt, nicht autororientiert, nicht Ausdruck einer Dichterpersönlichkeit und ihres subjektiven Erlebens, sondern leser- bzw. hörerorientiert, er will wirken und gefallen, und er wendet sich an ein kompetentes Publikum, das die Regeln der Kunst kennt und danach über sprachliche Produkte urteilt.

Petrus verwendet daher vor allem die verschiedenen Amplifikationsfiguren, die Distributio (Zergliederung eines Gegenstandes in seine Teile, vgl. z. B. 49f.; 59–66; 70–81, hier gesteigert durch siebenfache Anapher; 84, gesteigert durch dreifache Anapher), Antithese (Aufgliederung in gegensätzliche Komponenten, vgl. 90–97), die Accumulatio (Häufung, vgl. 52ff.), die Klimax (Steigerung, vgl. 1674), die Ekphrasis (detaillierte Beschreibung, vgl. 1673–1606; 1505–1530; 1659–1674), dann die Similitudo (Gleichnis, vgl. 169; 1433), das Exemplum (oft zeitgeschichtliche Parallelen, vgl. 158–161; 1627–1632) sowie das Sprichwort (vgl. 149; 1149f.). Von den Wiederholungsfiguren schätzt er besonders die Anapher (Wortwiederholung am Anfang eines Satzgliedes, vgl. 1407–1428, elffaches *vive!*). Von diesen Techniken macht er nicht nur häufig Gebrauch, sondern er verwendet sie auch in erheblicher Ausdehnung und kombiniert oft mehrere in raffinierter Weise (vgl. 17–19; 108). Unter den Tropen fällt die ausgiebige Verwendung der Ironie auf (vgl. 182–199). Heinrichs Gegenspieler Tankred wird bei jeder sich bietenden Gelegenheit mit beißendem Spott verfolgt, bis hin zu dem medizinischen Gutachten des Magisters Urso über die Möglichkeit von Mißgeburten aufgrund der Abstoßung des männlichen Spermas aus dem Mutterleib (216–233). Der Erfolg bei der Hofgesellschaft dürfte dem Dichter gerade mit solchen Passagen sicher gewesen sein.

Für Unterhaltung seines Publikums durch Abwechslung sorgt Petrus auch durch seinen Erzählstil. Der Stoff ist zwar gemäß den Forderungen der poetischen Theorie, die vor der an der Wende vom 12. zum 13. Jahrhundert entstandenen *Poetria nova* Galfreds von Vinsauf das Abweichen vom *ordo naturalis* trotz Vergils Autorität in der Regel allenfalls als poetische Lizenz gelten lassen wollte, im wesentlichen in chronologischer Folge dargeboten. Aber Petrus lockert den Erzählfluß immer wieder durch eingelegte Reden, Briefe, Gebete, innere Monologe, durch Perspektivenwechsel, Schilderung dramatischer Einzelszenen, ekphrastische Beschreibungen von Zeremonien, Architektur und Landschaften und dergleichen auf, von denen die Beschreibung des Kaiserpalastes mit seinem Bildprogramm (1573–1606) besonderes Interesse beanspruchen darf. Der Erzählzusammenhang erreicht mit der Niederschlagung des Adelsaufstandes und der Entlassung der deutschen und norditalienischen Truppenkontingente sein Ende (1361) – ein Umstand, der übrigens dagegen spricht, die Rede des Kanzlers Konrad an die Aufständischen (Particula 45), von der nur der Schluß erhalten geblieben ist, noch in den Handlungszusammenhang einzubeziehen. Hier spricht vielmehr wahrscheinlich durch den Mund Konrads der Dichter selbst und verkündet in einer Apostrophe seine Botschaft von der *clementia Caesaris*. Der Schluß des zweiten Buches und das gesamte dritte Buch, das mit der Dedikation des Gesamtwerks an

Heinrich VI. einsetzt und ausschließlich panegyrischen Charakter hat, ist aus dem narrativen Kontext herausgenommen. Hier wird durch fast überbordene Lichtmetaphorik, Verkündung des Anbruchs eines goldenen Zeitalters mit Anspielungen auf die Eklogen Vergils, Segenswünsche und dergleichen Pathos erzeugt und fast durchgehend die höchste Stilstufe gehalten. Am Ende des zweiten Buches, dem ursprünglichen Schluß, steht das Akrostichon auf den Namen Heinrichs in Hexametern, in dem Heinrich als der im Buch Daniel prophezeite Endkaiser gepriesen wird, der nach der Befreiung des Heiligen Landes von Sizilien aus das Römische Reich regieren wird, während den neuen Schluß am Ende des dritten Buches die Rede der Sapientia einnimmt, an die der Dichter das Wort abgegeben hat, um ihr die Beschreibung des Thrones Salomos zu überlassen, von dem aus Heinrich die Welt nach göttlichem Heilsplan regiert.

Die Übersetzung

Eine lateinische Dichtung vom Charakter des *Liber ad honorem Augusti* kann im Grunde nicht adäquat in eine andere Sprache übersetzt werden. Form, Rhetorik, Sprache und Stil sind nicht nur an das Medium der lateinischen Sprache, sondern auch an die Gattungstradition des lateinischen Epos gebunden, die zwangsläufig vom Transfer ausgeschlossen bleiben muß. Der Versuch, mit der Übersetzung dem Original gleichsam ein Sprachkunstwerk eigenen Rechts an die Seite zu stellen, muß daher von vornherein zum Scheitern verurteilt sein. Ein deutsches Sprachkunstwerk unterliegt so vollkommen anderen Gestaltungsnormen, daß das Resultat eines solchen Bemühens nichts anderes als eine Groteske sein könnte. Hier wurde deswegen ein anderer Weg gewählt, indem die deutsche Sprache gleichsam zur Magd der lateinischen gemacht wurde, indem ihr die Funktion zugewiesen wurde, weitgehend ohne Rücksichtnahme auf die eigenen Belange dieser den Weg zu bahnen und eine Brücke zu deren Verständnis zu bauen. Der lateinische Text ist daher so wörtlich, wie es ohne allzu grobe Verletzungen der grammatischen und stilistischen Normen der deutschen Sprache möglich war, zeilengenau in Prosa übertragen worden, immer unter der Prämisse, das Textverständnis des Übersetzers möglichst zweifelsfrei zu dokumentieren. So kann der des Lateinischen weniger kundige Leser bequem zwischen beiden Fassungen hin und her wechseln und die jeweils korrespondierenden sprachlichen Elemente einander zuordnen, ohne Hilfsmittel wie Lexikon oder Grammatik konsultieren zu müssen. Trotzdem hofft der Übersetzer, einen Kompromiß gefunden zu haben, der auch die kontinuierliche Lektüre des deutschen Textes ohne die Heranziehung des Lateinischen erlaubt, ohne den Verdruß des Lesers bis ins Unerträgliche zu steigern.

Die Gestaltung des lateinischen Textes

Wie oben gezeigt wurde, führt der einzige Überlieferungsträger, der Codex 120 II der Burgerbibliothek Bern, unmittelbar an den Autor heran. Wir besitzen in ihm zwar nicht das Autograph, wenn es ein solches überhaupt gegeben hat, aber sozusagen die – wenn auch unvollendete – Ausgabe letzter Hand, die wohl unter den Augen des Autors und nach seinen Anweisungen entstanden und, nach dem Charakter der Eintragungen zu urteilen, von ihm selbst korrigiert und bearbeitet worden ist. Dementsprechend ist die Textüberlieferung im großen und ganzen gut, wenn man von den mechanischen Lücken durch Blattverlust einmal absieht. Trotzdem sind dem Schreiber Fehler unterlaufen, die unkorrigiert geblieben sind. Daher kann der von der Handschrift gebotene Text nicht ganz ohne editorische Eingriffe herausgegeben werden. Sie sind aber bei der gegebenen Überlieferungssituation noch strenger als sonst auf das zwingend Gebotene zu beschränken. Insbesondere schien es angebracht, die orthographischen Eigentümlichkeiten, die höchstwahrscheinlich auf den Autor selbst zurückgehen, beizubehalten; *e, e caudata* sowie *ae, oe* und *e* in Abkürzungen (p̄) wurden zu *e* vereinheitlicht. Die orthographischen Korrekturen von späterer Hand blieben unberücksichtigt. Auch die Übernahme der Interpunktion der Handschrift stand zur Diskussion, doch ist sie nicht mit der wünschenswerten Konsequenz durchgeführt, so daß zu oft in willkürlicher Weise hätte eingegriffen werden müssen. Die Interpunktion folgt daher den Konventionen des Deutschen, satzwertige Partizipialkonstruktionen wurden mit Kommata abgetrennt.

Die hier gebotene Neuedition erfüllt bewußt nicht die Maßstäbe einer wissenschaftlichen Ausgabe. Dies betrifft den wissenschaftlichen Apparat ebenso wie die Erstellung des Textes. Eine Arbeit an der Original-Handschrift war dem Übersetzer aufgrund seiner beruflichen Verpflichtungen leider nicht möglich. Der Text der Handschrift wurde daher auf der Grundlage von Fotos mit der Edition E. Rotas kollationiert. Bei diesem Verfahren konnten zwar die Lesarten der Handschrift zweifelsfrei sichergestellt werden, jedoch war eine Scheidung der Hände der verschiedenen Korrektoren nicht immer möglich. Das bedeutet einen Unsicherheitsfaktor bei der Beurteilung des

Wertes dieser Korrekturen, der davon abhängt, ob sie auf die – wahrscheinlich mit der des Autors selbst zu identifizierende – Nachtragshand, einen der beiden Schreiber oder aber auf spätere Benutzer der Handschrift zurückgehen. Die Fälle, wo wirklich Zweifel an der zu rezipierenden Lesart aufkamen, beschränken sich allerdings auf Kleinigkeiten oder orthographische Varianten. Darüber hinaus wurden die Emendationsvorschläge G. Albinis, der auch die Abweichungen G.-B. Siragusas diskutiert, überprüft und gegebenenfalls verwertet. Die Abweichungen des der Übersetzung zugrundeliegenden lateinischen Textes von der Handschrift sind im Anhang in einer Konkordanz zusammengestellt. Dabei ist darauf verzichtet worden, die in den Text aufgenommenen Konjekturen mit Namenssiglen zu bezeichnen. Die meisten stammen schon von Winkelmann, manche auch von Rota und einige besonders ansprechende von Albini, dessen Vorschläge gleichwohl nicht immer überzeugen können. In einigen Fällen hofft der Übersetzer, auch selbst zur Emendation des Textes beigetragen zu haben.

Zur Kennzeichnung von Lücken wurden Sternchen (***) verwendet, spitze Klammern (⟨...⟩) kennzeichnen die Ergänzungen durch den Herausgeber, eckige Klammern ([...]) stehen für Tilgungen. Ein Problem stellten dabei die *tituli* der *particulae* dar. Erstens ist unklar, bis zu welchem Punkt diese Gliederung durchgeführt war, zweitens stellte sich die Frage der Berücksichtigung der verlorenen Blätter. Da die *particulae*-Einteilung in den bisherigen Ausgaben ohne Berücksichtigung der verlorenen Blätter bis zu Ende ergänzt worden ist und sie in dieser Gestalt praktische Funktionen für den Benutzer erlangt hat, schien es zweckmäßig, daran festzuhalten, obwohl im strengen editionstechnischen Sinn diese Ergänzungen unzulässig sind, weil sie nicht den authentischen Textzustand repräsentieren. Im anderen Fall hätte aber eine neue Kapitelzählung eingeführt werden müssen. Die spitzen Klammern kennzeichnen hier also lediglich einen Zusatz des Herausgebers ohne den Anspruch, daß damit ein historischer Textzustand rekonstruiert würde. Die ergänzten Kapitelüberschriften wurden mit geringfügigen Veränderungen von Rota übernommen. Einzige Ausnahme ist die Überschrift zu Particula LI, wo Rota *de septem virtutibus* ergänzte, obwohl die Particula zu der entsprechenden Bildseite durch Blattverlust untergegangen ist, und das vorhandene Kapitel von den sieben freien Künsten, *de septem artibus liberalibus*, handelt.

Die Erläuterungen beschränken sich auf das zum Verständnis unbedingt Notwendige und wenden sich in erster Linie an den nicht fachkundigen Leser. Similien und Bibelstellen (zitiert mit den Siglen der Vulgataausgabe der Württembergischen Bibelanstalt Stuttgart) wurden nur angeführt, wenn sie für die Interpretation wesentlich zu sein schienen. Es steht zu hoffen, daß damit ein brauchbarer Lesetext geschaffen wurde, der in Verbindung mit den Reproduktionen der Textseiten auch ein wissenschaftliches Arbeiten ermöglicht.

Konkordanz

Abweichungen gegenüber dem Text von Rota, die nur die Orthographie betreffen oder offensichtliche Druckfehler korrigieren, sind nicht verzeichnet.

Cod. 120 II	Edition
21 coniunx, korr. aus coniux	coniux
55 deflent, korr. aus diflent	di flent; deflent *Rota*
56 trilingni	trilingui
70 atras	atros
Part. IV volutas	volutas; voluntas *Rota*
116 vestro succerre	vestro succurre; nostro *Rota*
123 senos	sonos
144 rumpe ... utraque marginal, prole interlinear nachgetragen	rumpe ...utraque prole; rumpe ... utraque *Rota*
160 maculate	maculare; maculate *Rota*
200 multa	multo; multa *Rota*
230 culte	culto
232 iuventum	iuvencum
242 vite	vite; vita *Rota*
289 signat, korr. aus signat te	signat; signat te *Rota*
Part. XII regna	regna; regnum *Rota*
306 heres	heros; heres *Rota*
338 notavi	nota vi; Notani *Rota*
344 in	i
479 madent, korr. aus mandent	madent
533 pallidis	Palladis; pallidis *Rota*
547 obiit, korr. aus obit	obiit
561 certe nos et te	nos certe et te; certe nos et te *Rota*
571 balista, korr. aus balistra	balistra
578 inversa	ut inverso
582 ospes	ospes; o spes, *Rota*
592 orbe	orba
595 tonitrua, korr. aus tonitura	tonitrua
613 hec, korr. aus nec	nec
613 cohacta, korr. aus coacta	cohacta
639 faustosos	fastosos; faustosos *Rota*
641 balista, korr. aus balistra	balistra
666 dum modo	dum modo; dummodo *Rota*
678 breviore, korr. aus beviore	breviore
684 simplicibus, korr. aus simplicius	simplicibus; simplicius *Rota*
708 varia	vario
711 et	et; ut *Rota*
720 ficilem	facilem
723 frigudus	frigidus
727 turbantem regna, korr. aus turbantem stimulantem regna	turbantem regna
737 regna tenes tamen	regna tenes patris tamen; regna tenes tantum *Rota*
775 autumnus, korr. aus atumnus	autumnus
801 ora	ore; ora *Rota*
805 obnoxius	obnixius
812 indiscreta, korr. aus indicreta	indiscreta
825 famascunt	fumascunt (vielleicht fumescunt); flammescunt *Rota*
826 fulgur, korr. aus fugur	fulgur
849 a strage	strage
872 Lucium	Licium
877 prebeatissima	prebeatissima; probeatissima *Rota*
885 assissis	assissis (statt abscissis); adscitis *Rota*
903 tegmina	tegmine
922 Athitofel	Achitofel
932 iuvat	iuvat; vivat *Rota*
957 credite	credita
969 sidomea	sodomea
980 quererentur	quererentur; quereretur *Rota*
987 primicias, korr. aus primicicias	primicias
1020 ignoscit	ignescit
1059 vestros	nostros
1082 crimine, korr. aus crimina	crimine
1136 mittit	mittit; mittis *Rota*
1148 suo, korr. aus suo erat	suo (suo erat vielleicht zu halten)
1152 tui	cui; tui *Rota*
1181 excercitus	exercitus
1188 tridita vira, korr. aus tradita iura	tradita iura
1194 egregius	egregios; egregius *Rota*
1200 fulmifer	vielleicht culmifer
1209 qua	quam; qua *Rota*
1225 tacto	tracto
1225 denicit	devicit
1253 pomeria	pomaria; pomeria *Rota*
1265 inmeritum	in meritum, inmeritum *Rota*
1275 nos deserit, korr. aus deserit	nos deserit
1305 fugatur	fugata; fugatur *Rota*
1323 hec	hec; hic *Rota*
1330 publicat, korr. aus pluplicat	puplicat; publicat *Rota*
1362 hunum	humum
1363 experta	experia (für Hesperia)
1378 exhic ... hinc	exhinc ... hinc
1392 totus	tutus
1399 accepiens	accipiens
1476 litat	litant; litat *Rota*
1516 an nullo	a nullo
1524 locuplex	locuplex; locuples *Rota*
1536 augustus, korr. aus agustus	augustus
1596 ades	ales
1657 eterna, korr. aus materna	materna

Erläuterungen zum Text

1 Roger II. von Sizilien, Robert Guiscard.
3 Papst Calixt II. Tatsächlich durch Anaklet II.
9 Elvira, Tochter Alfons' VI., des Königs von Kastilien und Leon.
10 Elvira starb tatsächlich vor ihren Söhnen. Albinis Vorschlag, vor *mater* zu interpungieren und die zweite Vershälfte auf Sibilia zu beziehen, ist aus verstechnischen und inhaltlichen Gründen bedenklich. Der Tod der Söhne Elviras und damit der Ausfall der Thronerben bliebe unerwähnt, während die Kinderlosigkeit Sibylles überflüssigerweise zweimal hervorgehoben würde.
11 Sibylle, Tochter Hugos II. von Burgund.
15 Beatrix, Tochter des Grafen von Rethel.
19 Aus seligem Leibe: etymologische Anspielung auf den Namen Beatrix.
20 Kaiser Konstantin d. Gr.
21 Heinrich VI.
22 Papst Lucius III.
23 Papst Coelestin III.
25 Heilsgeschichtliche Zahlensymbolik (vgl. BAAKEN, Unio).
34 Anspielung auf die Trinität.
40 Oder: »Was Dein Geist spricht, davon redet die Welt, Du selbst aber verschweigst es.«
44 Roger II. bzw. Heinrich VI.
44 Die Handschrift weist nach Vers 44 eine Lücke im Umfang von drei Versen auf, und es folgt ein Pentameter.
45 Vizekanzler Matheus von Ajello.
52 Die Sonne der Menschen: Wilhelm II.
53 Der Mond Englands: Johanna von England, die Witwe Wilhelms II.; das Tageslicht Siziliens: Wilhelm II.
55 *Diflent* Ms., nicht *deflent*. Das *e* scheint nachträglich aus *i* korrigiert zu sein.
68 Walter, Ebf. von Palermo.
82 Anspielung auf Konstanze als Schwester Wilhelms I. und Gemahlin Heinrichs VI.
83 Mondmetaphorik. Apollos Schwester Diana wird auch als Mondgöttin mit Selene identifiziert.
98 *Dux equitum* bzw. *magister rationis* sind untechnische Bezeichnungen für Amtsbezeichnungen der normannischen Beamtenhierarchie.
124 Roger, Graf von Andria.
140 Matheus, der Vizekanzler; vgl. Part. 32.
144 Der vom Schreiber ausgelassene Vers 144 ist marginal und interlinear nachgetragen. Er weist einen Spondeus (*utráque próle*) im fünften Versfuß auf, wohl um den Zug Tankreds ins Lächerliche zu ziehen.
158 Kaiser Andronikos I. Komnenos, Kaiser Alexios II.
161 Kaiser Manuel I.
174 Tankred, Roger III., Wilhelm III.
176 Schloß Favara vor Palermo; vgl. Vers 1231.
178 Das rote Krönungsgewand wird zum Trauergewand umgedeutet.
186 Alekto, eine der Erinyen, der Rachegöttinnen.
188 Lachesis, eine der Parzen, der Schicksalsgöttinnen.
246 Roger von Andria.
263 *quo* = »wo«, vgl. Verse 339; 1602.
277 Beide Testamente als Schild und Schwert: vgl. Eph 6, 10–18, bes. 16f. Der Schild wurde mit dem Alten, das Schwert mit dem Neuen Testament identifiziert. Die beiden Testamente erscheinen daher als die geistlichen Waffen des Kaisers als des Verteidigers der Kirche.
289 Das metrisch unhaltbare *te* wurde vom Korrektor durch Unterstreichen getilgt.
294 Roger von Andria.
295 Tankred von Lecce.
296 Ionathan von Conza.
297 Roger von Molise.
298 Roger von Tricarico, Gilbert von Gravina.
299 Philipp Guarna, Graf von Marsico (1195–1201).
300 Hugo Lupinus und Jordanus Lupinus.
301 Matheus, Ebf. von Capua.
302 Walter, Ebf. von Palermo.
303 Bartholomeus, Bf. von Agrigent, der Bruder des vorigen.
304 Aldrisius, Archidiakon von Salerno; vgl. Vers 457.
310 Friedrich I. bzw. II., Herzöge von Schwaben.
311 Friedrich I. Barbarossa; vgl. Vers 314.
313 Karl der Große.
317 Karle: die Karolinger Karl d. Gr., Karl d. Kahle und Karl d. Dicke.
329 Pippin der Jüngere.
331 Roger II.
335 Roffrid, Abt von Monte Cassino.
339 *quo* = »wo«, vgl. zu Vers 263; Matheus Burellus.
341 Namensetymologie; vgl. gr. ἀρχή = »Anfang«.
354 Parthenope: Neapel.
363 Konrad von Urslingen.
372 Wortspiel mit *caesaries* = »Haarmähne« und *Caesar*.
378 Richard von Acerra.
388 Nicolaus von Ajello, Ebf. von Salerno.
410 Matheus, Ebf. von Capua.
410 Juno: Konstanze.
457 Aldrisius Princeps, Archidiakon von Salerno.
458 Romuald aus der Familie der Guarna?
482 Gerhard: wohl fälschlich für Archidiakon Berard von Ascoli, den Leibarzt Heinrichs VI.
490 *cereus* als Anspielung auf den Namen Richards von Acerra.
497 Nikolaus, Ebf. von Salerno.
516 *Yberos* = Colchos, d. h. goldreich.
533 Pallas Athene hier als Göttin der Belagerungstechnik.
535 Äolus, der Gott der Winde.
539 Sokratische Brust: Anspielung auf Sokrates, den athenischen Philosophen, der freiwillig das Todesurteil der Stadt akzeptierte, als Paradebeispiel philosophischer Gelassenheit.
544 Nach Vers 544 fehlt der Pentameter im Ms.
561 *certe nos et te* (Ms.), aus metrischen Gründen geändert zu *nos certe et te*. Für die entstehende Synaloephe, die Petrus sonst meidet, vgl. Verse 704; 1596.
564 Vgl. zu Vers 372.

567 Vgl. Lc 14, 26.
597 Nikolaus von Ajello, Ebf. von Salerno.
600 Des Vaters: Nikolaus; sein Sohn: die Bürger von Salerno.
601 Hydra, mehrköpfiges Ungeheuer, das von Herakles getötet wurde.
607 Konrad von Lützelhard, Diepold von Schweinspeunt.
609 Darius, sonst unbekannt.
610 Thetinus, sonst unbekannt (weder Chieti noch Teano).
645 Vgl. Apc 1, 12ff. bes. 1, 16.
646 Vgl. Ps 21, 21.
647 Zeugende Zeugung: Christus.
652 Raphael, der Erzengel.
667 Elias de Gisualdo: vgl. die Bildbeschreibung.
697 Wilhelm von Postiglione, Feudalherr und königlicher Amtsträger im Prinzipat; Anhänger Heinrichs VI.
710 *Fausta* wohl nach der Gattin Kaiser Konstantins I., vgl. 897.
713 Palinurus, der Steuermann des Aeneas, war bei der Passage des an der Westküste Lucaniens liegenden Vorgebirges, das seinen Namen trägt, über Bord gestürzt und ertrunken; vgl. Verg. Aen. 5, 827–871.
716 Skylla, frauengestaltiges Meerungeheuer am Golf von Messina, dessen Unterleib von Hundeköpfen umgeben ist.
717 Charybdis, Strudel am Golf von Messina.
737 *tam̄* (Ms.), ist *tamen*, nicht *tantum* (vgl. Vers 891). In dem Vers fehlen zwei lange bzw. zwei kurze und eine lange Silbe. Vor *tamen* befindet sich eine Einfügemarke. Albini ergänzt *tantum tamen*.
757 Rombald, nicht zu identifizierender Anhänger des Kaisers.
763 Richard von Acerra.
773 Vgl. Verg. Aen. 1, 12.
776 Vgl. Hor. Epod. 2, 9.
779f. Vgl. Verg. Georg. 2, 150; 1, 47; 1, 288.
818 Sinon, Verräter, der Troja überredete, das hölzerne Pferd einzuholen, und die Griechen herausließ.
837 Waffenträger des Jupiter: der Adler.
868 Als Verbannter: nach 1168 in Konstantinopel.
869 Sibylle, Schwester des Grafen Richard von Acerra.
894 Vgl. Vers 1321.
919 Kanzler Matheus von Ajello.
922 2 Sm 15–17.
957 Castrum Salvatoris (heute: Castel dell'Ovo) in Neapel.
961 Aliernus Cottone, Stadtkommandant von Neapel.
966 *olla* = »Hölle« geht, wie D. Schaller erkannt hat, auf Gregor d. Gr., Dialogi 4, 31 zurück.
972 *exciciale* statt *excidiale*; vgl. Vers 1278.
980 *genae* = »Augen« ist selten, aber gelegentlich schon antik belegbar, z. B. bei Properz und Ovid.
994 Dem als Ewigem sich Gott gleichstellte: Christus.
997 Paris, Sohn des Königs Priamos von Troja, der durch die Entführung Helenas den Untergang der Stadt heraufbeschwor.
1007 Flügel der Welt: Deutschland.
1016 Tageslicht Italiens: Konstanze.
1017 Löwe: Heinrich VI.
1022 Mond: Konstanze; Sonne: Heinrich VI.
1029 Vgl. Mt 26, 52.
1031 Der Sultan von Ägypten und Syrien eroberte 1187 das Heilige Land und provozierte so den Kreuzzug Friedrich Barbarossas.
1047 Dein Fürst, England: König Richard I. Löwenherz.
1062 Johanna von England, die Witwe Wilhelms II.
1088 Mein Licht: Heinrich VI.
1100 Anspielung auf die Etymologie des Namens Diepold: *theud* ahd. = »Volk«; *bold* ahd. = »kühn«.
1123 *Marchio*: Ein Markgraf nahm an dem Feldzug nicht teil, daher müssen wohl die italienischen Marken gemeint sein; vgl. Vers 1361 und die Bildseite fol. 142ʳ.
1133 Genua.
1142 Häute von Rindern: Schilde, gemeint sind Ritter.
1142 Philipp: vgl. zu Vers 299.
1158 Vgl. Gn 45.
1178 Markward von Annweiler.
1180 Wilhelm III.
1181 Unglückliche Stadt: Salerno.
1183 Marschall Heinrich von Kalden.
1198 Sprichwörtliche Anspielung auf die Gänse, die die *arx* von Rom vor dem nächtlichen Gallierüberfall des Jahres 386 retteten.
1208 Guido de Castello Veteri, Anhänger Tankreds.
1231 Roger II. hatte dort einen Palast erbaut, vgl. Vers 176.
1247 König Wilhelm III., Sohn Tankreds.
1278 *excicii* statt *excidii*, vgl. Vers 972.
1285 Vgl. 1037f. Es muß aber ein weiteres, wohl früheres Schreiben des Papstes gegeben haben, das Tankred unter Hinweis auf die krankheitsbedingte Handlungsunfähigkeit des Kaisers zur Fortsetzung seiner Politik aufgefordert hatte. Auf dieses bezieht sich Sibylle im folgenden.
1291 Irene, Tochter Kaiser Isaaks II. Angelos; Roger III.
1292 Philipp von Schwaben, der Bruder Heinrichs VI.
1303 Für Wilhelm III. sowie wahrscheinlich einen Sohn Richards von Acerra, ihres Bruders.
1308 Karl ahd. »Kerl«, »freier Mann«.
1324 *orbis* scheint hier ein Verzeichnis der Tributverpflichtungen zu bezeichnen, womöglich in Verbindung mit einer Weltkarte.
1338 Vgl. zu Vers 1349.
1349 Vgl. Io 18, 13.
1376 Vgl. Dn 9, 25ff.
1383 *celi sidera* = »Sonne«; vgl. Vers 1419.
1419 Im Osten und im Westen; *sidera* = »Sonne«, vgl. Vers 1383.
1431 *sarcin⟨a fraudis⟩*, vgl. Verse 1329; 520; 545.
1436 Vgl. Mt 5, 8f.
1471 Kalliope: Muse der epischen Dichtkunst.
1472 Tityrus, Hirte aus den Eklogen Vergils; vgl. Vergil, Ekloge 1, 1. Die Eklogen, besonders die Vierte, wurden als Verkündigung eines neuen goldenen Zeitalters gelesen.
1473 Paean: Apollo, hier als Gott der lyrischen Dichtkunst; Klio: Muse der Geschichtsschreibung.
1483 *dd̄* (Ms.), was hier wohl nicht zu *dedit* (so interlinear von späterer Hand), sondern zu *Dauid* aufzulösen ist. Für *David* scheint der Kontext zu sprechen, es paßt aber, wenn seine beiden Silben wie üblich lang gemessen werden, nicht in das Metrum. Metrische Lizenzen sind allerdings bei nichtlateinischen Eigennamen nicht selten. Auch in 1469 begegnet *Dauid* als Doppelkürze.
1484 Gemeint sind die biblischen Weisheitsbücher, als deren Verfasser König Salomo galt.
1488 Apollo und Diana-Semele: Die Sonne und der Mond.
1499 Anspielung auf die Trinität.
1527 Vgl. Vergil, Ekloge 8, 27.
1548 Arethusa: Mädchen, das nach der Sage vor den Nachstellungen des Alpheios als Quelle nach Sizilien versetzt wurde; vgl. Ovid, Metamorphosen 5, 573ff.
1551 Kanzler Konrad von Querfurt, Bf. von Hildesheim.
1555 Vgl. Vergil, Aeneis 3, 57.

1561 Markward von Annweiler, Reichstruchseß, Herzog von Ravenna, Graf der Abruzzen und von Molise, Markgraf von Ancona.
1568 μείλιχος = »edel«, »mild«. Wahrscheinlich ist an Gewürze zu denken.
1575 Vgl. Gn 1, 2.
1591 Kaiser Isaak II. Angelos.
1595 Konya war die Residenz des Sultans Kilidsch Arslan.
1597 Die Stadt: Konya.
1629 Alexander d. Gr. besiegte den Perserkönig Dareios III. in mehreren Schlachten (334–331 v. Chr.) und eroberte sein Reich bis zum Indus (325 v. Chr.).
1632 Das Verbrechen des Ptolemaios XIII. war die Ermordung des Pompeius (48 v. Chr.).
1636 Vgl. das Akrostichon Vers 1643 ff.
1643 Kaiser Andronikos I. Komnenos; sein Neffe Kaiser Alexios II.
1644 Anspielung auf den Tod venezianischer Händler in Konstantinopel.
1649 Jener Greis: Tankred, vgl. Vers 1656.
1665 Anspielung auf das Siegel des Kanzlers Konrad von Hildesheim.
1666 Anspielung auf das Wappen Markwards von Annweiler.
1666 Anspielung auf das Wappen Diepolds von Schweinspeunt.

Personenverzeichnis

(Historische Einleitung, Bildkommentar)

Accardus II., Graf von Lecce, Großvater Tankreds
Adenulf, Dekan von Montecassino
Adolf III. von Schauenburg († 1225), Graf von Holstein
Aldrisius Princeps, Archidiakon von Salerno
Alexius II. Komnenos († 1183), byzantinischer Kaiser
Alexius, Oberkämmerer König Tankreds
Alfanus († 1085), Erzbischof von Salerno
Alfons VI. († 1109), König von Kastilien und Leon, Schwiegervater Rogers II.
Aliernus Cottone, Befehlshaber von Neapel
Anaclet II., Gegenpapst (1130–1138)
Andronicus Komnenos († 1185), byzantinischer Kaiser

Beatrix von Rethel († 1185), dritte Gemahlin Rogers II.
Berardus, Hofarzt Heinrichs VI. und Archidiakon von Ascoli Piceno
Burchard von Ursberg († 1230/31), Geschichtsschreiber

Calixt II., Papst (1119–1124)
Cioffus, Bruder des Kämmerers Matheus Rubeus
Coelestin III., Papst (1191–1198)

Diepold von Schweinspeunt († nach 1221), Reichsministeriale, Burgherr von Rocca d'Arce, Justitiar der Terra di Lavoro, Graf von Acerra, Herzog von Spoleto
Dieter von Katzenelnbogen († 1191), Kanzler Heinrichs VI.

Elias von Gesualdo († 1206), kampanischer Feudalherr, Justitiar und Comestabulus
Elvira († 1135), erste Gemahlin Rogers II., Tochter König Alfons' VI. von Kastilien und Leon
Eugenius († 1203), Admiral, Oberkämmerer Apuliens und der Terra di Lavoro

Friedrich I. Barbarossa, Kaiser (1152–1190)
Friedrich II., Kaiser (1198–1250)
Friedrich VI. (Konrad) († 1191), Herzog von Schwaben, Sohn Barbarossas

Gerardus, Rektor der Salernitaner Kirche (1197)
Gottfried von Viterbo († nach 1202), Kapellan Heinrichs VI., Geschichtsschreiber
Guido de Castello Veteri, Anhänger Tankreds von Lecce

Heinrich VI., Kaiser (1190–1197)
Heinrich, Sohn Rogers II. und Elviras
Heinrich von Kalden, Marschall und Heerführer Heinrichs VI.
Heinrich Testa († 1191?), Reichsmarschall unter Heinrich VI.
Hugo II. († 1143), Herzog von Burgund, Schwiegervater Rogers II.

Ibn Ǧubayr, arabischer Reisender (Ende 12. Jh.)
Ibn Ḥawqal, arabischer Reisender (Mitte 10. Jh.)
Iudicta († 1180), zweite Gemahlin des Matheus von Ajello

Johannes Princeps, Elekt von Salerno (1195–1196)
Johannes, Bruder Erzbischof Nikolaus' von Salerno

Konrad von Wittelsbach, Erzbischof von Mainz (1161–1165, 1183–1200) und Salzburg (1177–1183)
Konrad von Querfurt († 1202), Kanzler Heinrichs VI., Reichslegat, Bischof von Hildesheim
Konrad III. Otto († 1191), Markgraf von Mähren und Herzog von Böhmen
Konrad von Montferrat († 1192), König von Jerusalem
Konrad von Urslingen († 1202), Herzog von Spoleto
Konrad von Lützelhard († 1197), (»Moscaincervello«), Heerführer Heinrichs VI., Markgraf von Tuszien
Konrad von Marley (Marlenheim), Reichsministeriale, Kastellan von Sora
Konstanze († 1198), Kaiserin, Gemahlin Heinrichs VI.

Leopold V. († 1194), Herzog von Österreich
Lucius III., Papst (1181–1185)
Ludwig I. († 1231), Herzog von Bayern

Margaritus von Brindisi, Admiral Tankreds
Marius Rubeus, königlicher Kämmerer
Markward von Annweiler († 1202), Truchseß, Heerführer und Flottenkommandant Heinrichs VI., Herzog von Ravenna, Markgraf von Ancona, Graf von Abruzzen und Molise
Matheus († 1199), Erzbischof von Capua
Matheus von Ajello († 1193), Kanzler Tankreds
Matheus Burrellus, Kastellan von Rocca d'Arce

Nikolaus von Ajello († 1222), Erzbischof von Salerno, Sohn des Matheus

Otto IV., Kaiser (1198–1215)
Otto von St. Blasien, Geschichtsschreiber (Anfang 13. Jh.)

Philipp von Schwaben, König (1198–1208)
Philipp von Heinsberg († 1191), Erzbischof von Köln

Richard Löwenherz († 1199), König von England
Richard, Graf von Acerra († 1196), Schwager Tankreds
Richard, Graf von Ajello, Bruder Erzbischof Nikolaus' von Salerno
Richard, Graf von Carinola und Conza, Heerführer Tankreds
Robert Guiscard († 1085), Herzog von Apulien, Kalabrien und Sizilien
Robert II., Fürst von Capua, Coronator Rogers II.
Roffrid († 1210), Abt von Montecassino
Roger II. († 1154), König von Sizilien
Roger Borsa († 1111), Herzog von Apulien und Kalabrien
Roger († 1190), Graf von Andria, Großjustitiar und Großkonnetabel von Apulien, Gegenspieler Tankreds
Roger de Castellovetere, Graf von Avellino, »Verschwörer« gegen Heinrich VI.
Roger († 1212), Graf von Chieti
Roger († nach 1196), Graf von Molise
Roger III. († 1193), Sohn Tankreds

Roger, Sohn Richards von Acerra, Helfer Tankreds
Romuald, Erzbischof von Salerno (1153–1181)

Sibylle († 1151), zweite Gemahlin Rogers II., Tochter Herzog Hugos II. von Burgund
Sibylle von Acerra, Gemahlin Tankreds
Sica († 1171), erste Gemahlin des Kanzlers Matheus

Tankred, Graf von Lecce, König von Sizilien (1190–1194)

Urban III., Papst (1185–1187)

Walter (1168–1190), Erzbischof von Palermo

Walter († 1207), Erzbischof von Rouen
Walter von Pagliara († 1229/31), Bischof von Troia (1189–1200), sizilischer Kanzler Heinrichs VI.
Wilhelm I., König von Sizilien (1154–1166)
Wilhelm II., König von Sizilien (1166–1189)
Wilhelm III., König von Sizilien (1194), Sohn Tankreds
Wilhelm de Altavilla († 1145/50), illegitimer Sohn Rogers Borsa
Wilhelm († nach 1194), Graf von Marsico und Ragusa, »Verschwörer« gegen Heinrich VI.
Wilhelmus Crassus († nach 1201), Befehlshaber der Flotte Heinrichs VI.

Zeittafel

800	Kaiserkrönung Karls des Großen
962	Kaiserkrönung Ottos des Großen
982	Niederlage Kaiser Ottos II. gegen die Sarazenen bei Crotone
Anfang 11. Jh.	Normannische Pilger und Söldner in Süditalien (Apulien, Kampanien)
1059	Belehnung Roberts Guiscard († 1085) mit Apulien, Kalabrien und Sizilien durch Papst Nikolaus II.
1072	Palermo von Graf Roger I. († 1101) erobert
1130	Königserhebung Rogers II.
1137	Feldzug Kaiser Lothars III. nach Unteritalien
1152–1190	Friedrich I. Barbarossa
1154	Tod König Rogers II.; Nachfolger: Sohn Wilhelm I. († 1166); postume Geburt Konstanzes
1156	Vertrag von Benevent (Wilhelm I. – Papst Hadrian IV.)
1166–1189	König Wilhelm II.
1176	Niederlage Kaiser Friedrichs I. gegen die oberitalienischen Städte bei Legnano
1177	Frieden von Venedig; Heirat König Wilhelms II. mit Johanna von England
1183	Konstanzer Vertrag
1184	Verlobung König Heinrichs VI. mit Konstanze
1185	Eid der sizilischen Großen auf die Eventualerbfolge Konstanzes
1186	Hochzeit Heinrichs VI. mit Konstanze in Mailand
1189	Tod König Wilhelms II.; Beginn des Kreuzzuges Kaiser Friedrichs I.
1190	Königskrönung Graf Tankreds von Lecce; Tod Kaiser Friedrichs I.
1191	Kaiserkrönung Heinrichs VI. in Rom; vergebliche Belagerung Neapels; Gefangennahme Konstanzes in Salerno
1192	Konkordat von Gravina; Freilassung Konstanzes; Kämpfe König Tankreds auf dem Festland; kaiserliche Offensive unter Berthold von Künßberg
1193	Tod Bertholds von Künßberg und Ende der kaiserlichen Offensive; Tod König Rogers (III.); Tod des Kanzlers Matheus
1194	Tod König Tankreds; Eroberung des sizilischen Königreiches; Krönung Kaiser Heinrichs VI. zum König von Sizilien; Geburt Friedrichs II.; Exilierung der Familie König Tankreds
1195	Oster-Hoftag in Bari
1196	Wahl Friedrichs II. zum Römischen König
1197	Tod Heinrichs VI. in Messina
1198	Königskrönung Friedrichs II.; Tod Konstanzes; Beginn des deutschen Thronstreits
1211	Geburt und Königskrönung Heinrichs (VII.)
1212	Krönung Friedrichs II. zum Römischen König
1220	Kaiserkrönung Friedrichs II.
1225	Heirat Friedrichs II. mit Isabella von Brienne; Annahme des Titels eines Königs von Jerusalem
1250	Tod Friedrichs II.
1254	Tod König Konrads IV.
1258	Krönung Manfreds zum König von Sizilien
1266	Schlacht bei Benevent; Tod König Manfreds
1268	Schlacht bei Tagliacozzo; Hinrichtung Konradins in Neapel durch Karl I. von Anjou

Literatur

Bisherige Editionen

Petri d'Ebulo Carmen de Motibus Siculis et rebus inter Henricum VI Romanorum Imperatorem et Tancredum seculo XII gestis ..., ed. Samuel ENGEL, Basileae 1746. – *Nachdrucke*: [Giovanni GRAVIER,] Raccolta di tutti i più rinomati scrittori dell'istoria generale del regno di Napoli ..., vol. XI, Napoli 1770; Giuseppe DEL RE, Cronisti e scrittori sincroni napoletani editi e inediti, vol. I, Napoli 1845 (Ndr. Aalen 1975) S. 401–456 (mit Tafelanhang und einer ital. Übersetzung von Emmanuele ROCCO).

Des Magisters Petrus de Ebulo liber ad honorem augusti. Nach der Originalhandschrift für akademische Uebungen hg. von Eduard WINKELMANN, Leipzig 1874.

Petri Ansolini de Ebulo »De rebus Siculis carmen«, ed. Ettore ROTA (Rerum Italicarum Scriptores, N.S. XXXI/1), Città di Castello 1904.

»Liber ad honorem Augusti« di Pietro da Eboli (sec. XII) secondo il cod. 120 della Biblioteca Civica di Berna, ed. Gian-Battista SIRAGUSA, 2 Bde. (Fonti per la storia d'Italia, 39.1–2), Roma 1906.

Literatur zur Handschrift

ALBINI, Giuseppe, Note al testo di Pietro d'Eboli, in: Archivio Muratoriano 19–20, S. 489–508.

BLOCK, Paul, Petrus de Ebulo und seine Nachrichten über die Gemahlin Kaiser Heinrichs VI., in: Programm des Gymnasiums und Realgymnasiums zu Prenzlau, Prenzlau 1883, S. 3–40.

BLOESCH, Hans, Samuel Engel, ein Berner Bibliophile des 18. Jahrhunderts, Bern 1925.

BUMKE, Joachim, Höfische Kultur. Literatur und Gesellschaft im hohen Mittelalter, Bd. 2, München ⁶1992.

CLARK, Raymond J., Peter of Eboli, ›De balneis Puteolanis‹: Manuscripts from the Aragonese Scriptorium in Naples, in: Traditio 45 (1989/90) S. 380–389.

DANEU LATTANZI, Angela, Petrus de Ebulo. Nomina et virtutes balneorum seu De balneis Puteolorum et Baiarum. Cod. Angelico 1474, Roma 1962.

DANEU LATTANZI, Angela, Lineamenti di storia della miniatura in Sicilia (Storia della miniatura, Studi e documenti, 2), Firenze 1968, S. 35–41.

GEORGEN, Helga, Das »Carmen de rebus Siculis« (Bern, Burgerbibliothek, ms. 120). Studien zu den Bildquellen und zum Erzählstil eines illustrierten Lobgedichts des Peter von Eboli, Diss. phil. Wien 1975 (masch.-schriftl.).

GEORGEN, Helga, Der Ebulo-Codex als Ausdruck des Konflikts zwischen Städten und staufischem Hof, in: Bauwerk und Bildwerk im Hochmittelalter. Anschauliche Beiträge zur Kultur- und Sozialgeschichte, hg. von Karl CLAUSBERG u.a., Gießen 1981, S. 145–167.

HAGEN, Hermann, Bemerkungen zu Petrus de Ebulos Gedicht *de bello Siculo*, in: Forschungen zur deutschen Geschichte 15 (1875) S. 605–609.

HAUPTMANN, [Felix,] Die Illustrationen zu Peter von Ebulos Carmen in honorem Augusti, in: Adler, N.F. 7 (1897) S. 55–65.

HOMBURGER, Otto, Über die kunstgeschichtliche Bedeutung der Handschriften der Burgerbibliothek, in: Schätze der Burgerbibliothek Bern, Bern 1953, S. 107–130 (zum Codex des Petrus de Ebulo S. 120–123).

HUILLARD-BRÉHOLLES, Jean-Louis-Alphonse, Notice sur le véritable auteur du poëme De Balneis Puteolanis, et sur une traduction française inédite du même poëme, in: Mémoires et dissertations sur les antiquités nationales et étrangères 1 (1852) S. 334–353.

KAUFFMANN, C.M., The Baths of Pozzuoli. A Study of the Medieval Illuminations of Peter of Eboli's Poem, Oxford 1959.

MIGLIO, Massimo, Formazione del ›Liber ad honorem Augusti‹, in: Studi su Pietro da Eboli, hg. von Raoul MANSELLI u.a. (Studi storici, 103–105), Roma 1978, S. 119–146.

MIRTO, Corrado, Osservazioni sul valore del Carmen de rebus Siculis di Pietro d'Eboli come fonte per lo studio della fine del regno normanno di Sicilia, in: Archivio storico siciliano, 3ª ser. 15 (1964) S. 27–43.

MÜTHERICH, Florentine, Handschriften im Umkreis Friedrichs II., in: Probleme um Friedrich II., hg. von Josef FLECKENSTEIN (Studien und Quellen zur Welt Kaiser Friedrichs II., Bd. 4), Sigmaringen 1974, S. 9–21.

Petrus de Ebulo, De balneis Puteolorum et Baiarum [Faksimileausgabe] (Medicina rara), Stuttgart o.J.

PRATESI, Alessandro, La scrittura latina nell'Italia meridionale nell'età di Federico II, in: Archivio storico pugliese 25 (1971) S. 299–316.

RIES, Robert, Zu den Werken des Peter von Eboli, in: Mitteilungen des Instituts für österreichische Geschichtsforschung 32 (1911) S. 576–593.

ROTA, Ettore, Di Pietro d'Eboli e d'alcuni suoi critici recenti, in: Archivio Muratoriano 5, S. 275–285.

SACKUR, Ernst, Zu Petrus de Ebulo, in: Neues Archiv 15 (1890) S. 387–393.

SCHMEIDLER, Bernhard, Italienische Geschichtsschreiber des XII. und XIII. Jahrhunderts. Ein Beitrag zur Kulturgeschichte (Leipziger historische Abhandlungen, H. XI), Leipzig 1909.

SCHWALM, Jakob, Reise nach Oberitalien und Burgund im Herbst 1901, IV. Zu Petrus de Ebulo, in: Neues Archiv 28 (1902) S. 497–498.

SIRAGUSA, Gian-Battista, Le miniature che illustrano il Carme di Pietro da Eboli nel cod. 120 della Biblioteca di Berna, in: Bullettino dell'Istituto storico italiano 25 (1904) S. 115–163.

SIRAGUSA, Gian-Battista, Le annotazioni di Werner Huber al *Liber ad honorem Augusti* di Pietro da Eboli contenute nel cod. B.59 della Biblioteca Civica di Berna, in: Bullettino dell'Istituto storico italiano 28 (1906) S. 99–110.

Siragusa, Gian-Battista, Di un'importante miniatura del codice 120 della Biblioteca civica di Berna, in: Miscellanea di archeologia, storia e filologia dedicata al Prof. Antonino Salinas..., Palermo 1907, S. 307–316.

Siragusa, Gian-Battista, Giunte, chiarimenti e correzioni all'edizione del *Liber ad honorem Augusti* di Pietro da Eboli, in: Bullettino dell'Istituto storico italiano 30 (1909) S. 41–48.

Studi su Pietro da Eboli, hg. von Raoul Manselli u. a. (Studi storici, 103–105), Roma 1978.

Kataloge

Hagen, Hermann, Catalogus Codicum Bernensium, Bern 1875, S. 173–174.

Schramm, Percy Ernst – Florentine Mütherich, Denkmale der deutschen Könige und Kaiser (Veröffentlichungen des Zentralinstituts für Kunstgeschichte in München, 2) München 1962 (²1981) S. 184 Nr. 184 (Liber ad honorem), S. 191 Nr. 203 (Bagni di Pozzuoli), S. 196 Nr. 212 (Manfred-Bibel), S. 186 Nr. 189 (Reitermantel).

Schramm, Percy Ernst – Florentine Mütherich, Die deutschen Kaiser und Könige in Bildern ihrer Zeit, 751–1190, Neuauflage unter Mitarbeit von Peter Berghaus, Nikolaus Gussone, München 1983, S. 269 Nr. 220.

1000 Jahre Babenberger in Österreich, Wien 1976, S. 402–404 Nr. 628–629, S. 408 Nr. 636.

Die Zeit der Staufer, Bd. 3, Stuttgart 1977, S. 647–648 Nr. 810.

Katalog der datierten Handschriften in der Schweiz, Bd. 2, hg. von Beat Matthias v. Scarpatetti, Dietikon-Zürich 1983, S. 15–16 Nr. 32.

Herzöge und Heilige. Das Geschlecht der Andechs-Meranier im europäischen Hochmittelalter, hg. von Josef Kirmeier und Evamaria Brockhoff (Veröffentlichungen zur Bayerischen Geschichte und Kultur, Nr. 24/93), München 1993, S. 206 Nr. 4.

Text und Bild

Avery, Myrtilla, The Exultet Rolls of South Italy, Princeton 1936.

Curschmann, Michael, Imagined Exegesis: Text and Picture in the Exegetical Works of Rupert of Deutz, Honorius Augustodunensis, and Gerhoch of Reichersberg, in: Traditio 44 (1988) S. 145–169.

Curschmann, Michael, Texte – Bilder – Strukturen: Der 'Hortus deliciarum' und die frühmittelhochdeutsche Geistlichendichtung, in: Deutsche Vierteljahrsschrift für Literaturwissenschaft und Geistesgeschichte 55 (1981) S. 379–418.

Frühmorgen-Voss, Hella, Text und Illustration im Mittelalter. Aufsätze zur Wechselbeziehung zwischen Literatur und bildender Kunst, hg. von Norbert H. Ott, München 1975.

Geyer, Angelika, Die Genese narrativer Buchillustration. Der Miniaturenzyklus zur Aeneis im Vergilius Vaticanus (Frankfurter wiss. Beiträge. Kulturwiss. Reihe, 17), Frankfurt 1989.

Grabar, André, Les illustrations de la chronique de Jean Skylitzès à la Bibliothèque Nationale de Madrid, in: Cahiers archéologiques 21 (1971) S. 191–211.

L'età dell'abate Desiderio, Bd. 2: La decorazione libraria. Atti della Tavola Rotonda (Montecassino, 17–18 maggio 1987), a cura di Guglielmo Cavallo, Montecassino 1989.

Kraft, Sibyl, Beziehungen zwischen Text und Bild im Liber ad Honorem Augusti des Petrus von Eboli, Lic. masch. Univ. Zürich 1994 (Typoskript Burgerbibliothek Bern).

Lammers, Walther, Ein universales Geschichtsbild der Stauferzeit in Miniaturen: Der Bilderkreis zur Chronik Ottos von Freising im Jenenser Codex Bose q. 6, in: Alteuropa und die moderne Gesellschaft. Festschrift für Otto Brunner, hg. vom Historischen Seminar der Universität Hamburg, Göttingen 1963, S. 170–214.

Meier, Christel – Uwe Ruberg (Hg.), Text und Bild. Aspekte des Zusammenwirkens zweier Künste in Mittelalter und Neuzeit, Wiesbaden 1980.

Ott, Norbert H., Überlieferung – Ikonographie – Anspruchsniveau. Methodisches zum Problem der Beziehungen zwischen Stoffen, Texten und Illustrationen in Handschriften des Spätmittelalters, in: Literatur und Laienbildung im Spätmittelalter und in der Reformationszeit, hg. von Ludger Grenzmann und Karl Stackmann, Stuttgart 1984, S. 356–386.

Reuter, Marianne, Text und Bild im Codex 132 der Bibliothek von Montecassino, »Liber Rabani de originibus rerum«. Untersuchungen zur mittelalterlichen Illustrationspraxis (Münchener Beiträge zur Mediävistik und Renaissance-Forschung, 34), München 1984.

Saenger, Ernst, Über die Struktur des Bildercodex im Trecento, in: La critica d'arte 3/4–6 (1938) S. 131–134.

Schmidt-Wiegand, Ruth (Hg.), Text – Bild – Interpretation. Untersuchungen zu den Bilderhandschriften des Sachsenspiegels, 2 Bde. (Münstersche Mittelalter-Schriften, 55/1–2), München 1986.

Teubner-Schoebel, Sabine, Das Zusammenwirken von Schrift und Bild auf dem Teppich von Bayeux, in: Vinculum Societatis. Joachim Wollasch zum 60. Geburtstag, hg. von Franz Neiske, Dietrich Poeck und Mechthild Sandmann, Sigmaringendorf 1991, S. 314–325.

Weitzmann, Kurt, Illustration for the Chronicles of Sozomenos, Theodoret and Malalas, in: Byzantion 16 (1942–43) S. 87–134.

Zur Technik mittelalterlicher Buchmalerei

Fuchs, Robert, Des Widerspenstigen Zähmung – Pergament in Geschichte und Struktur, in: Pergament (Historische Hilfswissenschaften, Bd. 2), Sigmaringen 1991, S. 263–278.

Fuchs, Robert – Doris Oltrogge, Naturwissenschaftliche Untersuchungen an historischem Pergament, in: ICOM Arbeitsgruppe Leathercraft and related objects, Prints der Vortragsmanuskripte, Offenbach 1989, S. 104–115.

Fuchs, Robert, Neue Untersuchungen zur Konservierung von mittelalterlicher Buchmalerei, in: Papers of the Conference on Book and Paper Conservation (Budapest, 4.-7. 9. 1990), Budapest 1992, S. 295–301.

Fuchs, Robert, Zerstörungsfreie Untersuchungen an mittelalterlicher Buchmalerei – eine wissenschaftliche Herausforderung, in: Tagungsband zum Symposium für Zerstörungsfreie Prüfung von Kunstwerken, 19./20. November 1987 (Deutsche Gesellschaft für Zerstörungsfreie Prüfung e.V., Berichtsband 13), Berlin 1988, S. 120–127.

Fuchs, Robert, Farbmittel in der mittelalterlichen Buchmalerei – Untersuchungen zur Konservierung geschädigter Handschriften, in: Praxis der Naturwissenschaften, Chemie, 8/37 (1988) S. 20–29.

Fuchs, Robert – Doris Oltrogge, Farbherstellung, in: Europäische Technik im Mittelalter, 800–1400, hg. von Uta Lindgren (im Druck).

Fuchs, Robert – Ralf Mrusek, Untersuchungen von Unterzeichnungen und Materialien in historischem Schriftgut mithilfe von Infrarotreflektographie und Bildverarbeitung, in: Naturwissenschaften 1994 (im Druck).

Historischer Hintergrund

Amari, Michele, Storia dei musulmani di Sicilia, 3 Bde., hg. von Carlo Alfonso Nallino, Catania ²1933–39.

Baaken, Gerhard, Unio regni ad imperium. Die Verhandlungen von Verona 1184 und die Eheabredung zwischen König Heinrich VI. und Konstanze von Sizilien, in: Quellen und Forschungen aus italienischen Archiven und Bibliotheken 52 (1972) S. 219–297.

Cantarella, Glauco Maria, La Sicilia e i Normanni. Le fonti del mito (Il mondo medievale, 19), Bologna 1989.

Caravale, Mario, Il regno normanno di Sicilia (Ius nostrum, 10), Milano 1966 (Ndr. 1991).

Caspar, Erich, Roger II. (1101–1154) und die Gründung der normannisch-sicilischen Monarchie, Innsbruck 1904 (Ndr. Darmstadt 1968).

Chalandon, Ferdinand, Histoire de la domination normande en Italie et en Sicile, 2 Bde., Paris 1907.

Cohn, Willy, Das Zeitalter der Hohenstaufen in Sizilien, Breslau 1925 (Ndr. Aalen 1971).

Csendes, Peter, Heinrich VI. (Gestalten des Mittelalters und der Renaissance), Darmstadt 1993.

Cuozzo, Errico, Catalogus baronum. Commentario (Fonti per la storia d'Italia, 101**), Roma 1984.

Cuozzo, Errico, L'unificazione normanna e il regno normanno-svevo, in: Storia del Mezzogiorno, Bd. II/2, Napoli 1989, S. 593–825.

Das Bistum Würzburg, Teil 1, Die Bischofsreihe bis 1254, bearb. von Alfred Wendehorst, Berlin 1962, S. 183–200 (Konrad I. von Querfurt).

Deér, Josef, Papsttum und Normannen. Untersuchungen zu ihren lehnsrechtlichen und kirchenpolitischen Beziehungen (Studien und Quellen zur Welt Kaiser Friedrichs II., 1), Köln–Wien 1972.

Engels, Odilo, Die Staufer, Stuttgart ⁵1993.

Georgi, Wolfgang, Friedrich Barbarossa und die auswärtigen Mächte. Studien zur Außenpolitik 1159–1180 (Europäische Hochschulschriften, III/442), Frankfurt 1990.

Haller, Johannes, Kaiser Heinrich VI. und die römische Kirche, in: Mitteilungen des Instituts für österreichische Geschichtsforschung 35 (1914) S. 385–454, 545–669; separat Darmstadt 1962.

Handbuch der europäischen Geschichte, Bd. 2, hg. von Ferdinand Seibt, Stuttgart 1987.

Houben, Hubert, Barbarossa und die Normannen. Traditionelle Züge und neue Perspektiven imperialer Süditalienpolitik, in: Alfred Haverkamp (Hg.), Friedrich Barbarossa. Handlungsspielräume und Wirkungsweisen des staufischen Kaisers (Vorträge und Forschungen, 40), Sigmaringen 1992, S. 109–128.

Jamison, Evelyn M., Admiral Eugenius of Sicily, London 1957.

Jamison, Evelyn M., Studies on the History of Medieval Sicily and South Italy, hg. von Dione Clementi und Theo Kölzer, Aalen 1992.

Kamp, Norbert, Kirche und Monarchie im staufischen Königreich Sizilien, I: Prosopographische Grundlegung: Bistümer und Bischöfe des Königreichs 1194–1266, 4 Teile (Münstersche Mittelalter-Schriften, 10/I,1–4), München 1973–82.

Keller, Hagen, Zwischen regionaler Begrenzung und universalem Horizont. Deutschland im Imperium der Salier und Staufer 1024 bis 1250 (Propyläen Geschichte Deutschlands, 2), Berlin 1986.

Kölzer, Theo, La reggenza di Costanza nello specchio dei suoi diplomi, in: Atti della Accademia di scienze, lettere e arti di Palermo, ser. V, vol. 1, a. 1981/82, parte 2, Palermo 1982, S. 83–107.

Kölzer, Theo, Urkunden und Kanzlei der Kaiserin Konstanze, Königin von Sizilien (1195–1198) (Studien zu den normannisch-staufischen Herrscherurkunden Siziliens. Beihefte zum 'Codex diplomaticus regni Siciliae', 2), Köln–Wien 1983.

Kölzer, Theo, Costanza d'Altavilla, in: Dizionario biografico degli italiani, Bd. 30 (Roma 1984) S. 346–356.

Kölzer, Theo, Sizilien und das Reich im ausgehenden 12. Jh., in: Historisches Jahrbuch 110 (1990) S. 3–22.

Kölzer, Theo, Herrschen aus der Ferne. Die Staufer in Italien, in: Die Hauptstädte der Deutschen. Von der Kaiserpfalz in Aachen zum Regierungssitz Berlin, hg. von Uwe Schultz, München 1993, S. 32–42, 231–234.

Morghen, Raffaello, L'età degli Svevi in Italia, Palermo 1974 (erw. Neuausgabe von: Il tramonto della potenza sveva in Italia, 1936).

Norwich, John Julius, Die Normannen in Sizilien 1130–1194, Wiesbaden 1971.

Opll, Ferdinand, Friedrich Barbarossa (Gestalten des Mittelalters und der Renaissance), Darmstadt 1990.

Potere, società e popolo nell'età sveva (Atti del Centro di studi normanno-svevi, 6), Bari 1985.

Potere, società e popolo tra età normanna ed età sveva (Atti del Centro di studi normanno-svevi, 5), Bari 1983.

Reisinger, Christoph, Tankred von Lecce. Normannischer König von Sizilien 1190–1194 (Kölner hist. Abhandlungen, 38), Köln–Weimar–Wien 1992.

Takayama, Hiroshi, The Administration of the Norman Kingdom of Sicily (The Medieval Mediterranean, 3), Leiden 1993.

Toeche, Theodor, Kaiser Heinrich VI. (Jahrbücher der Deutschen Geschichte), Leipzig 1867 (Ndr. Darmstadt 1965).

Tramontana, Salvatore, La monarchia normanna e sveva, Torino 1986 (= Sonderausgabe aus: Storia d'Italia, hg. von Giuseppe Galasso, Bd. 3, Torino 1983).

Van Cleve, Thomas Curtis, Markward of Anweiler and the Sicilian Regency. A Study of Hohenstaufen Policy in Sicily During the Minority of Frederick II (Princeton-Oxford 1937).

Wolter, Heinz, Die Verlobung Heinrichs VI. mit Konstanze von Sizilien im Jahre 1184, in: Historisches Jahrbuch 105 (1985) S. 30–51.

Zu Einzelfragen

Bloesch, Hans, Samuel Engel, ein Berner Bibliophile des 18. Jahrhunderts, Bern 1925.

Boeheim, Wendelin, Handbuch der Waffenkunde, Leipzig 1890 (Ndr. Graz 1966).

Bresc, Henri, Les jardins de Palerme (1290–1460), in: Mélanges de l'Ecole française de Rome: Moyen âge – Temps modernes 84 (1972) S. 55–127.

Brühl, Carlrichard, Fodrum, gistum, servitium regis. Studien zu den wirtschaftlichen Grundlagen des Königtums im Frankenreich und in den fränkischen Nachfolgestaaten Deutschland, Frankreich und Italien vom 6. bis zur Mitte des 14. Jahrhunderts, 2 Bde. (Kölner hist. Abhandlungen, 14), Köln–Graz 1968.

Caracausi, Girolamo, Arabismi medievali di Sicilia (Centro di studi filologici e linguistici siciliani. Supplementi al Bollettino, 5), Palermo 1983.

Cassata, Giovanella – Gabriella Costantino – Rodo Santoro, Romanisches Sizilien, Würzburg 1988.

Contamine, Philippe, La guerre au moyen âge, Paris ²1986 (engl.: War in the Middle Ages, Oxford 1984).

Di Giovanni, Vincenzo, La topografia antica di Palermo dal secolo X al XV, 2 Bde., Palermo 1889–1890.

Eichmann, Eduard, Die Kaiserkrönung im Abendland. Ein Beitrag zur Geistesgeschichte des Mittelalters, 2 Bde., Würzburg 1942.

Eickhoff, Ekkehard, Friedrich Barbarossa im Orient. Kreuzzug und Tod Friedrichs I. (Istanbuler Mitteilungen, Beiheft 17), Tübingen 1977.

Erdmann, Carl, Kaiserfahne und Blutfahne (Sonderausgabe aus: Sitzungsberichte der Preuss. Akademie der Wissenschaften, phil.-hist. Klasse, 1932, XXVIII), Berlin 1932.

Erdmann, Carl, Kaiserliche und päpstliche Fahnen im hohen Mittelalter, in: Quellen und Forschungen aus ital. Archiven und Bibliotheken 25 (1933/34) S. 1–48.

Gattermann, Günter, Die deutschen Fürsten auf der Reichsheerfahrt. Studien zur Reichskriegsverfassung der Stauferzeit, 2 Bde., Diss. Frankfurt 1956 (masch.-schriftl.).

Hageneder, Othmar, Weltherrschaft im Mittelalter, in: Mitteilungen des Instituts für österreichische Geschichtsforschung 93 (1985) S. 257–278.

Herde, Peter, Die Katastrophe vor Rom im August 1167. Eine historisch-epidemologische Studie zum vierten Italienzug Friedrichs I. Barbarossa (Sitzungsberichte der Wiss. Gesellschaft an der Johann Wolfgang Goethe-Universität Frankfurt am Main, Bd. XXVII/4), Stuttgart 1991.

Hucker, Bernd Ulrich, Araber und Inder leisten dem Kanzler Tribut, in: Geschichte, 19. Jg., Nr. 1/1993, S. 55–57.

Ibn Dschubair, Tagebuch eines Mekkapilgers, übers. von Regina Günther (Bibliothek arabischer Klassiker, 10), Stuttgart 1985.

Kirfel, Hans Joachim, Weltherrschaftsidee und Bündnispolitik. Untersuchungen zur auswärtigen Politik der Staufer (Bonner hist. Forschungen, 12), Bonn 1959.

Kölzer, Theo, Die sizilische Kanzlei von Kaiserin Konstanze bis König Manfred (1195–1266), in: DA 40 (1984) S. 532–561.

Kölzer, Theo, Kanzlei und Kultur im normannischen Königreich Sizilien, in: Quellen und Forschungen aus ital. Archiven und Bibliotheken 66 (1986) S. 20–39.

Korn, Johannes Enno, Adler und Doppeladler. Ein Zeichen im Wandel der Geschichte (Diss. Göttingen 1962), Göttingen 1969 (Ndr. Marburg 1976); auch in: Der Herold, N.F. 5/6 (1965–68).

Kühnel, Harry (Hg.), Bildwörterbuch der Kleidung und Rüstung, Stuttgart 1992.

Kuttner, Stephan, Pope Lucius III and the Bigamous Archbishop of Palermo, in: Medieval Studies presented to Aubrey Gwynn S.J., ed. J.A. Watt et al., Dublin 1961, S. 409–454.

Lexikon der christlichen Ikonographie, hg. von Engelbert Kirschbaum, 8 Bde., Rom–Freiburg i. Br.–Basel–Wien 1968–1976.

Lexikon des Mittelalters, Bd. 1ff., München–Zürich 1977ff.

Lilie, Ralph-Johannes, Handel und Politik zwischen dem byzantinischen Reich und den italienischen Kommunen Venedig, Pisa und Genua in der Epoche der Komnenen und der Angeloi (1081–1204), Amsterdam 1984.

Lüpke, Gisela, Die Zeugen in den Urkunden Heinrichs VI. Hausarbeit am Institut für österreichische Geschichtsforschung, Wien 1962 (masch.-schriftl.).

Mayer, Hans Eberhard, Geschichte der Kreuzzüge, Stuttgart-Berlin-Köln ⁷1989.

Meier, Hans Rudolf, Die normannischen Königspaläste in Palermo. Studien zur hochmittelalterlichen Residenzbaukunst, Appendix I: Der Berner Codex 120 und die Frage des Quellenwerts zeitgenössischer Palastdarstellungen (Manuskripte zur Kunstwissenschaft, 39), Worms 1994.

Ševčenko, Ihor, The Madrid Manuscript of the Chronicle of Skylitzes in the Light of Its New Dating, in: Byzanz und der Westen. Studien zur Kunst des europäischen Mittelalters (SBB Wien phil.-hist. Klasse, 432), Wien 1984, S. 117–130.

Schipperges, Heinrich, Der Garten der Gesundheit. Medizin im Mittelalter, München–Zürich 1985.

Schneider, Rudolf, Die Artillerie des Mittelalters. Nach den Angaben der Zeitgenossen dargestellt, Berlin 1910.

Schubring, Klaus, Die Herren von Lützelhardt. Beiträge zur Bestimmung ihrer Herkunft, in: Zeitschrift für württembergische Landesgeschichte 40 (1981) S. 262–283.

Szirmai, Jan Alexander, Einbandforschung und Einbandrestaurierung, in: Bestandserhaltung in Archiven und Bibliotheken, hg. von Hartmut Weber, Stuttgart 1992, S. 25–41.

Treitinger, Otto, Die oströmische Kaiser- und Reichsidee nach ihrer Gestaltung im höfischen Zeremoniell, Darmstadt ²1956.

Unità politica e differenze regionali nel regno di Sicilia, a cura di Cosimo Damiano Fonseca, Hubert Houben, Benedetto Vetere (Università degli Studi di Lecce. Pubblicazioni del Dipartimento di Studi Storici dal Medioevo all'Età Contemporanea, 21), Galatina 1992.

Willemsen, Carl A., Die Bildnisse der Staufer. Versuch einer Bestandsaufnahme (Schriften zur staufischen Geschichte und Kunst, 4), Göppingen 1977.